LINGÜÍSTICA TEXTUAL Y ENSEÑANZA DEL ESPAÑOL LE/L2

Lingüística textual y enseñanza del español LE/L2 ofrece una visión de conjunto teórico-práctica y actualizada de la lingüística textual aplicada a la enseñanza del español como lengua extranjera y/o segunda, destinada especialmente a estudiantes graduados y a profesores en formación nativos y no nativos.

El volumen, escrito por un elenco internacional de profesores-investigadores, presenta una visión actualizada y práctica de los géneros textuales más frecuentes en programaciones universitarias. Enmarcado por una síntesis actualizada de estudios e investigaciones en lingüística aplicada que recorre distintas perspectivas teóricas y metodológicas, recoge datos y propuestas procedentes de aulas de aprendizaje de español de distintos contextos internacionales. Su principal propósito es suscitar la reflexión teórico-práctica sobre los géneros discursivos y su papel en el aula, y ofrecer una descripción pormenorizada de los mismos para proporcionar al profesorado en formación, nativo y no nativo, recursos prácticos y propuestas didácticas que ejemplifican y guían de manera razonada cómo llevar al aula los distintos géneros textuales.

Características principales:

- Amplitud de aspectos de la lingüística textual y géneros discursivos abordados enteramente para el español LE/L2 y en español.
- Estructuración homogénea de los capítulos que facilita la lectura y da coherencia al conjunto.
- Atención a géneros escritos y orales desde una perspectiva teórico-práctica que puede inspirar nuevas investigaciones.
- Atención a la diversidad geolectal del español, a los contextos en que este es L2 (Europa, EE. UU.) y a la de sus aprendices (hablantes de herencia, L2, LE).
- Orientado a la aplicación práctica y docente en la clase de L2/LE, cada capítulo dedicado a un género incluye consejos, pautas o actividades para el aula.
- Incluye temática actual en lingüística textual y aprendizaje de lenguas: escritura académica, divulgación científica, textos jurídicos, aprendizaje mediado por ordenador o el lenguaje de las redes.
- Capítulos bien fundamentados teórica y bibliográficamente, con sólido respaldo de datos empíricos procedentes de corpus, bien contextualizados.
- Aborda los aspectos teóricos tradicionales relativos al estudio de la tipología textual y los desafíos metodológicos que afronta el profesor al llevar al aula los distintos géneros discursivos.

La presente obra presenta, en un solo volumen, una visión actualizada y práctica de los tipos textuales y géneros discursivos de uso más frecuente desde una perspectiva teórico-práctica: presentación, descripción y puesta en práctica es un esquema de trabajo directo y enormemente útil para su aplicación en el aula. El ámbito internacional en el que se mueven los autores le da una amplitud nunca antes recogida en una obra de lingüística textual. Todo ello hace de *Lingüística textual y enseñanza del español LE/L2* una obra de consulta obligada para docentes de español como LE/L2, para estudiantes graduados y formadores de profesores, así como para cualquier persona que desee adquirir una perspectiva actual sobre lingüística textual, géneros discursivos y enseñanza e investigación en español nativo y no nativo.

Javier de Santiago-Guervós es catedrático de lengua española y comunicación en la Universidad de Salamanca.

Lourdes Díaz Rodríguez es profesora titular de lengua española en la Universidad Pompeu Fabra (Barcelona) e investigadora del Centro de Lingüística y Cognición (Universidad de Barcelona).

Routledge Advances in Spanish Language Teaching

Series editor: Javier Muñoz-Basols
University of Oxford

The *Routledge Advances in Spanish Language Teaching* series provides a showcase for the latest research on the teaching and learning of Spanish. It publishes high-quality authored books, research monographs and edited volumes on innovative methods and theories.

The series takes a multiple-perspective approach, with titles focusing on core topics in the areas of applied linguistics, Spanish language and grammar, second language skills, sociolinguistic and cultural aspects of language acquisition and Spanish for academic purposes. Through a discussion of problems, issues and possible solutions, books in the series combine theoretical and practical aspects, which readers can apply in the teaching of the language.

Key Issues in the Teaching of Spanish Pronunciation
From Description to Pedagogy
Edited by Rajiv Rao

Lingüística cognitiva y español LE/L2
Edited by Iraide Ibarretxe-Antuñano, Teresa Cadierno, and Alejandro Castañeda Castro

Spanish Heritage Learners' Emerging Literacy
Empirical Research and Classroom Practice
Flavia Belpoliti and Encarna Bermejo

Lingüística textual y enseñanza del español LE/L2
Javier de Santiago-Guervós and Lourdes Díaz Rodríguez, eds.

For more information about this series please visit: www.routledge.com/Routledge-Advances-in-Spanish-Language-Teaching/book-series/RASLT

LINGÜÍSTICA TEXTUAL Y ENSEÑANZA DEL ESPAÑOL LE/L2

*Javier de Santiago-Guervós y
Lourdes Díaz Rodriguez, eds.*

Series Editor: Javier Muñoz-Basols

LONDON AND NEW YORK

First published 2021
by Routledge
2 Park Square, Milton Park, Abingdon, Oxon OX14 4RN

and by Routledge
52 Vanderbilt Avenue, New York, NY 10017

Routledge is an imprint of the Taylor & Francis Group, an informa business

© 2021 selection and editorial matter, Javier de Santiago-Guervós and Lourdes Díaz; individual chapters, the contributors

The right of Javier de Santiago-Guervós and Lourdes Díaz Rodriguez to be identified as the authors of the editorial material, and of the authors for their individual chapters, has been asserted in accordance with sections 77 and 78 of the Copyright, Designs and Patents Act 1988.

All rights reserved. No part of this book may be reprinted or reproduced or utilised in any form or by any electronic, mechanical, or other means, now known or hereafter invented, including photocopying and recording, or in any information storage or retrieval system, without permission in writing from the publishers.

Trademark notice: Product or corporate names may be trademarks or registered trademarks, and are used only for identification and explanation without intent to infringe.

British Library Cataloguing-in-Publication Data
A catalogue record for this book is available from the British Library

Library of Congress Cataloging-in-Publication Data
A catalog record for this book has been requested

ISBN: 978-1-138-10535-5 (hbk)
ISBN: 978-1-138-10536-2 (pbk)
ISBN: 978-1-315-10182-8 (ebk)

Typeset in Bembo Std
by Apex CoVantage, LLC

Para Carlota, Marta, Roberto y Juanjo,
siempre detrás de cada línea.

ÍNDICE

Figuras y tablas ix
Biografías de los autores xii
Agradecimientos xvi

    Introducción: Lingüística textual y lingüística aplicada en la enseñanza de lenguas segundas. El caso del español LE/L2   1
    Javier de Santiago-Guervós y Lourdes Díaz Rodríguez

PARTE I
Tipologías textuales   **13**

1 Las narraciones en la enseñanza-aprendizaje del español LE/L2   15
   Llorenç Comajoan-Colomé y Rafael Salaberry

2 Los textos descriptivos en la clase de español LE/L2   31
   Kris Buyse y Sara Pérez Arroyo

3 La argumentación en la clase de español LE/L2   49
   Elena Landone

4 Textos instructivos en español nativo, no nativo y de herencia   71
   Lourdes Díaz Rodríguez y Núria Enríquez

5   Textos expositivos-explicativos en español LE/L2   93
    Lourdes Díaz Rodríguez y Rosa M. Lucha

6   La oralidad concepcional en español: principios para su estudio   115
    Kathrin Siebold y Ferran Robles Sabater

7   La enseñanza-aprendizaje de los géneros orales interactivos   135
    Guadalupe Ruiz Fajardo

PARTE II
Géneros discursivos y comunicación   155

8   Géneros de la prensa escrita en la enseñanza del
    español LE/L2   157
    Jan Peter Nauta

9   El discurso publicitario en la enseñanza del
    español LE/L2   173
    Claudia Fernández y Valentina Noblía

10 El discurso científico-técnico en la enseñanza del
    español LE/L2   193
    Jesús Fernández González

11 Lengua y discurso en el ámbito jurídico-administrativo   212
    Javier de Santiago-Guervós

12 Comunicación académica escrita en contextos universitarios   230
    Graciela Vázquez y Brenda Laca

13 La escritura creativa en español LE/L2   246
    Jorge Juan Sánchez Iglesias

14 Aprendizaje de la lectura y escritura en español LE/L2 en
    las redes sociales   264
    Esperanza Román-Mendoza

15 Qué tipo de corpus para qué tipo de texto: de la teoría a
    la práctica   282
    Kris Buyse

Índice temático   307

FIGURAS Y TABLAS

Figuras

3.1	Ejemplos de textos argumentativos según el nivel de interacción dialógica y de registro prototípico.	52
6.1	Medio y concepción. Continuo entre inmediatez y distancia comunicativas y perfil concepcional de algunas formas comunicativas.	118
9.1	Examen CELU.	182
9.2	Tomá la leche.	183
9.3	Somos diferentes – Somos iguales.	184
9.4 y 9.5	Las colas. (Phs: "Waiting for the bus" de Andrea Donato Allemano/"Too many people" de Oran Viriyincy).	188
9.6 y 9.7	Dos fotogramas de la Publicidad para Coca Cola. Grey Argentina.	189
15.1	Clasificación de recursos y tecnologías digitales.	283
15.2	Los tipos de textos reunidos en el CORPES XXI.	292
15.3	Corpus del Español: Resultados con Palabras clave en contexto (PCEC).	293
15.4	Búsqueda Corpus del Español: Resultados, los adjetivos más frecuentes a la derecha del sustantivo *desahucio*.	294
15.5	Corpus del Español: Resultados de búsqueda con el comodín "★".	295
15.6	Repartición de los tipos de textos en el CEA.	295
15.7	Búsqueda con WebCorp.	299
15.8	"Post search options" de WebCorp.	299
15.9	Concordancias reordenadas de WebCorp.	299
15.10	Mapa semántico de Wortschatz.	300
15.11	Resultados de búsqueda de Linguee.	301

Tablas

1.1	Enfoques metodológicos y teóricos sobre el estudio de las narraciones.	16
3.1	Estrategias transversales para el proceso argumentativo.	56
3.2	Niveles comparados del MCER (2002 + *Companion Volume* 2017)/ACTFL Assessments (2012) acerca de la comprensión, producción y mediación argumentativa en lengua extranjera.	58
4.1	Perspectiva +/− objetiva en los textos instructivos.	73
4.2	Propuesta de estructura de las indicaciones de ruta, según distintos autores.	79
4.3	Síntesis de investigaciones sobre la *tarea de indicación de ruta*.	80
4.4	Diferencias de recursos en las tareas según sea simulación oral o escrita.	86
4.5	Repertorio lingüístico de la Tarea "dar indicaciones espaciales".	87
5.1	Géneros expositivos.	95
5.2	Clasificación de los géneros expositivos-explicativos según el receptor.	99
5.3	Clasificación en función del grado de abstracción.	100
5.4	Rasgos lingüísticos (regulares o concomitantes) asociados a funciones y géneros expositivo-explicativos.	101
5.5	Organización supraestructural del texto expositivo.	103
5.6	Aspectos más trabajados en la investigación de español como L2: Textos Expositivos de aprendices frente a nativos.	105
5.7(a)	Ejemplos de producción de *definiciones* (subgénero expositivo) por nativos y no nativos C1.	106
5.7(b)	Exposición con comparación: ejemplos de no nativos de B2 y de nativos (GC).	107
5.8	Ejemplos de carta de recomendación de no nativo y GC.	109
6.1	Fenómenos prototípicos de la oralidad concepcional.	122
7.1	Lo que hay que enseñar para enseñar a conversar.	137
7.2	Actividad 1.	138
7.3	Actividad 2.	139
7.4	Actividad 3.	143
7.5	Actividad 4.	144
7.6	Actividad 5.	145
7.7	Actividad 6.	146
8.1	Esquema para la inclusión de géneros periodísticos por niveles.	166
9.1	Fases del documento icónico.	176
10.1	Algunos ejemplos de géneros discursivos del lenguaje científico-técnico.	201
10.2	Armazón conceptual de una tesis.	201
10.3	Estructura lineal de una tesis.	201
10.4	Diseño de un curso de español científico-técnico.	202

10.5	Modelo de ejercicio de emparejamiento (elaboración propia).	205
10.6	Errores de traducción en la obra de Hadlich.	207
10.7	Errores de traducción en la obra de Chomsky.	208
11.1	Esquema de modelos textuales.	220
11.2	Opciones de empleo de conectores contraargmentativos.	222
11.3	Opciones de empleo de conectores consecutivos.	223
11.4	Modelos de actividades para la clase.	225
11.5	Esquema de unidad didáctica.	226
12.1	Algunos subgéneros académicos frecuentes.	232
12.2	Tipología de actividades.	238
12.3	Descriptores para la evaluación de la escritura académica.	242
13.1	Escala del MCER de actividades de expresión escrita.	249
13.2	Propuesta de actividades con textos literarios de Maley y Duff.	252
13.3	Pasos en que se podría articular un taller de EC.	259
14.1	Modelo de Herring (2013) para analizar el discurso mediado por ordenador [traducción propia].	275
15.1	Tabla contrastiva de los corpus descritos en Buyse (2017).	289
15.2	Nuevos criterios para la clasificación de los corpus.	289
15.3	Selección de corpus orales con acceso a los (diferentes tipos de) textos.	297

BIOGRAFÍAS DE LOS AUTORES

Kris Buyse es profesor en KU Leuven y la Universidad de Nebrija. Su actividad investigadora se centra en la didáctica y adquisición de idiomas (particularmente, léxico, destrezas escritas, pronunciación, motivación y afectividad, evaluación), lingüística de corpus, lexicografía, lingüística contrastiva, etc. Ha dirigido varios proyectos sobre desarrollo educativo en el aprendizaje de vocabulario, escritura y enseñanza y evaluación de idiomas. Es editor de reseñas y miembro del comité editorial de ITL-*Journal of Applied Linguistics*.

Llorenç Comajoan-Colomé es doctor en lingüística por Indiana University (Bloomington, EE. UU.) y profesor del departamento de didáctica de la lengua y la literatura de la Universitat de Vic-Universitat Central de Catalunya. Sus áreas de investigación son la adquisición del tiempo y el aspecto en L2, la didáctica de la lengua y la sociolingüística.

Javier de Santiago-Guervós es catedrático de lengua española y comunicación en la Universidad de Salamanca y Vicedecano de la Facultad de Filología. Su investigación y publicaciones se centran en la comunicación persuasiva, sintaxis teórica y enseñanza aprendizaje del español LE/L2. En estos ámbitos ha publicado numerosos libros y artículos en editoriales como Cátedra, Arco/Libros, Ariel, Peter Lang, Santillana, etc.

Lourdes Díaz Rodríguez es profesora titular de lengua española (Universidad Pompeu Fabra), investigadora del Centro de Lingüística y Cognición (Universidad de Barcelona) y formadora de profesores de español LE/L2. Investiga en: adquisición de lenguas segundas; gramática y pragmática del español LE/L2; psicolingüística y aprendizaje de lenguas; y sobre corpus de aprendices. Ha publicado las gramáticas *PapELEs* y *ELEfante* (2016) con A. Yagüe; *La destreza escrita* (2003); *Interlengua española. Estudio de casos* (2007).

Núria Enríquez licenciada en filología alemana, máster en enseñanza del español LE/L2 y doctora por la Universidad de Houston. Profesora de español desde hace más de 10 años, ha trabajado en diversas universidades de Alemania y a día de hoy en EE. UU. También ha impartido cursos de formación de profesores y actualmente trabaja con el español como lengua de herencia. Sus intereses de investigación son la adquisición y aprendizaje del español y sus aspectos psicolingüísticos.

Jesús Fernández González es profesor titular de lingüística general en la Universidad de Salamanca (España). Su investigación se centra en el análisis contrastivo, la adquisición de segundas lenguas y la metodología de la enseñanza del español LE/L2. Es director del Centro Internacional del Español de la Universidad de Salamanca, y vicepresidente de ASELE (Asociación para la Enseñanza de Español como Lengua Extranjera).

Claudia Fernández Silva es doctora en lingüística aplicada por la Universidad Antonio de Nebrija, e investigadora del Instituto de lingüística de la Universidad de Buenos Aires, donde analiza el discurso académico en L1 y L2 desde un enfoque pragmalingüístico del análisis del error. Se desempeña como profesora en la Universidad Nacional Arturo Jauretche, donde imparte talleres de lectura y escritura. Se dedica a la formación de profesores de español lengua extranjera y ha impartido talleres y seminarios en universidades españolas, argentinas, brasileñas y uruguayas.

Brenda Laca ha sido profesora de lingüística en las Universidades de Estrasburgo, París 8 y UDELAR Montevideo. Ha colaborado en la elaboración de la Nueva Gramática de la Real Academia Española y tiene numerosas publicaciones en el campo de la gramática y de la semántica del español y de las lenguas románicas. Participó en la parte de análisis de la producción escrita en el marco del proyecto ADIEU.

Elena Landone es profesora titular en la Università degli Studi of Milan (Italia). Enseña lengua española y su didáctica. Su investigación se centra en la pragmática, la cortesía y los marcadores del discurso y en su importancia en la enseñanza-aprendizaje de lenguas extranjeras. Es autora de *Utopia didattica: l'apprendimento della lingua straniera oltre l'aula* (2018) y de *Los marcadores del discurso y la cortesía verbal en español* (2009).

Rosa Mª Lucha Cuadros es doctora en didáctica de la lengua y la literatura por la Universidad de Barcelona. Actualmente es profesora de español como lengua extranjera en la Escuela Oficial de Idiomas Barcelona-Drassanes, y formadora de profesores de español LE/L2. Ha publicado diversos trabajos sobre las pruebas indirectas en español LE/L2 (con C. Baerlocher, 2015); sobre los errores entre lenguas cercanas (con C. Baerlocher, 2014), y sobre competencia escrita (Lucha, 2005; Lucha y Díaz, 2015, 2016, 2017).

Jan Peter Nauta, licenciado en filología hispánica, trabajó en la Universidad Libre de Amsterdam y en la Universidad de La Haya. Desde 2004 vive en Colombia.

Fue cofundador y redactor de la revista *Cable*. Ganador de dos premios Redele, ha publicado en las editoriales Difusión, Santillana y Edinumen (*Agenda, En contexto, Una etiqueta olvidada, Transporte interno, Con Voz y Voto, Destino Bogotá, Tablas, Prisma Evaluación, Pruebas de nivel*) y con el Instituto Caro y Cuervo (*El Explorador*).

María Valentina Noblía es doctora en letras por la UBA y se desempeña como profesora de lingüística y de gramática textual y de seminarios y cursos sobre su tema de especialidad, la interacción en medios digitales. Cuenta con una extensa formación académica y científica en lingüística y análisis del discurso. En la actualidad es la delegada regional por Argentina de la Asociación Latinoamericana de Estudios del Discurso (ALED) y Presidente de la Asociación de Lingüística Forense Argentina (ALFA). Integra diferentes comités científicos de revistas sobre la especialidad.

Sara Pérez Arroyo es profesora titular en el Centro Complutense para la enseñanza del español. Sus principales áreas de estudio y en las que actualmente se encuentra realizando sus estudios de doctorado son: la Lingüística textual y el uso del texto descriptivo en el aula de español LE/L2. Entre los años 2015–2018 ha venido realizando estancias doctorales en el departamento de lenguas modernas de la Universidad de Helsinki, impartiendo formación específica a futuros profesores de español LE/L2.

Ferran Robles Sabater es profesor de lingüística alemana en la Universidad de Valencia (España). Fue profesor visitante en las universidades de Heidelberg, Leipzig y Mainz (Alemania). Es miembro del grupo de investigación GENIDIT (Géneros Digitales: análisis de la producción y recepción lingüísticas). Su investigación se centra en los marcadores del discurso, la argumentación, la lingüística contrastiva del texto y la traducción.

Esperanza Román-Mendoza es profesora titular de español en la George Mason University (EE. UU.). Sus áreas de investigación incluyen el *e-learning*, el español de los hablantes de herencia, la formación del profesorado y la enseñanza-aprendizaje de segundas lenguas. Es autora de *Aprender a aprender en la era digital. Tecnopedagogía crítica para la enseñanza del español LE/L2* (Routledge 2018).

Guadalupe Ruiz Fajardo es doctora en filología hispánica por la Universidad de Granada. Enseña español y lingüística aplicada en el Departamento de Culturas Ibéricas y Latinoamericanas en la Universidad de Columbia. Es autora de materiales didácticos de español como lengua extranjera como *Abanico* (1995, Difusión) y *El Ventilador* (2005, Difusión). Ha trabajado y publicado sobre el uso fuentes de lengua auténticas, la enseñanza de la interacción oral y la enseñanza de lenguas a comunidades inmigrantes.

M. Rafael Salaberry es doctor en lingüística por Cornell University (Ithaca, EE. UU.). Es profesor del departamento de español y portugués de Rice University

(Houston, EE. UU.) y director del área de investigación del Centro de Lenguas de la misma universidad. Sus áreas de investigación son la adquisición del tiempo y el aspecto en L2 y la didáctica de la lengua.

Jorge J. Sánchez Iglesias es profesor de lengua española en la Facultad de Traducción y Documentación de la Universidad de Salamanca, donde imparte asignaturas de lengua española y análisis del discurso en grado y máster. En el ámbito de la lingüística aplicada, sus intereses investigadores se centran en la estilística y la evaluación.

Kathrin Siebold es profesora de didáctica del alemán como lengua extranjera en la Universidad de Marburg (Alemania). Es licenciada en Filologías Alemana y Española por las Universidades de Munich y Marburg y doctora en Lingüística Alemana por la Universidad de Sevilla (España). Es responsable del programa de formación docente y de varios títulos de postgrado de alemán como lengua extranjera. Su actividad investigadora se centra en la Pragmática Intercultural, Análisis del Discurso, Estudios Interlenguaje y Enseñanza y Aprendizaje de Lenguas Extranjeras.

Graciela Vázquez nació en Buenos Aires y desde 1976 trabaja en Alemania. Coordinó el proyecto europeo *Análisis del discurso académico en la Unión Europea* (ADIEU). Asimismo gestionó el proyecto *Multiele*, un máster internacional de lengua y cultura). Es autora de numerosos artículos y libros relacionados con la didáctica del español LE/L2. Sus áreas de investigación son la interlengua, el discurso académico, la interculturalidad y el análisis de materiales.

AGRADECIMIENTOS

Todo trabajo acabado es, a la vez, inacabable porque cada relectura suscita mejoras. Por eso, en primer lugar, queremos agradecer muy sinceramente a los amigos y colegas que han leído versiones previas de este trabajo su generosa aportación, en especial a Marta García, Angélica Alexopoulou, Marisa Regueiro y M. Cecilia Ainciburu. Sus valiosos comentarios, oportunísimas citas y observaciones contribuyeron a robustecer nuestro discurso. Así mismo queremos agradecer la concienzuda tarea llevada a cabo por los revisores anónimos de Routledge y, en especial, la del editor de la colección, Javier Muñoz-Basols. De él partió la idea de hacer este libro y ha seguido su desarrollo con una minuciosidad, dedicación y profesionalidad impecables. Un agradecimiento especial merece Marie Louise Roberts, por su eficiencia y apoyo al frente del Apex CoVantage team. Por supuesto, los errores y debilidades que persistan son responsabilidad nuestra.

INTRODUCCIÓN

Lingüística textual y lingüística aplicada en la enseñanza de lenguas segundas. El caso del español LE/L2

Javier de Santiago-Guervós y Lourdes Díaz Rodríguez

Vivimos rodeados de textos. Somos seres multilingües, multitarea, multimedia —o multimodales— incapaces de sustraernos a la práctica textual. Emitimos y recibimos constantemente textos (orales o escritos) por todos los medios disponibles de una gama amplísima de tipos (narrativos, descriptivos, instructivos. . .), géneros (conversaciones, leyes, edictos, multas, cartas, columnas periodísticas, instrucciones, normativas. . .) o registros (familiar, legal, académico, científico-técnico. . .). Usamos la competencia textual en nuestra vida social con una altísima frecuencia, a menudo en más de una lengua, y necesitamos que sea una práctica eficaz que cumpla con los objetivos comunicativos a los que está destinada. El éxito en todas las situaciones de comunicación posibles se convierte en el objetivo prioritario de un aprendiz de lenguas.

El libro que tiene entre sus manos es un trabajo dirigido a todos aquellos que quieran ensanchar y profundizar la reflexión sobre la competencia textual de forma práctica; y a todos los que quieran rellenar posibles lagunas en los conocimientos de tipología textual más necesarios para la enseñanza del español LE/L2. A lo largo de quince capítulos la obra sintetiza lo más relevante de las últimas décadas acerca de teorías y metodología de análisis e interpretación, producción y didáctica de tipos de texto en el aula no nativa.

También se hace eco de la idea de que el análisis y reflexión sobre el uso inciden en la mejora de la competencia textual en la didáctica de la lengua como L2 (Hyland 2000 para el inglés; Álvarez Angulo 2001; Bernárdez 1995 y Regueiro y Sáez Rivera 2013, para el español) y que el uso reflexivo de la lengua en los ámbitos más complejos y especializados (académicos, científico-técnicos, comerciales, profesionales en general) conduce al correcto manejo de la precisión y estructuración de la información (ver capítulos 2, 4, en parte I y 8 a 14 en parte II). En la vida diaria, estos saberes, implícitos y explícitos, en la vida y en el aula, lejos de tener un papel accesorio, son centrales, porque favorecen la comprensión de los datos presentes en forma de textos y su retención en nuestra memoria como emisores o receptores (van Dijk 1992). La práctica comunicativa de estos aspectos cognitivos y textuales en el aula de lenguas segundas o extranjeras ayuda a entender críticamente cómo se producen esos intercambios indisociables de los textos en todos y cada uno de sus tipos (Manchón 2012; Regueiro y Sáez Rivera 2013) y a mejorar los resultados o productos de los aprendices (los informes, las cartas; las ventas, la publicidad, etc.) (Díaz y Lucha 2017, 2018), como veremos a lo largo de las dos partes del libro con ejemplos didácticos, fuentes para su estudio y repertorios para ampliar o personalizar los recursos disponibles (Buyse, cap.15, parte II), especialmente los corpus de aprendices, de acuerdo con los perfiles y necesidades de las aulas de los lectores.

1 Lingüística y lingüística textual

La lingüística de corpus se ha aliado con la lingüística textual con propósitos didácticos (Briz 1995; Tognini-Bonelli 2001; Hunston 2002; Biber y Conrad 2009; Biber y Davis 2004; Davis 2004, 2009; Albelda y Briz 2017) y está resultando especialmente fructífera en el ámbito del español (la mayoría de los citados anteriormente, excepto Hunston, Tognini-Bonelli y Biber y Conrad) y en el de los corpus de aprendices de español (Alonso Ramos 2016; Cruz Piñol 2012; y Buyse y Robles en este volumen). Más particularmente, la investigación se suma al interés ya existente por descubrir los entresijos de la relación entre el texto (en sus diversas formas y tipos) y las situaciones de comunicación manifestada por la lingüística textual (Koch y Oesterreicher 2007). Armada desde finales del siglo XX con el recurso a los corpus de lengua general (como el Corpus de referencia del español actual y el CORPES XXI de la Academia española; o el *corpusdelespañol.org* de Davis en la Brigham Young University, por ejemplo), o en el XXI con los de aprendices del español (institucionales, como el Corpus de Aprendices del Instituto Cervantes; o de distintos proyectos, como los descritos en los capítulos 2, 4, 5 y 15 de este volumen), la lingüística textual ha estado atenta principalmente a establecer y determinar tipos textuales y a captar la variación (Davis 2004). Primero, y para las lenguas maternas, operó sistematizando las estructuras posibles y formas asociadas (Adam 1992; Bassols y Torrent 1997; Calsamiglia y Tusón 2012; Ciapuscio 1994; Loureda 2003; Núñez y del Teso 1996, y los autores de los capítulos 2, 3, 4, 5 y 9–12 en este volumen) y, progresivamente, ha establecido también los subtipos o géneros, condicionados por situaciones y contextos (Biber, Connor y Upton 2007; Koch y Oesterricher 2007; y Siebold y Robles Sabater, en este volumen, ocupándose por primera vez del español oral espontáneo, obtenido del corpus Val.Es.Co y actualizando el trabajo de Koch y Oesterreicher). Lingüística, tipología y didáctica basadas en modelos y en corpus han cooperado fluidamente aplicando lo teórico a lo empírico y proponiendo una sistematización de los datos observados en tipos susceptibles de imitación (en el sentido clásico del término *imitatio*) en el aula.

También la lingüística cognitiva y la estructural, desde los años 50 del siglo pasado, contribuyeron a la tipología cuando alumbraron los primeros enfoques textuales-cognitivos a los que los estudios de corpus también permitieron establecer asociaciones entre estructuras, situaciones, tipos y funciones. Desde entonces, existen en el mercado numerosos estudios que distinguen los tipos textuales y los géneros discursivos. Muchos de ellos están dedicados o escritos para profesores de enseñanza primaria, secundaria y bachillerato que deben enseñar modelos discursivos a hablantes nativos. Esos trabajos no suelen abarcar todos los tipos, ni suelen entrar en cuestiones léxicas ni en profundidades gramaticales; mucho menos en cuestiones didácticas. Predomina en ellos el foco en la lengua escrita y el proceso de escritura, en detrimento de la hablada. En el ámbito universitario, por su parte, la cuestión se reduce al ámbito académico (español académico, discurso expositivo-argumentativo; resúmenes, esquemas y *abstracts*), también muchas veces de forma más teórica que práctica, en la realización escrita y en la lengua materna del alumno.

En lo que se refiere al español como LE/L2, los manuales inspirados en esta tendencia (estructural, cognitiva) eluden las necesidades específicas de nuestros aprendices, ya que algunas de las cuestiones definitorias y estructurales que recogen entre sus páginas son universales. Así, es innegable que la argumentación o la narración tienen elementos definitorios comunes en todas las lenguas y no susciten mucha novedad inicialmente, pero escasean los materiales que iluminen las diferencias, que señalen qué es lo relevante para los nativos en esa situación y cómo lo codifican; y lo que más se echa de menos es el incidir en el trabajo intercultural posible. También se echa de menos el ahondar en las diferencias entre discursos orales (espontáneos, no planificados) de distintas fuentes (redes sociales, medios de comunicación, interacción cara a cara), sus condicionantes, sus metodologías de trabajo y su potencial didáctico (caps. 6, 7, 14). Todo ello constituye el nicho que viene a cubrir este libro a propósito de la mayor parte de los modelos discursivos que empleamos en la comunicación o, al menos, los de uso más frecuente.

1.1 El texto como unidad y los tipos de texto: perspectivas

La centralidad del texto como unidad es el punto de partida. Como decíamos más arriba, nos comunicamos a través de textos (orales y escritos) que presentan, en muchas ocasiones, un formato específico, es decir, *entornos comunicativos convencionalizados*, estructuras formales enfocadas a una comunidad discursiva específica en la que se producen determinados usos de los recursos léxico-gramaticales dirigidos a un fin pragmático concreto (Charaudeau 2012; Searle 1969, 1979) y en situaciones comunicativas estandarizadas, institucionalizadas y que incluso están a veces condicionadas por los medios (digitales, cara a cara, etc.) (Fox y Fox 2004). Los contextos y la convencionalización de las tradiciones discursivas, entre otros factores, implican aspectos cognitivos de recepción y emisión muy específicamente codificados, constituyen lo que se llama géneros textuales (Ivanetić 2003, 28), de los que se ocupa la segunda parte del libro.

En cuanto al carácter del texto como unidad de comunicación, existe consenso y se considera que, "cuando se produce una comunicación entre seres humanos es en forma de textos" (Isenberg 1976). Así se recoge también en el Marco común europeo para la enseñanza de las lenguas (*MCER* 2017, 95)[2], donde se afirma que, efectivamente "no puede haber un acto de comunicación por medio de la lengua sin un texto".

Es cierto que muchos textos presentan regularidades que hacen que puedan ser clasificados y asignados a un tipo textual concreto (*narración, exposición, diálogo...*) y que puedan ser estudiados de forma individual, independientemente de que puedan mezclarse en una situación de comunicación determinada. La abstracción tipológica es fruto de la regularidad obtenida de observaciones de multitud de textos y conduce a la tipología textual (la de las etiquetas y tipos de la dimensión vertical). Obviamente, la multimodalidad (esto es, la fluidez y superposición entre códigos y soportes en las entidades semióticas que constituyen la comunicación humana actual e imponen nuevas reglas) forma parte del hecho comunicativo, y entra a formar parte de la observación de la extracción de patrones caracterizadores y de la definición de las categorías como un condicionante más.

El texto es también, a su vez, un *fragmento* de comunicación con todas las características de significado lingüístico y significado pragmático que se le reconoce a cualquier texto (Alexopoulou 2011). Posee una organización interna y se atiene, por un lado, a un conjunto de reglas gramaticales y de coherencia que garantizan su significado y, por otro, a la estructuración textual global que representa el esquema de composición que lo caracteriza como tal (van Dijk 1978; de Beaugrande y Dressler 1981). Una secuencia de oraciones que carece de estructura, por tanto, no se percibe como texto, sino como un conjunto incoherente de enunciados. Por último, todo texto se encuadra en una situación de comunicación constituida por los componentes extralingüísticos siempre presentes en un acto de habla, sujetos a una dinámica de relación con otros textos (Heinemann y Heinemann 2005: 108) y sus objetivos funcionales (Brinker 2010; Jurin y Kriskovich 2017). Esa dinámica entre textos y situaciones de comunicación, cuya reiteración y recurrencia en distintas esferas de uso en la comunidad hace reconocibles por convencionalización, es otro estándar textual importante, sujeto a variación intercultural (Fox y Fox 2004). Los capítulos 1 a 5 del presente volumen abordan los tipos textuales desde estos supuestos estructuradores más generales; mientras que los capítulos 8 a 14 lo hacen planteando el análisis desde una selección de esferas de uso muy específicas que dan como resultado formas altamente convencionales (géneros discursivos periodísticos, publicitarios, científico-técnicos, jurídico-administrativos, académicos, literarios o de redes sociales). De las perspectivas que, a su vez, se abren dentro de lo que de forma general llamamos lengua hablada, se ocupan los capítulos 6 y 7. En el 6, los autores retoman el hilo de Koch y Oesterreicher (2007), quienes en su análisis no contaron con corpus orales extensos y actuales. Koch y Oesterreicher señalaban que, para español, entonces, solo había tres corpus orales disponibles bastante incipientes, sin una metodología adecuada ni fácilmente accesibles; entre los corpus que tenían grandes posibilidades y estaban en constitución resaltaban Val.Es.Co (1995), iniciado en la Universidad de Valencia. Pues bien, Siebold y Robles Sabater recogen aquí el testigo y hacen una aplicación erudita y didáctica de los criterios pioneros para caracterizar los géneros orales, contextos, etc., entrelazando la difusión de la metodología de los corpus y ofreciéndolos clasificados de acuerdo con los parámetros de Koch y Oesterreicher para las lenguas orales de la Romania, dejándonos preparados para aplicar su potencial para el aula. Dada la limitación de espacio, Siebold y Robles no ahondan en la explotación didáctica en su capítulo, aunque el siguiente da claves para ello, enlazando fluidamente. Así, en el capítulo 7, Ruiz Fajardo propone la Red y sus recursos como fuentes para la interacción oral (de forma complementaria al capítulo 6), presupone cierta familiaridad con la metodología de análisis de Val.Es.Co presentada por Siebold y Sabater para abordar la explotación didáctica de las interacciones, y ahonda más específicamente en la didáctica.

Paralelamente a la lingüística, también la psicología y la inteligencia artificial aplicada a la comunicación (Cooper y Larsson 1990; Denis 1997; Daniel y Denis 1998; Kinstch y van Dijk 1978; Psathas 1986, 1990, entre otros), desde fines del pasado siglo, han puesto de manifiesto la utilidad del estudio empírico de la interacción lingüística para elaborar modelos lingüísticos y cognitivos asociados a los géneros textuales (modelización de cómo se pide y da información en diálogos; de compra-ventas o consultas de averías o instrucciones de uso, por ejemplo). Son modelos que reflejan tanto la variación pragmática intercultural como una confluencia superior por el hecho de aplicar modelos cognitivos comunes (Brinker 2010; Heinemann y Heinemann 2005, entre otros) y que intentan dar cuenta, en definitiva, de cómo la mente organiza y recupera la información almacenada en la memoria. Por su parte, la aparición de los primeros corpus de producciones reales no solo de hablantes nativos sino también de no nativos ha permitido descubrir una variación importante en los géneros conversacionales y sistematizar las estrategias (no solo lingüísticas) que intervienen en la producción oral, fundamental pero no exclusivamente (como muestran los capítulos 4 y 5 de este volumen). Ejemplo de esto último lo constituyen los estudios multidimensionales de Biber (1988), Biber et al. (2006); Biber y Conrad (2009), Connor (1996, 2004) entre otros, quienes a partir del uso masivo de corpus extraen patrones textuales con restricciones contextuales, sensibles a rasgos (como el medio, presencialidad, inmediatez, interactividad, escrituralidad, etc.) que inciden en la convencionalización —o cristalización— en un género u otro y en la variación dentro de los propios géneros concretos (estilo), incluyendo el nativo y no nativo. Muchos de los estudios de corpus más conocidos en esta línea se han centrado en el inglés, si bien no solo (Biber et al. 2006, abordan el español). No obstante, su enfoque resulta no muy alejado de la propuesta de Koch y Oesterreicher (2007) para las lenguas románicas y se está usando recientemente en propuestas para géneros conversacionales y español LE/L2 (caps. 5 y 6 en este volumen).

No menos importante ha resultado la pragmática intercultural en el estudio de los textos y sus tipos, en especial de los conversacionales (Blum-Kulka 1979; Huang 2017; Kasper y Rose 2002; Kecskes 2011, 2017). Los estudios de corte pragmático sobre variación pragmática interlingüística e intercultural son, quizá, de los más novedosos y útiles para la enseñanza de lenguas extranjeras (ver Dumitrescu y Andueza 2018 para el español). Los estudios han abarcado desde la variación intercultural de géneros discursivos (Biber y Conrad 2009; Connor 1996, 2004; Swales

1990, etc.) a la que se da dentro de un género en particular (dar indicaciones, por ejemplo, cara a cara) y está provocada por las diferencias de género (Ewald 2010, 2012); por la edad de los participantes (hombres y mujeres; franjas de edad). Desde la variación en la presentación de uno mismo y de su imagen en función del género, especialmente en las redes sociales (López-Sáez, Morales y Lisbona 2008; Renau, Carbonell y Oberst 2012), a la que es producto de la diferencia entre situaciones planificadas o sin planificar, reales o simuladas —*role play* frente a cámara oculta— en el ámbito académico o profesional. Por supuesto, esta variación se da también en la vida moderna cuando interviene el uso de tecnologías en la producción de textos (orales y escritos), ya sean ordenadores, teléfonos inteligentes, etc.; ya se dé en contextos muy cerrados (instituciones jerarquizadas) o convencionales (como las taquillas para la compraventa de entradas de espectáculos o billetes de transporte). Las situaciones objeto de estudio desde la pragmática ponen de manifiesto diferencias de dominio estratégico (éxito o fracaso de la compra) y de competencia entre los hablantes. El potencial didáctico que ofrecen los estudios sobre ellas es importante en el aula porque aportan muestras extraídas de corpus con las que trabajar y evaluar funcionalmente la prestación comunicativa oral o escrita de géneros concretos.

En relación con la aportación de las tecnologías a la lingüística aplicada, en las décadas de los 90 y los 2000, se ha producido el desarrollo de herramientas y la aplicación de modelos de la lingüística computacional y la lingüística de corpus a la descripción de la lengua (ver por ejemplo la panorámica de Alonso Ramos 2016) a partir de la obtención y análisis de corpus de nativos y de aprendices, como el CAES del Instituto Cervantes (Rojo 2016; Rojo y Palacios 2016) o el *corpusdelespañol.org* de la Byram Young University (Davis 2004, 2009). Dichos estudios con corpus han arrojado resultados interesantes (Bratt, Kiesling y Rangel 2012; Díaz, Taulé y Enríquez 2018) sobre la variación en la realización de universales culturales (cortesía lingüística, gestual, etc.), la coincidencia en la aplicación de estrategias cognitivas comunes (aprendizaje de unidades léxico-semánticas), el recurso a rutinas y formas textuales coincidentes, o la preferencia por estructuras similares para funciones parecidas. Nada de esto resulta sorprendente, puesto que las necesidades funcionales en nativos y no nativos son las mismas.

En una línea distinta, las tecnologías también han permitido a los lingüistas aplicados la creación de herramientas de ayuda en el aprendizaje de lenguas asistido por ordenador, como el asistente de redacción *ArText* para textos especializados (da Cunha 2016) y tantas otras presentadas en el capítulo 15 de este volumen.

Por último, la perspectiva interdisciplinar aplicada a los estudios sobre textos de especialidad, para fines específicos, o especializados (Aguirre 2012; Gómez de Enterría 2010; Gómez de Enterría y Cabré 2006; Robles y Sánchez Lobato 2010, etc.) ha tenido un desarrollo muy fructífero dentro del panorama de la lingüística textual centrada en los contextos (especializados) de uso: turismo, medicina, administración, justicia, mecánica, arquitectura, comercio, cocina, etc. Su impacto no solo ha sido notable en publicaciones y foros científicos especializados (revistas, congresos y jornadas periódicas por especialidades o no) sino que ha incidido también de forma directa en la enseñanza de lenguas tanto maternas —o primeras— como segundas —o extranjeras—, y tanto en el entorno escolar como en la enseñanza universitaria o en la profesional. En la segunda parte del libro nos ocupamos de algunos de esos contextos y géneros (cap. 8 al 13), tomados desde la perspectiva de cada contexto (académico, profesional) elegido y ofreciendo una caracterización generalizadora, como atributo para reconocer y practicar la variación de los tipos textuales en géneros concretos en el aula. No tratamos aquí de los procesos de escritura, que tanto de forma general como a través de los géneros, hubiera resultado de interés. Las restricciones de espacio nos han llevado a primar otros aspectos menos tratados, pero remitimos al lector a la multitud de trabajos de Hylan y, en español, a los de Cassany, entre otros.

2 Cómo se estructura el contenido de esta obra

El libro se compone de quince capítulos. Cada capítulo cuenta con una estructura similar basada, fundamentalmente en tres aspectos: investigación sobre el tema, descripción del género, y didáctica y aplicación:

> Qué se ha hecho y cómo en la investigación, enseñanza y aprendizaje del modelo en cuestión (manuales de ELE, artículos sobre la enseñanza de ELE, reflexiones sobre otras lenguas en contraste con el español...); qué y cómo se ha descrito el tipo o género desde el punto de vista lingüístico; qué debe aprenderse de ese género o tipo (estructura, modelos textuales, léxico, sintaxis), su aplicación en la enseñanza de español como LE/L2... En concreto: contexto comunicativo en el que se emplea, nivel en el que debe introducirse, cuándo debe aprenderse (A1, A2, B1...) así como otras consideraciones relativas a la enseñanza del español como LE/L2, incluidas sugerencias metodológicas sobre cómo debe enseñarse (aplicación práctica, modelos de ejercicios, etc.).

Los 15 capítulos que componen el grueso del libro los hemos estructurado en cuatro partes. Salvando las discusiones teóricas en torno a tipos textuales y géneros textuales, y simplemente con un afán puramente organizativo, hemos separado los cinco primeros capítulos dentro del apartado de *Tipos textuales*. Abarcan la narración (cap.1), la descripción (cap.2), la argumentación (cap.3), la instrucción (cap.4), la exposición (cap.5) y las formas de diálogo (caps. 6 y 7). En una segunda parte hemos colocado los capítulos *Géneros discursivos y comunicación*. Dentro de este grupo hemos enfocado los contextos de uso, que condicionan la convencionalización en géneros discursivos, entre los que hemos seleccionado el discurso periodístico (cap.8), el publicitario (cap.9), el científico-técnico (cap.10), el jurídico-administrativo (cap.11), el académico (cap.12), el literario (cap.13). Asimismo, abordamos los usos de la lengua en las redes y las nuevas tecnologías (cap.14). Por último, hemos añadido un capítulo pensado como guía reflexiva, sobre los corpus con los que podemos trabajar de acuerdo con los textos estudiados (cap. 15). Así pues, como se puede comprobar, nuestra intención es reflejar tanto la lengua hablada como la escrita, y, ambas, tan extensamente (en capítulos) como intensamente (en cada capítulo) como ha sido posible, desde una perspectiva de uso comunicativo.

3 Objetivos, utilidad y estructura de la presente obra

Desde esta perspectiva integral sobre tipología textual que hemos venido exponiendo, el libro que ofrecemos es un instrumento vital para un futuro profesor de lengua española, tanto nativo como no nativo, ya que abarca prácticamente la totalidad de los moldes en los que se crea lengua y donde se insertan otros modelos de expresión. Además, permite plantear una metodología basada en el género en virtud de la cual se pueden llevar al aula todo tipo de contenidos, tanto formales como funcionales, semántico-textuales, como lingüístico-gramaticales o pragmáticos, ya que se pueden combinar determinados patrones formales o genéricos con la(s) macrofunción(es) y contenidos que se deseen trabajar. Así, la perspectiva que ofrece el género (dimensión horizontal) permite trabajar todos los recursos de la lengua desde distintos puntos de vista (funcional, nocional, léxico, gramatical, pragmático).

Asimismo, en la enseñanza de la LE/L2 es indispensable contar con modelos orales, esto es, con corpus de producción natural nativa que resultan especialmente útiles para profesores no nativos y para entornos de aprendizaje donde no es posible la inmersión natural en la lengua meta. Aplicar esos modelos y usar corpus orales exige familiarizarse previamente con una metodología de análisis de los rasgos de oralidad, conversacionales —en general— y propios de determinados géneros caracterizados por la interacción —en particular. Por esta razón, se han incluido en la primera parte dos capítulos para abordar la oralidad y su enseñanza sustantivamente (capítulos 6 y 7), para posteriormente, en la segunda parte, abogar y describir el potencial de las redes sociales (capítulo 14) y aconsejando, como cierre, reflexivamente otros recursos disponibles especificando, a modo de guía, su idoneidad para determinados contextos (capítulo 15).

Las dos partes del libro, conceptualmente, completan la perspectiva conversacional, reservando los primeros capítulos de cada parte más para la visión desde la modalidad escrita (con la que más familiarizado está el lector), pero no exclusivamente; e ilustran la fluidez de los rasgos de la interactividad comunicativa a través de los géneros y tipos textuales, el carácter en ocasiones borroso de sus fronteras, así como sus diferencias específicas y las consecuencias de todo ello en su didáctica.

Somos plenamente conscientes de que no caben todos los géneros posibles; y que dejamos fuera algunos modelos discursivos como, por ejemplo, el español de los negocios, el de la medicina, el turismo, la arquitectura o el arte. Es cierto que lo estudiado en el lenguaje científico-técnico afecta en parte a unos y a otros, lo mismo que el jurídico-administrativo, pero también es cierto que, en muchas ocasiones, las diferencias con los que aquí hemos traído son prácticamente léxicas, y que la obra que presentamos comparte objetivos con algunas de las dedicadas al español con fines específicos.

La selección de tipos y géneros se ha llevado a cabo teniendo en cuenta no solo las clasificaciones más citadas de estos modelos discursivos, sino también otros aspectos como la frecuencia, la rentabilidad (por ejemplo, su presencia en exámenes, certificados o en situaciones de la vida cotidiana en inmersión) o la actualidad de un modelo en cuestión (como los *blogs*). No debemos perder de vista que el presente trabajo va dirigido a aprendices de español LE/L2 o a profesores que pretenden explicar distintos modelos discursivos a dichos aprendices sin entrar en demasiadas disquisiciones teóricas, simplemente, enmarcar el discurso, describirlo y enseñarlo. La descripción de cada una de estas modalidades discursivas también puede ser útil igualmente para todo aquel que quiera acercarse al conocimiento de este tipo de textos o actualizarse en cuanto a los trabajos desarrollados al respecto.

Los autores que han trabajado en este libro tienen, deliberadamente, una procedencia variada. La intención que hemos perseguido los editores ha sido, no solo contar con un elenco de los mejores especialistas en el tema, sino también contar con investigadores que manejan diferentes variedades (y corpus de datos) del español, incluido el español de herencia, para conseguir una perspectiva pluricéntrica. Del mismo modo, en relación con los estándares de referencia, hemos intentado que no solo figure el Marco Común Europeo de Referencia para las Lenguas (*MCER*), sino también referencias a los vigentes en EE. UU., como puede ser el *American Council of the Teaching of Foreign Languages* (ACTFL). De cualquier manera, no hay que perder de vista la enorme dificultad de tener en cuenta las variedades del español de los distintos países de habla hispana en el espacio del que disponemos.

Nuestra intención, pues, ha sido que tanto alumnos como profesores puedan contar con un manual único en el que se trabajen distintos modelos textuales sin necesidad de acudir a artículos diseminados en revistas u obras menores que no abarcan todos los aspectos que es necesario conocer y trabajar en el ámbito de las distintas modalidades discursivas que se recogen en este libro. Así pues, profesores, formadores, alumnos de programas de máster de español pueden encontrar en él respuestas adecuadas, por un lado, a las tipologías textuales que componen una lengua, y por otro, a los géneros textuales más frecuentes y más rentables en la comunicación oral y escrita. Esperamos haber alcanzado nuestro objetivo y que la obra que presentamos responda a sus expectativas.

Bibliografía citada

Adam, J.M. 1992. *Los textos: tipos y prototipos. Relato, descripción, argumentación, explicación, diálogo*. Paris: Nathan.
Aguirre, B. 2012. *Aprendizaje y enseñanza de español con fines específicos*. Madrid: SGEL.
Albelda, M. y A. Briz. 2017. "Teaching Spanish Pragmatics through Colloquial Conversation". *MarcoELE* 25.
Alexopoulou, A. 2011. "Tipología textual y comprensión lectora en ELE". *Revista Nebrija de Lingüística aplicada* 9.
Alonso Ramos, M., ed. 2016. *Spanish Learner Corpus Research*. Amsterdam: John Benjamins.
Álvarez Angulo, T. 2001. *Textos expositivos-explicativos*. Barcelona: Octaedro.
Bassols, M. y A.M. Torrent. 1997. *Modelos textuales. Teoría y práctica*. Barcelona: Eumo Octaedro.
Bernárdez, E. 1995. *Teoría y epistemología del texto*. Madrid: Cátedra.
Biber, D. 1988. *Variation Across Speech and Writing*. Cambridge: Cambridge University Press.

Biber, D. y S. Conrad. 2009. *Register, Genre and Style*. Cambridge: Cambridge University Press.
Biber, D., M. Davies, J.K. Jones y N. Tracy-Ventura. 2006. "Spoken and Written Register Variation in Spanish: A Multi-dimensional Analysis". *Corpora* 1: 7–38.
Biber, D., Ulla Connor y Thomas A. Upton. 2007. *Discourse on the Move: Using Corpus Analysis to Describe Discourse Structure*. Amsterdam: John Benjamins Publishing.
Blum-Kulka, S. 1979. *Cross-Cultural Pragmatics: Requests and Apologies*. Norwood: Ablex.
Blum-Kulka, S., House, J. y G. Kasper. 1989. *Cross-Cultural Pragmatics: Requests and Apologies*. Norwood: Ablex.
Bratt, C., S.F. Kiesling y E. Rangel. 2012. *Handbook of Intercultural Discourse and Communication*. Chichester, Sussex: Wiley-Blackwell.
Brinker, K. 2010. *Linguistische Textanalyse. Eine Einführung in Grundbegriffe und Methoden*. Berlin: Erich Schmidt Verlag.
Brinker, K., G. Gantos, W. Heinemann y S.F. Sager, eds. 2000. *Text- und Gesprächslinguistik. Ein internationales Handbuch zeitgenössischer Forschung 1. Halbband (Linguistics of Text and Conversation: An International Handbook of Contemporary Research Vol. 1)*. Berlin/Nueva York: de Gruyter.
Briz, A. 1995. *La conversación coloquial. Materiales para su estudio*. Valencia: Universidad de Valencia. Anejo XVI de la *Revista Cuadernos de Filología*.
Calsamiglia, H. y A. Tusón. 2012. *Las cosas del decir* (3ª ed.). Barcelona: Ariel.
Charaudeau, P. 2012. "Problemas teóricos y metodológiocos en los estudios de la oralidad". En *Miradas multidisciplinares a los fenómenos de cortesía*, eds. J. Escamilla y G. Vega, 13–32. Estocolmo: EDICE-Universidad de Estocolmo.
Ciapuscio, G. 1994. *Tipos textuales*. Buenos Aires: Oficina de publicaciones CBC/UBA.
Connor, U. 1996. *Contrastive Rhetoric*. Cambridge: Cambridge University Press.
Connor, U. 2004. "Intercultural Rhetoric Research: Beyond Texts". *Journal of English for Academic Purposes* 3: 291–304.
Cooper, R. y S. Larsson. 1990. "Dialogue Moves and Information States". En *Proceedings of the 3rd Intl. Workshop of Computational Semantics*, eds. H.C. Bunt y E.C. Thijsee. The Nederlands: Tilburg University.
Cruz Piñol, M. 2012. *Lingüística de corpus y enseñanza del español como 2/L*. Madrid: Arco.
Cunha, I. y M.A. Montané. 2016. "Un análisis lingüístico de los géneros textuales del ámbito de la administración con repercusión en la vida de los ciudadanos". *XV IberoAmerican Symposium of Terminology* (RITERM 2016). Universidade de São Paulo (Brasil), October 18–21, 2016. http://sistema-artext.com/.
Daniel, M.P. y M. Denis. 1998. "Spatial Descriptions as Navigational Aids: A Cognitive Analysis of Route Directions". *Kognitionswissenschaft* 7 (1): 45–52.
Davis, M. 2004. *El uso del Corpus del Español y otros corpus para investigar la variación actual y los cambios históricos*. Tokyo: Univ. Sophia.
Davis, M., ed. 2009. *Corpus Linguistic Applications: Current Studies, New Directions*. Amsterdam: Rodopi.
Davis, M. 2017. *A Frequency Dictionary of Spanish: Core Vocabulary for Learners* (2ª ed.). Londres: Routledge.
De Beaugrande, R.A y W. Dressler. 1981. *Lingüística del texto*. Barcelona: Ariel.
Denis, M. 1997. "The Description of Routes: A Cognitive Approach to The Product of Spatial Discourse". *CPC 1997* 16 (4): 409–458.
Díaz, L. y R.M. Lucha. 2018. "Las cartas de solicitud de trabajo en ELE y la tradición discursiva en L1 y L2. A propósito de la didáctica de los textos conversacionales y sus géneros en el aula de ELE". *MarcoELE, revista de didáctica del español* 26.
Díaz, L., M. Taulé y N. Enríquez. 2018. "Being Polite at The Railway or Bus Station: How Role-Play Can Illustrate the Differences between Study Abroad Groups Vs Heritage Students and at-Home Groups of Spanish L2 University Learners". En *The Routledge*

Handbook of Study Abroad Research and Practice, eds. C. Sanz y A. Morales-Front, cap.7. Londres/New York: Routledge.

Dumitrescu, D. y P.L. Andueza. 2018. *L2 Spanish Pragmatics*. Londres: Routledge.

Ewald, J.D. 2010. "Do You Know Where X Is? Direction Giving and Female/Male Direction-Givers". *Journal of Pragmatics* 42: 2549–2561.

Ewald, J.D. 2012. "Can You Tell Me How To Get There? Naturally Occurring vs Role Play Data in Direction Giving". *Pragmatics* 22 (1): 79–102.

Fox, R. y J. Fox. 2004. *Organizational Discourse*. Westport, CT: Praeger.

Gómez de Enterría, J. 2010. "El lugar que ocupan las lenguas de especialidad para la enseñanza del español lengua extranjera". En *El español en contextos específicos: enseñanza e investigación*, eds. A. Vera y I. Martínez, 41–64. Comillas: Fundación Comillas.

Gómez de Enterría, M.J. y M.T. Cabré. 2006. *La enseñanza de los lenguajes de especialidad. La simulación global*. Madrid: Gredos.

Heinemann, M. y W. Heinemann. 2005. *Grundlagen der Textlinguistik*. Niermeyer: Tübingen.

Huang, Y. 2017. *The Oxford Handbook of Pragmatics*. Oxford: Oxford University Press.

Hunston, S. 2002. *Corpora in Applied Linguistics*. Cambridge: Cambridge University Press.

Hyland, K. 2000. *Disciplinary Discourses: Social Interactions in Academic Writing*. Ann Arbor, MI: University of Michigan Press.

Isenberg, H. 1976 (1983). *Grundfragen der Texttypologie. Ebenen der Textsructur*. Frantisek Danes y Dieter Vieweger (Hrsg), 303–342. Berlin.

Ivanetić, N. 2003. *Uporabni tekstovi*. Zagreb: Zavod za lingvistiku FF.

Jurin, S. y A. Kriskovich. 2017. *Texts and their Usage through Text Linguistics and Cognitive Linguistics Analysis*. Rijeka: FFRI, University of Rijeka.

Kasper, G. y K.R. Rose. 2002. *Pragmatic Development in a Second Language*. Oxford: Blackwell.

Kecskes, I. 2011. "Intercultural Pragmatics". En *Pragmatic Reader*, eds. D. Archer y P. Grundy, 371–387. Londres: Routledge.

Kecskes, I. 2017. "Crosscultural and Intercultural Pragmatics". En *The Oxford Handbook of Pragmatics*, ed. Y. Huang, 400–415. Oxford: Oxford University Press.

Kinstch, W. y T. van Dijk. 1978. "Toward a Model of Text Comprehension and Production". *Psychological Research* 85: 363–394.

Koch, P. y W. Oesterreicher. 2007. *Lengua hablada en la Romania: español, francés, italiano*. Madrid: Gredos.

López-Sáez, M., Morales, J.F. y A. Lisbona, A. 2008. "Evolution of Gender Stereotypes in Spain: Traits and Roles". *The Spanish Journal of Psychology* 11: 609–617.

Loureda Lamas, Ó. 2003. *Introducción a la tipología textual*. Madrid: Arco/Libros (2ª ed. 2017).

Lucha, R.M. y L. Díaz. 2017. "Tipos textuales expositivos, correos electrónicos y enseñanza de géneros textuales en ELE". *MarcoELE, revista de didáctica del español* 25.

Manchón, R.M., ed. 2012. *Second Language Writing Development: Multiple Perspectives*. Amsterdam: John Benjamins.

MCER (*Marco común europeo de referencia para las lenguas. Aprendizaje, enseñanza, evaluación*). 2002. Madrid: Ministerio de Educación, Instituto Cervantes y Anaya + North, B., Goodier, T., Piccardo, E. 2017. *Companion Volume*. Council of Europe, provisional edition.

Núñez, R. y E. Del Teso. 1996. *Semántica y pragmática del texto común*. Madrid: Cátedra.

Psathas, G. 1986. "The Organisation of Directions in Interaction". *Word* 37 (1–2): 83–91.

Psathas, G. 1990. "Direction Giving in Interaction". Reseaux. Hors Série 8 (1). *Les formes de la conversation*, 1: 183–198.

Regueiro, M.L. y D.M. Sáez Rivera. 2013. *El español académico. Guía práctica para la elaboración de textos académicos*, Madrid: Arco/Libros, SL.

Renau, V., Carbonell, X. y U. Oberst. 2012. "Redes sociales *on line*, género y construcción del self". *Aloma* 30 (2): 97–107.

Robles, S. y J. Sánchez Lobato, eds. 2010. *Teoría y práctica de la enseñanza-aprendizaje del español para fines específicos*. Madrid: SGEL.
Rojo, G. 2016. "Los corpus textuales del español". En *Enciclopedia lingüística hispánica*, ed. J. Gutiérrez-Rexach, 285–296. Oxon: Routledge.
Rojo, G. y Palacios, I. 2016. "Learner Spanish on computer". En *Spanish learner corpus research*, ed. Margarita Alonso Ramos, 55–87. Amsterdam: John Benjamins.
Searle, J. 1969. *Speech Acts: An Essay on the Philosophy of Language* (Trad. Esp.: *Actos de habla*, Madrid: Cátedra).
Searle, J. 1979. *Expression and Meaning*. Londres/Cambridge: Cambridge University Press.
Swales, J.M. 1990. *Genre Analysis: English in Academic and Research Settings*. Cambridge: Cambridge University Press.
Tognini-Bonelli, E. 2001. *Corpus Linguistics at Work*. Amsterdam: John Benjamins.
Val.Es.Co (Valencia.Español.Coloquial, www.valesco.es)
van Dijk, T. 1992. *La ciencia del texto*. (3ª ed.1978). Barcelona: Paidós.
van Dijk, T.A. 1978/1980. *Texto y contexto*. Madrid: Cátedra.

PARTE I
Tipologías textuales

1

LAS NARRACIONES EN LA ENSEÑANZA-APRENDIZAJE DEL ESPAÑOL LE/L2

Llorenç Comajoan-Colomé y Rafael Salaberry

1 Introducción

Este capítulo tiene como objetivos principales presentar las narraciones desde el punto de vista de la interacción humana y como herramienta didáctica para enseñar lenguas. A partir de una introducción en que se presentan los distintos enfoques metodológicos y teóricos sobre el estudio de las narraciones, se hace un repaso a la narración y la adquisición de primeras y segundas lenguas. En concreto, se hace hincapié en distintas hipótesis que explican el desarrollo de las formas y usos de los tiempos perfectivos e imperfectivos en español y de los distintos retos metodológicos y teóricos que presentan. En lo que se refiere a la parte didáctica del capítulo, se centra en la manera como las narraciones aparecen en los currículos de español como LE/L2 tanto en Estados Unidos como en Europa y se destacan diversos puntos débiles en ellos como son la falta de concreción sobre el orden de enseñanza de los distintos tiempos o del papel de la interacción en el desarrollo de las narrativas. Finalmente, se incluye un apartado dedicado a la perspectiva didáctica que incluye cinco recomendaciones para el diseño de actividades destinadas al desarrollo de las narrativas en español como L2.

2 La *narración* en el aprendizaje de segundas lenguas (L2)

¿Cuántas veces en la clase de español como segunda lengua hemos hecho un ejercicio en que pedimos a los alumnos que nos expliquen un cuento o que nos narren lo que ven en una secuencia de viñetas? Detrás de este tipo de ejercicios suele esconderse un interés por algún aspecto gramatical, a menudo el uso de los tiempos del pasado, y en cada uno de los casos se pide a los aprendices que produzcan una narración en la que una serie de eventos ordenados en el pasado se recuentan en el momento de la enunciación. Tal proceso es de una complejidad notable, tal como puede testimoniar cualquier docente de lenguas. En este capítulo, nos centramos en la definición de narración, los factores de adquisición de lenguas que intervienen en las narraciones y su didáctica para desarrollar la interlengua de los aprendices de español.

Para la mayoría de los profesores de español como L2, es probable que el concepto *narración* o *discurso narrativo* se relacione con relatos en el pasado narrados por los alumnos de forma escrita u oral. Si bien esta conceptualización de narración no deja de ser válida, en los últimos años la definición de narración se ha expandido. Bamberg (2016) hace un repaso a las distintas definiciones de narración desde una perspectiva interdisciplinaria y propone la existencia de dos enfoques principales, el denominado *textual/cognitivo* y el *comunicativo/interactivo* (véase también De Fina y Georgakopoulou 2012 para un desarrollo más amplio de las perspectivas). Mientras que el primero se centra en la tradición estructuralista, con un énfasis en las características definitorias de las narraciones y su estructura y en la manera como tales estructuras quedan representadas mentalmente, el segundo parte de las prácticas de comunicación e interacción de los seres humanos y sitúa las narraciones en un marco más amplio (Tabla 1.1).

Dentro del enfoque textual/cognitivo, destacan dos caracterizaciones de las narraciones que han tenido un impacto considerable en los estudios lingüísticos y de adquisición de lenguas: los *planos del discurso* (Hopper 1979) y el modelo narrativo de Labov y Waletzky (1967) y Labov (1972) en inglés, y de Silva-Corvalán (1983) para el español. Los planos del discurso (*discourse grounding,* en inglés) hacen referencia a las maneras como los acontecimientos en el mundo real se presentan con más o menos prominencia mediante el uso de la estructura narrativa. Es un concepto central de la lingüística cognitiva y que en la investigación en adquisición del lenguaje tiene sus orígenes en la obra de Hopper principalmente, quien caracterizó el *primer plano* o *figura* (*foreground*) y *segundo plano* o *fondo* (*background*) de la siguiente

TABLA 1.1 Enfoques metodológicos y teóricos sobre el estudio de las narraciones.

	Enfoque textual/cognitivo	*Enfoque comunicativo e interactivo*
Foco	• estructuras textuales y su representación cognitiva • narraciones como productos	• prácticas de interacción y culturales • narraciones como procesos
Definición de narrativa	• definiciones *nominales*: el texto, la conversación, el producto, etc.	• definiciones de *actividad*: narrar, relacionarse, conversar, vivir, etc.

Marco teórico	• La narración como...
	  a) texto estructurado
	  b) experiencia vivida
	  c) método cualitativo de investigación en las ciencias sociales y las humanidades
		• La narración como "prácticas situadas y culturales que... tienen un impacto en la manera cómo los seres humanos dan sentido a ellos mismos" (2) (traducción de los autores).

Fuente: a partir de Bamberg 2016.

manera: 1) los planos del discurso son un universal del discurso narrativo: mientras que el primer plano marca la línea de la historia, el segundo plano proporciona el material de apoyo, 2) la propiedad definitoria del primer plano es la secuencialidad, es decir la iconicidad entre el orden en que tuvieron lugar los acontecimientos en el mundo real (no lingüístico) y la manera como se narran (lingüísticamente), 3) el discurso (y no las formas o las categorías lingüísticas) es primario, es decir las categorías lingüísticas emergen del discurso, y 4) los planos del discurso se pueden marcar con una variedad de mecanismos lingüísticos (morfología temporal, aspectual, orden de palabras, voz, etc.) (véase Comajoan 2013 para un repaso de la definición de los planos del discurso y su evolución).

Del modelo de Labov y Waletzky cabe destacar la idea de que las narraciones suelen tener una estructura bastante fija (resumen, orientación, acción de complicación, resolución y coda) y que la función de las narraciones no es puramente *referencial* en el sentido de narrar acontecimientos ordenados cronológicamente sino que también incluye una segunda función, denominada *evaluativa* y que proporciona la actitud del hablante hacia la narración que está contando (responde a la pregunta *So what?/¿Y qué?*). En este sentido el mérito de Labov y Waletzky fue resaltar lo subjetivo de las narraciones y las motivaciones de los hablantes para producirlas (véase Calsamiglia y Tusón 2012 para la evolución de los distintos modelos textuales y cognitivos de las narraciones).

Cuando se habla de narración a menudo se hace la distinción entre *tipos* de discurso, *géneros* de discurso y *modo* de discurso. En cada caso, la discusión ha transcurrido por diferentes teorías más o menos en boga durante distintas épocas. A grandes rasgos, los *tipos* de textos son maneras de organizar el discurso que tienen correlatos lingüísticos y estructurales bastante fijos y convencionales, tal como ha descrito la narratología (Alexopoulou 2011). En cambio, los *géneros* se relacionan de manera más estrecha con los eventos comunicativos y sus propósitos específicos anclados en lo social y comunicativo (Alexopoulou 2011; Dolz y Gagnon 2010; Zayas 2012). Por ejemplo, se puede argumentar mediante la narración, pero no se puede realizar la operación inversa (De Fina y Georgakopoulou 2012). Dicho de otra manera, la narración es un tipo textual que puede desempeñar más de un tipo de discurso (o género). Los registros asociados con cada uno de los tipos de texto son múltiples (Adam 1997). Por ejemplo, al tipo argumentación le corresponden varios géneros (reseña, crítica, debate, carta al director, comunicación científica, etc.). Finalmente, De Fina y Georgakopoulou (2012, 15) resaltan la manera de definir las narraciones "como un modo de pensamiento, comunicación y aprehensión de la realidad específica de los seres humanos". Tal conceptualización de la narración como modo surge a raíz de lo que se denomina el "giro narrativo" (*narrative turn*) que tuvo su comienzo en el mundo anglosajón alrededor de los años 80.

En conclusión, a lo largo de los siglos XX y XXI, ha habido diferentes enfoques teóricos y de análisis sobre las narraciones que han tenido un impacto considerable en los campos del análisis literario, la antropología o el análisis del discurso. Este cambio (denominado *giro narrativo*) desde un énfasis en los eventos y su orden cronológico hacia un énfasis en las experiencias (De Fina y Georgakopoulou 2012, 20) también tuvo su impacto, aunque algo más tarde, en la disciplina de la adquisición de lenguas y se denominó *giro social* (Block 2003). Su impacto en la enseñanza de lenguas también se ha notado, aunque probablemente sea todavía menor en la manera de enseñar narraciones en las aulas (véase el apartado 4).

3 Narración y adquisición de lenguas

Considerando la relevancia de la perspectiva de la narración como texto estructurado en el campo de la adquisición de lenguas, no es de extrañar que investigadores como Pavlenko (2006) concluyan que el uso de la narración en la enseñanza de lenguas se haya centrado mucho más en la definición de narración como texto lingüístico (producto) más que como actividad de interacción humana (modo). Pavlenko atribuye esto al hecho de que a menudo no se define en qué consiste la competencia narrativa en una LE/L2 y a que la enseñanza de segundas lenguas ha tendido a privilegiar la competencia lingüística en desmedro de lo que ella denomina la enseñanza de la narración. Pavlenko agrega que esto es así probablemente debido a la creencia equivocada de que, si el alumno puede construir frases de manera correcta, necesariamente también sabe narrar bien. Sin embargo, la competencia narrativa y la competencia lingüística no son necesariamente equivalentes, ni tampoco lo son las medidas de complejidad sintáctica o el vocabulario.

A efectos de analizar la adquisición de la capacidad narrativa, vamos a utilizar una definición basada en los presupuestos teóricos resumidos en la sección anterior. Por lo tanto, concluimos que la habilidad o competencia narrativa se refiere a la capacidad de crear una narración (personal o ficticia) cuya estructura refleja tanto relaciones gramaticales y de principios pragmáticos como ciertas convenciones sociales y culturales. La narración se enfoca no solamente en las personas, los eventos y los lugares en que ocurren (que proveen el hilo conductor de una historia), sino que también incluyen un elemento de evaluación dado por el componente de la experiencia en sí misma. Además, a partir del hecho de que una narración puede ser compartida con un interlocutor o lector (independientemente de espacio y tiempo) se reconoce un aspecto social interactivo en la narración.

3.1 Narración y adquisición de primeras lenguas

Los estudios de la adquisición de las narraciones en niños gozan de gran tradición en la disciplina de la adquisición del lenguaje infantil (Berman y Slobin 1994; Strömqvist y Verhoeven 2004; Verhoeven y Strömqvist 2001). Dichos estudios concluyen que los niños tienen menos opciones expresivas que los adultos para construir narraciones por tres razones (Berman y Slobin 1994, 15): 1) cognitivamente, no tienen a disposición un rango suficiente de perspectivas para codificar, 2) comunicativamente, todavía no son capaces de tener en cuenta el punto de vista del interlocutor, y 3) lingüísticamente, todavía no dominan los mecanismos formales lingüísticos para expresar lo que quieren decir. Además, los tres factores interactúan entre sí. Por ejemplo, Karlsen y Lyster (2016) estudian los factores cognitivos, lingüísticos y contextuales en la producción de narraciones en noruego como LE/L2 (urdu/punjabi L1) mostrando que los tres están entrelazados y, en concreto, que los contextuales (libros en los hogares de los niños, progenitores que les cuentan cuentos a los niños y experiencias narrativas en las escuelas) tienen un peso muy importante. Según Berman y Slobin no es hasta la etapa escolar que muchos niños consiguen con relativo éxito poner en funcionamiento los tres aspectos, que en la edad adulta se revestirán todavía de más complejidad (véase, por ejemplo, Bronckart y Bourdin, 1993 para los resultados escolares de usos verbales según distintos tipos de textos). Sebastián y Slobin (1994), por ejemplo, muestran como los niños ya a la edad de 3 años combinan en español las formas perfectivas con las imperfectivas para referirse a estados y predicados durativos (todos los ejemplos provienen de Sebastián y Slobin 1994):

(1) El perro se acercó a la ventana, descansaba —no se levantaba. Se cayó. (edad 3, 6)
(2) Aquí es que buscaba a la rana. Aquí que lo encontraron. (edad 3, 11)

Además, a la edad de 5 años aproximadamente, los constrastes de perfectividad e imperfectividad sirven para marcar la aspectualidad de los predicados y los planos del discurso. Así, se usan las formas perfectivas para marcar aspecto perfectivo y el primer plano narrativo, mientras que se usan las imperfectivas para predicados imperfectivos en el segundo plano:

(3) El perro quería coger el tarro de miel que estaba colgado en el árbol. El niño veía un agujero, y estaba llamando por el agujero. Salió la rata, y el niño se puso la mano en la nariz.

3.2 Narración y adquisición de segundas lenguas en aprendices adultos

Al inicio de este apartado, hicimos notar que la competencia narrativa y la competencia lingüística no son necesariamente equivalentes, ni tampoco lo son la competencia narrativa y las medidas de complejidad sintáctica o de vocabulario. Con respecto a estas últimas dos categorías, Pavlenko (2006) propone que la descripción de la narración se puede hacer —además de mediante su estructura organizacional como argumentan Labov, Silva-Corvalán y otros investigadores— desde el punto de vista de la conexión entre cláusulas y oraciones; es decir, desde el punto de vista de la cohesión narrativa. Dicha cohesión se consigue a través del uso tanto de recursos léxicos (deixis, pronombres, frases adverbiales, etc.) como de recursos gramaticales (aspecto y tiempo, conectores que marcan funciones semánticas y pragmáticas, etc.). La habilidad de establecer la cohesión entre cláusulas y oraciones es importante, dado que Berman (2001), entre otros, nota dificultades en la narración de estudiantes de segundas lenguas en cuatro niveles: gramática, léxico, funciones discursivo-retóricas y registro. Si bien en este apartado analizamos en detalle el importante factor del marcaje de tiempo y aspecto (gramática), las otras tres categorías lingüísticas identificadas por Berman representan otro importante objetivo de aprendizaje para poder realizar una narración en lo que respecta a la cohesión narrativa.

Los estudios de adquisición de segundas lenguas en adultos, y en particular del español y otras lenguas romances con morfología verbal perfectiva e imperfectiva, tuvieron un auge importante a partir de los años 80, comenzando con los estudios de Roger Andersen y sus estudiantes (Salaberry 2008). Estos estudios se enfocaron mayormente en el uso de las formas verbales en narraciones orales y escritas y postularon una serie de hipótesis alrededor de las variables que intervienen y explican la distribución de la morfología verbal en las narraciones en segundas lenguas. La Hipótesis del Aspecto (Andersen 1991) propone que la adquisición de la morfología verbal de tiempo-aspecto se da en forma secuencial en correlación con el significado aspectual léxico de los predicados verbales. Concretamente, el uso de la forma perfectiva (pretérito perfecto simple) se marca inicialmente en verbos de logros (*caer, llegar*), seguidos de las realizaciones (*escribir un mensaje, cantar una canción*), después las actividades (*escribir, cantar*) y finalmente los estados (*gustar, poder*). En contraste, el pasado imperfectivo (pretérito imperfecto) aparece más tarde que el perfectivo y es marcado también en forma secuencial primero con verbos de estado, luego actividades, después realizaciones y finalmente logros. Investigaciones posteriores toman como punto de partida la llamada Hipótesis del discurso (Bardovi-Harlig 2000) considerando un constructo similar al del aspecto léxico, pero reemplazándolo por el de planos narrativos (primer plano y plano de fondo).

Los estudios sobre estas dos hipótesis y otros estudios relacionados han presentado evidencia de resultados importantes sobre el desarrollo de las habilidades narrativas asociadas a la utilización de marcadores morfosintácticos de tiempo y aspecto (Comajoan 2014) y que resumimos en los tres puntos a continuación:

1 En un primer estadio, los aprendices marcan las formas de pasado en las narraciones con la morfología de pasado que tienen a disposición. En muchos casos, como la primera forma de pasado que se enseña en el aula es el pretérito perfecto simple (*canté, viví*, etc.), usan esta forma en la mayoría de los contextos de pasado (perfectivos e imperfectivos) (Hipótesis del pasado por defecto, Salaberry 1999).

(4) Yo admiro mi abuelo porque el <u>fue</u> muy amable y siempre ayudarme con todo mi tarea. Cuando era nina siempre <u>fue</u> el mercado con mi abuelo y el <u>compre</u> los dulces para mi. (A2, L1 inglés, CAES. Todos los ejemplos marcados con CAES proceden del Corpus de aprendices de español, Instituto Cervantes: http://galvan.usc.es/caes/search)

2 A medida que los aprendices construyen narraciones, tienden a usar la morfología de tiempo-aspecto de pasado en combinaciones prototípicas de morfología y aspecto léxico (Hipótesis del aspecto) y de morfología y planos del discurso (Hipótesis del discurso). En las lenguas con morfología perfectiva e imperfectiva en el pasado, los aprendices en estadios iniciales tienden a usar primero las formas

perfectivas para marcar predicados télicos (logros y realizaciones) y en el primer plano. Más tarde, emergen las formas imperfectivas, para marcar el segundo plano, mayormente en predicados atélicos (estados y actividades) (Bardovi-Harlig 2000; Salaberry 2011; Comajoan 2005; Shirai y Andersen 1995; pero véanse también Domínguez et al. 2013; Labeau 2005; Whatley 2013).

(5) <u>Volvíamos</u> al lugar que mis amigos estaban y <u>jugabamos</u> un poco más en el mar. De repente, <u>ví</u> bajo y no <u>tenía</u> mi bañadera, el mar lo <u>dío</u>. <u>Estaba</u> muy muy muy vengüenza. Mi cara <u>estaba</u> roja y empenzaba llovar. (A2, L1 inglés, CAES)

3 A medida que los aprendices desarrollan su discurso narrativo (y avanzan en su interlengua), tienden a usar combinaciones protipícas de aspecto léxico y planos del discurso dentro de narraciones más complejas (Salaberry 2011, 2013).

(6) Estaba en España antes de las leyes anti-tobaco. Me sorprendió que estuvieran tantos fumares en los bares y restaurantes. Cuando salía, mis ojos me dolían mucho, y mi ropa olía. (B2, L1 inglés, CAES)

Los estudios anteriores no solo han demostrado la existencia de etapas de desarrollo en la capacidad de uso de marcadores morfosintácticos de tiempo y aspecto, sino que también han identificado el efecto de factores metodológicos sobre dicho desarrollo. Así, Bardovi-Harlig (2013) mostró que dentro de las narraciones podemos distinguir varios tipos: las conversacionales (espontáneas), las elicitadas, las personales, las impersonales (por ejemplo, mediante el visionado previo de fragmentos de películas) y las personalizadas (por ejemplo, haciendo que adoptemos el punto de vista de un personaje no humano de una narración). Los distintos tipos de narraciones pueden ofrecer a los interlocutores diferentes oportunidades para interactuar y proporcionar estructuras narrativas que contengan muestras de lengua. Por ejemplo, Noyau (1990) notó que las narraciones personales pueden ofrecer más oportunidades para proporcionar información asociada al segundo plano narrativo, ya que el aprendiz lo conoce de antemano mientras que en las narraciones no personales tales oportunidades de segundo plano (y, por consiguiente, de morfología imperfectiva) pueden ser menores. Otros factores metodológicos para tener en cuentas son, por ejemplo, si se evalúa una narración por teléfono o en interacción en vivo (Brown, Cox y Thompson 2017), la complejidad de la narración (con una o más de una historia) y la estructura narrativa (con la historia más o menos clara desde el punto de vista narrativo) (Tavakoli y Foster 2011) o si se hace a través del modo escrito u oral (Gilabert, Manchón y Vasylets 2016). Como parte de los factores metodológicos debemos incluir el efecto de la instrucción. Por ejemplo, el efecto de presentar en el aula un marcador de aspecto antes que el otro puede considerarse una variable independiente en la determinación de lo que incide en el aprendizaje de la estructura de una narración. Finalmente, cabe destacar también que la transferencia de la L1 y la manera como se organizan y visualizan los eventos en distintas lenguas tienen una influencia notable en la manera como se construyen en una LE/L2

(Von Stutterheim *et al.* 2012) así como distintos factores sociolingüísticos (género, tiempo en el extranjero y años de estudio, Geeslin y Gudmestad 2010).

Los datos que se acaban de presentar son evidencia de la complejidad del proceso de adquisición de una LE/L2 y de la competencia narrativa en particular. Llegados a este punto nos podemos formular dos preguntas: ¿hasta qué punto los aprendices son conscientes de las distintas influencias de los distintos factores mencionados anteriormente? y ¿hasta qué punto son conscientes de ellas los docentes de segundas lenguas? Liskin-Gasparro (2000) preguntó a estudiantes de nivel avanzado de español (inglés L1) por qué usaban pretérito o imperfecto en narraciones que habían acabado de producir y mencionaron cuatro influencias: a) la influencia de la distribución de la morfología verbal según los planos del discurso narrativo, b) el aspecto léxico, c) el papel del narrador en la construcción del discurso (cuando se metían en la narración usaban imperfecto mientras que cuando salían usaban el pretérito) y d) el impacto de las reglas de uso del pretérito e imperfecto proporcionadas en clase. En cuanto a la pregunta sobre si los docentes mismos conocen las distintas variables que intervienen en la adquisición de las formas verbales del pasado, no conocemos estudios específicos sobre el tema, pero para el caso del catalán como LE/L2 para adultos Comajoan (2015) muestra que los libros de texto en general no tienen en cuenta los resultados de los estudios de adquisición para la enseñanza de las formas y usos del pasado.

En resumen, disponemos hoy en día de un número considerable de resultados de estudios de adquisición sobre el desarrollo de la competencia narrativa tanto en niños como en adultos. Sin embargo, hay que preguntarse si los resultados de estos estudios son relevantes o no para los docentes de lenguas que batallan en su día a día en las aulas y cómo se pueden construir más lazos de comunicación entre investigadores y docentes.

4 Narraciones y didáctica de la lengua

En esta sección, a partir de un repaso de tres documentos curriculares de español como L2, se llega a la conclusión de que a nivel curricular todavía hay un énfasis en lo narrativo como algo estructurado y poco interactivo y se presentan una serie de recomendaciones para diseñar actividades que integren narraciones y que tengan en consideración los temas expuestos en el capítulo.

4.1 Las narraciones en los currículos de español como L2

Varios documentos programáticos dedicados a modelar las secuencias de aprendizaje del español incluyen las narraciones con cierta prominencia. Dichos documentos son importantes a nivel pedagógico porque a menudo representan el único o el más importante punto de referencia para algunos docentes de español. A continuación resumimos el papel de las narraciones en tres de tales documentos: el Marco Común Europeo de Referencia para las Lenguas del Consejo de Europa (MCER 2017), el Plan Curricular del Instituto Cervantes (PCC 2006) y los Estándares del American Council on the Teaching of Foreign Languages (ACTFL 2012, 2015).

El MCER menciona en varios de sus apartados las narraciones y en varios de sus descriptores de nivel aparece la noción de narración. Por ejemplo, en el punto 5.2.3.1 referente a la competencia discursiva, aparece el "desarrollo de descripciones y narraciones" (122) con una secuencia de adquisición. Cada nivel toma como punto de partida la definición dada inicialmente en la escala del nivel B1, la cual es luego expandida sucesivamente con varios detalles de las habilidades determinados para niveles superiores:

- B1: Realiza con razonable fluidez narraciones o descripciones sencillas mediante una secuencia lineal de elementos.
- B2: . . . ampliando y apoyando sus puntos de vista sobre los aspectos principales, con detalles y ejemplos adecuados.
- C1-C2: . . . integrando varios temas, desarrollando aspectos concretos y terminando con una conclusión apropiada.

Se nota en esta definición secuencial una referencia clara a la perspectiva narratológica de los planos del discurso.

El PCC dedica su apartado número 5 a las funciones de la lengua y sitúa la función de "narrar" dentro de la función de "dar y pedir información". El apartado 7 está dedicado a los "géneros discursivos y productos textuales" y ahí se incluye, dentro del apartado 3 de macrofunciones, la macrofunción narrativa, desglosada por niveles. Se sigue a Adam (1992) para la distinción entre funciones (descripción, narración, argumentación, exposición y diálogo) y se proporciona la siguiente información para cada nivel del MCER: 1) un proceso prototípico de narración (situación inicial, complicación, acción, resolución y situación final), 2) la inserción de secuencias (por ejemplo, descriptiva o dialogal) para mostrar que las secuencias textuales no son puras sino que mezclan tipos de textos distintos y 3) los elementos lingüísticos que intervienen en las funciones (por ejemplo, el uso de los tiempos verbales o la deixis personal). En este documento se puede apreciar, de nuevo, la influencia del enfoque de la narración como producto textual estructurado ya que el énfasis es en las características lingüísticas que integran el texto y las nociones de los planos del discurso.

Finalmente, en los estándares de ACTFL (2015), dentro del "estándar de comunicación presentacional", se postula que los aprendices deben saber "narrar sobre una variedad de temas haciendo uso de medios apropiados y adaptándose a audiencias varias de interlocutores, lectores y escuchas". Más en concreto, en los "Estándares de ACTFL 2012" las narraciones ocupan un lugar central en las *proficiency guidelines* (guías de nivel). La descripción más extensa de la capacidad narrativa se presenta en el componente de habilidad oral. Por ejemplo, para el nivel "Advanced-Mid" los hablantes:

demuestran la habilidad de narrar y describir en los tiempos verbales principales (pasado, presente y futuro) proveyendo una historia completa con buen control de aspecto, mostrando adaptación flexible a las necesidades de la conversación. La narración y la descripción tienden a combinarse e integrarse para relatar hechos centrales y secundarios en un discurso organizado por párrafos.

Aunque a primera vista el marco programático de ACTFL presenta una descripción bastante amplia de la habilidad narrativa, dicha referencia está claramente asociada a un concepto de narración de lengua escrita. Por ejemplo, en la descripción de la narración oral se utiliza el concepto de párrafo y no el de turno de habla.

En resumen, los tres documentos que acabamos de reseñar tienen utilidad a nivel descriptivo ya que muestran los diferentes elementos que intervienen en la función narrativa, pero desde el punto de vista tanto explicativo como predictivo tienen poca utilidad ya que no tienen en cuenta ni valores definitorios fundamentales de la capacidad narrativa ni de los procesos de adquisición de lenguas (y los resultados de sus estudios). Por ejemplo, en ningún caso se hace referencia al desarrollo de los distintos tiempos verbales (orden: presente, pretérito, imperfecto) o a la influencia del aspecto léxico. Por otro lado, si bien el modelo de ACTFL menciona el efecto del interlocutor de forma indirecta ("adaptación flexible a la conversación"), dicha referencia no tiene en cuenta factores de cohesión y co-narración que se consideran esenciales en las definiciones de narraciones de las últimas dos décadas.

4.2 Perspectivas didácticas de las narraciones

Si bien el uso de narraciones en la enseñanza de lenguas se ha centrado en la narración más como producto (texto lingüístico) que como actividad (interacción humana) (Pavlenko 2006), también es verdad que ya existe un número considerable de trabajos sobre la enseñanza-aprendizaje de lenguas que giran alrededor del concepto de género discursivo y aprendizaje de lenguas relacionado con los aspectos más comunicativos e interaccionales de las lenguas. Por ejemplo, en la enseñanza de lenguas en educación primaria y secundaria en España hay una cierta tradición de partir de los géneros discursivos para la enseñanza de la expresión escrita mediante *secuencias didácticas* y la *reflexión metalingüística* (Zayas 2012; Dolz y Gagnon 2010). Las ventajas que presenta trabajar a partir de géneros son para Dolz y Gagnon numerosas, entre las que destacan las siguientes: 1) permite ver las diferencias y semejanzas dentro de un mismo género y facilitar la transferencia de uno al otro, 2) obliga a reflexionar sobre las prácticas sociales de cada género, y 3) da sentido al aprendizaje, es decir, facilita que los aprendices, a partir de ciertos usos, se den cuenta de sus expectativas, sus usos, estrategias para confeccionar los textos, etc.

En los distintos libros de texto de español como L2, se ha podido observar cómo conviven al menos dos perspectivas para enseñar la competencia discursiva escrita: la gramatical y la comunicativa (Llamas 2010). Así, a partir del análisis de 11 libros de texto de los niveles B2 y C1 Llamas llega a la conclusión de que los libros de texto tienen más en cuenta la perspectiva comunicativa que la gramatical y que hay que centrarse en el alumno y ver qué dominio de competencia discursiva y gramatical tiene en su L1 porque las dos no suelen ir juntas. Por otro lado, existen ya varios proyectos que adoptan un enfoque comunicativo de la narración y explotan las distintas maneras como se relacionan la narración, la construcción de la identidad y el aprendizaje de las lenguas (Barkhuizen 2015; Coffey y Street 2008; Mendieta 2013).

5 Conclusión

A raíz de lo que se ha expuesto en el capítulo, en esta última sección proporcionamos cinco recomendaciones para el diseño de actividades didácticas para el desarrollo narrativo en español como L2. Sin duda, se trata de recomendaciones generales que habrá que adaptar a las necesidades de los alumnos y de su entorno educativo.

a) Combinar la narración como producto y como proceso de acción. La definición de narración no solo como producto textual sino también como proceso nos lleva a usar la narración no solo para contar algo (uso referencial) o para poner en uso algunas estructuras lingüísticas (uso instrumental) sino como actividad central humana que nos permite explicarnos ante los otros y construir junto a los otros las experiencias humanas (uso experiencial). La presencia de las narraciones como productos e instrumentos está probablemente asegurada en las aulas hoy en día ya que las actividades narrativas con textos gozan de gran tradición (véase Wajnryb 2003 para un catálogo de actividades). Por otro lado, existen experiencias en que los aprendices narran a lo largo de las actividades para desarrollar distintas tareas (Byrnes y Sprang. 2004). Por ejemplo, una actividad que ya goza de cierta tradición es el trabajo alrededor de las autobiografías lingüísticas, excelentes plataformas para usar la narración como acción para aprender una L1 o una L2 mientras se reflexiona sobre el aprendizaje, la identidad, la situación socioeconómica y la interacción con las personas, entre otros temas (Coffey y Street 2008; Palou y Fons 2013; Ribera y Costa 2013).

b) Considerar la co-construcción social del texto narrativo. Teniendo en cuenta la centralidad de los factores contextuales y sociales de la narración, es importante reconocer la contextualización de las actividades tanto desde el punto de vista del objetivo comunicativo como de los agentes que intervienen en la actividad. A menudo todavía es muy frecuente encontrar ejercicios de lengua en que se pide al alumno que produzca una narración sin proporcionar la información contextual comunicativa básica: ¿a quién va dirigida tal narración? ¿Por qué se produce la narración? ¿Es interactiva o monologada? etc. Por estas razones, es básico que la consigna de la actividad comunicativa incluya al menos la información siguiente: contexto, interlocutores y objetivos.

c) Implementar pedagógicamente la distinción entre tipo y género textual. Tal como se ha destacado anteriormente, la actividad comunicativa humana se centra más en los géneros que en los tipos de texto. En este sentido, sería recomendable que en lugar de incluir narraciones en general, los materiales didácticos incluyeran distintos géneros narrativos (noticias, chistes, relatos de situaciones peligrosas, mitos, cuentos populares, leyendas urbanas, fábulas, anécdotas personales, microrrelatos, tuits, etc.) y los explotaran de manera diferenciada y en distintos formatos (oral, escrito, interactivo, multimodal, etc.) (véase Giovanelli 2018 para algunos ejemplos concretos).

d) Integrar de una forma orgánica la forma y el contenido. Es recomendable que los docentes intenten equilibrar el foco en la forma y en el contenido sobre todo si realizan proyectos de narración centrados en la acción. En caso contrario, puede darse el caso de que los aprendices noten que tienen muchas posibilidades de expresarse (sobre su identidad, temas socioeconómicos, etc.) pero que lo hacen en un nivel de lengua que no es el esperado. Y al revés, puede darse el caso de alumnos que usan una lengua correcta pero poco significativa. En este sentido se recomienda estudiar la propia cultura de enseñanza-aprendizaje (del docente, del alumno, del entorno académico) para integrar el foco en la forma y en el contenido de manera adecuada (Lyster 2007; Salaberry, Comajoan y González 2013).

e) Graduar el contenido narrativo y la actividad pedagógica. Si ponemos el énfasis en la noción de *desarrollo* narrativo, sería esperable que en el diseño de materiales y actividades se tuvieran en cuenta precisamente los distintos estadios de desarrollo narrativo. En este sentido, los resultados de los estudios de adquisición de segundas lenguas pueden ser útiles. Por ejemplo, no es esperable que en los niveles iniciales los alumnos puedan producir secuencias de primer y segundo plano en sus narraciones (sobre todo orales y espontáneas) o que empleen las formas de morfología de pasado en todos los predicados verbales. En relación con lo que se puede o no se puede esperar de los alumnos en distintos niveles, es crucial que se tenga en cuenta a la hora de la evaluación de las narraciones y diseñar evaluaciones formativas y sumativas que consideren las características de los distintos géneros (Alexopoulou 2011; Regueiro 2008).

En conclusión, en los últimos decenios los avances en el estudio de las narraciones han tenido un impacto considerable en diversas disciplinas académicas, y la adquisición de lenguas y la didáctica no son excepciones. En este sentido, se ha ampliado la definición de narración para incluir aspectos más experienciales que los sumamente estructurales. Aunque existen casos claros de integración de los avances en definición y metodologías de análisis de las narraciones en la didáctica, todavía hay mucho camino por recorrer en cuanto a la integración del material y la actividad narrativa en las aulas de español como L2. En el capítulo se han esbozado una serie de avances y recomendaciones que esperamos que permitan a los profesionales de la enseñanza de segundas lenguas avanzar en el reto de su labor, que es la enseñanza de una lengua que se pueda experimentar en diferentes géneros y vivencias.

Bibliografía citada

Adam, J.M. 1992. *Les textes: types et prototypes*. París: Nathan.
Adam, J.M. 1997. "Une alternative au 'tout narratif': les gradients de narrativité". *Recherches en communication* 7: 11–36.
Alexopoulou, A. 2011. "El enfoque basado en los géneros textuales y la evaluación de la competencia discursiva". En *Del texto a la lengua: la aplicación de los textos a la*

enseñanza-aprendizaje del español L2-LE, eds. J. de Santiago-Guervós *et al.*, 97–110. Salamanca: ASELE.
American Council on the Teaching of Foreign Languages. 2012. *ACTFL Proficiency Guidelines*. Alexandria: American Council on the Teaching of Foreign Languages.
American Council on the Teaching of Foreign Languages. 2015. *World-Readiness Standards for Learning Languages*. Alexandria: American Council on the Teaching of Foreign Languages.
Andersen, R. 1991. "Developmental Sequences: The Emergence of Aspect Marking in Second Language Acquisition". En *Crosscurrents in Second Language Acquisition and Linguistic Theories*, eds. T. Huebner y C.A. Ferguson, 305–324. Amsterdam: John Benjamins.
Bamberg, M. 2016. "Narrative". En *The International Encyclopedia of Communication Theory and Philosophy*, ed. R.T. Craig, 1–9. Nueva York: John Wiley & Sons.
Bardovi-Harlig, K. 2000. *Tense and Aspect in Second Language Acquisition: Form, Maning and Use*. Oxford: Blackwell.
Bardovi-Harlig, K. 2013. "Research Design: From Text to Task". En *Research Design and Methodology in Studies on L2 Tense and Aspect*, eds. R. Salaberry y L. Comajoan, 219–270. Berlín: De Gruyter.
Barkhuizen, G. 2015. "Narrative Knowledge in Second Language Teaching and Learning Contexts". En *The Handbook of Narrative Analysis*, eds. A. De Fina y A. Georgakopoulou, 97–115. Nueva York: John Wiley & Sons.
Berman, R. 2001. "Narrative Development in Multilingual Contexts: A Cross-linguistic Perspective". En *Narrative Development in a Multilingual Context*, eds. L. Verhoeven y S. Strömqvist, 419–428. Amsterdam: John Benjamins.
Berman, R. y D. Slobin. 1994. "Narrative Structure". En *Relating Events in Narrative: A Cross-linguistic Developmental Study*, eds. R. Berman y D. Slobin, 39–84. Hillsdale: Erlbaum.
Block, D. 2003. *The Social Turn in Second Language Acquisition*. Washington: Georgetown University Press.
Bronckart, J.P. y B. Bourdin. 1993. "L'acquisition des valeurs des temps des verbes". *Langue Française* 93: 102–124.
Brown, A., T. Cox y G. Thompson. 2017. "A Comparative Discourse Analysis of Spanish Past Narrations from the ACTFL OPI and OPIc". *Foreign Language Annals* 50: 793–807.
Byrnes, H. y K. Sprang. 2004. "Fostering Advanced L2 Literacy: A Genre-Based, Cognitive Approach". En *Advanced Foreign Language Learning: A Challenge to College Programs*, eds. H. Byrnes y H. Maxim, 47–85. Boston: Heinle.
CAES. Corpus de aprendices de español. *Instituto Cervantes*. http://galvan.usc.es/caes/search.
Calsamiglia, H. y A. Tusón. 2012. *Las cosas del decir* (3ª ed.). Barcelona: Ariel.
Carroll, M. y C. von Stutterheim. 2003. "Typology and Information Organisation: Perspective Taking and Language-Specific Effects in the Construal of Events". En *Typology and Second Language Acquisition*, ed. A. Giacalone Ramat, 365–402. Berlín: Mouton de Gruyter.
Coffey, S. y B. Street. 2008. "Narrative and Identity in the 'Language Learning Project'". *The Modern Language Journal* 92: 452–464.
Comajoan, L. 2005. "The Acquisition of Perfective and Imperfective Morphology and the Marking of Discourse Grounding in Catalan". En *Tense and Aspect in Romance Languages*, eds. D. Ayoun y R. Salaberry, 35–78. Amsterdam: Benjamins.
Comajoan, L. 2013. "Defining and Coding Data: Narrative Discourse Grounding in L2 Studies". En *Research Design and Methodology in Studies on L2 Tense and Aspect*, eds. R. Salaberry y L. Comajoan, 309–356. Berlín: De Gruyter.
Comajoan, L. 2014. "Tense and Aspect in Second Language Spanish". En *The Handbook of Spanish Second Language Acquisition*, ed. K. Geeslin, 235–253. Nueva York: John Wiley & Sons.
Comajoan, L. 2015. "L'adquisició i l'ensenyament dels usos del passat: anàlisi de manuals de català com a segona llengua". *Zeitschrift für Katalanistik* 28: 283–306.

Consejo de Europa. 2017. *Marco común europeo de referencia para las lenguas: aprendizaje, enseñanza, evaluación.* https://cvc.cervantes.es/ensenanza/biblioteca_ele/marco/indice.htm (1ª ed., 2001).

De Fina, A. y A. Georgakopoulou. 2012. *Analyzing Narrative.* Cambridge: Cambridge University Press.

Dolz, J. y R. Gagnon. 2010. "El género textual, una herramienta didáctica para desarrollar el lenguaje oral y escrito". *Lenguaje* 38: 497–527.

Domínguez, L., N. Tracy-Ventura, M.J. Arche, R. Mitchell y F. Myles. 2013. "The Role of Dynamic Contrasts in the L2 acquisition of Spanish Past Tense Morphology". *Bilingualism: Language and Cognition* 16: 558–77.

Flecken, M., C. von Stutterheim y M. Carroll. 2013. "Principles of Information Organization in L2 Use: Complex Patterns of Conceptual Transfer". *International Review of Applied Linguistics in Language Teaching* 51 (2): 229–242. http://doi.org/10.1515/iral-2013-0010.

Geeslin, K. y A. Gudmestad. 2010. "An Exploration of the Range and Frequency of Occurrence of Forms in Potentially Variable structures in Second-Language Spanish". *Studies in Second Language Acquisition* 32: 433–463.

Gilabert, R., R. Manchón y O. Vasylets. 2016. "Mode in Theoretical and Empirical TBLT Research: Advancing Research Agendas". *Annual Review of Applied Linguistics* 36: 117–135.

Giovanelli, M. 2018. *Narrative.* Cambridge: Cambridge University Press.

Hopper, J. 1979. "Aspect and Foregrounding in Discourse". En *Syntax and Semantics: Discourse and Syntax*, ed. T. Givón, 213–241. Nueva York: Academic Press.

Instituto Cervantes. 2006. *Plan curricular del Instituto Cervantes.* https://cvc.cervantes.es/ENSENANZA/biblioteca_ele/plan_curricular/indice.htm.

Karlsen, J. y S.A. Lyster. 2016. "Cognitive, Linguistic, and Contextual Factors in Norwegian Second Language Learner's Narrative Production". *Applied Psycholinguistics* 37: 1117–1145.

Labeau, E. 2005. "Beyond the Aspect Hypothesis: Tense-Aspect Development in Advanced L2 French". *EUROSLA Yearbook* 5: 77–101.

Labov, W. 1972. *Language in the Inner City: Studies in the Black English Vernacular.* Filadelfia: University of Pennsylvania Press.

Labov, W. y J. Waletzky. 1967. "Narrative Analysis: Oral Versions of Personal Experience". En *Essays on the Verbal and Visual Arts*, ed. J. Helm, 12–44. Seattle: University of Washington Press.

Liskin-Gasparro, J. 2000. "The Use of Tense-Aspect Morphology in Spanish Oral Narratives: Exploring the Perceptions of Advanced Learners". *Hispania* 83: 830–844.

Llamas, C. 2010. "Competencia discursiva escrita en los niveles Avanzado (B2) y Dominio (C1): la unidad textual en los manuales de ELE". *Marco ELE* 11: 1–25.

Lyster, R. 2007. *Learning and Teaching Languages Through Content.* Amsterdam: John Benjamins.

Mendieta, J.A. 2013. "Narrative Research: An Alternative Approch to Study Language Teaching and Learning". *Folios* 37: 135–147.

Noyau, C. 1990. "The Development of Means for Temporality in the Unguided Acquisition of L2". En *Current Trends in European Second Language Acquisition Research*, ed. H. Dechert, 211–258. Amsterdam: John Benjamins.

Palou, J. y M. Fons, M. 2013. "Historias de vida y reflexividad en los procesos de formación para la enseñanza de lenguas en entornos plurilingües". En *Histórias de vida em educação: a construção do conhecimento a partir de histórias de vida*, ed. A. Lopes, F. Hernández, J.M. Sancho y J.I. Rivas. Barcelona: Universitat de Barcelona. http://hdl.handle.net/2445/47252.

Pavlenko, A. 2006. "Narrative Competence in a Second Language". En *Educating for Advanced Foreign Language Capacities: Constructs, Curriculum, Instruction, Assessment*, eds. H. Byrnes, H. Weager-Gunthrap y K. Sprang, 111–117. Washington: Georgetown University Press.

Regueiro, M.L. 2008. "La evaluación por claves como parte del proceso de aprendizaje de la expresión escrita". En *XVIII Congreso Internacional de la Asociación para la Enseñanza del Español como lengua Extranjera (ASELE)*, eds. S. Pastor y S. Roca, 511–526. Alacant: Universitat d'Alacant.

Ribera, P. y A. Costa. 2013. "La escritura precoz de autobiografías lingüísticas en español y catalán. Qué dicen los alumnos y cómo lo dicen". En *Enseñar (lenguas) en contextos multilingües*, ed. J. Dolz y I. Idiazabal, 147–168. Barcelona: Graó.

Salaberry, M.R. 1999. "The Development of Past Tense Verbal Morphology in Classroom L2 Spanish". *Applied Linguistics* 20 (2): 151–178.

Salaberry, M.R. 2008. *Marking Past Tense in Second Language Acquisition: A Theoretical Model*. Londres: Continuum.

Salaberry, M.R. 2011. "Assessing the Effect of Lexical Aspect and Grounding on the Acquisition of L2 Spanish Past Tense Morphology among L1 English Speakers". *Bilingualism: Language and Cognition* 14: 184–202.

Salaberry, M.R. 2013. "Contrasting Preterite and Imperfect Use among Advanced L2 Learners: Judgments of Iterated Eventualities in Spanish". *International Review of Applied Linguistics* 54: 243–270.

Salaberry, M.R., L. Comajoan y P. González. 2013. "Integrating the Analyses of Tense and Aspect Across Research and Methodological Frameworks". En *Research Design and Methodology in Studies on Second Language Tense and Aspect*, eds. M.R. Salaberry y L. Comajoan, 423–450. Berlín: Mouton de Gruyter.

Sebastián, E. y D. Slobin. 1994. "Development of Linguistic Forms: Spanish". En *Relating Events in Narrative*, eds. R. Berman y D. Slobin, 239–284. Hillsdale: Erlbaum.

Shirai, Y. y Andersen, R. 1995. "The Acquisition of Tense-aspect Morphology: A Prototype Account". *Language* 71: 743–762.

Strömqvist, S. y L. Verhoeven. 2004. *Relating Events in Narrative*. Mahwah: Erlbaum.

Tavakoli, P. y P. Foster. 2011. "Task Design and Second Language Performance: The Effect of Narrative Type on Learner Output". *Language Learning* 61: 37–72.

Verhoeven, L. y S. Strömqvist, eds. 2001. *Narrative Development in a Multilingual Context*. Amsterdam: John Benjamins.

Von Stutterheim, C., M. Andermann, M. Carrol, M. Flecken y B. Schmiedtová. 2012. "How Grammaticalized Concepts Shape Event Conceptualization in Language Production: Insights from Linguistic Analysis, Eye Tracking Data, and Memory Performance". *Linguistics* 50: 833–867.

Wajnryb, R. 2003. *Stories: Narrative Activities for the Language Classroom*. Cambridge: Cambridge University Press.

Whatley, M. 2013. "The Acquisition of Past Tense Variation by L2 Learners of Spanish in an Abroad Context". In *Selected Proceedings of the 16th Hispanic Linguistics Symposium*, ed. J. Cabrelli *et al.*, 190–205. Somerville: Cascadilla Proceedings Project.

Bibliografía recomendada

De Fina, A. y A. Georgakopoulou. 2012. *Analyzing Narrative*. Cambridge: Cambridge University Press. [Sólida aproximación sociolingüística a los géneros narrativos de la vida cotidiana desde la interculturalidad y el análisis crítico del discurso del poder y la identidad].

Silva-Corvalán, C. 1983. "Tense and Aspect in Oral Spanish Narrative: Context and Meaning". *Language* 59: 760–780. [Trabajo fundamental tanto para la investigación como para la didáctica de narraciones orales, acerca del papel del contexto en la selección de tiempos de pasado aspectuales y en la semántica aspectual].

Zayas, F. 2012. "Los géneros discursivos y la enseñanza de la composición escrita". *Revista Iberoamericana de Educación* 59: 63–85. [Propuesta didáctica para el trabajo de la narración escrita desde el enfoque por proyectos, con énfasis en la interrelación entre lectura y escritura en la construcción de secuencias didácticas].

2
LOS TEXTOS DESCRIPTIVOS EN LA CLASE DE ESPAÑOL LE/L2

Kris Buyse y Sara Pérez Arroyo

1 Introducción

El objetivo del texto descriptivo es presentar, objetiva o subjetivamente, un lugar, paisaje, personaje o cualquier otro objeto, y conseguir que el lector sea capaz de obtener una "imagen mental" del mismo.

El proceso de creación no difiere en gran medida del de otros tipos de texto: debe empezar siempre por una fase de observación, en la que el escritor observa la realidad, intentando recopilar la máxima información. Después viene una etapa de ordenación y organización de los datos observados, para finalmente llegar a la presentación de la descripción deseada.

Un hablante lingüísticamente competente e idealizado habría de tener la capacidad de expresarse en la variedad textual que responda a la riqueza comunicativa de la lengua meta con total fluidez. Sin embargo, bien es sabido que los hablantes concretos no siempre son capaces de desenvolverse con la misma soltura y expresividad en las diferentes tipologías textuales, al igual que tampoco existe un balance justo ni en la exposición a los diferentes tipos de texto ni en la calidad del *input* a la que están sometidos los aprendientes. Aunque el propio Marco Común de Referencia para las Lenguas (Consejo de Europa 2002, 95) señala la importancia del uso del texto afirmando que "... *no puede haber un acto de comunicación por medio de la lengua sin un texto*", no siempre es así en el aula. Mucho se ha publicado en los últimos años sobre el inestimable valor didáctico del uso del texto por razones lingüísticas y socioculturales (Cassany 2005; Ciapuscio 2005; Hyland 2002; Regueiro Rodríguez 2011). Y sin embargo, todavía parece ser la asignatura pendiente en la elaboración de numerosos materiales didácticos.

Efectivamente, al texto descriptivo no se le han otorgado la importancia ni el espacio necesarios en los materiales didácticos de español LE/L2 a pesar de su relevancia. Algunas de las causas son su aparente sencillez, su difícil clasificación tipológica y el olvido de este tipo de discurso en materiales de niveles más avanzados. Sin embargo, son sobradas las justificaciones que le otorgan a la descripción una posición central, pues tal y como señalan Hamon (1991) y Bernárdez Sanchís (2000), la descripción constituye una de las necesidades básicas e intrínsecas de todo ser humano dado que configura uno de los tipos de discurso más antiguos y recurrentes. De hecho, raramente existe un acto de habla en el que no se produzca una descripción ya que, como intermediadora, es la herramienta verbal para reconocer el mundo y compartirlo con el receptor.

Por consiguiente, la necesidad de enseñar usando la descripción como dimensión comunicativa textual se convierte en un imperativo puesto que, tal y como se ha indicado anteriormente, el texto es el recurso más completo y complejo. Todo ello en una doble perspectiva: la del uso de la rica gama de herramientas lingüísticas que ofrece el caso de la descripción (construcciones sintácticas, selección de léxico, paradigma verbal, colocaciones o combinatoria de palabras), así como la del importante papel que origina el concepto género tanto en la producción como en la recepción de los textos. No cabe duda, en relación con la clásica idea de la *superestructura* de Van Dijk (1992), que una de las principales causas en las dificultades de comprensión y expresión se debe a la falta de manejo de determinadas estructuras textuales y la dificultad en la recuperación de estos esquemas en la memoria a largo plazo.

Tanto más es así que de los estudios de corpus de aprendices como Aprescrilov[1] sabemos que los textos descriptivos producidos por aprendices de lengua extranjera suelen producir una impresión de monotonía por su falta de variación léxicogramatical (en gran medida consecuencia del abuso de los verbos "pobres" *ser, estar, haber* y *tener*) y de dinamismo narrativo (debido al punto de vista estático elegido por el narrador).

En este capítulo,[2] después de las reflexiones teóricas y metodológicas realizadas en las secciones 2, 3, 4 y 5, se introduce en la sección 6 una serie de actividades para dinamizar el texto descriptivo tradicional, que consiste de las siguientes fases: 1) el profesor y sus alumnos se dan cuenta de la problemática e inducen las causas; 2) juntos descubren los posibles ingredientes para dinamizar el género, particularmente el uso variado de alternativas léxico-gramaticales para los verbos "pobres" y el uso de un técnicas narrativas que atraigan al lector, que le cojan de la mano y le hagan entrar casi "en vivo" en el objeto de tu descripción, desde el ojo de una cámara cinematográfica que se desplaza o "viaja" (es decir: en "travelling"); 3) los alumnos experimentan con los ingredientes en busca de un texto más dinámico y variado; 4) el profesor evalúa junto con los alumnos el resultado. Al final de la sección se presentarán los resultados del estudio de la efectividad de esta receta.

Finalmente, a modo de conclusión, se propone en la sección 7 una serie de fases y preguntas para concebir actividades para la expresión escrita en general.

2 ¿Qué es la descripción?

La descripción es una actividad puramente comunicativa que requiere de un importante desarrollo en dicha competencia para lograr mostrar al interlocutor la sensación de la viveza de imagen que se pretende compartir, porque la percepción de esta imagen es algo fundamentalmente visual frente a la linealidad correspondiente al lenguaje. En el proceso de comprensión y expresión de la descripción como uso significativo de la lengua entran en juego habilidades lingüísticas, cognitivas y sociolingüísticas.

El texto descriptivo también configura una actividad gnoseológica, de conocimiento del medio que rodea al individuo y de toma de conciencia de ésta. Es un salto de la imagen a la palabra, una vista al mundo exterior, aunque no siempre objetiva, pues invariablemente, tal y como señala Iriarte López (2004, 184), está alterada por la intervención del locutor que selecciona únicamente las partes de las que desea hablar.

En cuanto a los estudios sobre la forma descriptiva como texto unitario, tal y como se había adelantado anteriormente, la baja importancia prestada en materiales didácticos muestra que el hecho descriptivo está rodeado de problemas teóricos. Ya desde la tradición aristotélica, en la Retórica y la Poética, se ha venido definiendo como un género vicario al servicio de otros tipos textuales. La descripción, en cualquiera de sus variantes (etopeya, patopeya, prosopografía, somatopeya, topotesia, topografía o cronografía), siempre está inserta en textos como la narración, la dramática o la lírica que configuran el marco principal donde se encuentra incluida. La propia realidad de la descripción ha causado que tradicionalmente no se haya dado una especial relevancia a su carácter individual. Buena muestra es la afirmación de Caviglia (1997, 41), "para la estética clásica, el defecto mayor de la descripción reside en el hecho de que no comporta ni orden, ni límites y parece, por lo tanto, sometida a los caprichos de los autores: no hay principio, ni medio ni fin, sino sucesión monótona y, por muy hábilmente dispuesta que esté, esta sucesión no puede componer un todo".

En otros estudios ha sido pensada como una *secuencia secundaria* cuando figura inserta en otra secuencia dominante, principalmente la narración. Esto ha llevado de forma ineludible a un largo debate que ha dibujado sus fronteras entre ser "un recurso", "una secuencia elemental" junto con la narración, la argumentación, la explicación y el diálogo (Adam 1992), o "un texto unitario".

Sin embargo, no cabe duda de que el texto descriptivo conforma una entidad textual y que como tal la descripción está dotada de una serie de *señales demarcativas* (Hamon 1991) que la hacen reconocible en todo momento, tanto cuando se encuentra aislada como cuando está inserta en otra unidad superior. Una buena prueba de ello es la *competencia práctica*, véanse, entre otros, Reuter (2000) y Reis y Lopes (1996). Durante el proceso de lectura, por ejemplo, el lector es capaz de obviar el fragmento descriptivo a favor de los fragmentos narrativos o dialógicos pues estos últimos suelen presentar más dinamismo que la descripción que, en algunas ocasiones, ante los ojos del destinatario parece ralentizar la acción con su estatismo temporal. Esta capacidad del receptor habla de la posibilidad de extraer secuencias que están en diferentes planos a través de las *señales demarcativas* y de la habilidad de discernir diferentes entidades textuales dentro del *continuum* del discurso.

De las *marcas textuales* indicadas por Hamon (1991), además de la operación de encaje, o del tono y ritmos diferentes que lo delimitan de la secuencia dominante y que sin duda aportan pistas a los lectores a la hora de etiquetar un texto como descriptivo, las marcas más interesantes a tener en cuenta son las que siguen a continuación:

- Las marcas morfológicas en los verbos con valor imperfectivo, básicamente en el presente y el pretérito imperfecto, a las que se añade un adverbio locativo y de los que resulta un objeto suspendido en el tiempo aparentemente no afectable por el pasado o el futuro. Además de usos de las formas no personales de gerundio e infinitivo que ahondan en el matiz de prolongación e imperfectividad.
- La abundancia de verbos de carácter estativo e imperfectivo tales como *ser, estar, hallarse, encontrarse, parecer*, etc., así como otros verbos relacionados con la percepción sensorial como *tocar, sentir, intuir, escuchar*...
- La predominancia de estructuras de sintagma nominal (determinantes, núcleo nominal y complementario) donde los sustantivos aparecen ampliamente adjetivados.
- La proliferación de adjetivos epítetos, aposiciones, complementos del nombre y oraciones de relativo que giran en torno a un mismo nombre o antecedente, y que en muchos casos vienen desarrollados en construcciones de yuxtaposición o parataxis.
- El léxico específico y las figuras retóricas de la descripción: los usos del lenguaje connotativo que implican especialmente a la voz del narrador; la utilización de metáforas, metonimia, personificación, sinestesia y sinécdoque; los adjetivos epítetos; y las aposiciones.

Tal y como se verá más adelante, los datos extraídos del corpus de aprendices *Aprescrilov*, han arrojado claridad sobre las dificultades más importantes a las que se enfrentan los estudiantes cuando producen descripciones. Y paradójicamente muchos de los problemas encontrados en la producción textual de los aprendices están relacionados con la falta de destreza en el desarrollo de estas *señales demarcativas*, como se observará más adelante en este capítulo: la ausencia de espontaneidad expresiva; el abuso de estereotipos; la repetición excesiva de vocabulario que muestra pobreza léxica; y la carencia de matices en el dinamismo del punto de vista del estudiante en cuanto al objeto descrito.

3 ¿Cómo se construye el texto descriptivo?

Como estructura que configura, la descripción responde, según Adam (1993), a un proceso cognitivo que presenta una organización que no es lineal, sino jerárquica y de carácter referencial. Según el autor, también constituye una secuencia de carácter prototípico que permite explicar su variabilidad en tanto en cuanto un texto descriptivo concreto puede estar alejado de la secuencia central sin suponer una ruptura en su valor como entidad textual. Por consiguiente, no todas las descripciones necesariamente tienen que desarrollar las cuatro operaciones propuestas por

Adam, sino que existe la posibilidad de la ausencia de alguna de ellas que únicamente indicaría la mayor distancia de la construcción prototípica. Así, en el proceso de creación textual descriptivo se dan, con algunas excepciones, las operaciones de *anclaje, aspectualización, puesta en relación* y *tematización*.

El *anclaje* es la primera operación que se lleva a cabo en el proceso creativo textual, el cual tiene una profunda relación con la *macroestructura* o estructura semántica y con las *macrorreglas textuales* de las que habla Van Dijk (1992). A través del anclaje se accede a la relación entre el nombre, que configura una realidad puramente lingüística, y las nociones que el receptor puede retomar del preconstruido cultural. Con la unión de ambos factores, la memoria cultural y la información estrictamente lingüística, el individuo está en la posibilidad de producir diferentes variantes en la comprensión y expresión. Esta variabilidad es de crucial importancia en el ámbito de la didáctica, pues configura otro de los factores determinantes en la producción de descripciones escritas por estudiantes extranjeros provenientes de diferentes ámbitos culturales. Las *macrorreglas textuales* que el receptor aplica durante el proceso de comprensión (supresión, selección, generalización e integración) son las causantes de dicha variación interpretativa en el procesamiento de la información.

Bernárdez Sanchís (2000) retoma el concepto de *macroestructura* de las teorías de Van Dijk y sugiere que su presencia, así como el elemento léxico derivado de ella, son ineludibles en cualquier texto que pretenda configurar un paradigma tipológico específico. Sin embargo, parece que no sucede lo mismo con las formas en que se organiza la información, la llamada *superestructura*, ya que el autor asegura que no es una característica absolutamente necesaria y, de hecho, se encuentra ausente en la secuencia descriptiva.

De este modo, es exclusivamente el componente léxico el que aparece con toda plenitud en la descripción. El receptor accede a los elementos contenidos en un mismo marco de manera automática gracias a la facilitación que le aporta el contexto motivador por su sensación de totalidad. De esta forma el significado de una palabra es una estructura conceptual compleja basada en la experiencia cultural prototípica, en el conocimiento almacenado, así como en las habilidades cognitivas del emisor o lector. Los esquemas son por tanto las herramientas conceptuales que sirven para interpretar el "dibujo visual" de la descripción y reconstruir con ello un significado.

Por su parte, en la operación de la *aspectualización* se desarrollan las partes y las propiedades del tema. La toma de decisiones del emisor sobre una planificación más o menos exhaustiva del objeto descrito derivará en la selección específica de unas propiedades concretas desarrolladas en el texto. Las características pragmáticas y esta operación de selección hacen que potencialmente el mismo *tema o anclaje* puedan ser radicalmente diferentes dependiendo del emisor, lo que sin duda otorga grandes posibilidades expresivas y de explotación didáctica al texto descriptivo.

La *puesta en relación* es la capacidad que tiene el fenómeno descriptivo de ocupar un lugar en el mundo y las relaciones que mantiene en lo referente a la continuidad que tiene con respecto a otros objetos nombrados. En paralelo con el lugar físico también existe un lugar temporal en el que el objeto se desarrollará a través de un proceso metonímico y que, como ya se analizará posteriormente, supone un problema en la ausencia de punto de vista dinámico en las muestras de los aprendientes.

En último lugar la tematización viene configurada por la selección entre el desarrollo del todo o de una parte del objeto descrito. Álvarez Angulo (1999) habla de la *progresión teóricamente indefinida* que se podría producir gracias al proceso mencionado. Cualquiera de los elementos de la descripción se encuentra en la posibilidad de ser tematizados o desarrollados en subunidades y es el propio descriptor el que decide qué elementos son o no relevantes. De todo ello se desprende una remarcable riqueza de posibilidades expresivas y didácticas. Un mismo objeto podría ser descrito por un grupo diverso de informantes y los resultados producidos serían meridianamente diferentes. Atendiendo no solo a criterios de tematización sino de punto de vista, del orden de los elementos en el discurso o del grado de objetividad.

4 Fases y funciones en la descripción

Tradicionalmente, en el proceso de creación descriptiva se suelen producir tres fases fundamentales: la observación, la selección y la expresión (Marimón Llorca 2006). La primera etapa, en la que el descriptor observa el objeto, tiene como finalidad primordial el alcanzar un pacto interpretativo entre emisor y receptor. Para que dicho acuerdo se produzca y para que, como consecuencia, exista una coherencia bilateral entre los interlocutores, la reflexión del objeto observado ha de ser atenta. A continuación, se pone en funcionamiento el proceso de selección de datos o la *aspectualización* de la que ya habló Adam (1993) y que supone un elemento fundamental en la decisión sobre lo que se desea trasmitir. Este momento representa un análisis estructurado que la tradición retórica ha hecho girar sobre el llamado orden natural de las partes constituyentes de los objetos de la realidad. Sin embargo, tal y como dice Bernárdez Sanchís (2000), constituye un *principio anárquico,* pues es el individuo el que realmente toma sus propias decisiones. Por último, en la presentación de los datos, la expresión, se procede a la verbalización de toda la información contenida anteriormente en la memoria a corto plazo.

Las funciones del proceso descriptivo son otra de las claves en el uso de esta tipología textual en el aula de español. Como cabe esperar, también es extensa la bibliografía en cuanto a este asunto, por lo que las reflexiones de autores como Adam (1992), Hamon (1991) o Reuter (2000) han sido retomadas una y otra vez hasta el momento actual. La acción de describir responde a la pregunta "¿para qué?" en cuya respuesta se manifiesta por parte del emisor una finalidad y actividades concretas. En esta línea, Álvarez Angulo (1999, 24) resalta la capacidad informativa y explicativa de la descripción que es la intermediaria del saber entre el objeto y el receptor. A su vez se lleva a cabo una función evaluativa, ausente de objetividad en algunos casos, y vehículo de creencias y preconstruidos culturales.

Otra de las realidades ineludibles del texto descriptivo es la de la variedad tipológica que encierra, pues hay tantos paradigmas de descripciones como grupos de objetos o de seres animados existen en el mundo. Así lo demuestra la clásica lista de la retórica de siete tipos que comprende la topografía; la cronografía; las descripciones paralelas; el cuadro; la etopeya; la prosopografía; y el retrato (Álvarez 1993, 46). A ella hay que añadir las variedades y riqueza de posibilidades expresivas en la intención de este último tipo, el retrato, donde una vez más el emisor selecciona u otorga mayor importancia a los rasgos que cree convenientes, llegando en muchos casos a la exageración. El objeto descrito, en este caso el ser humano, puede ser visto de modo objetivo o subjetivo, a través del espejo de la caricatura (el esperpento) o de la admiración (el retrato laudatorio); incluso se puede llegar al retrato de uno mismo, que es la visión más íntima además de la pretensión más ambiciosa de permanecer en este mundo a través de las palabras.

5   Marco pedagógico general

Con el objetivo de paliar los problemas de monotonía y dinamismo que acabamos de describir, recurrimos a un corpus de aprendices ("learner corpus"), es decir: corpus con textos de aprendices, como el CEDEL2 (Lozano 2016), el CAES (Rojo y Palacios Martínez 2016) o, en este caso, Aprescrilov. Nuestros estudios basados en este corpus (Buyse, Fernández Pereda y Verveckken 2016) nos permitieron descubrir que, de manera contraintuitiva para muchos profesores de español LE/L2, algunos de los temas de gramática española más estudiados y practicados como la morfología verbal, el uso de *ser* y *estar* o de *por* y *para* ni siquiera aparecen en el entre los 10 de los errores más frecuentes. Por otro lado, aspectos relativos a la combinación de palabras, como la concordancia, la selección léxica, las colocaciones y el complemento preposicional están omnipresentes en esos 10 errores más frecuentes, pero suelen infravalorarse en la enseñanza.

Sin embargo, la observación más notable fue el hecho de que los alumnos de los niveles más avanzados seguían teniendo muchos problemas con unas categorías básicas tales como la ortografía, la concordancia y la selección léxica seguían siendo uno de los problemas más frecuentes. Por ello cuestionamos y adaptamos nuestra metodología de enseñanza, poniéndoles a los alumnos varias tareas al año y convirtiéndolas en secuencias didácticas constituidas de las siguientes 10 etapas, incluyendo específicamente tareas previas y posteriores, varios tipos de acompañamiento, coevaluación y el uso de instrumentos TIC (Buyse 2006, 2008, 2010). El corpus de *Aprescrilov* nos permitió comprobar que, dos años más tarde, las categorías de errores básicos antes mencionados ya habían abandonado el grupo de los cinco problemas más frecuentes entre los alumnos de los niveles intermedio y avanzado.

6   Propuesta de actividades para dinamizar el texto descriptivo

Como *Aprescrilov* también almacena el género y el tema de los textos, nos permitió analizar sus posibles efectos en la calidad y cantidad de problemas. Un ejemplo llamativo es el análisis de los 66 textos descriptivos producidos por estudiantes del 3.er Grado de Lingüística Aplicada entre 2003 y 2006 (para más detalles sobre este estudio basado en el corpus *Aprescrilov*, véase Buyse (2018)).

El problema más frecuente que constatamos en este subcorpus de 19800 palabras —y que no forma parte de los 10 problemas más frecuentes en otros géneros textuales— es la denominada "pobreza léxica", es decir: el (ab)uso de *ser, estar, hay* (sintagmas verbales hiperfrecuentes que significan 'estar') y *tener,* en lugar de acudir a un gran conjunto de variantes semánticamente más 'ricas'.

Un segundo problema frecuente es la monotonía, el carácter estático del texto, obviamente una de las consecuencias del (ab)uso de los verbos estáticos antedichos, pero también de la elección de punto de vista narrativo estático en lugar de dinámico elegido por el autor (para más detalles sobre estos conceptos y sobre cómo se manifiestan en el corpus, véase Buyse (2018)).

En tercer lugar, se constataba que los alumnos no relacionaban automáticamente los conocimientos adquiridos anteriormente sobre la pobreza léxica con la redacción de un texto descriptivo, puesto que ya en el 2°. Grado habían aprendido lo siguiente:

> Uno de los defectos de estilo más frecuentes en la elaboración de redacciones es el de repetir las mismas palabras o expresiones. Veamos el ejemplo siguiente: "Me gustó mucho el pueblo; pero lo que más me gustó del pueblo fue la plaza porticada. Sin embargo, a mis padres les gustó más la torre de la iglesia del pueblo." Este texto podría haber sido redactado así: "Me gustó mucho el pueblo; pero lo que más me impresionó fue su plaza porticada. Mis padres, sin embargo, quedaron prendados de la torre de la iglesia." La repetición excesiva de verbos polisémicos como "hacer, haber, tener, ser", etc., es clara muestra de pobreza léxica y de estilo poco elegante. Se trata de conseguir más variedad léxica y mayor riqueza de matices semánticos."
>
> *(Buyse 2004, 29)*

Para implementar esta sustitución, se había llevado a los alumnos a practicar en el mismo curso con ejercicios como el siguiente (Buyse 2004, 30):

> Busca una alternativa para los siguientes verbos:
> ¿Cuándo aprenderás? Siempre haces los mismos errores.
> El presidente dijo un discurso que gustó mucho a todos.
> En esa tumba hay el cadáver de un español ilustre.
> Esa ley tiene 40 artículos muy extensos.
> Está haciendo una sinfonía sobre un tema clásico.
> Están haciendo muchas centrales nucleares últimamente.
> Hay rumores de crisis de gobierno.
> Le han dado un premio por su trabajo.
> Póngame su nombre y dirección en este papel.

En la línea de las intervenciones didácticas que hemos descrito al principio de este capítulo, los resultados de los análisis nos han permitido rediseñar la clase introductoria al género descriptivo para los alumnos del 3r. Grado (nivel B2 del Marco Común), incluyendo una guía sobre cómo escribir este tipo de textos descriptivos, tal y como aparece en el siguiente esquema:

Características

- definición; representación verbal de personas, animales, objetos, paisajes, épocas, sentimientos, acontecimientos. . .
- tipos; descripción objetiva o subjetiva
- tono/actitud; actitud y tono objetivos o subjetivos
- desarrollo; depende del tema, tipo y autor

Fase de la invención y documentación

- observación de la realidad con los cinco sentidos
- tomar en cuenta las características del tipo de lector
- evitar la monotonía: buscar elementos creativos que atraigan al lector, que le cojan de la mano y le hagan entrar casi "en vivo" en el objeto de tu descripción

Fase de la disposición

- selección de los rasgos y detalles del objeto
- estructuración de estos elementos desde cierto punto de vista:
- desde un lugar fijo: ir de lo más cercano hacia lo más alejado (o viceversa)
- desde el ojo de una cámara cinematográfica fija: imágenes simultáneas (ambiente en acción)
- desde el ojo de una cámara cinematográfica que se desplaza o "viaja" (= en "travelling")

Fase de la redacción del borrador

- expresión lingüística del esquema en varios párrafos
- recursos lingüísticos léxico-gramaticales para una descripción variada y dinámica:
- sintagmas nominales (más que los sintagmas verbales)
- la adjetivación
- tiempos imperfectivos (presente, imperfecto. . .)
- coordinación/yuxtaposición (más que la subordinación)
- (para la descripción subjetiva) recursos expresivos y figuras retóricas:
- comparaciones
- metáforas
- hipérbatos (figura de construcción que se produce alterando el orden en que se suelen colocar las palabras o los elementos de la oración en la sintaxis llamada regular. Como en los versos «y entre las nubes mueve su carro Dios, ligero y reluciente», lo que, en sintaxis regular, sería «y Dios mueve su carro ligero y reluciente entre las nubes»)

- sinestesias (tropo que consiste en unir dos imágenes que pertenecen a distintos campos sensoriales; como «azul chillón»). . .

   ★ buscar descripciones dinámicas (tomar al lector de la mano) y variadas en vez de estáticas y monótonas: buscar alternativas léxicas y gramaticales para *ser/estar/hay/tener* >

- cuidar (y variar) las relaciones discursivas (Montolío Durán 2015 y Vázquez 2001 contienen excelentes listas y actividades con conectores para reforzar estas relaciones)

Fase de control

- Como en el caso del texto expositivo + controlar explícitamente las características del texto descriptivo.

La introducción ahora contiene una comparación entre un texto descriptivo (anonimizado) de un ex alumno y otro de un escritor español (que aquí no se incluye). Una primera tarea previa consiste en listar y computar las ocurrencias de los cuatro verbos "pobres" mencionados en ambos textos, así como las alternativas *léxicas y gramaticales* utilizadas por cada autor.

He aquí una descripción realizada por un estudiante del tercer grado versus otra realizada por un autor hispanohablante. Cuenta en cada una el número de ocurrencias de <u>ser/estar/hay/tener</u> y busca las alternativas léxicas y sintácticas utilizadas. ¿Qué diferencias ves?

LA CASA DE MIS SUEÑOS

Aunque todavía vivo con mis padres, de vez en cuando ya pienso en mi propia casa. Me gusta leer los folletos publicitarios y los catálogos con muebles modernos, pinturas nuevas, aparatos electrodomésticos. . . En resumidas cuentas, me hace gracia imaginarme cómo será mi casa futura.

En realidad, mi sueño es vivir en la casa —o mejor dicho la hacienda— de mis padres que tiene un patio, un establo, una casa espaciosa y un jardín grande. Después de 18 años aún no está renovada totalmente. Además, quiero modificar y sobre todo modernizar mucho. Prefiero tener un interior moderno y acogedor que incluso sea fácil para limpiar.

Creo que la cocina y la sala de estar son los cuartos más importantes puesto que se está mucho tiempo allí. Me gusta cocinar, de modo que una cocina grande y sobre todo práctica es imprescindible. Voy a pintar la sala de estar de colores cálidos, pero no demasiados oscuros. Además, una chimenea y un parquet oscuro en el rincón para sentarse tienen que aportar al ambiente acogedor.

Los otros cuartos de la planta baja son un estudio donde quiero colocar estantes llenos de libros, un cuarto de los niños, un cuarto con la lavadora y la secadora, y claro, un servicio. También voy a comprar una sauna, ya que es bastante sano y no me gusta el frío.

En el piso de arriba hay 4 habitaciones y un pequeño cuarto de baño. Me gustaría tener un cuarto de baño mayor con baño, dos lavabos y una ducha grande. Voy a tener 2 dormitorios para los niños y uno para los huéspedes. En mi propio dormitorio quiero otro cuarto de baño y un guardarropa muy grande.

No voy a tener tiempo para cuidar del jardín ni de un huerto, sin embargo, quiero tener un jardín con un césped y muchas flores que florecen en diferentes estaciones.

Ser:
Estar:
Hay:
Tener:
Total absoluto: sobre (porcentaje: %)
Alternativas léxicas:
Alternativas sintácticas:

Solucionario:

Total, *ser/estar/hay/tener* en texto de escritor hispanohablante *vs.* alumno = 3,4 % *vs.* 6 %.

Alternativas léxicas en el texto 1:

1. Para *estar*: *pasamos muchas horas, disfrutamos de, vivir en, quedarnos aquí, cocinar [vs. estar en la cocina], jugar, gira*
2. Para *estar/hay*: *nos encontramos con, irradia tranquilidad, la luz cae, lo que salta inmediatamente a la vista, llegamos a, entrar en*
3. Para *ser (de)*: *pertenece a*
4. Para *ser/hay*: *se ve, se levanta*
5. Para *tener*: *formado por, poseer, disfrutar de*

Alternativas sintácticas:

1. Adjetivo/participio postpuesto: *rodeado de*
2. Ser + adj.: *[está claro >] lo que salta a la vista*
3. Gerundio preferiblemente SIN *estar*: *ve* (en vez de *está viendo*)
4. Verbos pronominales: *se divide en* (en vez de *está dividido en*)

5   Perífrasis verbales: *se puede/podemos* + inf.
6   Dinámica: *bienvenida, como puedes ver, empecemos con...*

Otras alternativas sintácticas:

1   Gerundio:

- *Viéndola desde lejos, la casa parece tocar la luna.*
- *Serpenteando hacia arriba, el camino hacia la casa es como el de un cuento de hadas.*

2   Adjetivos/participios antepuestos:

- *Empotrada en la pared hay una máquina fantástica...*
- *Colgado en la pared...*

Otras alternativas léxicas:

1   Para *estar*: *estar situado, situarse, encontrarse, hallarse, esconderse, mecerse, acostarse en, encerrarse en*
2   Para *estar/hay*: *aparecer, acariciar, deslizar, nadar en, pasar por debajo de*
3   Para *tener*: *disponer de, estar provisto de*
4   Para *ser*: *sentirse como*

Una segunda tarea previa encarga al alumno reescribir un texto descriptivo (pobre), con el objetivo de conseguir más variación y dinámica, utilizando técnicas como la del "travelling", donde el autor mueve el ángulo como hace una cámara en una película.

> Reescribe el siguiente texto: evita la monotonía y la variación, además de darle un toque más dinámico.

¿CÓMO SERÍA LA LESSIUS IDEAL?

Hace más de un año, entré en mi nueva escuela, la Lessius. Era muy impresionante, pero noté qué había algunas cosas que tenían que ser diferentes. Vamos a ver cuáles son y cómo sería la Lessius ideal.

Alrededor del edificio habría prados con flores y árboles. En verano puedes estar en clase allí. En invierno, cuando hace frío, los profesores te darían leche con chocolate caliente. Las paredes tendrían colores vivos y alegres. También habría pinturas por todas partes. Ya no estarían esos asientos abatibles de antes. Seguro que todos los estudiantes los odian: cada vez que tienes que estar dos horas o más en esas sillas, te mueres por un dolor de espalda horrible. Además, no hay bastante espacio para moverte y cuando alguien en

> medio de la fila se quiere levantar, todos se tienen que levantar también. No son cómodas tampoco, porque hay peligro de pinchar el codo en el ojo de tu vecino. Apenas puedes tener la carpeta encima de la mesita. En la Lessius ideal estás en sillones cómodos.
> Por otro lado, los días serían diferentes: cada semana en las clases de comprensión oral habría un español para exponer temas auténticos o responder a preguntas. Los invitados pueden ser actores, escritores o cantantes. En la clase de cultura tendríamos películas divertidas o platos deliciosos de diferentes países. También habría clases de redacción para escribir a jóvenes de la misma edad o leer libros que te interesan. Los miércoles no habría clase.
> En la Lessius ideal tampoco habría tanto trabajo. También habría más vacaciones que antes. Los estudiantes tendrían tiempo para incorporar los temas. Los profesores de español estarían de vacaciones con nosotros en España o en Latinoamérica. Por ejemplo: en Andalucía podrías montar a caballo, por supuesto en los caballos de pura raza española.
> En suma, ¡en la Lessius ideal cada día sería un día de vacaciones! Todo sería mucho más cómodo y divertido, y no tendríamos la idea de estar estudiando.

El efecto de la intervención didáctica se midió en el marco de un estudio cuasi-experimental (descrito en Buyse, Fernández Pereda y Verveckken (2016) y en Buyse (2018)). Los resultados confirman que la intervención didáctica tiene un efecto positivo y significativo en la riqueza léxico-gramatical y en el carácter dinámico y creativo del texto descriptivo. Por lo tanto, las variables "riqueza léxico-gramatical", "expresión dinámica" y "creatividad" mejoraron, así como la puntuación general para la prueba. Los valores de las variables "pobreza léxica" y "expresión estática" disminuyeron. Se comprobó también, en contra de lo esperado, que el nivel de riqueza léxico-gramatical y textual dinámica no disminuyó significativamente en el postest, a pesar del lapso de tiempo, las condiciones experimentales y el carácter individual de la actividad.

Puesto que esta intervención didáctica se aplica ahora sistemáticamente cuando se introduce el género del texto de los textos descriptivos, la categoría de "pobreza léxica" ha abandonado el grupo de los 5 problemas más frecuentes en general y de los textos descriptivos en particular.

7 Discusión y conclusión

Esto nos invita a concluir que estas intervenciones en la concepción y realización de las secuencias didácticas de actividades de redacción de textos o secuencias descriptivas dan lugar a un proceso y un producto de redacción de calidad, y que se pueden extrapolar a cualquier contexto de enseñanza en donde se proyecte trabajar en la redacción de este género textual, con tal de que se respeten unas normas pedagógicas básicas que permitan transferir y adaptarlas a este contexto: de manera más general, la "receta" que recomienda Buyse (2019, en prensa) para el diseño de secuencias didácticas para la Expresión escrita (EE) se parece a pero difiere al mismo tiempo de la de la propuesta para la didáctica de la Comprensión lectora (CL) —con la que muchas veces se enlaza—: en ambos casos son fundamentales las fases, las actividades afectivas y efectivas, además de la reflexión y evaluación ulterior, pero, frente a las estrategias en la enseñanza de la CL, en la enseñanza de la EE cobran una importancia mucho mayor los modelos y las normas de los tipos de texto, la preparación y la experimentación, las fases de la redacción con sus respectivas retroalimentaciones, y el uso frecuente y adecuado de los instrumentos disponibles. De ahí que al profesor se le recomiende pensar en la siguiente receta "culinaria" para no saltarse ningún criterio de peso en la fase de enseñanza de la EE:

"F e r m e n t a r": ¿se presta suficiente atención a los siguientes criterios?

1 Fases:
   a   concepción de la actividad: establecer objetivos para la actividad en el marco del resto de la unidad/del curso
   b   "pre- and post tasks" que implican una serie de actividades (meta)cognitivas:
   c   actividades preliminares (individuales y colectivas)
   d   redacción (guiada y colaborativa, en la medida de lo posible)
   e   actividades posteriores (individuales y colectivas)
2 Experimentación
3 Retroalimentación por fases con portafolio de redacción
4 "Moldes" o modelos de tipos de textos
5 Estructurar
6 Normas textuales
7 "Tools" o instrumentos
8 Actividades altamente @fectivas (= afectivas y efectivas): objetivos interesantes, construcción: elegir temas y actividades "significativos"), variación, autoconfianza, pasión por la redacción
9 Reflexionar

Más en particular, y a modo de conclusión, a la hora de concebir actividades para la EE, Buyse (2019, en prensa) recomienda formular las siguientes preguntas:

1 ¿Cuáles son los objetivos de esta actividad de CL?
2 ¿Tipo de texto?
3 ¿Cómo se relacionan con el resto de la unidad/del curso? ¿Hay suficiente variación en cuanto a textos, técnicas, temas . . .?
4 ¿En qué actividades, formas de trabajo, técnicas, materiales piensas para motivar a los alumnos?
5 ¿Intervienen los alumnos de alguna manera en la elección del tema y/o del texto? ¿Son "significativos" para ellos?

6   Si usas instrumentos, ¿has previsto tiempo para enseñarlos?
7   ¿Qué papel(es) prevés para ti mismo?
8   ¿Qué papel(es) prevés para los alumnos? ¿Has pensado en un proceso colaborativo?
9   ¿Qué tipo(s) de modelos vas a emplear?
10 ¿Vas a pedir que se consulten otras fuentes de información? ¿Cuáles?

Notas

1 El corpus de aprendices Aprescrilov ("Aprender a Escribir en Lovaina") es un corpus que consta de dos partes. Aprescrilov I recoge más de 2700 textos escritos por estudiantes de lengua española de la Facultad de Letras de la KU Leuven y de la Hogeschool Lessius desde 2004–2005 hasta 2010–2011.

Las redacciones provienen de los tres primeros cursos de tres instituciones, recogidas entre 2005 y 2011, y fueron anotadas digitalmente con una misma versión personalizada del programa Markin, cuya "barra de botones" permite anotar de manera sistemática los problemas o 'errores' contenidos en los textos. Las anotaciones cubren todos los componentes de la redacción —de la ortografía al texto, pasando por la puntuación, la morfología, la morfosintaxis, la pragmática, el léxico, etc.—. El corpus va acompañado de una descripción cualitativa y cuantitativa de cada componente del mismo (número de redacciones, número de palabras por texto) y un sistema de búsqueda que permite buscar ejemplos y su contexto a partir de criterios como tipo de problema, curso, año académico e institución. Aprescrilov II (en proceso de elaboración) tiene la misma interfaz, pero contiene textos de estudiantes belgas francófonos (Universidad Católica de Louvain-la-Neuve) y de estudiantes holandeses (Radboud Universiteit Nijmegen), con el objetivo de comprobar el aumento o disminución de la interferencia del francés y del neerlandés como explicación de dichos errores. Para más informaciones, véase Buyse (2018).

2 Partes de este texto fueron publicadas por primera vez bajo forma muy sintética en Buyse, Fernández Pereda y Verveckken (2016).

Bibliografía citada

Adam, J.M. 1992. *Les textes: types et prototypes. Récit, description, argumentation, explication et dialogue*. París: Nathan.
Adam, J.M. 1993. *La description*. Paris: PUF, coll. "Que sais-je?" 2783.
Alonso Ramos, M. 2016. "Spanish Learner Corpus Research Current Trends and Future Perspectives". *Studies in Corpus Linguistics* 78. Amsterdam: Benjamins.
Álvarez Angulo, T. 1999. "La descripción en la enseñanza de la lengua". *Didáctica de la lengua y literatura* 11: 15–42.
Álvarez, M. 1993. *Tipos de escrito I: Narración y descripción*. Madrid: Arco Libros.
Ariza Martínez, A.V. 2005. "The Process-writing Approach: An Alternative to Guide the Student's Compositions". *PROFILE Issues in Teachers' Professional Development* 6: 37–46.
Bernárdez Sanchís, E. 2000. "Estrategias constructivas de la descripción oral". *Revista española de lingüística* 30: 331–356.
Buyse, K. 2004. *Schrijfvaardigheid Spaans 2*. Amberes: KU Leuven, Departamento de Lingüística Aplicada.
Buyse, K. 2006. "Motivating Writing Teaching". *ITL Review of Applied Linguistics* 152: 111–126.
Buyse, K. 2008. "Aprendo a escribir en 10 pasos". En *Español para Fines Específicos. Actas del III Congreso Internacional para Fines Específicos*, eds. A. Escofet *et al.*, 191–200. Madrid: Ministerio de Educación y Ciencia.

Buyse, K. 2010. "La expresión escrita en la clase de ELE: Ingredientes esenciales, sazonados o no con TIC". *Mosaico* 26: 4–13.

Buyse, K. 2011. "Effective Writing Tasks and Feedback for the Internet Generation". *Language Learning in Higher Education* 1 (2): 1–22.

Buyse, K. 2014. "Una hoja de ruta para integrar las TIC en el desarrollo de la expresión escrita: recursos y resultados". *Journal of Spanish Language Teaching* 1 (1): 101–115.

Buyse, K. 2018. "The Impact of Motivational Didactic Interventions on the Writing Process and its Output: The Case of Descriptive Texts". *Revista Nebrija de Lingüística Aplicada* 12 (25): 13–33.

Buyse, K. 2019. "Destrezas II: expresión y comprensión escritas". En *Manual de formación inicial para profesores de español*, ed. F. Jiménez Calderón. Madrid: SGEL.

Buyse, K., L. Fernández Pereda y K. Verveckken. 2016. "The Aprescrilov Corpus, or Broadening the Horizon of Spanish Language Learning in Flanders". En *Studies in Corpus Linguistics* 78, *Spanish Learner Corpus Research Current Trends and Future Perspectives*, ed. M. Alonso Ramos, 143–168. Amsterdam: Benjamins.

Buyse, K., N. Delbecque y D. Speelman. 2009. *Trampas y pistas para la expresión escrita de los neerlandófonos*. Madrid-Averbode: Edelsa-Averbode.

Byrne, D. 1982. *Teaching Writing Skills*. Singapore: Longman.

Cassany, D. 1999. *Construir la escritura*. Barcelona: Paidós.

Cassany, D. 2005. *Expresión escrita en L1/ELE*. Madrid: Arcos/Libros.

Cassany, D. 2013. *Enfoques didácticos para la enseñanza de la expresión escrita*. Madrid: Arcos/Libros.

Caviglia, S. 1997. "La descripción". En *Tipología textual*, eds. S. Costa y M. Malcuori. Montevideo: Universidad de la República.

Charaudeau, P. y D. Maingueneau. 2002. *Dictionnaire d'analyse du discours*. París: Seuil.

Ciapuscio, G.E. 2005. "La noción de género en la Lingüística Sistémico Funcional y en la Lingüística Textual". *Signos* 38 (57): 31–48.

Consejo de Europa. 2017. *Marco Europeo de Referencia para las lenguas: aprendizaje, enseñanza, evaluación*. Madrid: MECD y Anaya (1ª ed. 2002).

Cumming, A. 2001. "Learning to Write in a Second Language. Two Decades of Research". *International Journal of English Studies* 1 (2): 1–23.

Fillmore, Ch. 1981. "Ideal Readers and Real Readers". En *Georgetown University Round Table on Language and Linguistics*, ed. D. Tannen, 248–270. Washington, DC: Georgetown University Press.

Glenn, C. y M.A. Goldwaite. 2008. *The St. Martin's Guide to Teaching Writing* (6th ed.). Boston, MA: Bedford/St. Martin's.

Goethals, P., C. De Groote, R. Enghels, J. Vandenberghe y A. Ibáñez Moreno. 2011. *Manual de expresión escrita en español: Técnicas de escritura para estudiantes universitarios B2-C1*. Gent: Academia Press.

Hamon, Ph. 1991. *La description littéraire. De l'antiquité à Roland Barthes: une anthologie*. Paris: Macula.

Hidi, S. y P. Boscolo. 2007. *Writing and Motivation: Studies in Writing* 19. Oxford: Elsevier.

Hyland, K. 2002. *Teaching and Researching Writing*. Harlow: Pearson.

Iriarte López, M. 2004. "Sobre la descripción y el retrato como manifestación descriptiva". *El retrato literario*, 179–194. Universidad de Navarra: EUNSA.

Jakobs, E.-M. y D. Perrin, eds. 2014. *Handbook of Writing and Text Production*. Amsterdam: Mouton.

Kast, B. 1999. *Fertigkeit Schreiben*. Berlin: Langenscheidt. [versión adaptada al español: L. Díaz y M. Aymerich 2003. *La destreza escrita*. Madrid: Edelsa].

Klein, P.D., P.K. Boscolo, L.C. Kirkpatricky y C. Gelati, eds. 2014. *Writing as a Learning Activity*. Leiden/Londres: Brill.
Kroll, B. 1994. *Second Language Writing: Research Insights for the Classroom*. Cambridge: Cambridge University Press.
Lester, J.D. y J.D. Lester. 2013. *The Essential Guide: Research Writing Across Disciplines*. Boston, MA: Pearson.
Lozano, C. 2016. "Pragmatic Principles in Anaphora Resolution at the Syntax-Discourse Interface". En *Studies in Corpus Linguistics 78, Spanish Learner Corpus Research Current trends and future perspectives*, ed. M. Alonso Ramos, 235–265. Amsterdam: Benjamins.
Lunsford, A.A. y L. Ede. 2012. *Writing Together: Collaboration in Theory and Practice: A Critical Source Book*. Boston, MA: Bedford/St. Martin's.
Manchón, R.M. 2001. "Un acercamiento psicolingüístico al fenómeno de la transferencia en el aprendizaje y uso de segundas lenguas". En *Tendencias y líneas de investigación en adquisición de segundas lenguas*, eds. S. Pastor Cesteros y V. Salazar Díaz, 39–71. Estudios de Lingüística. Anexo 1. Alicante: Universidad de Alicante.
Manchón, R.M. 2009. "Individual Differences in Foreign Language Learning: The Dynamics of Beliefs about L2 Writing". *Revista Española De Lingüística Aplicada/Spanish Journal of Applied Linguistics* 22: 245–268.
Marimón Llorca, C. 2006. "El texto descriptivo". www.liceus.com, pp. 1–22.
Montolío Durán, E. 2015. *Conectores de la lengua escrita*. Barcelona: Ariel.
Nation, I.S.P. 2008. *Teaching ESL/EFL Reading and Writing*. Nueva York: Routledge.
Nicolás Conesa, F. 2013. *Development of Mental Models of Writing in a Foreign Language Context: Dynamics of Goals and Beliefs*. Tesis doctoral. Murcia: Universidad de Murcia.
Regueiro Rodríguez, M.L. 2011. "La compleja y rica relación entre texto y tipo de lectura". En *La lectura en lengua extranjera*, ed. L. Ruiz de Zarobe. Buenos Aires: Publidisa, 32–101.
Reinking, J.A. y R. Von Der Osten. 2014. *Strategies for Successful Writing: A Rhetoric, Research Guide, Reader, and Handbook*. Boston, MA: Pearson.
Reis, C. y A.C.M. Lopes 1996. *Diccionario de narratología*. Salamanca: Ed. Colegio de España.
Reuter, Y. 2000. *La description. Des théories à l'enseignement-apprentissage*. París: ESF.
Rojo, G. y I. Palacios Martínez. 2016. "Learner Spanish on Computer. The CAES 'Corpus de Aprendices de Español' Project". En: *Spanish Learner Corpus Research Current Trends and Future Perspectives* (Studies in Corpus Linguistics 78), ed. M. Alonso Ramos, 55–87. Amsterdam: Benjamins.
Schoonen, R., A. van Gelderen, K. de Glopper, J. Hulstijn, A. Simis y P. Snellings 2003. "First Language and Second Language Writing. The Role of Linguistic Fluency, Linguistic Knowledge and Metacognitive Knowledge". *Language Learning* 53 (1): 165–202.
Sierra Martínez, F. 1999. "La adquisición del español como L2: La expresión escrita en el nivel universitario". En *Las lenguas en la Europa comunitaria*, eds. Carmen Hernández y F. Sierra. Amsterdam: Rodopi.
Urquhart, V. y M. McIver. 2005. *Teaching Writing in the Content Areas*. Alexandria, VA: Association for Supervision & Curriculum Development.
Van Dijk, T. 1992. *La ciencia del texto. Un enfoque interdisciplinario*. Buenos Aires: Paidós.
Vázquez, G. 2001. *Proyecto Adieu. Actividades para la escritura académica*. Madrid: Edinumen.
Wallace, M. 1998. *Action Research for Language Teachers*. Cambridge: Cambridge University Press.
White, R. y V. Arnolt. 1996. *Process Writing*. Londres: Longman.
Williams, J. 2005. *Teaching Writing in Second And Foreign Language Classrooms*. Boston: McGraw Hill.

Bibliografía recomendada

Álvarez, M. 1993. *Tipos de escrito I: Narración y descripción*. Madrid: Arco Libros. [Manual clásico de índole práctica para conocer los tipos de discurso y facilitar su análisis].

Cassany, D. 2013. *Enfoques didácticos para la enseñanza de la expresión escrita*. Madrid: Arcos/Libros. [Descripción de varios enfoques, inclusive el enfoque por géneros].

Reuter, Y. 2000. *La description. Des théories à l'enseignement-apprentissage*. París: ESF. [Recorrido interesante de las teorías, con una propuesta práctica multidisciplinar que pone énfasis en la estrecha relación entre lectura y escritura].

3
LA ARGUMENTACIÓN EN LA CLASE DE ESPAÑOL LE/L2

Elena Landone

1 Introducción

Este capítulo se propone enfocar la argumentación como un *proceso comunicativo* —escrito y oral— que tiene una función social y un impacto relacional muy concretos en la vida de un estudiante de español LE/L2. Se presentará un panorama bibliográfico de los aportes recientes de la lingüística del discurso y de la pragmática. Se dedicará, luego, una sección a la definición de la tipología textual argumentativa según una perspectiva de adecuación al contexto. Se tratarán, pues, los tipos de argumentos, los conceptos de tesis, antítesis y contraargumento, y los apoyos a la demostración. Se abordarán las herramientas de la lengua para la coherencia del texto, la elección estilística y la retórica orientada a la interculturalidad. El último apartado adoptará un enfoque comunicativo para la enseñanza de los textos argumentativos en la clase de español LE/L2, describiendo algunas propuestas basadas en el reconocimiento de los procesos argumentativos y su eficacia en la comunicación cotidiana.

1.1 Panorama bibliográfico: el renacimiento de los estudios sobre argumentación

La argumentación se forja en el uso primordial del lenguaje para el conocimiento y para las relaciones sociales. Asumiendo la necesidad de simplificar sus amplias perspectivas, presentamos en este primer apartado el renacimiento de los estudios sobre argumentación, que va de la mano con la evolución contemporánea de las ciencias cognitivas, sociales, de la comunicación y de la información, entre otras. Esbozamos tres enfoques sobre la noción general de argumentación (Wenzel 2006); aunque solo los últimos dos han llamado la atención de la didáctica de idiomas, gracias a su coherencia con el Comunicativismo.

Según la *perspectiva que se remonta a la lógica clásica y a la lógica formal de la filosofía*, el estudio de la argumentación consiste en establecer cánones formales de razonamiento para que resulte internamente válido y alcance un conocimiento fiable, es decir, fundado en argumentos convincentes (Lo Cascio 1998). Para ello, se describen estándares de encadenamiento de argumentos no falaces, que apuntan a una conclusión basándose en soportes (con sus eventuales restricciones) (*vid.* la lógica moderna de Toulmin [2007]). La finalidad es demostrar, ante un auditorio ideal, lo verdadero, lo bueno o lo real.

En la *perspectiva de la retórica clásica* y de su evolución hasta la Nueva retórica actual (Perelman y Olbrechts-Tyteca 1989), la finalidad de la argumentación es persuasiva, esto es, persigue obtener la adhesión de un interlocutor específico a ideas y acciones a través de razones (o también, de recursos afectivos), con tal de que sean eficaces (es decir, de que lleven a una elección o una acción). Es más, según la teoría de Mercier y Sperber (2011) la naturaleza intrínseca del razonamiento es en sustancia argumentativa, precisamente por apuntar a la persuasión. Esta posición coloca a la argumentación en la acción humana y destaca su eficacia performativa en un contexto contingente y concreto: lo que vale es la razón práctica de lo verosímil, justificable, razonable. Esta línea desborda naturalmente los límites de la argumentación y entra de lleno en la Pragmática lingüística, gracias a la atención puesta en la adecuación al contexto y al conocimiento compartido, así como en los efectos perlocutivos y en la relación entre interlocutores (Santiago Guervós 2010).

Por último, en la *perspectiva de la evolución actual de la dialéctica clásica* se hace hincapié en la dimensión dialógica de la argumentación para la resolución de las diferencias de opinión. Se apunta a una actitud colaborativa que, a través del análisis crítico de las posturas, busque un acuerdo siguiendo procedimientos formales de cooperación discursiva. En otras palabras, se define un modelo ideal de discusión para tomar buenas decisiones a través de un proceso crítico que acoge la pluralidad de puntos de vista (*vid.* La Pragma-Dialéctica de van Eemeren y Grootendorst 2002]; también el Modelo dialogal de Plantin [1998]). Son interesantes algunos trasvases a la arena social, como la deliberación en el discurso socio-institucional (Vega Reñón 2014), el pensamiento crítico (Popper 1994; Woods, Irvine y Walton 2004) y la racionalidad comunicativa para generar consenso sin coacción a través de la argumentación (Habermas 1994).

Pasando de la noción general a su posición en la Lingüística, la argumentación emerge en los estudios de la textualidad (en cuanto tipo de texto o secuencia textual organizada) y del discurso (como tipo de discurso o estrategia discursiva), situación acorde con la evolución de la Lingüística textual. Como *tipo de texto*, se han investigado los esquemas prototípicos de la organización de un texto (Van Dijk 1980), abriendo el campo, didácticamente muy fructífero, de los tipos de secuencia del texto (Adam 1992). Como *discurso*, la argumentación ha alimentado el estudio de las lenguas de especialidad (científico-académica, jurídica, política, publicitaria) (Hyland 2000; Adam y Bonhomme 2000; Atienza 2006; Fuentes Rodríguez y Alcaide Lara 2007), así como de ámbitos como la comunicación profesor-alumno o la gestión y mediación de conflictos. Mención especial merece la cuestión tipológica de los géneros (Dolz 1996; Loureda Lamas 2003): la homogeneidad funcional y formal de grupos de textos con función argumentativa ha venido configurándose como una buena herramienta para la enseñanza de una lengua extranjera por ofrecer modelos de actividad comunicativa desde una perspectiva de uso contextualizado (Bassols y Torrent 1997; Walton 2013) y de empoderamiento cultural del estudiante.

Finalmente, texto y discurso tienen su punto de encuentro en la Teoría de la Argumentación (Anscombre y Ducrot 1994), cuyo planteamiento de matriz estructuralista es estrictamente lingüístico: la argumentación se concibe como la función intrínseca de la lengua. Es la semántica, pues, la que conduce la argumentación, mediante instrucciones inherentes, cadenas de argumentos, orientaciones, escalas, *topoi* y fuerzas, cuyo valor depende, de todas formas, del conocimiento contextual de los hablantes (de ahí la integración de esta teoría también en la Pragmática) (García Negroni 2003, 2005). Es notoria la aportación de la Teoría de la Argumentación a la didáctica de idiomas por lo que se refiere a los marcadores del discurso (Portolés 1998; Montolío 2015), entidades originadas en la gramática del texto que, según esta teoría, van a enriquecerse de la dimensión del procesamiento de inferencias.

Los estudios de los últimos cincuenta años ofrecen, en suma, un renacimiento de la argumentación y revitalizan su función social, dado que ha ido teniendo aplicación en varios ámbitos educativos como herramienta formativa social y cognitiva a la vez (Ramage *et al.* 2009; Muller Mirza y Perret-Clermont 2009). En la formación lingüística, pues, el proceso argumentativo concretiza la estrecha relación que hay entre cognición, lengua y sociedad. Siendo un recurso para que el razonamiento se haga explícito mediante el lenguaje, los estudios entrelazan la educación lingüística (por ejemplo, Ramírez-Bravo 2010; Múñoz y Plantin 2011) con la formación del razonamiento (Weston 2005; Pérez Grajales 2008; Padilla de Zerdán, Doublas y López 2011; Brenton 2014; *vid.* también el número monográfico de *Comunicación, lenguaje y educación* [1995]). En general, este enfoque aporta propuestas fácilmente adaptables para el profesor de español LE/L2.

En cuanto a la argumentación en la didáctica del español LE/L2 existe un filón bien asentado en la didáctica de la escritura (por ejemplo, Muñoz-Basols, Pérez Sinusía y David 2011), especialmente académico-científica, para la cual remitimos a los capítulos 10 y 12 de este volumen. Dejamos para los apartados siguientes la revisión de la bibliografía más destacada sobre la argumentación en distintas situaciones de la vida cotidiana de los estudiantes de español LE/L2.

2 Definición y características del texto argumentativo en la clase de español LE/L2

Como se desprende del apartado anterior, el texto argumentativo es un constructo discursivo complejo; en esta sección lo describimos desde la perspectiva del Análisis del Discurso, es decir, como artefacto cognitivo y verbal que pone dialécticamente en contraste puntos de vista con la finalidad de influir en la opinión, la actitud y el comportamiento de alguien (Charaudeau y Maingueneau 2005). Se trata de un proceso dinámico y estratégico que tiene una *función social* y un *impacto relacional* muy concretos en nuestra vida (Bernárdez 1982).

Técnicamente, se considera *argumentativa* una secuencia con funciones específicas de aporte de razones que defienden una idea y, según la situación, con la finalidad de:

- legitimar (o deslegitimar) un punto de vista o *demostrar* formalmente la verdad de algo en el avance del conocimiento;
- *persuadir* al destinatario para adoptar una posición y actuar según cierta perspectiva;
- *mediar* opiniones contrastantes para llegar a una mediación consensuada.

Con *demostrar*, *persuadir* y *mediar* se enmarcan en el aula focos comunicativos que suelen alternarse en los objetivos del profesor de lengua, ya que atañen, en primer lugar, al razonamiento y, con ello, la estructura interna del texto (cfr. gramática del texto); a los efectos y a la eficacia del texto (cfr. retórica, psicolingüística); a la polifonía dialéctica del discurso (cfr. pragmática).

El texto argumentativo se presenta en diferentes géneros discursivos. En la Figura 3.1 ofrecemos un panorama —útil para el profesor de español LE/L2— de los

Textos muy dialógicos (orales y escritos)
Registro informal: uso de expresiones coloquiales, uso de marcadores fáticos y relacionales, expresión de la modalidad, presencia de la expresión emotiva, sintaxis no lineal, uso de implícitos, elipsis y deixis, alta activación de intensificación y atenuación, resalte de la entonación, de la gestualidad y de la proxémica.

Discusión polémica I *(familia, pareja, amigos, colegas, grupos deportivos y culturales)*
Asamblea *(junta de vecinos, reunión de padres, reunión de trabajo)*
Foros *(foro en la Red, bitácora)*

Contratación *(negociación pedagógica, comercial, de servicios, de una cita, regateo)*
Discusión polémica II *(tertulia y debate mediático, mitin político, discurso electoral, debate político)*
Soliloquio deliberativo *(justificar con uno mismo las posiciones que tomamos)*
Presentación de información para su aceptación I *(publicidad, sermón, petición online, editorial, artículo de opinión, presentación comercial)*

Entrevista de trabajo *(grupos de simulación, presentación del currículo)*
Juicio *(audiencia, carta de abogado)*
Presentación de información para su aceptación II *(artículo científico, composición escrita, ensayo, memoria, tesis, monografía, reseña crítica, examen escrito, solicitud de becas o de financiación, conferencia, carta de quejas, denuncia legal o administrativa, ponencia)*

Textos poco dialógicos (orales y escritos)
Registro formal, científico-académico y especializado: citas de autoridad, especialización terminológica, estilo impersonal, alto nivel de coherencia y cohesión del texto.

FIGURA 3.1 Ejemplos de textos argumentativos según el nivel de interacción dialógica y de registro prototípico.

moldes que contextualizan la argumentatividad, es decir, esos entramados mentales y verbales, socialmente compartidos, que el estudiante puede aprender a reconocer, de-construir y construir. El género es, pues, una ayuda para programar la finalidad de lo que se va a decir (y cómo) y para activar expectativas predictivas sobre lo que se va a recibir.

Independientemente de la presencia concreta de un interlocutor, es una tipología textual (escrita u oral) *relacional*, dialógica, agónica/colaborativa. Por eso, organizamos la Figura 3.1 siguiendo una gradualidad dialógica: de los géneros más dialógicos (arriba) a los menos dialógicos (abajo). En medio, hay géneros mixtos, frecuentes en la comunicación mediada por ordenador, por ejemplo. Se trata de una esquematización, ya que algunos de ellos todavía no tienen un canon asentado. Como se muestra, la rentabilidad de la competencia argumentativa abarca tanto los textos especializados (académicos o periodísticos) —a los que la didáctica se ha dedicado tradicionalmente—, como los géneros de la vida cotidiana (¡que merecerían más atención en el aula de español LE/L2!).

2.1 La estructura del texto argumentativo

Según el enfoque discursivo propuesto en el apartado anterior, un texto es argumentativo cuando tal es la intención del emisor, o cuando así lo interpreta el destinatario: una afirmación neutra puede animar una polémica inesperada, así como un hilo argumentativo puede perderse en sus implícitos si el interlocutor no los capta. La argumentatividad se va explicitando en el texto a través de procedimientos lingüísticos y, por ende, la gramática y la estructura del texto facilitan que un texto argumentativo sea reconocible como tal.

Cada género comparte características lingüísticas que garantizan convencionalmente su eficacia dentro de una comunidad discursiva. El concepto de género se remonta a una praxis que en ocasiones se presenta como normativa, pero es importante recordar que cada contexto es único y que varía en el espacio, en el tiempo, según los hablantes, etc.; en fin, todo texto requiere una adecuación y admite, por tanto, la modulación de sus rasgos estructurales para que el canon siga siendo funcionalmente eficaz en un contexto específico.

Por todo ello, la macroestructura de los textos argumentativos es muy variable; de ahí que no presentemos un modelo, sino movimientos discursivos que pueden combinarse, según el texto sea oral o escrito, más o menos dialógico (véase PCIC [2006] 7 Géneros discursivos y productos textuales 3.6 Macrofunción argumentativa):

- *Campo temático*: delimita el ámbito de los argumentos, estableciendo su espacio de pertinencia. Se pueden declarar *restricciones*, es decir, salvedades que protegen la argumentación y limitan la aplicabilidad de una afirmación a un dominio definido (Gutiérrez 1997). Por ejemplo, introduciendo una afirmación con *por lo que respecta a*, *personalmente* o *técnicamente*, el emisor no se considera responsable de lo que quede fuera de dicho marco (cfr. PCIC Gramática 8.3. Adverbios externos al *dictum*).

- *Tema controvertido*: es el objeto de la divergencia de opiniones.
- *Tesis*: representa la toma de una posición basada en una opinión, un juicio, un dato, una valoración, una teoría, etc. Se mantiene y refuerza en la *Conclusión*.
- *Premisa* (grosso modo, corresponde a los *supuestos* en Gutiérrez [1997], a los *loci* en Perelman y Olbrechts-Tyteca [1989] o a los *topoi* de Anscombre y Ducrot [1994]): es una afirmación de valor general que se da por indiscutible y que suele quedar como trasfondo implícito por su supuesta universalidad; constituye el enlace silente entre un argumento y sus implicaciones (ej.: *lo útil es preferible a lo inútil*). Cuidado: Puede proceder de varias fuentes (hechos, axiomas, leyes, etc.) pero, a menudo, son lugares comunes que se basan en valores, creencias, ideologías, símbolos socio-culturalmente determinados... es decir, que en ocasiones es posible —por no decir incluso pertinente— dudar de su carácter estable y compartido por todos.
- *Argumentos*: son conceptos que se enlazan para llegar a una conclusión sobre la base de *premisas* (supra) y con la fuerza de *apoyos* (infra).
- La tipología es muy extensa, baste con mencionar los argumentos que se basan en la *racionalidad* de datos, pruebas, ideas, erudición, etc., y los *emotivos*, que, en cambio, apuntan a lo visceral para crear un acercamiento afectivo: sentimientos (ej. miedo, piedad), prejuicios, patriotismo, símbolos, héroes, tradiciones, ideologías... En suma, vale lo que el interlocutor acepte como plausible y relevante en su sistema de valores: en un ensayo académico la falacia es inaceptable, así como en un contexto cotidiano un buen razonamiento lógico puede no convencer (Kienpointner 2007; Macagno y Walton 2014).
- Hay argumentos más o menos fuertes (Marraud 2015, 2018): según la tradición lógica, solo los argumentos racionales son correctos (los demás son falaces), pero, desde un punto de vista retórico y dialéctico, también los emotivos se consideran eficaces y, además, son los más difíciles de derribar porque escapan a las reglas del juego.
- Los argumentos se pueden enlazar de forma coorientada (con relación de justificación, confirmación, refuerzo) o antiorientada (concesión, oposición) y según relaciones lógicas como causa/efecto, condición, consecuencia, analogía y contraste, representatividad, generalización, comparación y transitividad. Las relaciones se pueden ampliar en taxonomías detalladas como, por ejemplo, la de Perelman y Olbrechts-Tyteca (1989) que incluye: reciprocidad, regla de sacrificio, probabilidad, pertenencia a un grupo, etc.
- *Apoyos*: Son modelos, leyes, teorías o datos empíricos (hechos verificables, casos representativos, mediciones fiables, indicios verosímiles, testimonios imparciales, ejemplos generalizables) que se aducen para justificar explícitamente un argumento. La cita de alguna conocida autoridad en la materia es un tipo de apoyo que tiene mucha tradición.
- *Antítesis*: es una tesis contraria o alternativa a la defendida. Se puede dejar en la sombra o sacar a la luz para contraargumentarla, y es fundamental tener conciencia de su acecho constante en nuestra argumentación, así como de la fecundidad de las críticas que encierra, que son parte natural del ejercicio argumentativo.

- *Refutación* o *Contraargumentación*: es el argumento con el cual se rebate una tesis contraria. Invalidando los argumentos contrarios para apoyar el propio se activa la vitalidad polémica de la dinámica argumentativa.
- *Concesión*: es una tesis contraria que se admite en vía provisional.
- *Conclusión*: la conclusión puede llevar a una confirmación de la propia tesis, pero también a una mediación de posiciones. Es posible que no se llegue a convencer y, en este caso, se reconoce de todas formas el avance en el conocimiento, sintetizando los puntos de acuerdo (o bien de pseudoacuerdo de cortesía) o admitiendo deportivamente los propios puntos débiles.

Estos recursos deberían combinarse en una estructuración jerarquizada de la información orientada a una conclusión, según una clara estrategia intelectual (Núñez y Del Teso 1996). La progresión temática gradual es necesaria para llevar al destinatario a compartir —sin remedio— la conclusión. En la forma escrita, por tanto, es fundamental esmerarse en cuanto a la puntuación, los subtítulos, la división en párrafos y las referencias internas a otros puntos del texto; en la forma oral, son de ayuda las recapitulaciones, las aclaraciones con ejemplos y analogías, las conclusiones intermedias y la linealidad del razonamiento (no obstante, las interrupciones fisiológicas que sufre una conversación).

Dominar estos aspectos estructurales, para el estudiante de ELE, es un recurso estratégico, dado que la argumentación tiene un fuerte alcance pedagógico: las competencias valorativas y de investigación que promueve hacen cuestionar las formas convencionales de pensar para formar una opinión propia de manera responsable. El pensamiento crítico que subyace es, pues, una competencia básica del ser humano que se manifiesta a través de la lengua. La literacidad crítica, además, es urgente en los espacios de producción y recepción digital que ponen la competencia comunicativa del estudiante a prueba con una mayor variedad de comunidades discursivas (incluso en lenguas-culturas extranjeras). En fin, saber comprender, en un texto, ideologías, intenciones, motivaciones, posiciones de poder, connotaciones, etc. es ya una necesidad ineludible (Freire 2009; Cassany 2011). Desde luego, según el (2002–2017), el discente de una lengua es un agente social, así que el saber argumentar en LE/L2 constituye una perspectiva muy importante de dicha acción. Las estrategias que ejemplificamos abajo son herramientas básicas para que los jóvenes estudiantes, a través de la argumentación, adquieran seguridad psicológica y coraje intelectual en sus papeles sociales, sus elecciones existenciales y su construcción de la identidad (Camps-Dolz 1995; Taylor 2008).

3 El género argumentativo en la enseñanza/aprendizaje del español LE/L2

La didáctica de la secuencia argumentativa nunca falta en el currículo de los cursos de español para fines académicos y profesionales. Sin embargo, por lo dicho anteriormente, no se toca solo una dimensión del discurso, sino también una dimensión del pensamiento y, por eso, en la clase de español LE/L2 puede llegar a tener gran cabida, no solo por las competencias comunicativas que estimula, sino también por sus macro-estrategias. Como se sugiere en la Tabla 3.1, priman las estrategias de gestión del conocimiento de forma heurística, es decir, estrategias transversales que el profesor puede coordinar con los objetivos propiamente comunicativos, eventualmente con el apoyo nivelado del PCIC (Macrofunción argumentar y 13 Procedimientos de aprendizaje). Desde luego, la argumentación es sinérgica con un enfoque comunicativo por su naturaleza dialógica, de ahí que fomente una comunidad del aprendizaje en LE/L2 (véase, por ej., las ligas de debate) y saque provecho de una organización de la clase por grupos (Ellis 2005, 25–29).

Añadimos que el argumentar es una tarea de la realidad que en la micro-sociedad de la clase encuentra su práctica natural; muchas actividades son (o podrían ser) argumentativas, como por ejemplo negociar objetivos de aprendizaje o definir un tema de discusión de interés colectivo. Por ejemplo, al convertir un acto directivo (*¡Silencio!*) en una pregunta (*¿Por qué estáis hablando?*) se abre un espacio

TABLA 3.1 Estrategias transversales para el proceso argumentativo.

Área	*Ejemplos de estrategias*	*Ejemplos de preguntas de estímulo para el estudiante*
Estrategias cognitivas de elaboración de la información	• Elaborar informaciones nuevas • Identificar criterios de agrupamiento de las informaciones • Distinguir niveles de información • Hacer inferencias y deducciones • Prestar atención selectiva	¿Puedo imaginar contraargumentos para cada argumento del texto? ¿Puedo agrupar algunas informaciones bajo un título claro, detallado y técnico? ¿Puedo distinguir datos de no datos (como suposiciones o interpretaciones)? ¿Qué presupuestos tiene una información? ¿Qué implicaciones tiene una información? ¿Qué postura epistémica del emisor indican los recursos del texto?
Estrategias metacognitivas	• Conducir un análisis estratégico del contexto comunicativo • Planificar los recursos necesarios • Monitorizar los procesos	¿Qué perfil tiene mi destinatario (cultura de procedencia, sexo, valores y creencias, intenciones, prejuicios, etc.)? ¿Conozco las fuentes para averiguar el uso de la terminología? ¿Sé controlar las dudas lingüísticas consultando una fuente panhispánica? ¿Puedo identificar una persona que me ayude a mejorar mi texto (compañero, experto, etc.)?
Estrategias afectivas	• Establecer relaciones comunicativas adecuadas • Controlar el estrés • Automotivarse	¿Sé mantener un clima comunicativo adecuado a mis intenciones? ¿Qué es lo que más me estresa (presión de tiempo, presencia de desconocidos, calor, numerosidad del auditorio, falta de soportes, etc.)? ¿Corro algún peligro al admitir tesis contrarias a la mía? ¿Qué fuentes pueden ofrecerme un punto de vista nuevo sobre un tema?

Fuente: Mariani 2009.

argumentativo más significativo que un ejercicio de discusión sobre un tema de poco interés para los estudiantes. De la misma forma, se puede convertir la conflictividad escolar en una ocasión didáctica (Torrego 2006).

Finalmente, cabe un comentario acerca del nivel comunicativo. Según el MCER, la argumentación se prepara en el nivel B1, culmina en el nivel B2 y se perfecciona en C1 y C2. Las líneas-guía del ACTFL Assessments (2012), en cambio, la ubican en los niveles más avanzados. La revisión crítica de esta diferencia queda fuera de los objetivos de este capítulo; integramos los descriptores de ambos en la Tabla 3.2 confiando en su utilidad para que el profesor pueda personalizar sus herramientas a partir de ellos. En particular, dada la naturaleza operativa de los descriptores, el profesor y los estudiantes pueden seleccionar los más pertinentes para su contexto al fin de identificar sus objetivos de programación y para establecer criterios de evaluación y autoevaluación.

Los descriptores del MCER se presentan en español (añadiendo los del *Companion Volume* en inglés [con el prefijo COM]) y los de ACTFL en inglés. Las correspondencias de las siglas/niveles más pertinentes para la competencia argumentativa son:

> IM [*Intermediate Mid* ≈ A2 Receptive skills / B1.1 Productive skills]; IH [*Intermediate High* ≈ B1.1 Receptive skills / B1.2 Productive skills]; AL [*Advanced Low* ≈ B1.2 Receptive skills / B2.1 Productive skills]; AM [*Advanced Mid* ≈ B2 Receptive skills / B2.2 Productive skills];
> AH [*Advanced High* ≈ C1.1 Receptive skills / C1 Productive skills];
> S [*Superior* ≈ C1.2 Receptive skills / C2 Productive skills];
> D [*Distinguished* ≈ C2 Receptive skills, supera al MCER para Productive skills].

La didáctica de la argumentación en la clase de español LE/L2 comporta la práctica de algunos recursos lingüísticos, discursivos y pragmáticos estratégicos que presentamos en los siguientes apartados. Indicamos asimismo los exponentes comunicativos nivelados del PCIC necesarios para concretarlos en el aula a través de algunas actividades (que se proponen en el cuadro). Para los recursos que hemos seleccionado (marcadores del discurso, focalización, subjetividad, intertextualidad, adecuación, estilo, retórica y cortesía verbal) hemos preferido adoptar un enfoque de *argumentación cotidiana*, para diferenciar nuestras propuestas del abundante material didáctico que ya existe para la argumentación científico-académica (véanse los capítulos 10 y 12 de este volumen).

3.1 Marcadores del discurso

Son guías interpretativas fundamentales para la argumentación. Priman los conectores y los operadores argumentativos; en la escritura se recurre mucho también a los estructuradores de la información. En la oralidad, coadyuvan la gestión de la dinámica dialógica e interpersonal, así como la exposición no planificada [PCIC Tácticas y estrategias pragmáticas 1.2 B1>C2] (Cuenca 1995; Garrido Rodríguez 1999; Domínguez García 2002). Proponemos tres actividades para desarrollar, a través de los marcadores, las competencias argumentativas n. 6, 7, 15, 17, 30 y 31 de la Tabla 3.2.

TABLA 3.2 Niveles comparados del MCER (2002 + *Companion Volume* 2017)/ACTFL Assessments (2012) acerca de la comprensión, producción y mediación argumentativa en lengua extranjera.

C2	C1	B2	B1	El/La estudiante...	IM, IH, AL, AM	AH	S	D
				MCER (+ *Companion Volume*)	ACTFL			
				1 Expresa acuerdos y desacuerdos / [COM] Can say whether or not he/she approves of what someone has done and give reasons to justify this opinion				
				2 Identifica las conclusiones en textos argumentativos				
				3 Sigue las ideas de un debate	3 They are able to follow some of the essential points of argumentative speech			
				4 Expresa y explica opiniones/[COM] Can give simple reasons to justify a viewpoint [a partir del nivel A2]	4 They present their opinions on a number of issues			
				5 Reconoce, expresa y defiende puntos de vista/[COM] Can understand the speaker's point of view on topics that are of current interest or that relate to his/her specialised field/[COM] Can recognise the speaker's point of view and distinguish this from facts that he/she is reporting	5 They are able to comprehend point of view			
				6 Reconoce y expresa líneas argumentales razonadas [COM] Can follow lines of argument/[COM] Can develop an argument systematically, taking into account the interlocutor's perspective, highlighting significant points with supporting examples and concluding appropriately/[COM] Can evaluate, re-state and challenge arguments in professional or academic live online chat and discussion	6 They understand and produce texts that feature argumentation, supported opinion, and hypothesis/They understand texts that are reasoned and/or analytic			

La argumentación **59**

7 Reconoce y desarrolla argumentos/[COM] Can understand in detail the arguments presented in demanding television broadcasts/ [COM] Can extract the main points from the arguments and discussion

8 Establece los límites de cualquier concesión que esté dispuesto a realizar

9 Negocia la solución de conflictos

10 Evalúa propuestas alternativas/ [COM] Can speculate or hypothesise in presenting a complex subject, comparing and evaluating alternative proposals and arguments

11 Realiza hipótesis y responde a estas/[COM] Can speculate or hypothesise in presenting a complex subject

12 Sintetiza información y argumentos procedentes de varias fuentes

13 Es capaz de recoger información, ideas, opiniones en textos

14 Explica las ventajas y las desventajas de varias opciones

15 Ofrece ejemplos adecuados

16 Amplía ideas y argumentos

17 Proporciona un énfasis apropiado a los aspectos importantes/[COM] Can argue a case on a complex issue, formulating points precisely and employing emphasis effectively/[COM] Can distinguish main themes from asides

7 They provide structured arguments to support their opinions

10 They are able to explore alternative possibilities

11 They construct and explore hypotheses

16 They are capable of extended treatment of a topic

17 They organize and prioritize ideas to convey to the reader what is significant/Discourse structure and punctuation are used strategically, not only to organize meaning but also to enhance it/They can separate main ideas from supporting information through the use of syntactic, lexical, and phonetic devices

(*Continued*)

TABLA 3.2 (Continued)

C2	C1	B2	B1	El/La estudiante...		IM, IH, AL, AM	AH	S	D
				MCER (+ Companion Volume)	ACTFL				
				18 Entiende relaciones solo supuestas y no señaladas explícitamente/[COM] Can make appropriate inferences when links or implications are not made explicit	18 They draw inferences from textual and extralinguistic clues / They can understand not only what is said, but what is left unsaid; that is, they can make inferences/They are able to go beyond comprehension of the facts in a text, and to recognize author-intended inferences				
				19 Contesta a argumentaciones complejas en contra / [COM] Can deal with hostile questioning confidently, hold on to his/her turn to speak and diplomatically rebut counter-arguments					
				20 Produce una conclusión adecuada					
				21 Identifica detalles que incluyen actitudes y opiniones tanto implícitas como explícitas	21 They comprehend implicit and inferred information				
					22 They understand specialized vocabulary				
				23 Interpreta y produce textos de forma crítica/ [COM] Can highlight inconsistencies in thinking, and challenge others' ideas in the process of trying to reach a consensus					
				24 Aprecia y produce distinciones de estilo	24 They comprehend tone/They tailor language to a variety of audiences by adapting their speech and register in ways that are culturally authentic				
				25 Produce discursos eficaces					

26 Produce y entiende argumentos persuasivos/Utiliza un lenguaje persuasivo/[COM] Can recognise when a text provides factual information and when it seeks to convince readers of something

27 Transmite matices de significado

30 [COM] Can recognise different structures in discursive text: contrasting arguments, problem-solution presentation and cause-effect relationships/[COM] Can structure a longer presentation appropriately in order to help the audience follow the sequence of ideas and understand the overall argumentation/[COM] Can follow a line of argument by focusing on common logical connectors

26 They follow and use highly persuasive arguments

27 They communicate subtlety and nuance

28 They understand unpredictable turns of thought related to sophisticated topics

29 Their treatment of the topic is enhanced by the effective use of structure, lexicon, and writing protocols

30 The relationship among ideas is consistently clear, due to organizational and developmental principles (e.g., cause and effect, comparison, chronology).

31 They advocate a point of view that is not necessarily their own

32 The writing is skillfully crafted and is organized in a way that reflects target-culture thought patterns

33 They understand complex rhetorical structures

> *La reformulación.* (Vídeo) graba una discusión polémica en español entre familiares. Vuelve a mirarla y anota los marcadores de reformulación que los hablantes utilizan para aclarar su intervenciones (PCIC Tácticas y estrategias pragmáticas 1.2 Reformuladores).
>
> *Los turnos en la discusión polémica.* Los turnos de una discusión polémica pueden verse dominados por la emotividad de la discusión. Graba una discusión en español entre amigos y observa qué marcadores y otros recursos se emplean para interrumpir al interlocutor, robarle el turno y mantenerlo (según tu nivel, compara tu observación con PCIC Funciones 6.21 y 6.25 (B1>C2)).
>
> *Planificar una discusión.* Antes de una discusión polémica (p. ej., una junta de vecinos donde se va a dar guerra) es útil preparar un plan estratégico que te pueda ayudar durante la discusión a activar rápidamente argumentos y a evitar trampas. Para la próxima ocasión que se te presente, apunta en papeles separados tu tesis, premisas, apoyos y datos, objetivos en orden de prioridad, argumentos fuertes, temas que no dominas bien, argumentos contrarios y tus posibles contra-argumentos, ejemplos y analogías. Luego, mezcla los papeles formando órdenes de presentación variados y evalúa los efectos de varios tipos de secuencias no lineales en cuanto a comprensibilidad y fuerza persuasiva. Para estimular la creatividad en tu línea argumentativa, experimenta varios tipos conectores entre las distintas partes (PCIC Tácticas y estrategias pragmáticas 1.2 Conectores).

3.2 Focus

Es el juego del primer plano informativo y su trasfondo para resaltar un constituyente textual, con el fin de organizar la información según lo que el destinatario necesita saber y para fomentar ciertas inferencias y no otras (encauzando así la línea del razonamiento) (Gutiérrez Ordóñez 1997). Las actividades que se presentan a seguir inciden en las estrategias argumentativas n. 3 y 18 de la Tabla 3.2.

> *La entonación estratégica.* Busca en la Red una ponencia en español y evalúa la función de la variación de tono y entonación, la presencia de pausas, el cambio de dirección de la mirada y los gestos. Observa qué relación tienen con el contenido informativo de la ponencia (cfr. PCIC Tácticas y técnicas pragmáticas 2.4 B1>C2).
>
> *Saber preguntar.* Durante una discusión, saber introducir preguntas de forma estratégica permite tomar tiempo, entender mejor las intenciones del interlocutor y sacar a la luz sus eventuales puntos obscuros. En tu próxima discusión, experimenta las peticiones de aclaraciones y precisiones, pide ejemplos y concreciones, repite o parafrasea las palabras del interlocutor para comprobar tu entendimiento (cfr. PCIC Funciones 1.2. B1>C2). El interlocutor se verá comprometido dentro del marco que tus preguntas perfilan.

3.3 Expresión de la subjetividad y de la objetividad

Su gradación es un juego de personalización y despersonalización que impacta en el nivel de compromiso del emisor respecto a sus afirmaciones. Se trata de ocultarse y mostrarse de forma estratégica, incluso con recursos de atenuación (que manifiesta ponderación prudente) e intensificación (que apunta a la originalidad de la voz propia). Las estrategias argumentativas n. 5, 19 y 32 de la Tabla 3.2 se pueden estimular a través de estas propuestas:

> *La evaluación subjetiva.* Busca una reseña crítica en el periódico o científica en la Red. Identifica los recursos que trasmiten evaluación por parte del escritor (p. ej., adverbios y adjetivos). Compara lo que has descubierto con PCIC Gramática 8.4 B1>C2, Funciones 2.4 B1>C2 y Nociones generales 6 B1>C2 y señala eventuales valoraciones ambiguas que se esconden en los eufemismos y las litotes.
>
> *La gradación del compromiso.* Elige un foro de discusión en la Red relativo a un tema de tu interés. Escoge un hilo de discusión en el que seas realmente un experto y cuelga una intervención donde resalte tu competencia y tu independencia de juicio (usa los repertorios de PCIC Nociones generales 1.6, 1.9, 7 B1>C2, Funciones 2.2, 2.13, 2.20 B1>C2). Luego elige un tema que conozcas poco y cuelga una intervención donde tu voz se impersonalice para evadir la responsabilidad de tus afirmaciones (cfr. PCIC Tácticas y estrategias pragmáticas 1.5 y 3.1 B1>C2, Funciones 2.14, 2.16, 2.21 B1>C2).

3.4 Intertextualidad

Todo texto dialoga virtualmente con otros textos y reconocer este coro interno aporta a una argumentación verificabilidad objetiva, es decir, solidez y credibilidad. En la argumentación académica es imprescindible la cita metódica de autoridades, cosa que sustenta la imagen documentada que ofrece el emisor; en el discurso oral, la autoridad se conjuga con lo cotidiano, con refranes, testigos, autoridades populares, noticias del periódico. Con las siguientes actividades se desarrollan las estrategias argumentativas n. 13, 14 y 22 de la Tabla 3.2.

> *¿Es una autoridad?* Busca un artículo de opinión e identifica las autoridades que cita de forma explícita o encubierta (cfr. PCIC Tácticas y estrategias pragmáticas 1.5.2 y 1.5.3 B1>C2). Evalúa: ¿sobre la base de qué elementos se presenta como una autoridad?
>
> *El multimedia argumentativo.* Piensa en un tema que merezca tus quejas (p. ej., un espacio urbano descuidado) y prepara un correo electrónico para las autoridades competentes donde argumentes tu insatisfacción. Después de redactar la parte verbal, aumenta el impacto de tu texto con apoyos visuales:

> adjunta fotos, gráficos, esquemas con datos, subraya gráficamente los puntos focales de tu queja.
> *Como dice la abuela...* Durante tu día a día, anota todas las citas de autoridades cotidianas que oigas y reflexiona sobre su aporte argumentativo. Las estructuras indicadas en PCIC Funciones 6.17 B1-B2 te ayudarán a identificarlas en español.

3.5 Adecuación y falacias

Las normas del texto argumentativo admiten una adecuación dinámica a la situación (Ramage *et al.* 2009). Por un lado, es precisa una percepción atenta del destinatario; por otro, del género y de su contexto de emisión (la defensa de una tesis requiere normas diferentes a las de una tertulia entre amigos, donde vulgarismos y emotividad, por ejemplo, son estrategias retóricas eficaces).

Las falacias son tradicionalmente argumentos no admisibles porque evaden el diálogo razonable; sin embargo, conocerlas ayuda a enfrentarse a ellas, puesto que la argumentación cotidiana (de la publicidad a la discusión de pareja) recurre abundantemente a su eficacia.

Otra cosa son las inadecuaciones, como la irrelevancia, la incorrección lingüística o los datos equivocados, que hacen peligrar enormemente nuestra fuerza argumentativa (Núñez y Del Teso 1996).

> *La adecuación pragmática.* Bernárdez (1982, 85) define el texto como "[...] la unidad lingüística comunicativa fundamental, producto de la actividad verbal humana, que posee siempre carácter social [...]". Experimenta la relación entre texto y contexto transformando tu última composición académica en un artículo de opinión divulgativo, en una publicidad, en una entrevista y en una biografía (¡tiene mucho impacto argumentativo con sus modelos implícitos!)
> *La eficacia de las falacias.* Elige tu periódico *online* preferido y busca la sección de comentarios de los lectores. Lee las intervenciones e identifica las siguientes falacias: apelación emotiva (piedad, miedo, etc.), descalificación personal de opositor, confusión de causas y consecuencias, generalizaciones sobre datos incompletos, falso dilema (reducir las opciones a dos). Dada la relación fuerte que hay entre emociones y creencias ¿Crees que las falacias que has identificado son admisibles en su contexto?
> *La sobrecarga cognitiva y las inadecuaciones.* El texto argumentativo guarda especial complejidad para un estudiante de español LE/L2 que debe prestar atención, a la vez, a la lengua y a los conceptos del texto. Elige una de tus composiciones y efectúa varias revisiones, enfocando tu atención única y progresivamente en eficacia del texto (1° revisión), coherencia de la estructura y equilibrio de los párrafos (2° revisión), corrección formal (puntuación, gramática, elección léxica) (3° revisión).

Estas propuestas pueden fortalecer las estrategias argumentativas n. 6, 19, 24, 25, 26 y 30 de la Tabla 3.2.

3.6 Estilo

Dentro de lo que cabe en un género, cada emisor puede tener un estilo, que puede cambiar su graduación pasando de cierta agresividad al juego limpio. En general, la atenuación y la intensificación (Haverkate 1994) son necesarias para modular la colaboración y la oposición agonística (Montolío 2011).

Además, se considera importante la esfera léxica, con control de la denotación y connotación, así como de la terminología disciplinar, porque la imprecisión debilita la fiabilidad de quien argumenta.

> *Agresividad e intensificación.* Busca en la red un debate político oral e identifica las intervenciones que presentan ironía, paradojas e insultos. Ahora, explora los demás recursos de la intervención: ¿notas los procesos de intensificación que se detallan en PCIC Gramática 8.7 B1>C2, Tácticas y estrategias 2.1 B1>C2?
>
> *Agresividad y control emotivo.* El profesor graba una discusión polémica en clase. Después de la discusión, observa el vídeo: ¿hay momentos de tensión? ¿Qué indicios verbales y no verbales los caracterizan? ¿Qué tipo de intervenciones provocan reacciones de defensa o contraataque? ¿En los momentos más emotivamente intensos, se mantiene la calidad de los argumentos? ¿Se producen falacias? ¿Malentendidos?
>
> *Atenuación y negociación colaborativa.* Negociar algún asunto de estudio con tu profesor (o cualquier otro tipo de servicio) es una cuestión argumentativa. Cuando se presente la ocasión, emplea recursos de atenuación y observa cómo la modulación de tu subjetividad favorece la consecución del acuerdo. Cfr. PCIC Tácticas y estrategias 2.2. B1>C2.

Las estrategias argumentativas n. 8, 10, 11, 18, 19, 20 y 28 de la Tabla 3.2 se pueden desarrollar a través de estas tres propuestas.

3.7 Retórica intercultural

Los estilos discursivos varían según la cultura (nacional, regional, de esfera social, profesional, sexual, etc.), lo cual merece suma atención en el mundo hispánico, donde una misma lengua expresa culturas muy diferentes y donde el español es lengua vehicular entre hablantes de otras lenguas-culturas. Hay culturas que proceden mediante ideas paralelas y otras que, por ejemplo, emplean secuencias lineales (Purves 1988; Trujillo 2002; Sánchez-Jiménez 2015).

Además, hay culturas que admiten la expresión franca de las opiniones como forma de colaborar en el avance del conocimiento y otras que atenúan la divergencia para mantener la armonía del grupo (Hofstede 1998). Dichas diferencias son paradigmas de valores que fundan las identidades y los argumentos con gran variabilidad intercultural (Cfr. PCIC 12. Habilidades y actitudes interculturales). Presentamos dos propuestas para las estrategias argumentativas n. 5, 22, 27 y 33 de la Tabla 3.2.

> *Ideologías y persuasión.* Busca una petición *online* en español y analiza su argumentación persuasiva. ¿A qué creencias, ideales, símbolos, valores e identidades se apela? ¿Qué instancias de poder social se presentan de forma implícita o explícita?
>
> *Identidad y persuasión.* Busca un anuncio publicitario en español e identifica sus argumentos y apoyos (verbales y visuales). Ahora reflexiona: ¿qué valores constituyen premisas de los argumentos? ¿Reconoces esos valores como pertenecientes a tu identidad?

3.8 Cuestiones de imagen

El texto argumentativo pone en juego cuestiones de prestigio, competencia, credibilidad, derechos: la imagen social de los interlocutores —es decir, los valores que quieren que los demás reconozcan y respeten— se ve, por ello, sometida a dinámicas de defensa y realce. Para gestionar la vulnerabilidad de las imágenes, la lengua dispone de los recursos de la cortesía verbal (cfr. PCIC. Funciones 3.20 B1>C2, Técnicas y estrategias pragmáticas 3.1 y B1>C2) y proponemos una actividad de sensibilización que atañe a la estrategia argumentativa n. 20 de la Tabla 3.2.

> *Preguntas desprevenidas.* En muchas situaciones de argumentación, es importante la prontitud de respuesta a preguntas inesperadas, que ponen a prueba la imagen de los interlocutores. En una entrevista de trabajo o en una solicitud de financiación de un proyecto, son de esperar preguntas indagatorias y es oportuno saber torear incluso las manifestaciones de desacuerdo y escepticismo, manteniendo un clima de colaboración comunicativa. Haz una lista de los recursos que puedes activar en esos casos. Por ejemplo:
>
> - una objeción no es necesariamente un ataque personal, mejor evitar reacciones emotivas
> - escuchar con atención la objeción (y tomar notas)
> - felicitarse por la objeción antes de responder
> - pedir aclaraciones sobre la pregunta si no queda clara la intención del emisor
> - prepararse una respuesta comodín si no sabemos responder (. . . *no tengo los datos a mano en este momento. . ., excede a mis competencias* . . .)
> - . . . [continúa tú]

4 Conclusión

A modo de conclusión, proponemos algunas indicaciones sobre la evaluación que, a su vez, permiten recapitular. Al tratarse de un texto muy estratificado, el argumentativo requiere una evaluación gradual, partiendo de las competencias más funcionales hasta llegar a las más formales (remitimos a los descriptores de la Tabla 3.2). Esto es:

- pragmáticas y argumentativas (adecuación, eficacia, pertinencia, aceptabilidad y fuerza de los argumentos);
- textual (género y registro, progresión, párrafos, coherencia, originalidad, puntuación);
- procedimental (planificación, revisión, compensación de los trastornos del aprendizaje, trabajo colaborativo);
- lingüística (corrección, uso de marcadores, recursos de atenuación y modalización, léxico).

Los porfolios se prestan muy bien a documentar longitudinalmente este tipo de evaluación formativa. Además, como la práctica argumentativa desarrolla la participación en una comunidad basada en el discurso, se presta también a la prueba de la realidad: la negociación de una tarea, una petición al director de la escuela, la redacción del reglamento de la clase, la revisión de la evaluación de un examen con el profesor, la revisión de un texto con un compañero, etc., al fin y al cabo, se pueden evaluar por su éxito concreto en el contexto de emisión.

Bibliografía citada

ACTFL. 2012. *Assigning CEFR Ratings to ACTFL Assessment and Proficiency Guidelines*. www.actfl.org/sites/default/files/reports/Assigning_CEFR_Ratings_To_ACTFL_Assessments.pdf // www.actfl.org/publications/guidelines-and-manuals/actfl-proficiency-guidelines-2012. Acceso: 3/10/2017.

Adam, J.M. 1992. *Los textos: tipos y prototipos. Relato, descripción, argumentación, explicación, diálogo*. Paris: Nathan.

Adam, J.M. y M. Bonhomme. 2000. *La argumentación publicitaria: retórica del elogio y de la persuasión*. Madrid: Cátedra [ed. or 2012].

Anscombre, J.C. y O. Ducrot. 1994. *La argumentación en la lengua*. Madrid: Gredos [ed. or. 1983].

Atienza, M. 2006. *El derecho como argumentación: concepciones de la argumentación*. Barcelona: Ariel.

Bassols, M. y A.M. Torrent. 1997. *Modelos textuales. Teoría y práctica*. Barcelona: Eumo Octaedro.

Bernárdez, E. 1982. *Introducción a la lingüística del texto*. Madrid: Espasa-Calpe.

Brenton, P. 2014. *La argumentación en la comunicación*. Barcelona: UOC.

Camps-Dolz, A. 1995. "Aprender a escribir textos argumentativos: características dialógicas de la argumentación escrita". *Comunicación, Lenguaje y Educación* 26: 51–63.

Cassany, D. 2011. *En_línea*. Barcelona: Anagrama.

Charaudeau, P. y D. Maingueneau. 2005. *Diccionario de análisis del discurso*. Buenos Aires: Amorrortu [ed. or. 2002].

Companion Volume, véase MCER.

Comunicación, lenguaje y educación 1995. 26.
Cuenca, M.J. 1995. "Mecanismos lingüísticos y discursivos de la argumentación". *Comunicación, lenguaje y educación* 26: 23–40.
Dolz, J. 1996. "Learning Argumentative Capacities". *Argumentation* 10 (2): 227–251.
Domínguez García, N. 2002. *La organización del discurso argumentativo: los conectores*. Salamanca: Universidad de Salamanca.
Eemeren, F. van y R. Grootendorst. 2002. *Argumentación, comunicación y falacias: una perspectiva pragmadialéctica*. Santiago: Ediciones Universidad Católica de Chile [ed. or. 1992].
Ellis, R. 2005. *La adquisición de segundas lenguas en un contexto de enseñanza. Análisis de las investigaciones existentes*. New Zeland: Ministry of Education.
Freire, P. 2009. *La educación como práctica de la libertad*. Madrid: Siglo Veintiuno [ed. or. 1965].
Fuentes Rodríguez, C. y E.R. Alcaide Lara. 2007. *La argumentación lingüística y sus medios de expresión*. Madrid: Arco/Libros.
García Negroni, M.M., ed. 2003. *Actas del Congreso Internacional La argumentación. Lingüística, retórica, lógica, pedagogía*. Buenos Aires: Instituto de Lingüística.
García Negroni, M.M. 2005. "La Teoría de la Argumentación lingüística: de la Teoría de los Topoi a la Teoría de los Bloques Semánticos". s.l.: s.e.: 1–31.
Garrido Rodríguez, Mª.C. 1999. "Los conectores pragmáticos en la enseñanza de ELE: argumentación y relevancia". *Actas del X Congreso Internacional de ASELE*, 323–330. Cádiz: Servicio de Publicaciones.
Gutiérrez Ordóñez, S. 1997. *Temas, remas, focos, tópicos y comentarios*. Barcelona: Arco/Libros.
Habermas, J. 1994. *Teoría de la acción comunicativa: complementos y estudios previos*. Madrid: Cátedra [ed. or 1981].
Haverkate, H. 1994. *La cortesía verbal. Estudio pragmalingüístico*. Madrid: Gredos.
Hofstede, G. 1998. *Culturas y organizaciones, el software mental*. Madrid: Alianza [ed. or. 1991].
Hyland, K. 2000. *Disciplinary Discourses: Social Interactions in Academic Writing*. Ann Arbor, MI: The University of Michigan Press.
Kienpointner, N. 2007. "Cortesía, emociones y argumentación". *Cortesía y conversación: de lo escrito a lo oral. III Coloquio Internacional del Programa EDICE*, 36–52. Valencia, Estocolmo: Universidad de Valencia.
Lo Cascio, V. 1998. *Gramática de la argumentación. Estrategias y estructuras*. Madrid: Alianza [ed. or. 1991].
Loureda Lamas, Ó. 2003. *Introducción a la tipología textual*. Madrid: Arco/Libros (2ª ed. 2017).
Macagno, F. y D. Walton. 2014. *Emotive Language in Argumentation*. Cambridge: Cambridge University Press.
Mariani, L. 2009. *Saper apprendere. Atteggiamenti, motivazioni, stili e strategie per insegnare a imparare*. Limena: Libreriauniversitaria.it.
Marraud, H. 2015. "Argumentos e inferencias: teoría de la argumentación y psicología del razonamiento". *Cogency* 7 (1): 47–68.
Marraud, H. 2018. *Propuesta de inventario de los temas de la teoría de la argumentación*. www.academia.edu/35732395/A_proposal_for_an_inventory_of_topics_in_Argumentation_Theory. Acceso: 17/04/2018.
MCER. (*Marco común europeo de referencia para las lenguas. Aprendizaje, enseñanza, evaluación*). 2002. Madrid: Ministerio de Educación, Instituto Cervantes y Anaya + North, B., Goodier, T., Piccardo, E. 2017. *Companion Volume*. Council of Europe, provisional edition.
Mercier, H. y D. Sperber. 2011. "Why Do Humans Reason? Arguments for an Argumentative Theory". *Behavioural and Brain Sciences* 34: 57–111.
Montolío, E. 2011. "Gramática y discurso". En *Sintaxis y análisis del discurso hablado en español: homenaje a Antonio Narbona*, eds. José Jesús de Bustos Tovar, Rafael Cano-Aguilar, Elena

Méndez García de Paredes y Araceli López Serena, 313–324. Sevilla: Servicio de Publicaciones de la Universidad.
Montolío, E. 2015. *Conectores de la lengua escrita*. Barcelona: Ariel.
Muller Mirza, N. y A.N. Perret-Clermont, eds. 2009. *Argumentation and Education*. Nueva York: Springer.
Múñoz, N.I. y C. Plantin. 2011. *El hacer argumentativo*. Buenos Aires: Biblos.
Muñoz-Basols, J.,Y. Pérez Sinusía y M. David. 2011. *Developing Writing Skills in Spanish*. Londres/Nueva York: Routledge.
Núñez, R. y E. Del Teso. 1996. *Semántica y pragmática del texto común*. Madrid: Cátedra.
Padilla de Zerdán, C., S. Doublas y E. López. 2011. *Yo argumento. Taller de comprensión y producción de textos argumentativos*. Santa Fe: Comunicarte.
PCIC (*Plan curricular del Instituto Cervantes. Niveles de referencia para el español*). 2006. Madrid: Instituto Cervantes-Editorial Biblioteca Nueva.
Perelman, C. y L. Olbrechts-Tyteca. 1989. *Tratado de la argumentación. La Nueva Retórica*. Madrid: Gredos [ed. or. 1958].
Pérez Grajales, H. 2008. *Argumentación y comunicación. Desarrollo de la competencia comunicativa*. Bogotá: Cooperativa Editorial Magisterio.
Plantin, C. 1998. *La argumentación*. Barcelona: Ariel [ed. or. 1996].
Popper, K. 1994. *En busca de un mundo mejor*. Barcelona: Paidós [ed. or. 1992].
Portolés, J. 1998. *Marcadores del discurso*. Barcelona: Ariel.
Purves, A.C., ed. 1988. *Writing across Languages and Cultures: Issues in Contrastive Rhetoric*. Newbury Park: Sage.
Ramage, J., M. Callaway, J. Clary-Lemon y Z. Waggoner. 2009. *Argument in Composition*. West Lafayette, IN: Parlor Press.
Ramírez-Bravo, R. 2010. *Didácticas de la lengua y de la argumentación escrita*. San Juan de Pasto: Universidad de Nariño.
Sánchez-Jiménez, D. 2015. "50 años de evolución en los estudios lingüísticos transculturales: de la Retórica Contrastiva a la Retórica Intercultural". *CUNY Academic Work*, s.p.
Santiago Guervós, J. de. 2010. "Retórica y cortesía". En *Dic, mihi, musa, virum. Homenaje al profesor Antonio López Eire*, eds. A. López Eire, F. Cortés Gabaudan y J. Méndez Dosuna, 629–637. Salamanca: Universidad de Salamanca.
Taylor, E.W. 2008. "Transfomative Learing Theory". *New Directions for Adult and Continuing Education* 119: 5–15.
Torrego, J.C. 2006. *Modelo integrado de mejora de la convivencia: estrategias de mediación y tratamiento de conflictos*. Barcelona: Grao.
Toulmin, S. 2007. *Los usos de la argumentación*. Barcelona: Ediciones Península [ed. or. 1958].
Trujillo Sáez, F. 2002. *Retórica Contrastiva y expresión escrita. Evaluación y estudio de textos en inglés y en español*. Granada: Editorial de la Universidad de Granada.
Van Dijk, T.A. 1978/1980. *Texto y contexto*. Madrid: Cátedra.
Vega Reñón, L. 2014. "La teoría de la argumentación y el discurso práctico: ideas para una 'lógica civil'". *Laguna: Revista de filosofía* 34: 95–118.
Walton, D. 2013. *Methods of Argumentation*. Cambridge: Cambridge University Press.
Wenzel, J. 2006. "Three Perspectives on Argument. Rhetoric, Dialectic, Logic". En *Perspectives on Argumentation: Essays in Honor of Wayne Brockriede*, eds. R. Trapp y J. Schuetz, 9–26. Nueva York: Idebate Press.
Weston, A. 1987/2005. *Las claves de la argumentación*. Barcelona: Ariel.
Woods, J., A. Irvine y D. Walton. 2004. *Argument, Critical Thinking, Logic and the Fallacies*. Toronto: Pearson-Prentice Hall.

Bibliografía recomendada

Macagno, F. y D. Walton. 2014. *Emotive Language in Argumentation*. Cambridge: Cambridge University Press. [Interesante el enfoque pragmático de la argumentación, con inclusión de la comunicación emotiva].

Ramage, J., M. Callaway, J. Clary-Lemon y Z. Waggoner. 2009. *Argument in Composition*. West Lafayette, IN: Parlor Press [Relevante, especialmente, la 4ª parte sobre buenas prácticas en la composición escrita].

Woods, J., A. Irvine y D. Walton. 2004. *Argument, Critical Thinking, Logic and the Fallacies*. Toronto: Pearson-Pretience Hall [Útil para ampliar las herramientas lógicas de autoevaluación de los estudiantes].

4

TEXTOS INSTRUCTIVOS EN ESPAÑOL NATIVO, NO NATIVO Y DE HERENCIA[1]

Lourdes Díaz Rodríguez y Núria Enríquez

1 Introducción

Si bien algunos de los estudios clásicos y modernos de lingüística textual (Werlich 1975, citado en Bassols y Torrent 1997; Ciapuscio 1994; Greimas 1983; citados en Bernárdez 1997; Bustos 1996) contemplan los *textos instructivo-directivos* como una de las clases básicas, hay también muchos autores que discrepan explícitamente acerca de si son realmente un tipo distinto de los descriptivos (Adam 1992, 95; Bassols y Torrent 1997; Núñez y del Teso 1996, entre otros) o los olvidan (Calsamiglia y Tusón 1999; Maingueneau 1993). También hemos observado que tienen más cabida en la tradición anglófona que en la francófona e hispánica. En este capítulo asumimos que sí lo son y que tienen rendimiento alto en la enseñanza de lenguas segundas. También asumimos que son el *contexto*, un concepto claramente ligado a la *pragmática*, y los distintos elementos que intervienen en él (modo, dimensión acción/reflexión, tenor interpersonal, estatus, campo, grado de abstracción), los responsables de la diversidad de subgéneros instructivos-directivos tanto escritos como orales (Halliday y Hasan 1985; Koch y Oesterreicher 2007; Martin y Rose 2003, 2008; entre otros). Con estos conceptos, tomados de la lingüística textual funcional, abordamos los textos instructivos —contemplados en el *Marco Común Europeo de Referencia* (2002) desde los primeros niveles— e ilustramos su descripción a partir de ejemplos de un corpus de producción nativa, no nativa y de herencia *StopELE-ruta* (Díaz y Enríquez 2016), para ofrecer al profesor de español una caracterización útil para el aula acompañada de una propuesta didáctica especificada para ambos contextos (L2 y herencia) y suplir la ausencia de datos de corpus, consignada incluso en el corpus de aprendices de español del Instituto Cervantes (CAES), accesible en abierto en la Red, que no proporciona datos para esta tarea.

En la primera sección partimos del análisis del discurso y de la perspectiva funcional para ilustrar desde distintas disciplinas el papel que desempeñan la *generalización* y la *reconstrucción* de las acciones que aparecen en forma *secuenciada* en un texto instructivo (*instrucciones, recetas*), de la consideración de su alcance (varios turnos de secuencias, una macroproposición) y de las formas lingüísticas esperables (presentes, imperativos, infinitivos, modales), orales o escritas. Contextualizamos dos de los (sub)géneros posibles (las indicaciones de rutas) y las convenciones habituales que las hacen eficaces (o no), extrapolables además a otras instrucciones (técnicas, folletos, vídeos ilustrativos). En la segunda sección, llevamos a cabo la revisión de estudios sobre variación entre producción de español nativo, de herencia y no nativo y sobre adquisición de la competencia textual entre nativos y no nativos. En la sección tres damos cuenta de los aspectos lingüísticos y estratégicos de esta tarea y tipo textual (dar instrucciones) ligados a la pragmática. En la cuarta sección, exponemos y sistematizamos las características generales observadas en las dos tareas de *StopELE-ruta*, la de dar indicaciones cara a cara (oral) y la tarea escrita (un correo electrónico), realizadas por hablantes nativos, de herencia y no nativos. Presentamos los recursos recurrentes hallados en los distintos corpus de forma que puedan ilustrar posteriores aplicaciones didácticas. En la quinta sección presentamos las conclusiones e implicaciones didácticas y reivindicamos la utilidad del trabajo con corpus de aprendices y nativos para enseñar modelos naturales contribuir a la eficacia y naturalidad en la comunicación en las distintas comunidades de habla según sus características y diversidades particulares.

1.1 El tipo textual instructivo en su contexto

Hay tipos de textos que existen desde siempre: los narrativos, los descriptivos, los expositivos, los argumentativos; otros son de inclusión reciente, como los conversacionales o dialógicos. Los instructivos, procedimentales o directivos, a diferencia de los anteriores, suelen verse excluidos de las tipologías más usuales. Esta situación los hace a nuestros ojos un tipo interesante porque, en la vida real ¿quién no ha pedido o dado indicaciones para encontrar una parada de autobús, una tienda o para encontrar una calle o plaza? Las situaciones comunicativas en las que alguien da indicaciones o instrucciones —como las que hemos mencionado antes— tienen en común la existencia de un interlocutor más experto que dirige al menos experto (aprendiz, aficionado, curioso, cliente, etc.) y, normalmente a petición de este último (de forma directa o implícita), describe oralmente o por escrito un procedimiento ya sea doméstico, laboral, científico-técnico, etc. a lo largo de una secuencia (en el sentido de movimiento o *move* (ver Swales 1990; Biber *et al.* 2007, etc.). Lingüísticamente, reconocemos las secuencias y los géneros instructivos a que dan lugar por la presencia de una serie de verbos en imperativo ("Ceda el paso") o en infinitivo ("No ingerir"), según el medio y el registro, que constituyen el rasgo convencional o ritual que las caracteriza, junto con descripciones de partes y conjuntos (sean piezas, ingredientes, calles, etc.), esto es, un léxico específico que nos sitúa en un contexto y situación. También forman parte característica de estos tipos y géneros afirmaciones sobre estados de cosas, lugares, objetos, que clasifican, orientan y evalúan el desarrollo del procedimiento (pasos) y guían hacia la consecución de un resultado, ya sea la puesta en marcha de un aparato ("encender"), la cocción de un plato ("pinche y compruebe que el cuchillo sale limpio") o el alcance de una meta ("después de veinte metros, habrá llegado a su destino"). En el universo de la tradición textual y comunicativa, además del clásico ejemplo de las recetas de cocina, son instrucciones también las que encontramos, por ejemplo: a) en las guías turísticas cuando estamos de viaje ("Visita a la Sagrada Familia: empiece el recorrido por la derecha de las taquillas, en la fachada del Nacimiento. Fíjese en la disposición de las figuras centrales, primero las humanas. . ."); b) en nuestros navegadores y dispositivos inteligentes cuando buscamos una dirección o una ruta ("En la próxima rotonda, tome la segunda salida a su derecha"); o c) en las secciones de metodología para experimentos científico-técnicos, tanto en los manuales y textos didácticos de los jóvenes escolares como en los textos ya profesionales (equipamiento + materiales + método: por ejemplo, "Prácticas de biología. Observar el funcionamiento del corazón de una rana (. . .): Una vez verificado el efecto de la anestesia, con el bisturí, practique una incisión vertical de unos 3 a 5 centímetros en el tórax de la rana, en sentido descendente, empezando por el cuello"). Todos los textos que acabamos de mencionar y que representan géneros distintos dentro de la tipología instructiva (indicaciones espaciales: planos, mapas, recorridos; métodos o procedimientos; posología; recetas y preparaciones, etc.) nos resultan más o menos familiares en nuestras vidas, si bien en algunos casos nuestra experiencia es mayor como receptores (lector de guías, cocinero fiel al recetario, viajero habituado a los mapas) que como emisores de esos discursos (autor de libros de cocina, redactor de manuales de instrucciones para aparatos electrónicos o teleoperador de un servicio de asistencia por teléfono).

Para algunos especialistas en tipología textual, los textos instructivos forman parte del tipo textual *descriptivo*, centrado en describir un procedimiento (Bassols y Torrent 1997). Para otros, en cambio, son claramente un tipo distinto en el que lo más característico es que presenta actividades *ordenadas en secuencia*, no en tiempo (Martin y Rose 2003, 2008; Zayas 1994); esto los diferencia del relato o narración.

Así, según el grado de objetividad, las diferencias entre textos instructivos serían como en la Tabla 4.1.

Brown y Yule (1983, cap.3) consideran que, en una jerarquía de dificultad entre los géneros orales, las instrucciones se encuentran en la segunda posición de facilidad en una escala de cuatro niveles posibles, situados antes del relato, pero después de la descripción, y atribuyen la dificultad creciente a que los primeros representan conceptos estáticos, los siguientes dinámicos y los últimos abstractos, de este modo:

Descripción < *descripción/instrucción*< *narración de historias*< *expresión de opinión*.

TABLA 4.1 Perspectiva +/− objetiva en los textos instructivos.

Tipo de género	Formas objetiva	Forma subjetiva
Instrucción	Reglas o reglamento	Indicaciones (*cara a cara*, *mail* personal)
Procedimiento	Receta (médica, gastronómica)	Mi receta favorita (*blog*)

La propia noción de secuencia, no obstante, implica ciertamente un tiempo en el que se desarrolla la acción (como ocurre, por ejemplo en las recetas de cocina) y que incluso se explicita ("batir durante *dos minutos* a mano o con batidora eléctrica"); si bien también es necesario incluir, además, una serie de órdenes que afectan a utensilios, espacios e instrucciones para actuar sobre ellos o con ellos, o a través de ellos según se trate de una receta, de unas indicaciones para imprimir un documento o para montar un mueble, o para llegar a nuestro destino (sea una farmacia o un hotel en la montaña), por poner algunos ejemplos. Esas acciones (que se relacionan con órdenes) no son, como en el relato, complementarias o secundarias (*background information*) sino constitutivas del procedimiento. La subjetividad puede incrementarse cuanto más se implique el locutor (un programa televisivo de cocina de un *chef* conocido o un *blog* o *posts* o correos electrónicos) donde el foco se sitúa en quién (subjetivo) más que en el propio procedimiento (Koch y Oesterreicher 2007). La sincronía, la interactividad y la presencia o no de una petición de un interlocutor conocido o querido o de uno anónimo o remoto, también inciden en la subjetividad y la modalización de los enunciados. A buen seguro, los ejemplos que se nos pueden ocurrir son legión.

No obstante su utilidad innegable como tipo textual y su productividad en comunidades diversas y situaciones de comunicación también diversas en lengua materna (géneros como las guías turísticas, los asistentes de ruta en navegadores y teléfonos inteligentes, por ejemplo), han sido relativamente escasos los estudios dedicados al tipo textual instructivo o directivo en el ámbito de las lenguas extranjeras (como pone de manifiesto Ewald (2010, 2012) y más todavía en español (en particular a los géneros como las indicaciones espaciales y de rutas). Esto ha sido sobre todo así desde la perspectiva de la lingüística textual. Aunque olvidados por diversos estudiosos del análisis del discurso, sí han suscitado mucho interés en psicolingüistas (Denis 1997; Daniel y Denis 1998; Klein 1982; Psathas 1986, 1990), en lingüistas interesados en sistematización de patrones y rutinas para crear sistemas inteligentes (Klippel y Richter 2004; Bauer, Wollherr y Buss 2009; Pappu y Rudnicky 2012, entre otros), lingüistas funcionalistas (Martin y Rose 2003, 2008; Biber, Connor y Upton 2007, entre otros) y pragmáticos interculturales (Bardovi-Harlig y Hartford 1990; Blum-Kulka, House y Kasper 1989). Más recientemente, se han ocupado de ellos lingüistas orientados a la pragmática intercultural desde el género y sensibles a la metodología de la recogida de datos: orales o simulados en la LE/L2 y la enseñanza de la LE/L2 (Ewald 2010, 2012; Félix-Brasdefer 2007a; Pearson y Samuel Lee 1992; Lee 2011).

¿En dónde residen las diferencias a las que prestar atención para clasificarlos? Como señalan Koch y Oesterreicher (2007) y Loureda (2003) —buenas síntesis de investigaciones de lingüística y tipología textual previas— además del propósito funcional y del ámbito, inciden incluso el soporte, la ubicación física y la extensión: como, por ejemplo, del espacio urbano en las rutas de Internet, en los mapas callejeros, en rótulos y placas indicadoras en calles y edificios reales o virtuales; en las dosis terapéuticas en prospectos farmacéuticos, pautas médicas, etc.; o en el tipo de ingredientes, o el orden y proporciones indicadas de sustancias químicas, alimentos sólidos o líquidos según se trate de recetas farmacéuticas, gastronómicas o cócteles. También la inmediatez y el medio condicionan (escrito u oral, interactivo o no) el género resultante, así como el soporte físico o su ausencia (no es lo mismo un cartel o un plano que unas indicaciones orales); o el destinatario y su condición (forastero, extranjero, niño o adulto; motorista, ciclista; peatón). Además, como suele haber más de un camino (en el caso de que se trate de una indicación de itinerario) o forma de llevar a cabo el propósito (recetas rápidas, tradicionales, "la de la abuela", la nuestra), las instrucciones o indicaciones deben modularse para contemplar más de una posibilidad (si es factible). Incluso en el caso de los géneros especializados y muy especializados (como discursos técnicos o científicos), las elecciones se pueden diversificar según el especialista destinatario (como saben las empresas editoriales que distinguen líneas de "informática para torpes" *vs.* "Guía avanzada") o incluso deben añadir información para justificar las decisiones presentes o futuras ("*interrúmpase el tratamiento en caso de observar alguno de los síntomas arriba descritos*"). En el ejemplo cotidiano de las indicaciones de rutas, más inocuo, como ilustraremos con nuestros experimentos y tareas de aula, pueden resultar condicionantes factores esenciales como el medio de transporte que se use, la longitud del trayecto, los criterios económicos (taxi más caro que el metropolitano o el ómnibus) o las circunstancias meteorológicas en el momento del desplazamiento (verano o invierno), así como el carácter foráneo o no del que pregunta o informa (persona de fuera del país, autóctono y del barrio). Sin olvidar, tampoco, si el hablante está habituado a este tipo de interacciones o si carece de práctica (por ejemplo, procede de un medio rural o se trata de un ejercicio en su L2); o si en el preciso momento de la petición está bien dispuesto a informar (tranquilo y concentrado) o a punto de perder su tren.

De estos factores condicionantes proceden las dificultades para llevar a cabo la tarea en la vida real. Especialmente en el ámbito oral, uno de los que más han interesado a los psicolingüistas y neurolingüistas, sobre todo en el ámbito de las indicaciones de rutas. Cognitivamente, además de la actividad lingüística que supone proporcionar la respuesta, la tarea conlleva un complejo ejercicio "no visible" de ubicación, de situación en las coordenadas espaciales: las del momento en que se habla y las del espacio que se evoca. Estas se han de actualizar y verbalizar de forma ordenada, cambiando el punto de origen, en ocasiones con sus puntos de referencia intermedios incluidos. Esto exige una puesta en relación de lo actual y evocado para ofrecer una propuesta de ruta o rutas, a veces combinando medios de transporte, con sus redes complejas e interdependientes. La operación exige también un borrado de información no relevante y una criba o selección de puntos de referencia y orden que se considere significativa y adecuada para el interlocutor (Klippel y Richer 2004). Todo ello en tiempo real (casi siempre). De ahí que muchos de nosotros, en nuestra vida cotidiana, y en nuestra propia lengua, vacilemos, titubeemos y nos interrumpamos para autocorregirnos llenos de inseguridades cuando intentamos dar indicaciones a algún transeúnte que nos pregunta dónde se encuentra una farmacia o un establecimiento en nuestra ciudad. O sin movernos de nuestra silla, cuando nos preguntan en la oficina cómo funciona un comando en el ordenador o una aplicación que usamos habitualmente (funcionamiento que no habíamos descrito paso a paso nunca antes a ningún interlocutor).

Dar instrucciones, por consiguiente, no resulta una tarea fácil solo desde el punto de vista del discurso porque haya que elegir las palabras, dominar el ámbito temático (los nombres de los utensilios de cocina y los productos; las partes de un aparato electrónico o mecánico o el léxico de la circulación, mobiliario urbano y las propias rutas). También es difícil porque, como hemos visto, implica muchos otros procesos perceptivos, neurolingüísticos y psicolingüísticos. Entre ellos, no es menor la capacidad y memoria visual, que varía de individuo a individuo y se mide mediante test específicos; o la capacidad de recuperación ordenada de los datos (según nuestras estrategias de planificación y de memorización, de carácter metacognitivo; o la capacidad de conectar lo visualizado y evocado con las correspondientes formas lingüísticas en la lengua del intercambio (que puede ser la L1 o la LE/L2), o, finalmente, la capacidad de evocar no solo el léxico sino patrones discursivos (formas rituales, convencionalizadas, según nuestra experiencia o competencia) en el curso de la producción, todo ello en tiempo real. Esta acumulación de requisitos justifica la presencia de rasgos muy característicos de la realización oral (vacilaciones, titubeos, repeticiones, autocorrecciones, peticiones de confirmación de comprensión), rasgos que deberían aparecer como parte del *input* en las tareas para ilustrar la variación individual (estratégica y pragmático-cultural) y legitimar las propias vacilaciones de los aprendices en el curso de la misma tarea.

2 Antecedentes sobre el género "Indicaciones espaciales"

Existen diversos estudios sobre cómo dar instrucciones, en particular para localizar metas espaciales, en distintas lenguas. Se trata de una tarea, además, muy presente en los currículos de idiomas por su frecuencia en la vida cotidiana y por lo sugerente que resulta para describir la negociación de información objetiva desde la perspectiva del análisis de la conversación (Cohen y Shively 2007; Klein 1982; Scotton y Bernsten 1988, entre otros). También porque como tarea ha sido una buena candidata para modelizar y automatizar tareas de interacción hombre-máquina en inteligencia artificial (Bauer, Wollherr y Buss 2009; Cooper y Larsson 1990; Larsson 2003; Pappu y Rudnicky 2012; Ruggia 2005). Se ha analizado este tipo de tarea también para entender el funcionamiento de la mente y los procesos neuro-psicolingüístios que influyen en el lenguaje (Allen 2000; Daniel y Denis 1998; Denis 1997; Psathas 1986, 1990).

Como hemos apuntado arriba, no todos los hablantes damos las indicaciones del mismo modo. Esto genera una variación nativa (entre hombres y mujeres, por ejemplo, como recogen Ewald 2010, 2012; Lawton 2001; Ward, Newcombe y Overson 1986), y nativa frente a no nativa (para el español: Enríquez y Díaz 2018; Gallego 2017; entre otros) cuya observación resulta muy interesante a fin de describir el repertorio y distribución de recursos de forma cercana a la realidad comunicativa y a sus convenciones y rituales sociales, especialmente en lo relativo a cómo construimos la secuencia ordenada de elementos en una ruta, su riqueza o esquematismo de detalles y el tipo de elementos que usamos o que hemos retenido en la memoria (arquitectónicos, presencia de servicios como bancos, tiendas, gasolineras; señales). Existen coincidencias sociales, generacionales, a la hora de dar instrucciones, ligadas al tipo de pregunta, pero también divergencias. Asimismo, genera variación la propia situación en que se recogen los datos de la tarea a partir de la que se elabora cada corpus de estudio empírico, esto es, si ésta es simulada (*role play*) o real (Beebee, Cummings y Clark 1996; Félix-Brasdefer 2007a, b). En algunos casos, vemos cómo los hablantes consideran que el trayecto será difícil y recomiendan llegar a la mitad y volver a preguntar ("cuando llegue a la plaza del Sol, pregunte de nuevo"); o proporcionan alternativas ("también puede ir por la ronda, todo recto y salir en la 25, hacia el centro") o se autocorrigen y reformulan ("no, el siguiente cruce, no, perdona; el de Glorias"). Por todo ello, dar indicaciones sobre una ruta parece una tarea (y un recurso) muy prometedor desde el punto de vista de la investigación y la didáctica, aunque todavía esté poco explotada como tarea de producción oral con hablantes de herencia (que movilizan dos códigos lingüísticos y culturales) y con hablantes de LE/ L2 (que parten de un código y cultura no nativos para afrontar la tarea en otro), en comparación con nativos.

2.1 Caracterización de las indicaciones espaciales. Psicolingüística, lingüística y enseñanza de L2

Por su parte, es especialmente interesante ver que los psicolingüistas han asociado los textos instructivos a los textos descriptivos con función inyuntiva (o de respuesta a una petición previa), importantes para caracterizar interacciones y conductas comunicativas reactivas que satisfacen actos de habla como órdenes que pueden ser obedecidas y desobedecidas (Gómez Fontanil y Coto 1990). Recursos como la autoridad o la persuasión (y la posibilidad de cuestionarla o negociarla), entran en juego en unos casos, mientras que, para otros psicolingüistas, son aspectos cognitivos de otra naturaleza, como los que implican la visualización, evocación y verbalización del espacio en las indicaciones, los que entran en juego (Wunderlich y Reinelt 1982; Klein 1982; Denis 1997; Daniel y Denis 1998; Klippel y Richter 2004). Qué se visualiza, qué se retiene y cómo se ordena y presenta permite definir un paradigma de secuencia y un repertorio de elementos susceptibles de aparecer, ligados al contexto que se considere en cada caso (espacio exterior, urbano, interior, doméstico, etc.). Las diferencias individuales en la capacidad de visualización, por ejemplo, inciden en la memoria y se reflejan en resultados distintos cuando se llevan a cabo las representaciones formales de las instrucciones de cada individuo. Por su parte, la propia dependencia del contexto que tienen las referencias y la dinámica de la interacción para conseguir su anclaje en el espacio y el tiempo, tanto antes como después de la propia emisión del enunciado, desempeña un papel diferenciador entre individuos y representaciones formales. La visualización y el anclaje de referencias en el curso de la interacción, y el almacenaje fiable de su representación en la memoria son especialmente relevantes si nos centramos en la figura de quien emite las instrucciones. En cuanto al que las recibe, se sabe que hay aspectos, como, de nuevo, la interpretación de los deícticos (locales *vs.* analógicos) o la dificultad de asociación léxica de palabras con significados compartidos (sinónimos, hiperónimos e hipónimos), cuyo acierto incide en la calidad de la representación, especialmente cuando entre los individuos existen diferencias de competencia (motivadas por edad, conocimiento lingüístico nativo o no nativo de la lengua o la mayor o menor familiaridad con el entorno). A su vez, todos estos aspectos constituyen parte importante del componente discursivo y estratégico de la competencia comunicativa en una lengua y, en la LE/L2, según el MCER, se consideran indicadores de progresión o de gradación de dificultad, con especial incidencia en la ejecución de tareas comunicativas tales como dar instrucciones o indicaciones espaciales (llevadas a cabo mediante textos instructivos). En la lingüística cognitiva y la psicolingüística, por su parte, el carácter central o no de las referencias o puntos de referencia proporcionados (*landmarks*) permite establecer si se trata de una secuencia de entorno (*advisory*, para Pappu y Rudnicky 2012), que anuncia o anticipa (*verás allí X*, *you-will-see-location*) o de posición (*"estás en X"*, *"you are at"*), que aparece antes o después del imperativo (*"go-to-place"*, *"turn-to"*, *"ve-a-lugar X"*, *"gira-a"*, *"gira-en"*) en los esquemas típicos de producción de referencias. La capacidad de visualizarlas, recordarlas y verbalizarlas ordenadamente convierte la habilidad de dar instrucciones en una tarea compleja en la que cómo dar las órdenes o indicaciones ("ve todo recto", "gira en la tercera/ gira a la derecha", "ve así, por ahí hasta allá") tiene tanta importancia como referirse inequívocamente a los puntos de referencia, distancia, etc. para conseguir el éxito comunicativo en la tarea (como al precisar "a 200 metros" frente a la vaguedad de "un poco más adelante"). Guiar, en definitiva, consiste en elaborar verbalmente el procedimiento que ha de seguir el receptor para lograr su objetivo, esto es, proporcionarle un mapa infalible dibujado con palabras, fácil de *traducir a una imagen* de la ruta. En ese mapa, la calidad de la formulación (claridad, previsibilidad, estructuración y organización clara de los puntos de referencia adecuados), esto es, su adecuación, es tan importante como la propia realización lingüística. De ahí que el género lingüístico instructivo esté sujeto a patrones rituales relativamente rígidos para que se puedan interpretar eficazmente, primero, y recordar o evocar, después, con el menor coste de procesamiento (Bauer, Wollherr y Buss 2009; van Dijk 1978, etc.). En caso contrario, para el viajero o peatón, tener que atender al contenido (100 % nuevo) y a una forma discursiva nueva en cada consulta resultaría una tarea tan inabordable como inútil. Algo parecido le ocurriría al informador si no dispusiera de un molde ritual y de una convencionalización de las estrategias que intervienen.

2.2 *Secuencias*

Pero ¿hay *una* manera de organizar la información en unas indicaciones? Los expertos dicen que sí y se apoyan en investigaciones con corpus, por un lado, y en simulaciones de interacción hombre-máquina (donde se programa de acuerdo con patrones observados) para demostrarlo. La bibliografía de experimentos es abundante, así como la de corpus (Swales 1990; Biber y Conrad 2009), lo que podría

TABLA 4.2 Propuesta de estructura de las indicaciones de ruta, según distintos autores.

Bauer, Wollherr y Buss (2009)	Estructuración de las peticiones/preguntas y respuestas: Introducción/dar direcciones/confirmación/conclusión o agradecimiento).
Pappu y Rudnicky (2012)	*Imperative/advisory/grounding/metacomments* (Orden/recomendación/localización/metacomentarios)
Denis (1997)	Localizar y orientar al destinatario en el punto inicial/iniciar proceso/anuncio de punto de referencia/reorientar al destinatario/iniciar siguiente etapa/anunciar siguiente punto de referencia/fin o última referencia que es el punto de llegada que se puede describir opcionalmente
Ewald (2010); Wunderlich y Reinelt (1982)	Inicio/descripción de ruta/confirmación/cierre
Pearson y Lee (1992)	Movimiento de inicio/cuerpo principal/pre-cierre/cierre
Klippel y Richter (2004)	Empieza en __ frente a __//gira a la derecha 0, gira a la derecha en __//Baja 0, baja hasta __//baja __ hasta __, baja X + distancia o tiempo//sigue (por) __, sigue hasta __, sigue por X hasta y/o distancia o tiempo//Continúa pasado __// Z estará a tu izquierda, Z estará a tu derecha.
Díaz y Enríquez (2018)	Enunciación de destino/origen/inicio-dirección/punto de referencia/*continuación-dir-hasta/punto de referencia/reinicio-dirección/punto de referencia*/meta (ruta alternativa)

guiar las propuestas en la enseñanza de lenguas (Pearson y Lee 1992; Gilmore 2007). Las secuencias (Swales 1990; Biber, Connor y Upton 2007) que se han propuesto en la estructuración de indicaciones espaciales desde las distintas disciplinas señaladas suelen tener las siguientes partes, recogidas en la Tabla 4.2, que, como veremos, presentan concomitancias entre ellas.

2.3 Nociones clave

Los elementos esenciales que intervienen para dar indicaciones son siete, según Psathas (1986, 1990), —con quien coinciden, con ligeras variaciones, la mayoría de autores.

1 Destino: nombrado o implícito, que ambos participantes comparten y entienden.
2 Hacia/a: destino hacia el que es posible dirigirse.
3 Puntos de referencia (*landmarks*) o metas intermedias: lugar o punto reconocible y ubicable (*locatable*) a través de operaciones como "verás", "hay".
4 Un conjunto de operaciones que implican o describen movimiento (*moves* y *steps*).
5 Que se realizan en lugares o puntos específicos.

6   Que aparecen o se nombran secuencialmente.
7   Las operaciones se presentan en turnos (pares adyacentes) o en un único turno.

Psathas (1986, 1990) describe desde la perspectiva del análisis de la conversación propuesto por Sacks, Schegloff y Jefferson (1974) la versión interactiva de las instrucciones, incluidas las aperturas, correcciones, resúmenes (*checks*) y cierres con agradecimiento o despedida. En cuanto al orden en que aparecen y su relación con la estructura, no es casual sino que está estrechamente relacionado con las superestructuras y macroestructuras propuestos por Van Dijk (1978) desde la lingüística textual para los tipos instructivos. Daniel y Denis (1998) y Denis (1997), a partir de la observación de diversos corpus empíricos de interacciones en que se daban indicaciones en un plano en un campus universitario por parte de un número similar de locutores masculinos y femeninos, con características similares de memoria y capacidad visual, medidos por un test previo, propusieron cinco clases de elementos (parámetros y clases de palabras), integrando la perspectiva textual y cognitiva con la psicolingüística. Los elementos que remitían a las regularidades observadas son los siguientes:

1   Imperativos
2   Imperativos referidos a un punto de referencia (*landmark*)
3   Introducción de punto de referencia sin acción.
4   Descripción no espacial del punto de referencia.
5   Metacomentarios "tu destino está en el otro edificio y atravesarás tres edificios con este itinerario".

Los que más peso tienen son los que prescriben la acción con punto de referencia o bien introducen un punto de referencia: esto es, (2) y (3) de la lista anterior.

A continuación, sintetizamos algunos estudios a que nos hemos referido en la Tabla 4.3, la mayoría basados en corpus orales, que pueden consultarse como modelos para creación de restricciones (con soporte visual o no, cara a cara o no,

TABLA 4.3 Síntesis de investigaciones sobre la *tarea de indicación de ruta*.

Psathas (1986, 1990)	Datos/Situación: intercambio telefónico.
	El patrón de interacción y tipo de secuencia que se describe es para el inglés (L1).
Denis (1997); Daniel y Denis (1998)	Datos/Situación: cara a cara (petición de indicación simulada) en francés (L1).
	Estímulo y tarea: a partir de un plano, pedir indicación de dos rutas alternativas. Sujetos: alumnos no graduados (10 hombres, 10 mujeres): se obtiene una megadescripción/*skeletal* (*script* exhaustivo).
	Los sujetos con más capacidad visual-espacial (medida con test específicos adicionales) usan más puntos de referencia.

Bauer, Wollherr y Buss (2009) Cooper y Larsson (1990) Larsson (2003) Ruggia (2005) Klippel y Richter (2004)	Datos/Situación: interacción hombre-robot y persona-persona (para compararlas). Se describen recursos lingüísticos y rutinas para alemán, inglés, español (L1). Se obtienen patrones, descripción de mecanismos de negociación, de posición, estrategias de reducción y simplificación (acomodación a léxico y estructuras específicas del dominio). Problemas identificados: deixis y contextualización; alineación de gestos y expresión ("vaya para allá"→"estamos en X, diríjase hacia el N por Y").
Pappu y Rudnicky (2012)	Datos/Situación: 9 tareas distintas de indicaciones espaciales por sujeto, con 9 sujetos (81 muestras en total) en inglés (L1). Obtienen 2 tipos distintos de *landmarks*: posición *vs.* entorno y contexto *vs.* ruta. Categorías: imperativos, consejos (*landmarks* como *feedback*), posición (absoluta, actual y futura) y metacomentarios (no ejecutables) iniciales o finales. Este aspecto de los metacomentarios tiene un rendimiento didáctico interesante (interculturalmente).
Ewald (2010, 2012)	Situación: entrevista secreta de petición de información real (pregunta-respuesta) a 60 personas. Igual nº de hombres que de mujeres (2010) y *role-play* (2012), en inglés (L1). – Estructura: 4 fases como Wunderlich y Reinelt (1982). El *role-play* ilustra dificultades de adecuación propias de la interacción simulada cuando no se parte de una necesidad real de información, ni del propio papel en el intercambio: – Hay sujetos que no reconocen el valor de petición indirecta de la pregunta (*¿es usted de aquí?¿Conoce X lugar?*). – A otros les cuesta situar el anclaje espacial de la tarea (*¿desde aquí?*); – Algunos incluyen elementos inadecuados como la indicación del camino de vuelta, o una pregunta, al final del intercambio, acerca de si lo han hecho bien. *Estos aspectos observados en la investigación pueden resultar útiles para trabajar la naturalidad de las simulaciones en el aula.* En la interacción no simulada se observa: – Más recursos convencionales de la oralidad, pausas, repeticiones, peticiones de confirmación (a lo largo de la interacción), secuencia de resumen y de agradecimiento. – Inclusión de más puntos de referencia, más indicaciones de distancia, de semáforos; pero no de tiempo, de duración del trayecto, ni número de calles. – Género de los participantes: no hay diferencias apreciables, excepto que los hombres dan más estimaciones de millas (cuantitativamente), con más inexactitudes (cualitativamente). *Los ejemplos de recursos orales de habla espontánea y uso de puntos de referencia pueden resultar útiles para trabajar la naturalidad y funcionalidad de las simulaciones en el aula.*

(*Continued*)

TABLE 4.3 (Continued)

Mark y Gould (1995)	Situación: natural, espontánea de petición de información. Lenguas: español e inglés (L1)
	Hallan diferencias, sobre todo, entre hombres y mujeres. Los hombres hacen más estimaciones de distancia (millas) y dan más indicaciones con puntos cardinales.
	Las muestras pueden ser didácticamente útiles para ilustrar diferencias de género y entre las dos lenguas.
Pearson y Lee (1992)	Situación: natural, espontánea para inglés (L1) con vistas a su didáctica como L2.
	Objetivo: mejorar las descripciones didácticas.
	Hallan diferencias según el género: los hombres usan más instrucciones indirectas. Las mujeres más preguntas para verificar la comprensión.
	Las muestras pueden ser didácticamente útiles para ilustrar las diferencias de género en el uso de estrategias.
Enríquez y Díaz (2018)	Situación: interacción simulada. Lengua: español como L1, L2 y herencia. Orales y escritos.
	Encuentran diferencias según la competencia: los hablantes con menor competencia recurren a la 1ª persona del singular y al relato del trayecto como un hecho habitual ("yo voy por la 29 hasta Hall") y no a las instrucciones ("sigue recto hasta Hall");
	En los ejemplos de producción oral hay más preguntas como recursos de verificación de comprensión ("¿sí?", "¿okay?"); pero solo los más competentes usan preguntas de comprensión e indican alternativas de ruta, tiempo estimado o distancia en el texto escrito.
	– Los tipos de ruta según las indicaciones (destino por carretera *vs.* dirección urbana) implican diferencias cuantitativas y cualitativas en los puntos de referencia intermedios.
	– La familiaridad con el recorrido (en las tareas simuladas) incide en la calidad/precisión de las indicaciones y la riqueza de recursos empleados.
	– Las dificultades por diferencias de competencia entre los hablantes de herencia no suelen reflejarse en el uso de pausas o vacilaciones (a diferencia de los aprendices de L2) sino en la fijeza de algunas estructuras/rutinas (interferencias o híbridas español-inglés), en la ausencia de metacomentarios (estrategia) o la falta de adecuación en algún movimiento ("*move*") de la secuencia (inicio, cierre, agradecimiento, verificación). En relación con los indicadores de riqueza léxica o de repertorio relacionadas con la extensión de la producción, no se encontraron diferencias relevantes entre os hablantes nativos de español (L1 y herencia); ni entre los aprendices de L2 con inmersión y los nativos de control.
	Las muestras (secuencias, estrategias, léxico) orales y escritas pueden resultar didácticamente útiles e ilustrativas de las diferencias según el modo. Asimismo, contar con datos de L1 y hablantes de herencia (de Texas) puede ser didácticamente útil para aulas de aprendices anglófonos, y, aunque en menor grado, para aulas de herencia.

interlocutor humano o no, nativos ambos o no, en tiempo real o no. . .) y consideraciones según el tipo de interactividad de las tareas.

3 La tarea de indicación de rutas en la investigación pragmática intercultural

En relación con las tareas, en la bibliografía sobre análisis del discurso y pragmática intercultural se ha debatido acerca del valor de las conversaciones simuladas (*role-plays*) como fuente de información por su distancia respecto a los datos espontáneos tomados de interacciones reales. Kasper y Dhal (1991) llevaron a cabo una conocida revisión de treinta y nueve estudios de pragmática de la interlengua que abrió el debate sobre el uso de tareas consistentes en completar huecos en secuencias de discurso (*DTC tasks*), de simulaciones y de discurso auténtico en la investigación. Desde entonces, el debate sigue vivo (Félix-Brasdefer 2007b, por ejemplo) y se ha vuelto a reivindicar la mayor veracidad de las interacciones reales frente a los *role-play*. No obstante, tras criticar la artificialidad de las simulaciones, la mayoría de los estudios reconocen su utilidad para la investigación, dada la dificultad de controlar las distintas variables que intervienen en la situación de forma efectiva en una interacción real (Félix-Brasdefer 2007b, 178).

Asimismo, en distintas investigaciones sobre pragmática contrastiva del español o pragmática intercultural del español (Bravo y Briz 2004; Enríquez y Díaz 2018) se han identificado algunas de las diferencias relevantes en el uso de preguntas directas o indirectas, o en la presencia de elementos atenuadores, por ejemplo, para caracterizar el discurso de los nativos frente al de los no nativos en una tarea de petición en español. Los ejemplos que ofrecemos a continuación son de *STOP-ELEruta*, un corpus de peticiones de información sobre dirección y las indicaciones correspondientes, producidas por cincuenta y cinco sujetos hispanohablantes nativos, no nativos y hablantes de herencia (Enríquez y Díaz 2018):

1. Fórmulas indirectas de inicio (a veces ambiguas: entre la pregunta y la orden/petición)→ los no nativos (especialmente los anglófonos) recurren a la primera persona y a un estado de cosas ("quiero ir a X") o a la pregunta directa ("Perdone ¿dónde está X?").
2. Presencia de modalización: subjuntivos (Biber *et al.* 2006), expresiones modalizadoras, verbos de creencia, cuantificadores, diminutivos, posesivos (esa es *mi* casa). Se modaliza hasta la dirección ("todo recto"; "siempre a la derecha").
3. Indicadores de dirección/comprensión intermedia: asociados a diferencias de género en otros estudios (Ewald 2010, 2012), en nuestro caso (Enríquez y Díaz 2018) parecen más asociados a la modalización.
4. Peticiones de aclaración (oral): se dan en las interacciones reales con más frecuencia que en las tareas simuladas (cooperación solidaria entre estudiantes) y casi nunca en las escritas (es difícil imaginarse una negociación con un interlocutor en la tarea escrita, excepto que pensemos en casos como WhatsApp u otra mensajería instantánea). Es un rasgo determinante de la competencia sociocultural más avanzada.

5   Diferencias marcadas entre no nativos (L2), por un lado y herencia y L1, por otro en el uso sistemático de colocaciones (combinaciones léxico-sintácticas) en algunas funciones (dirección, meta, conectores de continuación).

Estos parámetros son útiles para asesorar a los aprendices en las tareas simuladas en el aula, así como para elegir materiales que contengan estos elementos y destacarlos para su trabajo en el aula. Especialmente cuando el tratamiento de las instrucciones espaciales en los manuales de español LE/L2 es bastante reducido y está vinculado, generalmente, a las descripciones espaciales (ciudad, monumentos, lugares de interés) y al trabajo comunicativo-funcional de las peticiones de información específica sobre ubicación y al de las indicaciones como respuesta a aquellas, articuladas en microdiálogos (y en los niveles A2 y B1, fundamentalmente). En la didáctica del español LE/L2 raramente se extiende el trabajo del tipo textual instructivo a ámbitos temáticos más allá del culinario (recetas) ni se le otorga mayor alcance en el ámbito espacial (como indicaciones de trayectos interurbanos además de urbanos o interiores), ni se trabajan géneros textuales con distintos grados de interactividad/direccionalidad entre interlocutores (propios de medios unidireccionales simultáneos al desplazamiento, como el navegador; de la sincronía bidireccional como la mensajería, etc).

Los parámetros anteriores, de 1 a 5, basados en corpus y en nuestros ejemplos, para asesorar a los aprendices ante las tareas simuladas, dan pie a una propuesta de tarea, la Tarea 1, que planteamos a continuación al lector y que podría, a su vez, llevarse al aula. Consiste en observar la producción de tres tipos de hablantes de español (como L1, como L2 y hablantes de herencia) del ya mencionado corpus *STOP-ELEruta* (Enríquez y Díaz 2018) de instrucciones espaciales, recogido en Houston y Barcelona, en el que personas de uno de los tres tipos de hablantes mencionados dan indicaciones por escrito para llegar a su casa.

Tarea 1

A partir de los siguientes ejemplos de producción de indicaciones en simulación, ¿podrían indicar a qué grupo corresponde la producción de la derecha? Elijan uno de los tres. (Puede comprobar la opción correcta al final de la sección).

| 1.1 Elegir: a) nativo b) no nativo c) herencia | Para salir de la escuela yo me voy hasta el garaje del Welcome Center y salgo en el Spear 5 y luego <u>lo tomó</u> el Spear 5 hasta el 45. Cuando hay mucho tráfico en la 45, del 45 me voy pasando hasta el 59 y de allí del 59 me subo a el exprés a la fila de express y me <u>la tomo</u> hasta el Townsend y el Townsend va al 1960 y de la 1960 <u>la tomo</u> hasta la casa y me queda <u>como una</u> hora de camino.[L_5] |

1.2 Elegir: a) nativo b) no nativo c) herencia	Salga la universidad y <u>gire a</u> la derecha, al final de la calle gire a la izquierda y siga <u>todo recto</u>. Pase Torre Agbar y la parada de metro Glories y siga la línea del tranvía por Avinguda Meridiana. Sigo <u>todo recto hasta</u> el cruce antes de la parada de metro Marina. Camine por Parc de l'Estació del Nord y salga por Avinguda de Vilanova. Siga <u>todo recto</u> hasta Arc de Triomf y tome la cuarta salida por Ronda de Sant Pere. Siga todo recto, pase Mercadona y un "Café 365". En la izquierda de la calle busque el edificio 22, está en la esquina antes de Placa d'Urquinaona.[Lea_11]
1.3 Elegir: a) nativo b) no nativo c) herencia	En el siguiente texto voy a explicar como llegar a mi trabajo des de mi casa. En primer lugar, comentar que vivo en la ciudad de Vic, exactamente en la Calle Remei número 24 y tengo la suerte de que mi trabajo se encuentre en la misma ciudad. Para poder llegar a mi trabajo des de mi casa andando, <u>lo primero que tienes que hacer es</u> girar a la izquierda al salir del edificio y caminar <u>unos 10 metros</u>, seguidamente girar otra vez a la izquierda <u>cogiendo la carretera</u> de la Guixa, a continuación <u>al encontrar</u> la rotonda girar a la derecha para coger la Avenida de los Países Catalanes, en este momento debes <u>seguir recto durante 3 km hasta</u> llegar a la rotonda denominada "Plaça del Milenari" y dirigirte a la calle de l'Era den Salles, seguir por <u>esta misma</u> calle <u>durante 5 minutos</u> y girar a la izquierda por Camí de la Tolosa y <u>acto seguido</u> girar a la derecha por Calle Costa d'en Paratge, <u>por último</u> girar <u>otra vez</u> a la izquierda en la Calle Solsona y <u>en el número 2 encontrará mi empresa</u>, denominada Vilar Riba. <u>El mismo trayecto se puede realizar en coche</u>. [O-5]

Las *soluciones*, para la **Tarea 1** son: 1.1 es la producción de un hablante de herencia; 1.2 la de un aprendiz de LE/L2 de nivel B2 en situación de inmersión; 1.3 la de un nativo bilingüe de control. Los rasgos más identificadores son, para 1.1 la variación geolectal de español latino presente en los verbos "me subo, me tomo", el sobreuso de pronombre de sujeto y presencia de formas con gerundio ("me voy pasando"), así como el artículo para la meta cuando es su casa ("la casa"). Rasgos característicos del aprendiz de LE/L2, en 1.2, la confusión/variación de formas para "usted", aunque su uso es constante (y difiere de los hablantes de herencia). No hay sobreuso de pronombres de sujeto (LE/L2 en inmersión) pero sí mezcla de códigos (catalán/español) aunque solo en los topónimos y en la escritura de alguna palabra ("des de", que en español es una sola), igual que el nativo de control de 1.3 (y como ocurre en inglés con los de herencia).

En cuanto a las diferencias consignadas en los corpus (Enríquez y Díaz 2018; etc.) en función de si se trata de una interacción oral o escrita (géneros conversacionales que presuponen un interlocutor y una supuesta petición previa), las principales se recogen en la Tabla 4.4. Resultan útiles para valorar los materiales que se vayan a usar como *input* en el aula, por un lado; y para valorar la adecuación y

TABLA 4.4 Diferencias de recursos en las tareas según sea simulación oral o escrita.

Tarea simulación oral: interacción cara a cara. Indicaciones ruta (recorrido urbano) Subcorpus de nativos (español L1)	Interrupciones, repeticiones, comprobaciones mediante preguntas, menor cantidad de información por turno. Recurso a gestos y economía (más sintético, enunciados cortos), verbos de percepción, expresiones minimizadoras ("nada", "aquí mismo"). Uso de segunda persona. Uso de interrogativas directas (*check*).
Tarea escrita: invitación/ indicaciones (recorrido urbano) Subcorpus de nativos peninsular Subcorpus de aprendiz de LE/L2 en inmersión	Introducción y final (qué se va a contar y balance del trayecto); presencia de puntos de referencia abundantes, incluso excesivos (trayecto frecuente o conocido) y de distinto tipo (metro, calles, tiendas); inclusión frecuente de descripciones para identificar referencias y verificar trayecto. Presencia alta de valoraciones (modalización: "muy cerca", "casi al lado"; la meta lleva siempre posesivo: "mi casa", "mi facultad"). Mayor extensión y riqueza léxica, pero no evidencia de planificación (se trata de información lineal, a veces poco selectiva); colocaciones usadas recurrentemente ("queda a tu (mano) derecha", "todo recto", "X tiempo aproximadamente", "habrás llegado a tu destino", "el trayecto dura unos X minutos".
Tarea escrita y tarea oral no interactiva (grabación) Instrucciones (rutas interurbanas) Subcorpus: hablantes de herencia (Houston)	No hay gran diferencia entre la tarea escrita y la oral, que es discurso monogestionado (tareas espejo). Mayor relevancia en la selección de indicaciones (autopistas, salidas, carril y razones) que los otros corpus, pero no mayor amplitud de referencias intermedias (calles, plazas, tiendas, cruces, cosas que se encuentran en la ruta). En general, mayor economía de descripciones y detalles. Mezcla evidente de códigos en léxico básico del ámbito (bilingüismo con *code-switching*): "*freeway, éxito 150*". Ausencia de comprobaciones o alternativas (escrito y oral). Tendencia a la primera persona. La solvencia o calidad de la explicación parece basarse en el hábito del informante en el uso de la ruta, no en la propia propuesta ni en la verbalización.

naturalidad de la producción de los aprendices al comparar su simulación con otras simulaciones orales o escritas (según corresponda), por otro.

Como balance, llama la atención que ninguno de ellos se ajuste a las recomendaciones que psicolingüistas y expertos en inteligencia artificial destacan como estrategia ideal: planificación previa y selección esquemática de los puntos de referencia que puedan resultar más claros e identificables (como quien describe un plano de la red del metro). Así mismo, sorprende que olviden reproducir en las simulaciones y en el escrito conversacional los rasgos de comprobación de comprensión que caracterizan a los géneros instructivos (preguntas de confirmación, eliminación de alternativas plausibles).

Los aspectos lingüísticos asociados a las funciones y secuencias (*moves*) de instrucciones se presentan en la sección 4, a continuación, con ejemplos.

4 Aspectos lingüísticos de la tarea "dar indicaciones espaciales"

Las operaciones que se tienen que llevar a cabo en el transcurso del desplazamiento aparecen reflejadas mediante los siguientes elementos y categorías lingüísticas que tomamos del corpus *StopELE-ruta*, con ejemplos de español peninsular y de herencia (el corpus CAES no proporciona datos suficientes). Este repertorio, recogido en la Tabla 4.5, resultará de interés para la didáctica (materiales, asesoramiento de tareas, etc.) y cuando convenga disponer de unas etiquetas para trabajar la amplitud léxica y de recursos para llevar a cabo la tarea de dar instrucciones.

TABLA 4.5 Repertorio lingüístico de la Tarea "dar indicaciones espaciales".

a) Palabras que indican acción: verbos. Como: Tomar, seguir/continuar, girar/voltear, ir, entrar/salir (ej.: "tome", "siga", "continúe", "vaya", "entre", "salga", "gire", "voltee"); se indican las *fases* correspondientes a la secuencia (*move*): inicio, continuación; *dirección*: entrar, salir, girar; *repetición*: volver, continuar o *acciones intermedias* de verificación, normalmente con verbos de percepción: "verás una zona comercial", o logro: "llegarás a un cruce" (acción + punto de referencia o *landmark*).

b) Palabras que secuencian movimientos (pasos o *steps*) y estructuran las indicaciones: conectores, adverbios, preposiciones. "Entonces", "después", "luego", "a continuación", *cuando* + V *de percepción/logro*: cuando veas X", "cuando llegues a la calle Antoine"; "*pasado* + Y", "pasado el estadio de los Rockets". Son palabras que acompañan a otras palabras que indican acción en un punto determinado: "cuando veas el semáforo, giras a la derecha".

c) Indicaciones de dirección ("a la derecha", "para la izquierda"," todo recto", "derecho", "seguido") o de cambio en un destino o meta intermedio ("hasta la escuela", "hasta la autopista", "hasta la salida J-45", "y luego giras"). Acompañan a verbos ("gira a la izquierda", "volteas a la derecha", "sal en la 52", "toma rumbo a Galveston", "cambia hacia Tuckerton") y son, por tanto, *palabras que completan la acción*. Tenemos, pues, cambios de dirección, movimiento a lo largo de trayecto ("continúa") e indicación de ruta (nombres de calle).

Menos centrales en las descripciones psicolingüísticas y en inteligencia artificial, pero habituales en las indicaciones reales/simuladas de nuestros corpus son:

a) Indicaciones de distancia ("por dos millas", "unos doscientos metros", "tres cuadras", "dos semáforos", "tres calles más adelante") o tiempo ("continúa por 10 minutos rumbo a Galveston"). ["Rumbo" y la preposición "por" ante tiempo son característicos de los aprendices de herencia]
b) Mención de puntos de referencia de cuya existencia no dudan los participantes en la interacción ("plaza", "semáforo", "esquina", "señal", "quiosco", "cruce", "salida", "un parqueadero"). Nombres de calles (que muchas veces son nombres propios y en los que se conserva la lengua de origen y se produce cambio de lengua o *code-switching* "sube por Bank", "tomas la motorway 15", "la freeway de Galveston", "la parada de *Ca l'Aranyó*"), o tiendas ("un *Dunkin donuts*", "un *Macdonald's*", "una escuelita", "la torre *Agbar*", "el aeropuerto George Bush"); presencia de numerales (números de autopistas o carreteras "continúa por la 15") junto a ordinales ("toma la segunda salida"), común. Los diminutivos son más propios de herencia.
c) Usos metafóricos de verbos: sin duda la novedad en este dominio de indicaciones es el comportamiento un tanto peculiar de objetos inanimados. Las calles y autopistas "suben", "(te)llevan", "te dejan", "(se) mueren", "cruzan", "bajan", "dan a una plaza"); pero también "rodean" algo y "te dejan" en tu destino. Este uso metafórico y el tratamiento de las vías como seres animados se combinan con un uso de pronombres también característico.
d) Uso de pronombres de segunda persona (*te/le*) referidos al interlocutor con muchos verbos de movimiento, como "la tercera salida *te* deja en Y"). El usar el imperativo en segunda persona singular junto con los clíticos, también de segunda, contribuye a indicar que el informante *se pone en el lugar del oyente o lector*, como si lo acompañara. Esto ocurre también con expresiones deícticas espaciales ("X te queda *delante*" y "*allí* lo tienes/es"). Se unen la deixis espacial y la personal como estrategias empáticas y contextualizadoras. Curiosamente, en el discurso monogestionado de los aprendices de herencia, tanto oral como escrito, estos usan verbos pronominales ("me subo", "me bajo") en primera persona y no en segunda, lo que parece menos empático.

5   Conclusiones e implicaciones didácticas

Apuntábamos en el título que los hablantes nativos, de herencia y no nativos hacemos algo común al dar indicaciones, algo que nos distingue de los navegadores y máquinas y que nos hace inconfundiblemente humanos: no preguntamos como las máquinas; somos ambiguos e indirectos (por razones culturales, por cortesía, o solo por prisa); nos adaptamos a los rasgos del contexto y podemos ser más económicos y directos en la pregunta ("¿*Agnes Hall*?") y en la respuesta (señalando con un dedo hacia la puerta de enfrente: "¡*Agnes Hall!, ja, ja, ja*"); o al contrario, alargarnos en detalles sobre semáforos, tiendas, tienditas y plazas imposibles de recordar. Ninguna máquina lo haría. Tampoco podemos compararnos en el uso del tiempo: por ejemplo, los navegadores nos guían sincrónicamente mientras conducimos o andamos, en tiempo real, pero generalmente ningún humano nos va acompañando mientras nos indica sin apartarse del guion ni de nosotros, sin hacer comentarios adicionales ni interactuar; y eso imprime una diferencia en la manera de indicar rutas de los navegadores. Es, pues, relevante destacar las circunstancias de producción (contexto, interactividad, reversibilidad) y tiempo en los tipos de texto instructivos al presentarlos y trabajarlos, y evitar compararlos sin más. Las máquinas agrupan información y abstraen más, las personas tendemos al detalle (por factores psicológicos, cognitivos y pragmático-culturales). Los datos de los distintos estudios revisados muestran que no seguimos un patrón tan fijo como las máquinas (coincidencia parcial). Evitar la enseñanza de este tipo de texto en el aula argumentando que podemos recurrir al uso de navegadores sería desaprovechar una ocasión ideal para aprender todo lo que hemos presentado arriba acerca de las diferencias entre ambas situaciones y su reflejo en recursos y características de los textos instructivos que resulten de ellas.

En cuanto a la economía de recursos: parece que los humanos a veces somos antieconómicos (¿efecto de la simulación de la tarea?, ¿afán de lucimiento?), poco claros y ordenados, que introducimos puntos de referencia intermedios en proporción variable cuya funcionalidad a veces es dudosa (tiendas de donuts o de moda, pero no indicadores de salida o edificios llamativos). Y, sin embargo, gracias a todo eso nuestras instrucciones resultan eficaces, las reconocemos y las imitamos en sus patrones básicos un hablante tras otro, fruto de nuestra competencia textual.

Por todos estos motivos, en el aula resultará relevante evaluar y asesorar a los aprendices sobre los componentes de la tarea: su funcionalidad (llegar al lugar X), adecuación lingüística, desarrollo de estrategias (memoria, organización) para diferenciar las técnicas eficaces de las que no lo son; y articularlo en tareas diversas (posibilitadoras, preparatorias) en una secuencia didáctica. El recurso a corpus disponibles, como *StopELEruta,* permitirá abordar las diferencias del código meta (léxico sujeto a variación geolectal, colocaciones, especificidad de (sub)géneros "instrucciones espaciales", "culinarias", etc.), donde la variación es contrapeso de la economía. Y donde el carácter formulario que recorre estos textos, manifiesto en multitud de colocaciones y agrupaciones léxicas contextuales, afianza la seguridad interpretativa del aprendiz, ayudándole a reconocerlas en el *input* y a evocarlas de su memoria para construir el significado.

Asimismo, resulta útil en el aula el trabajo con corpus de aprendices de distinta procedencia (L2 y hablantes de herencia) y nivel de competencia aplicando herramientas de concordancias, por ejemplo. Esta práctica es especialmente rentable en los casos de enseñanza en contextos de herencia, donde percibir diferencias de registro y variación geolectal resulta escurridizo para hablantes funcionalmente competentes, que ya saben comunicar aunque desigualmente según los registros y situaciones a que se enfrentes (Escobar y Potowski 2014). Por último, los datos de los estudios con corpus de aprendices no nativos y de hablantes nativos de español (y en comparación con otras lenguas) resaltan el papel central que desempeñan las preguntas directas y los recursos indirectos —como la verificación de puntos de referencia intermedios—, en la caracterización de estos géneros instructivos destinados a un interlocutor presente físicamente (cuando se realizan oralmente y en parejas) o evocado (discurso previo, monogestionado). No es, pues, baladí abordar en clase el papel que desempeñan las preguntas de verificación y las anticipaciones de meta durante el trayecto o proceso en los dialógicos —como "tienes que ver X ¿sí?", "¿hay un X azul a tu derecha?", ". . . y te quedará detrás de ti"— que los estudios comparativos han identificado como la piedra de toque para desvelar en la LE/L2 diferencias pragmáticas interculturales, de registro, funcionales en la interacción e incluso diferencias de género (mujeres y hombres) en este tipo de textos. Todo un reto para investigar en clase.

Nota

1 Esta investigación ha sido parcialmente financiada por el Ministerio de Economía y Competitividad, gracias al proyecto SOMEMBED-SLANG (TIN2015-71147-C2-2) de la Universidad de Barcelona y por la Fundación Hernández-Artieda.

Bibliografía citada

Allen, G.L. 2000. "Principles and Practices for Communication Route Knowledge". *Applied Cognitive Psychology* 14:333–359.
Bardovi-Harlig, K. y B. Hartford. 1990. "Congruence in Native and Non-Native Conversations". *Language Learning* 40: 467–501.
Bassols, M. y A.M. Torrent. 1997. *Modelos textuales. Teoría y práctica*. Barcelona: Eumo Octaedro.
Bauer, A., D. Wollherr y M. Buss. 2009. "Information Retrieval Systems for Human-Robot Interaction: asking for Directions". *Institute for Automatic Control Engineering*.
Beebee, L., M. Cummings y M. Clark. 1996. "Natural Speech Act vs Written Questionnaire Data: How Data Collection Method Affects Speech Performance". En *Speech Acts across Cultures*, eds. S.M. Gass y N. Joyce, 65–86. Berlin: DeGruyter.
Bernárdez, E. 1995. *Teoría y epistemología del texto*. Madrid: Cátedra.
Biber, D. y S. Conrad. 2009. *Register, Genre and Style*. Cambridge: Cambridge University Press.
Biber, D., M. Davies, J.K. Jones y N. Tracy-Ventura. 2006. "Spoken and Written Register Variation in Spanish: a Multi-Dimensional Analysis". *Corpora* 1: 7–38.
Biber, D., Connor, U. y Upton, T.A. 2007. *Discourse on the Move: Using Corpus Analysis to Describe Discourse Structure*. Amsterdam: John Benjamins Publishing.
Blum-Kulka, S., J. House y G. Kasper. 1989. *Cross-cultural Pragmatics: Requests and Apologies*. Norwood: Ablex.
Bravo, D. y Briz, A. 2004. *Pragmática Intercultural*. Barcelona: Ariel.
Brown, G. y G. Yule. 1983. *Teaching the Spoken Language*. Cambridge: Cambridge University Press.
Bustos, J.M. 1996. *La construcción de textos en español*. Salamanca: Ediciones Universidad de Salamanca.
Calsamiglia, H. y A. Tusón. 1999. *Las cosas del decir*. Barcelona: Ariel.
Ciapuscio, G. 1994. *Tipos textuales*. Buenos Aires: Oficina de publicaciones CBC/UBA.
Cohen, A. y R. Shively. 2007. "Acquisition of Requests and Apologies in Spanish and French: Impact of Study Abroad and Strategy Building Intervention". *Modern Language Journal* 91:189–212.

Cooper, R. y S. Larsson. 1990. "Dialogue Moves and Information States". En *Proceedings of the 3rd Intl. Workshop of Computational Semantics*, eds. H.C. Bunt y E.C. Thijsee. The Nederlands: Tilburg University.
Daniel, M.P. y M. Denis. 1998. "Spatial Descriptions as Navigational Aids: A Cognitive Analysis of Route Directions". *Kognitionswissenchaft* 7 (1): 45–52.
Denis, M. 1997. "The Description of Routes: A Cognitive Approach to the Product of Spatial Discourse". *CPC* 1997 16 (4): 409–458.
Díaz, L. y N. Enríquez. 2016. "Interculturalidad, interlingüística y cognición en español nativo, no nativo y de herencia". *MarcoELE revista de didáctica del español* 23: 2. Diciembre 2016.
Escobar, A.M. y K. Potowski. 2014. *El español hablado en los Estados Unidos*. Cambridge: Cambridge University Press.
Ewald, J.D. 2010. "Do You Know Where X Is? Direction Giving and Female/Male Direction-Givers". *Journal of Pragmatics* 42: 2549–2561.
Ewald, J.D. 2012. "Can You Tell Me How to Get There? Naturally Occurring Vs Role Play Data in Direction Giving". *Pragmatics* 22 (1): 79–102.
Félix-Brasdefer, J.C. 2007a. "Natural Speech vs Elicited Data". *Spanish in Context* 4 (2): 159–185.
Félix-Brasdefer, J.C. 2007b. "Pragmatic Development in The Spanish as A FL Classroom: A Cross-Sectional Study of Learner Requests". *Intercultural Pragmatics* 4:253–286.
Gilmore, A. 2007. "Authentic Materials and Authenticity in Foreign Language Learning". *Language Teaching* 40: 97–118.
Gómez Fontanil, Y. y E. Coto. 1990. "Análisis inyuntivo de la interacción". *Estudios de Psicología* 43–44: 97–111.
Greimas, A.J. 1983. *Du sens II. Essais Sémiotiques*. Paris: Éditions du Seuil.
Halliday, M.A.K. y R. Hasan. 1985. *Language, Context, and Text: Aspects of Language in a Social-Semiotic Perspective*. Oxford: Oxford University Press.
Harrell, W.A., Bowlby, J.W. y D. Hall-Hoffarth. 2000. "Direction Wayfinders with Maps: The Effects of Gender, Age, Route Complexity, and Familiarity with the Environment". *The Journal of Social Psychology* 140 (2): 169–178.
Hernández Paricio, F. 1996. *El texto*. Zaragoza: Egido Editorial.
Kasper, G. y M. Dhal. 1991. "Research Methods in Interlanguage Pragmatics". *Studies in Second Language Acquisition* 13: 215–247.
Klein, W. 1982. "Local Deixis in Route Directions". En *Speech, Place and Action*, eds. R.J. Jarvella y W. Klein, 161–182. Nueva York: Wiley.
Klippel, A. y K.F. Richter. 2004. "Chorematic Focus Maps". En *Location-based Services and Telecartography*, ed. G. Gartner, 39–44. Wien: Technische Universität.
Koch, P. y W. Oesterreicher. 2007. *Lengua hablada en la Romania: español, francés, italiano*. Madrid: Gredos.
Larsson, S. 2003. *Interactive Communication Management in an Issue-Based Dialogue System*. Dia-Bruck. Göteborg Univ: Göteborg.
Lawton, C.A. 2001. "Gender and Regional Differences in Spatial References Used in Direction Giving". *Sex Roles* 44 (5–6): 321–337.
Lee, J. 2011. "Pragmatic Development of Direction-Giving by Learners of Korean as a Foreign Language". En *Selected Proceedings of the 2009 SLRF*, eds L. Plonsky y M. Schierloh, 82–98. Somerville: Cascadilla.
Loureda, O. 2003. *Introducción a la lingüística textual*. Madrid: Arco/Libros SL.
Maingueneau, D. 1993. *Le Contexte de l'œuvre littéraire*. Paris: Dunod.
Mark, D.M. y M.D. Gould. 1995. "Wayfinding Directions as Discourse: Verbal Directions in English and Spanish". En *Deixis in Narrative. A Cognitive Perspective*, eds. J. Duchan, G. Bruder y L.E. Hewitt, 387–406. New Jersey: Lawrence Erlbaum.

Martin, J.R. 1992. *English Text. System and Structure.* Amsterdam: Benjamins.
Martin, J.R. y D. Rose. 2003. *Working with Discourse.* Londres: Continuum.
Martin, J.R. y D. Rose. 2008. *Genre Relations: Mapping Culture.* Londres: Equinox.
Núñez, R. y E. Del Teso. 1996. *Semántica y Pragmática del texto común.* Madrid: Cátedra.
Paltridge, B. 2006. *Making Sense of Discourse Analysis.* Brisbane: Merino Litographs.
Pappu, A. y A. Rudnicky. 2012. "The Structure of Generality of Spoken Route Directions". *Proceedings of The Special Interest Group of Discourse and Dialogue* (SIGDIAL), 91–107, Seoul, 5–7 July 2012.
Pearson, B. y K. Samuel Lee. 1992. "Discourse Structure of Direction Giving: Effects of Native/Non-Native Speaker Status and Gender". *TESOL Quarterly* 26 (1): 113–127.
Psathas, G. 1986. "The Organisation of Directions in Interaction". *Word* 37 (1–2): 83–91.
Psathas, G. 1990. "Direction Giving in Interaction". Reseaux. Hors Série 8 (1). *Les formes de la conversation* 1: 183–198.
Ruggia, A.L. 2005. *A Wizard-of-Oz Procedure for Collecting a Dialogue Corpus to Design an Action-Oriented Dialogue System.* Barcelona: Research Papers DTCL, Universitat Pompeu Fabra.
Sacks, H., Schegloff, E. y G. Jefferson. 1974. "A Simplest Systematics for the Organization of Turn-Taking for Conversation." *Language* 50(4): 696–735.
Scotton, C.M. y J. Bernsten. 1988. "Natural Conversations as a Model for Textbook Dialogue". *Applied Linguistics* 9: 372–384.
Swales, J.M. 1990. *Genre Analysis: English in Academic and Research Settings.* Cambridge: Cambridge University Press.
Todorov, T. 1984. *Mikhail Bakhtin: The Dialogical Principle.* Minneapolis: University of Minnesota Press.
van Dijk, T. 1978. *La ciencia del texto.* Barcelona: Paidós.
Vilarnovo, A. y Sánchez, F. 1992. *Discurso, tipos de texto y comunicación.* Pamplona: EUNSA.
Ward, S., N. Newcombe y W. Overson. 1986. "Turn Left at The Church, or Three Miles North. A Study of Direction-Giving and Sex Differences". *Environment and Behavior* 18 (2): 192–213.
Wunderlich, D. y Reinelt, R. 1982. "How to Get There from Here". En *Speech, Place and Action*, eds. R.J. Jarvella y W. Klein, 181–201. New Jersey: John Wiley & Sons.
Zayas, F. 1994. "El lugar de las tipologías textuales en la didáctica de la lengua". *Aspectos discursivos de lengua y literatura (lengua)* 7: 99–27. Zaragoza.

Bibliografía recomendada

Bardovi-Harlig, K. y J.C. Félix-Brasdefer, eds. 2016. *Pragmatics and Language Learning*, vol. 14. Manoa, HI: Second Language Teaching and Curriculum Center University of Hawai. [Útil abanico actualizado de metodologías de investigación en pragmática intercultural y sus posibilidades].
Boxer, D. y A.D. Cohen, eds. 2004. *Speaking to Inform Second Language Learning.* Clevedon: Multilingual matters. [Interesante porque sitúa en el contexto de la investigación aportaciones interdisciplinares relevantes orientadas al estudio del discurso y la enseñanza de las lenguas].
Enríquez, N. y L. Díaz. 2018. "Indicaciones de ruta en español nativo, de herencia y no nativo basadas en corpus. Factores de variación". *MarcoELE Revista de didáctica del español* 26. [Presentación más extensa de las posibilidades didácticas y resultados del corpus *Stop-ELE*, complementaria a este capítulo].

5
TEXTOS EXPOSITIVOS-EXPLICATIVOS EN ESPAÑOL LE/L2

Lourdes Díaz Rodríguez y Rosa M. Lucha

1 Introducción

Planteaba ya Bajtin en los cincuenta (Bajtin 1952, citado en Bernárdez 1987) la riqueza de los géneros discursivos y su potencial descriptivo explicativo en la comunicación humana. Desde entonces, la mayoría de los estudios sobre lingüística textual, tipología textual y discursiva han abundado y ahondado en ello para conseguir descubrir cómo sistematizamos y convencionalizamos los hablantes nuestras producciones discursivas en tantas situaciones de comunicación, al parecer tan distintas, para acabar entendiéndonos y reconociendo cuándo estamos inmersos de la mano de nuestro interlocutor en un relato, una descripción; cuándo asistimos a una exposición sobre un tema, cómo movilizamos nuestros conocimientos lingüísticos y culturales para actuar o comportarnos adecuadamente según si somos quien produce o escucha un texto; quién o cuándo y cómo dialogamos.

A pesar de que intuimos mucha diversidad detrás de todas estas prácticas discursivas (se nos multiplican en la mente los posibles interlocutores y sus características, las posibles situaciones de comunicación, circunstancias, temas y dominio sobre ellos, medios, etc.), existe un consenso razonable entre los especialistas[1] a la hora de identificar una tipología centrada en cinco tipos textuales (a veces, algunos más), a saber: textos narrativos, descriptivos, expositivo-explicativos, argumentativos y conversacionales.

En este capítulo nos vamos a centrar en los expositivo-explicativos, etiquetándolos así para abordar, de paso, el hecho de que algunas clasificaciones los llamen expositivos y otras explicativos dando lugar a que se consideren sinónimos. Nosotras no coincidimos con ese punto de vista: desde la perspectiva pragmático-funcional, exponer y explicar presentan algunas diferencias que también abordaremos. En la sección 2, empezaremos por las caracterizaciones básicas: función y tipo textual expositivo-explicativo. Hablaremos de los factores que inciden en la diversificación de los géneros relacionados con esta tipología textual; revisaremos los antecedentes de estudios de géneros expositivos-explicativos en español L2. En la sección 3, abordamos la competencia nativa y no nativa en tareas con géneros expositivos: definición, exposición y cartas. En la sección 4, ofrecemos una sistematización de los rasgos que comparten los géneros expositivos-explicativos en español L2. En la sección 5, extraemos unas conclusiones e implicaciones didácticas.

2 Función y tipo textual expositivo-explicativo

El texto expositivo-explicativo tiene como objetivo la expresión de información o ideas, según las definiciones más frecuentes (Bassols y Torrent 1997; Bustos 1996; Núñez y del Teso 1996). Pero ¿por qué el rasgo expositivo-explicativo? ¿En qué difiere la "exposición- explicación" de la mera "información"? O dicho de otro modo, ¿por qué no hablamos de textos informativos? La respuesta corta sería que no hay que confundir función del lenguaje con tipo de texto (informativos pueden ser todos los tipos textuales, cada uno a su manera). La respuesta larga es que este tipo se caracteriza por dar la información de determinada manera: objetiva y cualitativamente. Y es que los textos explicativos, además, tienen la intención comunicativa de mostrar o hacer más comprensible lo que nos transmiten; buscan modificar un estado de conocimiento previo del interlocutor mediante la transmisión de datos organizados. Se plantean, desde el principio, una doble posibilidad en relación con el receptor: a) que sea menos experto que el emisor; b) que sea igual de experto que el emisor. La selección del tipo de destinatario (de su grado de familiaridad con el tema) decanta la producción del tipo textual expositivo hacia el lado más explicativo o más expositivo para adecuarse a él. De este modo, la necesidad de considerar la recepción de una información, por ejemplo, académica o científico-técnica desde la perspectiva de un destinatario menos experto, como ocurre en los libros de texto, las enciclopedias o los textos divulgativos científico-técnicos, hace que el discurso sea didáctico (géneros expositivos didácticos y divulgativos). Mientras que si el destinatario es un interlocutor especialista en el tema, otro científico, técnico, etc. lo que corresponde es priorizar la presencia y calidad de los datos aportados, el rigor objetivo por encima de todo y una estructura de presentación secuencial clara, característica de los discursos científicos (como los informes, artículos científico-técnicos y académicos, monografías, tratados, exposiciones y cursos). Los representamos sintéticamente en la Tabla 5.1:

Entre los citados en la tabla 5.1, los más objetivos son los científicos. Presentan datos jerarquizados, se caracterizan por la precisión, hay ausencia de marcas lingüísticas de subjetividad; se prefieren las fórmulas matemáticas o las formalizaciones. Los ámbitos donde prolifera este tipo de texto son la economía, tecnología, química, arquitectura, informática, ingeniería; pero también las vertientes más formales de disciplinas como la propia lingüística. En general, el tono es neutro y el grado de formalidad, medio o alto (Bassols y Torrent 1997, 89). Los géneros menos objetivos son los que no presuponen un lector/oyente experto o tan experto

TABLA 5.1 Géneros expositivos.

Géneros expositivos		
Discursos científicos	Predominantemente expositivos (orales y escritos) [+ objetivos]	Artículos, monografías, tratados, exposiciones, cursos
Discursos didácticos	Expositivo-explicativos (escritos) [− objetivos]	Manuales y legislación educativa
Discursos de divulgación	Predominantemente explicativos (orales y escritos) [− objetivos]	Artículos de revista, conferencias, enciclopedias y documentales.

como el emisor, y así lo muestran. Se acentúa en ellos la función metalingüística, se incluyen aclaraciones suplementarias, sinónimos, paráfrasis, ilustraciones y ejemplos. En este sentido, todo texto divulgativo, como por ejemplo una guía comentada, una solapa de libro, una reseña de película, obra teatral, musical o libro; los programas de actividades de ocio, resúmenes, blogs, pies de foto de publicaciones (incluidas electrónicas), entre otros, son géneros, subgéneros o secuencias (si son breves o parte de una estructura mayor) explicativas donde la personalización los diferencia de los científicos (100 % objetivos). Esta personalización, que consiste en el uso de recursos lingüísticos explícitos para ajustarse al destinatario y para reflejar una mayor experiencia y dominio del tema por parte del emisor, es, por tanto, un factor pragmático determinante. El factor "destinatario", esto es, su identidad, tipología, extracción social y cultural, etc. es central para desencadenar la puesta en marcha de esos recursos.

2.1 ¿Por qué hay géneros explicativos distintos? Factores comunicativos y contextuales que inciden en su diversificación

Un ejemplo del recorrido que puede darse entre un destinatario ideal desconocedor del ámbito al que pertenece el texto y otro que fuera experto, aparece a continuación en la tarea 1. Esto es, en 1 (a) y 1 (c) se ilustran los dos extremos posibles, más otra ilustrativa de un punto intermedio (1 b) de especialización por parte de sus lectores destinatarios. Así, en 1 (a), vemos cómo se aborda la explicación, a propósito de una definición de "hormonas y glándulas endocrinas", en un libro de texto escolar sobre el sistema endocrino humano; en 1 (b) a partir de páginas web (https://dle.rae.es/web?m=form) de carácter divulgativo; en 1 (c) a partir de un informe de análisis realizado a un paciente. Las diferencias entre ellos en el grado de explicitud (y la inclusión de ayudas, aclaraciones, relaciones causales, etc.) saltan a la vista y constituyen un buen ejercicio de reflexión para el aula, que podría aplicarse como se propone a continuación.

Tarea 1

¿Por qué no lees los documentos incluidos en 1(a)–(c) para aplicar lo que hemos comentado hasta ahora? ¿Os habéis fijado en las comparaciones entre a y b; b y c; a y c? Observad cómo se relaciona la información de la tabla 5.1 con el "factor destinatario" y la selección de recursos lingüísticos que hemos comentado anteriormente.

(a). Fragmento extraído de un libro de texto.

> Unidad 16. *Sistema endocrino humano. Glándulas endocrinas. Principales hormonas.*
> Se conocen cerca de 200 hormonas en el cuerpo humano. La mayoría de ellas tienen una estructura química que les permite ser solubles en agua o en líquidos acuosos como la sangre. Sin embargo, las derivadas del colesterol (esteroides) y las hormonas tiroideas son solubles en los lípidos. La diferente solubilidad de las hormonas revela gran parte de sus propiedades y de su forma de actuar. Así, las hormonas liposolubles tienen que unirse a otras moléculas (normalmente proteínas) para viajar por la sangre. Al encontrarse unidas a otras moléculas están más protegidas y se eliminan más lentamente. Esto explica que los esteroides y las hormonas tiroideas tengan acciones duraderas. Además, las hormonas liposolubles atraviesan con facilidad las membranas de las células, que están formadas fundamentalmente por lípidos. Esto explica que este tipo de hormonas entre en las células para desempeñar su función, normalmente activar determinados genes. Por eso su efecto tarda más en producirse. Dependiendo de que puedan atravesar (hormonas liposolubles) o no (hormonas hidrosolubles) la membrana celular, las hormonas actuarán de formas distintas, desde dentro o desde fuera de la célula diana.
> Se llama glándula endocrina a toda aquella que elabora hormonas, que son vertidas a la sangre y llevan a cabo su actuación en puntos del organismo que pueden estar muy alejados de su zona de producción. Las glándulas endocrinas pueden producir más de una hormona. En muchos casos, esta elaboración múltiple se refleja en la organización anatómica de la glándula así, en las glándulas suprarrenales, se observan dos partes, la corteza y la médula, cada una de las cuales está especializada en la producción de una hormona concreta.
>
> [Imagen de glándula suprarrenal]
> [imagen de glándulas principales y localización]
> [Tabla de las principales hormonas]
>
> Tabla de las principales hormonas [selección de hormonas producidas por el tiroides o relacionadas con él]
>
> *TSH*. Producida por la hipófisis, estimula la secreción de tiroxina por el tiroides.

Tiroxina. Tiroides. Activa el metabolismo celular.
Calcitonina. Tiroides. Disminuye la concentración de calcio en la sangre.
.../... (otras hormonas de otras glándulas)

Texto parcialmente adaptado por las autoras del capítulo a partir de E. Juan Redal (Dir.) *La enciclopedia del estudiante. Vol.9., Ciencias de la vida.* Madrid: Santillana/ El País, págs.148–149.

Tarea 1 (b)

Mira y compara las siguientes páginas web en relación con el apartado (a). La mayoría son de España, pero no todas. Observa si hay variación y ubica dónde (¿en la terminología? ¿En el tratamiento personal?).
  Direcciones de páginas web de contenido divulgativo

  www.enciclopediasalud.com/definiciones/glandula-endocrina
  http://les-lab.com.ar/tiroides-y-hormonas-tiroideas/
  www.clarin.com/salud/tiroides-salud-mujer-endocrinologia-hipertiroidismo-hipotiroidismo_0_rJv-JZ9vXx.html
  https://peru21.pe/noticias/hormonas-tiroideas
  www.solociencia.com/medicina/sistema-endocrino-glandulas.htm
  www.peybur.com/que-es-la-glandula-endocrina.html
  http://elherbolario.com/prevenir-y-curar/item/1258-tiroides-y-hormonas-tiroideas
  www.aecat.net/2015/07/16/las-hormonas-tiroideas-que-son-y-para-que-sirven/

Tarea 1 (c)

Resultados de analítica endocrina (fragmento). Míralo y compáralo con los documentos 1(a) y 1(b).

Analítica endocrina:

T-4 TOTAL (TIROXINA TOTAL). SUERO

Método inmuniqumioluminiscencia

Resultado:	* 67,50	pmol/L
	* 5,24	ng/dL
V.Referencia:	58.00–161.00	pmol/L
	4.50–12,49	ng/dL

T-4 TOTAL (TIROXINA TOTAL). SUERO

Método inmuniqumioluminiscencia

Resultado:	* 9,60	pmol/L	
	* 0,74	ng/dL	
V.Referencia:	10.30–24.50	pmol/L	
	0.80–1,90	ng/dL	
		Unidades	Val. Ref

TIROGLOBULINA (TG) ANTICUERPOS, SUERO

Método inmuniqumioluminiscencia

Resultado:	<15	U/mL	NEGATIVO
Interpretación:	Negativo	Inf. a 60.00	U/mL

INFORME VALIDADO POR
Dra. Isabel Aran Sensat, Responsable de Bioquímica
Dra. Maria Casals i Badia, Responsable de Bioquímica Especial, Dr. Germán Julia Agulló, Responsable de Inmunología

Tras la lectura, seguramente se habrán puesto de relieve, en el grupo clase, algunos aspectos relacionados con la tabla 5.1 (*supra*) y que vamos a recoger a continuación en la tabla 5.2, aplicados a los ejemplos concretos y al trabajo de 1 (a–c).

En relación con lo anterior, vemos que, sobre todo cuando se trata de temas especializados como el de biología/medicina del ejemplo, además de la terminología específica (la relativa a las hormonas, en 1) encontramos muchos fragmentos de carácter descriptivo (en a y b); o argumentativo (en b); así como una peculiar descripción expresada en fórmulas y valores (en c). Esta observación nos permite introducir un concepto nuevo. Además del texto como unidad y del género como producto característico de una determinada situación comunicativa delimitada funcional y pragmáticamente (ver van Dijk 1978; Bernárdez 1987, 1995; Núñez y Del Teso 1996; Calsamiglia y Tusón 1999; Biber y Conrad 2009; Lucha y Díaz 2017, entre otros), podemos practicar dentro del mismo texto una división más en *secuencias* funcionales homogéneas. Esto permite descubrir su heterogeneidad, porque encontraremos en las unidades previas inclusiones de secuencias muy características de otros tipos textuales (narrativas, descriptivas o argumentativas dentro de textos expositivo-explicativos, en nuestro caso). Lo que, a su vez, permite caracterizar y clasificar el texto objeto de análisis de forma más refinada dentro de los géneros y subgéneros.

TABLA 5.2 Clasificación de los géneros expositivos-explicativos según el receptor.

Clasificación en función de la expectativa de experiencia atribuida al receptor

[+ objetivos] → centrados en los conceptos (+/− abstractos): informe, artículo científico, definición (en ocasiones con su fórmula).

[+ subjetivos]→ centrados en el receptor y en pavimentarle el hueco informativo: reportaje, crónica, publirreportaje (escrito o en audiovisual, internet, etc.).

Así, es más comprensible que el tipo expositivo-explicativo sea el equivalente abstracto de la descripción, según algunos autores (Núñez y Del Teso 1996). Su contenido son ideas, opiniones, pensamientos, abstracciones, en vez de objetos, realidades físicas o entidades (como ocurre en los retratos o descripciones de paisajes, por ejemplo). Su estructura o forma de presentación de la información es por acumulación o yuxtaposición (Koch y Oesterreicher 2007). No es relevante en el tipo expositivo-explicativo la cronología ni la conexión para construir una progresión lógico-temporal sino que sigue el mismo principio acumulativo de la descripción (Núñez y Del Teso 1996, 183). Una exposición (escrita u oral), en definitiva, es más un catálogo de ideas que un entramado intelectual de relaciones causa-efecto y causa-consecuencia, aunque haya algunas esbozadas para que el objeto pueda entenderse y almacenarse satisfactoriamente, puesto que somos animales lógicos. Las marcas lingüísticas que contribuyen a la organización del texto expositivo-explicativo están más dirigidas a ayudar a crear un mapa espacial o el plano de una casa (como en la conocida estrategia del palacio de la memoria). En cambio, no están dirigidas a establecer relaciones jerárquicas de valores ni a facilitar que se extraigan juicios de los datos o informaciones contenidos en ellos.

En la tabla 5.3 recogemos las diferencias mencionadas entre los tipos descriptivo y expositivo-explicativo. Es importante destacarlas para ver las afinidades y diferencias y entender por qué en algunos géneros tienden a combinarse entre sí con más facilidad: por ejemplo, los descriptivos y expositivos en los géneros didácticos y divulgativos (pero también, en la esfera familiar o social, los conversacionales mixtos como las cartas y correos electrónicos sobre productos, temas de salud, económicos, académicos, etc.); los narrativos y descriptivos (en los artículos científicos que usan estudios de casos); los expositivos y argumentativos (en la mayoría de artículos divulgativos y monografías científicas y académicas).

También el canal desempeña un papel importante, como se deduce del párrafo anterior. Los canales auditivos, audiovisuales en el caso de TV, YouTube e Internet; o los carteles en paredes o prensa, etc., condicionan el tipo de explicación y las posibilidades sujetas al medio: más densidad de información o exigencia de brevedad y condensación máxima por espacio, estética, tamaño; más fuerza

TABLA 5.3 Clasificación en función del grado de abstracción.

	Información concreta	Información abstracta
Acumulación	descripción	exposición
Secuencialidad	narración	argumentación

Fuente: a partir de Núñez y Del Teso 1996, 179 y Koch y Oesterreicher 2007.

apelativa. Un ejemplo lo constituyen las distintas y frecuentes adaptaciones del anuncio de un producto (refresco, perfume o coche) según el medio en que aparezca, o la adaptación de una información según el soporte usado (una entrada de enciclopedia en línea, una definición de un concepto en un diccionario en papel, su desarrollo en un fascículo en una publicación periódica, su elaboración en un documental en la red, de carácter multimodal). Como vemos, todos los textos se adaptan, de forma convencionalizada en una comunidad, en función de determinados factores: público, medio (escrito, en soporte papel o digital, oral, multimodal) dependiente de los ámbitos (académicos, publicitarios, informativos, etc.). La recurrencia de estrategias usadas (macroestructura, organización estructural o secuenciación, recursos lingüísticos, léxico y estructuras sintácticas y su proporción y combinación) en cada contexto permite identificar todavía más detalladamente, concretando los tipos generales en géneros y subgéneros dentro de cada tipo textual.

2.2 Caracterización lingüística: antecedentes

En cuanto a la caracterización lingüística de este tipo textual y de sus géneros prototípicos, muy desarrollados para la didáctica del inglés como L1 y L2 desde una perspectiva funcional por la escuela funcionalista de Halliday y Hasan (1985) y seguidores (Martin y Rose 2003, 2008; Paltridge 2006, entre otros), exponemos a continuación en la Tabla 5.4 una síntesis de los estudios más recientes realizados en una línea similar específicamente para el español LE/L2. En su mayoría, incorporan parcial o totalmente los factores presentados en los apartados anteriores. Los que resultan más interesantes, porque concretan más las funciones que se realizan y detallan los elementos léxico-sintácticos con que se llevan a cabo, se basan en corpus de producción real nativa y no nativa, de los que extraen sus esquemas sintáctico-funcionales característicos. Queremos destacar como referente de la mayoría de ellos a Biber, en cuyos trabajos (el de 2006 incluye el español) propone un modelo de análisis multimodal de textos de diversa procedencia mediante métodos estadísticos cuyos resultados permiten asignar los tipos de textos clásicos en tres niveles funcionales (peso o frecuencia de su uso en distintos contextos de interlocución y rasgos característicos) para las lenguas estudiadas en sus trabajos. Resulta interesante que, además de los niveles, obtiene proporciona una tipología de géneros asociada a los tipos en virtud de la superposición o no de características detectadas en los corpus analizados

Textos expositivos-explicativos **101**

TABLA 5.4 Rasgos lingüísticos (regulares o concomitantes) asociados a funciones y géneros expositivo-explicativos.

	Lengua	Función	Características/especificaciones	Subtipos/géneros	Basado en corpus
Bustos (1996)	Español L1 y L2	Predominio de la función representativa	-Presentación ordenada de un concepto o sucesión de conceptos aislados del tiempo y espacio. -Recursos de relación de ideas habitualmente a través de la causalidad o de una lógica interna que se va actualizando. -Presencia de conectores lógicos (aditivos, reformulativos, de causalidad . . .) -Progresión de la información: preferencia por progresiones de tema constante.		Sí (L1 y L2)
Biber et al. (2006)	Inglés, español L2, coreano, somalí.	Géneros concretos: los escritos expositivos corresponderían al Nivel 1.	-Modo indicativo, subordinadas causales; Verbo copulativo "SER", pronombre de 1ª persona, adverbios de tiempo; subordinadas causales; conjunciones, demostrativos, omisión de pronombres de 1ª persona; "ESTAR", verbos de pensamiento; "HABER" como verbo existencial en presente; que + subordinada (indicativo); presente, IR + a + INF; Verbo de lengua; pronombre de 3ª persona; aumentativos; aspecto progresivo; cuantificadores; subordinadas; Tú/Vd; Verbos de deseo; adverbios de modo.	-12 registros orales (conversaciones, llamadas telefónicas de negocios, entrevistas sociolingüísticas y políticas, debates, drama, reuniones institucionales, emisiones de noticias) -8 registros escritos (cartas de negocios, ficción, reportajes periodísticos, columnas, ensayos y editoriales; prosa general; libros de texto, enciclopedias y artículos.	Sí (L1 y L2)

(*Continued*)

TABLE 5.4 (Continued)

Lengua	Función	Características/especificaciones	Subtipos/géneros	Basado en corpus
Lucha y Díaz (2017); Díaz y Lucha (2018) — Español L1 y L2	Presentar y comparar información	Verbos en presente o pretérito perfecto. -Verbos copulativos y predicados nominales. -Tener + OD (objeto directo) -pasivas reflejas e impersonales -conectores causales -léxico general y específico -colocaciones N-Adj (nombre + adjetivo) -uso de fórmulas de cortesía limitado y muy fijado; -uso reducido de elementos modales y valoraciones personales.	-Cartas y correos electrónicos laborales (simulados) de nativos y no nativos para su contraste y didáctica.	Sí (L1 y L2)

para cada tipo, atendiendo a las variables contextuales de producción. En sus estudios, Biber *et al.* (2006) and Biber y Conrad (2009) sitúa los textos expositivos y sus géneros en el primer nivel; los relatos donde interviene la distinción entre planos (*foco* y *fondo*, como vimos en el capítulo 1 de este volumen), en el segundo; mientras que la contraargumentación y sus formas (tratadas en el tercer capítulo de este volumen), por ejemplo, forman parte del tercer nivel. Los textos expositivos-explicativos, por tanto, constituyen un tipo básico, tanto en L1 como en español LE/L2.

En la Tabla 5.4, a continuación, reflejamos en la primera columna tras el autor, la lengua o lenguas que contempla el estudio (si hay otras, además del español); a continuación, las características atribuidas al género y los subtipos en la siguiente (si se indican en el trabajo). Por último, especificamos si dichos estudios se basan en corpus y, si es así, las lenguas de estos (L1 para indicar que se trata de corpus basados en nativos y L2 para los de no nativos).

Desde el punto de vista didáctico, podemos trabajar con los alumnos la tabla 5.4 con los textos de la tarea 1(b), presentada anteriormente, para cotejar los rasgos con producción nativa; y con los de las tablas 5.7 y 5.8 (que presentaremos a continuación), para cotejarlos con la producción no nativa.

Desde el punto de vista de la organización supraestructural de los textos expositivo-explicativos por encima de los párrafos), existe consenso en un repertorio reducido de opciones para este tipo de textos, descrito para el español académico por Álvarez Angulo (2001), que presentamos en la tabla 5.5.

Esta organización responde al contenido semántico de un texto expositivo-explicativo que plantea un problema o presenta un concepto y proporciona los elementos para describirlo y abordarlo, analizarlo (comparativamente o no) y solucionarlo o ilustrarlo. Es así, de forma recurrente y con ligerísima variación para facilitar la generalización y el recuerdo (Álvarez Angulo 2001; Bernárdez 1987, 1995; van Dijk 1978; Martin y Rose 2003, 2008; Paltridge 2006, entre otros). A diferencia de los textos narrativos, más fáciles de comprender y con

TABLA 5.5 Organización supraestructural del texto expositivo.

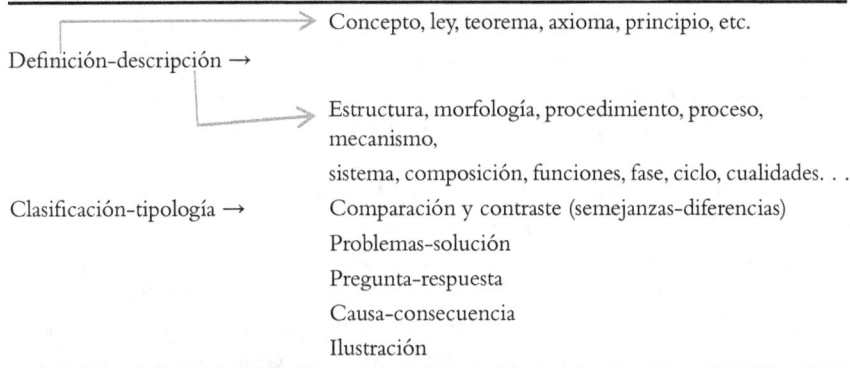

Fuente: Adaptado de Álvarez Angulo 2001, 18.

menor grado de abstracción, más universales, los expositivos-explicativos no tienen una superestructura común. Bustos (1996, 105) propone el siguiente esquema, simple y fácil de recordar: planteamiento > observaciones > explicación > solución. La valoración que el emisor hace de las características del receptor (ejemplificadas arriba en la tarea 1 y las tablas 5.1 y 5.2) incidirá en la orientación objetiva-subjetiva, exposición-explicación y en la elección de formas (grado de convencionalización sistemática) que cristalizarán en los distintos géneros y subgéneros (Koch y Oesterreicher 2007, 25–25; Lucha y Díaz 2017, 9).

2.3 Antecedentes de estudios de textos expositivo-explicativos en español L2

Así como en la tradición anglosajona (Connor 1996; Biber *et al.* 2006; Kroll 2003; Manchón 2012, 2014; entre otros) y francesa (Beacco, Perdue y Vivès 1993; Charolles 1991; Moirand 1990) hay una extensa bibliografía sobre la investigación y didáctica de la producción de géneros y tipos textuales por aprendices de L2, no ocurre lo mismo en el ámbito del español, donde los estudios existentes están, fundamentalmente, dispersos en revistas especializadas o mezclados con los de otras lenguas (Polio 2003, 2012; Martínez Arbeláiz 2004; García Parejo 1993; Díaz y Lucha 2010a, 2010b) y han tenido un impacto mucho menor en la didáctica del ELE. Salvo algunas excepciones, la didáctica de la producción textual en español LE/L2 se ha desarrollado especialmente a raíz del eco de los enfoques comunicativos y procesuales (ver, por ejemplo: López, Rodríguez y Topolevsky 1999, uno de los materiales pioneros en hacer el proceso explícito). No obstante, ha sido en los llamados materiales académicos a raíz de la movilidad de estudiantes por el espacio europeo y en los de negocios donde se han ido plasmando las propuestas más interesantes para los aprendices de español como L2. En el ámbito académico, libros (Bustos 1996; Vázquez 1999) y material web de proyectos basados en corpus también disponibles (Sacodeyl, COR-ELE), son algunos de los más populares y en los que predominan los géneros expositivos. Para el ámbito de los negocios y de especialidad abundan los libros multimedia donde los textos expositivos dominan, si bien lo más innovador en producción se ha llevado a cabo recientemente en la Universidad de Educación a Distancia (UNED): un asistente en línea para la escritura de textos de especialidad, también mayoritariamente expositivos.

En relación con los estudios sobre la producción de los estudiantes no nativos para esta tipología en particular, las referencias para el español son también escasas, aunque la situación está cambiando progresivamente. Entre las más recientes, basadas en la producción de aprendices o bien en corpus amplios de aprendices, podemos mencionar las de Lucha y Barlocher (2008); Lozano y Mendikoetxea (2010); Lucha (2015); Lucha y Díaz (2017) y Díaz y Lucha (2018). Las características más definitorias identificadas para los órdenes sintáctico y léxico (más abundantes), y discursivo

TABLA 5.6 Aspectos más trabajados en la investigación de español como L2: Textos Expositivos de aprendices frente a nativos.

- Conjunciones y conectores; significado, valores y registros (adecuación oral, escrita)
- Nombres (sinónimos, hiperónimos, hipónimos) y adecuación del léxico al registro; redes temáticas; trabajo de cognados; descubrimiento de diferencias en la extensión semántica de léxico similar (falsos amigos), etc.
- Determinantes y pronombres: correferencia, coherencia y cohesión. Diferencias entre interacción oral (inmediata) y escrita (ausencia de anclaje);
- Fórmulas y estructuras fijas más frecuentes en el género que se trabaje (encabezamientos y saludos; despedidas y formas de cierre; organizadores de discurso más adecuados en cada género).
- Aspectos relacionados con la modalidad (y su control): cómo lograr y graduar la objetividad en la exposición (según género, destinatarios, situación). Varían entre culturas.
- Aspectos temáticos culturalmente esperables en determinados géneros, como pueden ser: aspectos socioculturales como la cortesía, indirección de los actos de habla, valor positivo de la redundancia, de la explicitud del propósito o motivo del texto, de la particularización o tratamiento genérico del receptor; distancia formal a través del usted, del plural (para destinatario/s); uso de plural para el emisor, etc.
- Aspectos contrastivos de los géneros abordados en el aula: diferencias entre, por ejemplo, las cartas de solicitud de trabajo en español (donde se presenta y postula uno mismo, exponiendo y explicando en las secuencias centrales) y otras lenguas (foco en el emisor o el receptor; fórmulas y formato); de las cartas de petición de información o recomendación (modalización: frecuencia y ubicación de las marcas);
- Aspectos contrastivos de los géneros: nivel de dirección (al objetivo) culturalmente esperado y pragmáticamente aceptable. Consecuencias de la adecuación en el éxito comunicativo.

y pragmático (menos atendidos), elaboradas a partir de las referencias anteriores, se recogen en la tabla 5.6.

En la sección siguiente ilustramos con ejemplos de los corpus estas características.

3 Competencia discursiva nativa y no nativa en los géneros expositivos: las tareas de definición y exposición

Hasta aquí, hemos presentado las características generales y rasgos del tipo textual expositivo-explicativo y algunos de sus géneros. También hemos hecho hincapié en el carácter convencional (convencionalización sistemática) de los recursos aplicados tomando, en general, como punto de referencia estudios realizados sobre textos en la lengua materna de los interlocutores.

3.1 La tarea de definición en el aula de L1 y L2

A continuación, vamos a proporcionar ejemplos de *definiciones*, en (7a) y de exposición/resumen con *comparaciones* en (7b), ambas escritas, llevadas a cabo por nativos de bachillerato (GC) y universitarios no nativos en intercambio de estudios

Erasmus. La tarea investigada (Lucha y Díaz 2017; Díaz y Lucha 2018) consistió en definir un producto que les resultaba familiar: un caramelo con palo. Se eligió este producto porque, si bien todos lo conocían, pocos no nativos sabían cómo se llamaba en la lengua extranjera (en su caso, español). Asimismo, a pesar de que los no nativos eran bastante competentes en español (nivel B2 del MCER/Intermedio ACTFL para la comparación y C1 del MCER/Superior ACTFL para la definición), y a que los nativos se les supone una competencia modélica, ninguno de los grupos tenía experiencia en definir ni describir ese tipo de producto (golosinas). Nótese que el MCER y el PCIC consideran la producción de textos expositivo-explicativos ya en B1. Tanto el grupo nativo como el no nativo manifestaron que la prueba les resultó compleja y tuvieron problemas de registro y definición y marcado lingüístico de la distancia interpersonal (objetiva) con el interlocutor. Por esta razón elegimos aquí esta tarea de definición, fácilmente replicable en el aula, como ilustración de los recursos críticos para el género *definición* y su reflexión didáctica, completando las caracterizaciones generales de secuencias de los apartados previos.

En la administración de la prueba se les preguntó a todos los grupos, tanto a los no nativos como al grupo nativo de control (GC): "¿Cómo definirías un *chupachup*?[2] (C1); y "Explica tu experiencia con este caramelo, después de probar un chicle" (B2). En los enunciados de ambas tareas se añadió: "Hazlo por escrito."

TABLA 5.7 (A) Ejemplos de producción de *definiciones* (subgénero expositivo) por nativos y no nativos C1.

Definir en C1 (No Nativos) y GC Nativo

(1) "Es un caramelo con un palo adherido a él. Tiene un envoltorio que solamente cubre el caramelo. Puede ser de varios sabores, incluso existen chupa-chups de más de un sabor".

(2) "El chupachup es un caramelo de forma redondeada que inicialmente era únicamente un caramelo, pero un inventor español se le ocurrió ponerle un palo y así se convirtió en el caramelo más famoso del mundo. A primera vista se ve un palo de color blanco y alargado de plástico, que en el extremo tiene un caramelo de cola y sabores variables según el envoltorio que elijas, cada uno tiene un sabor que viene indicado en el envoltorio, de plástico, muy arrugado y demasiado difícil de abrir. En el interior de este en particular se encuentra el caramelo de sabor a fresa ácida, textura lisa y sabor suave y muy dulce, parece como si estuviera formado por cristales de sabor a fresa."

(3) "Es una golosina de forma redonda. Puede ser de diferentes colores y, también, de sabores. A veces contiene chiclet en el medio. Esa golosina contiene un palo que sirve para facilitar a la hora de comerlo".

(4) "Es un caramelo de diferentes sabores, formas y colores que tiene un palo, el cual el niño (o los mayores mismos pueden coger para no mancharse los dedos. Se suele meter en la boca y chuparlo. Se puede meter y sacar cuando uno quiera, gracias a este palo".

(5) "Un chupachups es un caramelo compuesto de un palo y una golosina con forma redonda. Existen diversos sabores y colores y actualmente se están utilizando como sustitutivo del tabaco".

(6) "Se trata de una bola que se puede comer. Esta puesta en un palito. Este palito se tiene en la mano y la bola se pone en la boca. Existen varias sabores (manzana, fresa, coca-cola, cereza. . .). Contiene mucho azúcar."

Proponemos al lector, ahora, una pequeña tarea mientras lleva a cabo la lectura: ¿Podrías identificar en la muestra cuáles son las producciones nativas y cuáles las no nativas?[3]

Vemos que en la tabla 5.7 (a) tanto la definición del alumno nativo como la del no nativo se basan en la descripción (presente en casi todos) y la experiencia. En lo que difieren, en general, es en los recursos lingüísticos empleados, especialmente en la amplitud y precisión del vocabulario, que beneficia a los nativos. Los recursos relacionados con la comparación y valoración de objetos, experiencias, etc. propios de la definición resultan difíciles y reducidos en los no nativos (Lucha 2006). Lo mismo ocurre con las decisiones en torno al registro de elementos de algunas familias léxicas (papel, envoltorio, plástico, celofán; caramelo, golosina, dulce, chuchería; invento, ocurrencia, idea) y el registro de algunas expresiones ("sirve para facilitar a la hora de comerlo", "se puede meter y sacar", "golosina sustitutiva del tabaco"). Mientras que la presencia de determinadas valoraciones ("contiene *mucho* azúcar"; "*incluso* existen XX de más de un sabor"), no cabe en el estilo de este género. Comparar en corpus nativos y no nativos disponibles en la red estas diferencias permite trabajar inductivamente estos aspectos.

TABLA 5.7(B) Exposición con comparación: ejemplos de no nativos de B2 y de nativos (GC).

(1) Este caramelo con palo (B) tiene sabor a fresas y tiene azúcar. Está duro como el otro, pero tiene más sabor. El caramelo está dividido en dos partes de colores distinto y al verlo se presenta muy bien. Es redondo y su palito te permite comerlo cuando tu quieras. El primer caramelo, una vez en la boca, o se come o se tira, pero este te dura mucho más y te deja todo el tiempo para saborearlo. [S5_Chia_B2]

(2) Me estoy probando una chupachups sabor Cocacola. Lo que se nota al principio es lo picante, lo ácido. Después viene la cocacola, algo artificial. Para mí hay demasiado azúcar. A mí no me gustan los caramelos entonces ni el A ni el B me parece mejor. Como hay que elegir uno de los dos digo el A porque ¡no tiene azúcar! [S7_Den_B2]

(3) Desgraciadamente no me gusta mucho este caramelo sin azúcar (B) porque el sabor "café" no me gusta mucho. Al principio me gustó su aspecto, pero cuando lo probé ya no me gustaba. De hecho, no hay azúcar al contrario del primero caramelo y para mí el café no es muy agradable para un caramelo. [S9_Enjol_B2]

(4) Yo considero que quizás el envoltorio en que vienen guardados los chicles (B) es más seguro porque al venir en una caja de cartón no hay mucho peligro de que las grajeas se rompan. En cambio, el envoltorio de mi chupachups (A) no es tan seguro porque, por si un descuido se te cae el chupachups, se puede romper en pedacitos y entonces te quedas sin caramelo con palo. En cambio, en sabor yo creo que mi chupachups es el que gana porque tiene un sabor mucho más refrescante y dulce que no el chicle Trexiblanc. [S1_GC]

(5) A diferencia del chicle, el chupachups es un caramelo, pero no un caramelo corriente sino con un palo. Su estructura es redondeada y de diferentes colores, según el sabor que tenga. El palo, alargo, fino y de color blando, resaltando el color del caramelo. Su sabor es bastante ácido durante todo el proceso de degustación, el del chicle más tenue. A medida que lo chupas se va gastando, al contrario que pasa con el otro artículo. El chupachups si se muerde se desfragmenta y si continúas se deshace. [S8_GC]

(6) Las principales diferencias entre un chupachups y un chicle es que el chicle se mastica y el chupachups se lame, muchas veces si son del mismo sabor tienen un gusto casi igual, y el chicle va en una caja de cartón y el chupachup es un caramelo en un palo. La textura también es distinta; el chicle es elástico y el chupachups es más sólido. [S12_GC]

3.2 La tarea de exposición con comparación explícita

A continuación, podemos ver ejemplos de producción en 7 (b).

En la tabla 5.7(b), donde se les pidió explícitamente que expusieran las características y lo compararan con otro tipo de caramelos, vuelve a haber discrepancias entre no nativos y el GC en extensión, diversidad léxica y riqueza de recursos, pero especialmente, en los relativos a la síntesis inicial ("la principal diferencia" o el inicio de lo general y esperado a lo particular), frente al procedimiento menos global de los no nativos y algunos nativos; los no nativos se caracterizan por tener más secuencias modalizadas (valoraciones en 1ª persona) y pobreza/repeticiones léxicas ("me gusta")[4] y foco del escrito más centrado en el experimentante (alumno) que en el producto de forma objetiva, decantándose hacia la descripción o el relato. Llama la atención, en ambos grupos, la coincidencia en el aumento de la presencia de elementos de conexión más complejos que en la tabla 5.7(a) (marcadores textuales, conjunciones). La presencia de estos recursos y su uso eficaz para ilustrar, aclarar, de acuerdo con la bibliografía, es lo que permitiría distinguir los textos genuinamente nativos de los no nativos. Recordemos que Adam (1991, 14, citado en Calsamiglia y Tusón 1999) y Bassols y Torrent (1997, 79) señalan que lo característico, sea recurrente o concomitante, en este tipo de textos es que tienden a la síntesis y al análisis de conceptos y representaciones conceptuales, mientras que si se centran en objetos o personas son más propiamente subtipos o géneros descriptivos. No obstante, si se trata de un producto nuevo, al que ya los publicistas suelen referirse como "concepto", la capacidad para calibrar la ponderación entre secuencias y la contención en el uso de estrategias modalizadoras se convierte en una dificultad, sobre todo en una lengua extranjera.

3.3 Estructuras lingüísticas en géneros expositivos-explicativos escritos y conversacionales dialógicos: cartas de información/recomendación de un producto

Una vez observadas las muestras en secuencias breves, ilustramos a continuación los rasgos en géneros conversacionales escritos más complejos y completos (para los que los ejemplos han de ser necesariamente textos completos): las cartas y correos de explicación-recomendación. En parte similares a los ejemplos anteriores, presuponen un mensaje con una petición previa y una cierta dialogicidad o presencia del interlocutor en la carta. La tarea aquí propuesta y la recogida de datos de producción se llevaron a cabo en otra aula y curso distinto, con aprendices de B2 de Español de Negocios. Trabajamos la valoración de un producto a partir de un gráfico de resultados de una empresa (nuevamente Chupachups) y tras una tarea oral de descripción de gráficos de evolución del producto en el tiempo, se pidió a los alumnos que respondieran por escrito a un cliente que les pedía información, también por escrito, antes de invertir en la firma Chupachups. Su papel en la simulación era el de asesor y el objetivo de su carta, asesorar a partir de su interpretación

TABLA 5.8 Ejemplos de carta de recomendación de no nativo y GC.

(a) Estimado Sr.	(b) Estimado cliente:
Antes de todo, gracias por el interés que tiene para nuestro producto. Haría bien en invertir vuestro dinero en Chupachups, ya que es un producto muy prometedor. Es uno de los productos que más se ha vendido en los últimos años. Por ejemplo, en el año 2014, comparado con el 2013, las ventas han subido un 5%. El beneficio fue de 3 milliones de euros. A mitades del 2014, volvió a subir un 2%. Hasta ahora los resultados han sido muy satisfactorios y casi estoy segura que seguirá siendo igual de satisfactoria. Si estos datos no les convence, puede consultar nuestra página de web (www chupachups/company.com) para tener más información. Atentamente, M.	En cuanto a su pregunta respecto a chupachups, puedo decirle que actualmente es una inversión segura, aunque en este mundo tan inestable que es la Bolsa, nunca se sabe. Hoy por hoy, Chupachups es una empresa que está en continuo crecimiento. El año pasado en el primer semestre aumentaron sus ventas un 2 por ciento, lo que representó un beneficio de cuatro millones de euros; por si fuera poco, esta cantidad creció durante el segundo semestre. La empresa se embolsó otros seis millones de euros. Como ve, la empresa se encuentra en una buena situación económica por lo que los expertos consideramos que es una de las apuestas más fiables. Recuerde que hay mucha competencia y que en este momento nada está asegurado. Atentamente, Su asesor.

de los gráficos de resultados. Un ejemplo de la producción es el que aparece en la tabla 5.8(a).

En ambos casos, tras la referencia, más o menos explícita, a la carta de solicitud de información y tras asegurar que se trata de una "buena inversión", se pasa a la *secuencia expositiva-explicativa* en la que se informa de los detalles económicos de la empresa. La diferencia más llamativa entre las dos cartas radica en el uso de un léxico más específico y rico en el caso de la carta del GC respecto a la del sujeto no nativo, como destaca también la tabla 5.8(b). Y aunque los aspectos cuantitativos (fluidez) no suponen diferencias entre ambos grupos (ver tratamiento estadístico en Lucha y Díaz 2017), sí, en cambio, la suponen (i) la modalización (ej.: "aunque estoy *casi* segura"; "haría bien") y (ii) los aspectos pragmático-culturales (ej.: "si estos datos no le convencen" *vs.* "si necesita ampliar información").[5]

4 Características generales a partir de los estudios con corpus de aprendices

Tomando datos de nuestros estudios sobre corpus de B2 (Lucha 2006; Lucha y Díaz 2015, 2017; Díaz y Lucha 2018), y lo descrito en la tabla 5.5 anterior, los rasgos caracterizadores ordenados de mayor a menor frecuencia de aparición en el corpus son los siguientes:[6]

a) Verbo copulativo ("ser", "parecer") + atributo, para síntesis y verbo soporte ("tener") + OD en el análisis.
b) Formas causales (causa-efecto), modales y finales: para relacionar lo que se afirma y no recuperar en la memoria posteriormente no solo conceptos aislados sino entretejidos en red, comprendidos en un sistema, relacionados entre sí.
c) Tiempo verbal predominante: presente de indicativo. Es el más neutro y el más usado para transmitir estados de cosas, llamado también presente gnómico (Matte-Bon 1992). En anécdotas, sucesos, etc. (que también se pide a los sujetos que escriban) pueden aparecer tiempos de pasado.
d) Adjetivos y adverbios para precisar, identificar, acotar, individualizar o cuantificar. El propósito es que todo concepto sea identificado y comprendido. Los adjetivos son calificativos pospuestos (no epítetos ni valorativos ni connotativos). Los adverbios en -*mente*, considerados más cultos, también aparecen, especialmente en las secuencias donde se busca formalidad (según el destinatario que va variando en las pruebas de redacción), contribuyendo a la cohesión.
e) Sustantivos: abundancia de léxico específico (que implica neologismos, formas prefijadas, compuestas, afijadas, sigladas, uso de marcas) y glosas; préstamos y extranjerismos (a veces por deslizamiento de código o interferencia), pero no siempre. Sinónimos, hipónimos e hiperónimos. Ej.: "El *Chupachups* es un *caramelo* con palo. Esta *golosina*. . .". [*Chupachups* es una *marca* de caramelo] + [*Caramelo* es un tipo de golosina]
f) Nominalizaciones anafóricas, aposiciones explicativas y redes de sinónimos, hiperónimos, etc.: "El chupachups es un caramelo con palo. *Esta golosina*. . ." [Un caramelo/Esta golosina]. "Puede invertir con tranquilidad. Las inversiones de este tipo. . ." [invertir/inversión].
g) Abundancia de conectores lógicos: "pero, para, BUSCAR "y en cuanto a" (GC); "ya que sus acciones. . ." (GC); "Es un dato muy positivo, pero hay otro" (NN); "Por supuesto que le puedo informar" (NN).
h) Abundancia de conectores textuales y deícticos (referencias contextuales extralingüísticas y referencias dentro del propio texto) BUSCAR "como usted bien dice" (GC); "son aquellas trasladadas a otros países" (GC); "espero poder resolverlas" (GC); "como lo he dicho antes" (NN).
i) Presencia de marcas de modalización y/o modalizadoras que introducen el punto de vista del emisor a través de verbos modales y volitivos ("poder", "querer", "desear"), de opinión ("creer", "opinar", "considerar" y el predominantemente no nativo "pensar"); performativos ("asegurar", "prometer", "jurar", "aconsejar": ". . . un producto que aconsejo sin reservas") y, especialmente, a través de la cuantificación ("todos", "muchos", "bastante(s)". . .); la calificación por medio de adjetivos o equivalentes ("mejor", "único"), exclamaciones ("¡mejor un caramelo sin azúcar!"), preguntas retóricas ("¿quién quiere engordar?"). adverbios oracionales[7] ("sinceramente", "personalmente", "sin duda", "claramente") para indicar el posicionamiento del emisor ante el enunciado.

Estas marcas modalizadoras, especialmente en géneros de carácter conversacional, marcan la adhesión (incondicional o mitigada, atenuada) o distancia, así como la mayor o menor asertividad ("para mí", "creo yo", "a mi modo de ver" *vs.* "como todo el mundo"); marcan también el carácter apreciativo o no ("un caramelo que deja los dedos *pegajosos*") o el carácter deóntico (si se tiene en cuenta o no al enunciador y se busca actuar sobre él dándole permiso, obligándole o prohibiendo (ej: "no lo dude ni un minuto más: invertiría [invierta] en Cremosa"). Son también modalizadoras, pero para marcar distancia, las formas impersonales ("Es evidente que *hay que*. . ."), que en ocasiones se combinan con marcadores y elementos adverbiales ("claramente", "sin duda") para reforzarse mutuamente.

j) Estrategias propias de géneros conversacionales/interacción y de consideración del interlocutor: son también recursos habituales de este prototipo textual (y los encontramos en los distintos géneros):

- Reformulaciones discursivas y ejemplificaciones: "esto es", "por ejemplo".
- Especificaciones (marcadas también tipográficamente con dos puntos o coma): "esto es:", "Por eso,", "sacar de ello, de la inversión", "es allí donde. . .".
- Explicitaciones, aposiciones, incisos explicativos: "Cremosa, un verdadero Chupachups, pero sin azúcar".
- Citas y referencias, fuentes, descripciones, formulación de hipótesis y justificaciones causales:

  "Igual que en el mismo período del año anterior *según el informe anual de la empresa*";
  "Se prevé un aumento también la 10ª semana, *basado en* los resultados anteriores";

- Resumen o conclusión como cierre:

  "*En suma*, un producto que aconsejamos sin reserva".

- Presencia de títulos, subtítulos y apartados (numerados o marcados con letras) que ayudan a la organización de la información, también visualmente.

"Cremosa: no puedo vivir sin ti (título de su trabajo)".

5 Conclusiones e implicaciones didácticas

A partir de la revisión de estudios previos y del análisis de ejemplos nativos y no nativos de las dos tareas con géneros expositivos-explicativos propuestas (una con orientación didáctica, la definición, y otra conversacional dialógica, el correo o la carta), parece recomendable:

- Llevar al aula tareas sobre géneros escritos y conversacionales dialógicos, puesto que estos últimos favorecen la presencia y funcionalidad de los rasgos más propios de la inmediatez (correo-e) y los de interacción (carta y correo); los de

escrituralidad (carta, definición) y la orientación más expositiva o explicativa (consideración de la especialización del lector) dentro del repertorio de esta tipología.
- Focalizar, además de los aspectos textuales estructurales y léxico-sintácticos, las diferencias pragmático-funcionales más marcadas (inter)culturalmente en la situación: modalización, foco en el interlocutor y no en el emisor, fórmulas rituales y frecuencia, formas potencialmente descorteses, etc. Y tenerlo en cuenta para definir parámetros en la evaluación para los distintos niveles de competencia (B2 o avanzado, C1 o superior).
- Promover la comparación de las producciones de los alumnos con producciones análogas nativas a fin de sensibilizar de forma práctica hacia las diferencias interculturales en lo que resulta aceptable y eficaz en el género para cada comunidad de usuarios (a ser posible, en todos los niveles, con técnicas de resalte, por ejemplo).

Notas

1 Werlich (1975), citado en Bassols-Torrent; Van Dijk (1978); Adam (1991); Koch y Oesterreicher (2007); Loureda (2003), entre otros. Ver Lucha y Díaz (2017) para una revisión actualizada.
2 Para saber qué es un chupachup y su historia, puede consultarse Wikipedia (https://es.wikipedia.org/wiki/Chupa_Chups).
3 La solución: GN: 1, 2,5; NN: 3, 4, 6. Es decir: las producidas por aprendices no nativos son las NN.
4 Nótese que ninguno de los sujetos del GC de la muestra usan "gustar", lo contrario que en los no nativos.
5 (Para ampliar información sobre producto completo y secuencias expositivas-explicativas, consultar Lucha y Díaz 2017; Díaz y Lucha 2018)
6 En nuestros trabajos de 2017 consultamos también, para léxico específico y colocaciones, el CAES (Corpus de Aprendices de Español, del Instituto Cervantes). No obstante, no recurrimos a él aquí porque no permite, de momento, las búsquedas por géneros o tipologías textuales, lo que nos dificulta incluir ejemplos de esa procedencia.
7 En el sentido de Fuentes y Brenes (2013), para el español, donde comentan textos corteses y descorteses de forma muy interesante, también para docentes de ELE.

Bibliografía citada

Adam, J.M. 1991. "Cadre théorique d'une typologie séquentielle". *Études de Linguistique Appliquée* 83: 7–18.
Álvarez Angulo, T. 2001. *Textos expositivos-explicativos*. Barcelona: Octaedro.
Bajtin, M. 1952. "El problema de los géneros discursivos". *Estética de la creación verbal* (reed.1992). Madrid: Siglo XXI.
Bassols, M. y M. Torrent. 1997. *Modelos textuales. Teoría y práctica*. Barcelona: Octaedro.
Beacco, J.C., C. Perdue y R. Vivès, dir. 1993. "Appropriations, descriptions et enseignement de langues". (Monographique) *Études de Linguistique Appliquée* 92.
Bernárdez, E., ed. 1987. *Lingüística del texto*. Madrid: Arco Libros.
Bernárdez, E. 1995. *Teoría y epistemología del texto*. Madrid: Cátedra.
Biber, D. y S. Conrad. 2009. *Register, Genre and Style*. Cambridge: Cambridge University Press.

Biber, D., M. Davies, J.K. Jones y N. Tracy-Ventura. 2006. "Spoken and Written Register Variation in Spanish: A Multi-Dimensional Analysis". *Corpora* 1: 7–38.
Bustos, J.M. 1996. *La construcción de textos en español*. Salamanca: Ediciones Universidad de Salamanca.
Calsamiglia, H. y A. Tusón. 1999. *Las cosas del decir*. Barcelona: Ariel.
Charolles, M. 1991. "Le résumé de texte scholaire. Functions et príncipes d'élaboration". *Pratiques* 72: 7–32.
Connor, U. 1996. *Contrastive Rhetoric*. Cambridge: Cambridge University Press.
Díaz, L. y R.M. Lucha. 2010a. "I Am Writting Expositive Texts With an Accent. Does It Matter? Can I Be Automatically Assessed?". En *Mapping Language Across Cultures: Language Analysis in Cross-Cultural and Intercultural (MLAC10)*. Salamanca: Universidad de Salamanca y Centro Cultural Hispano Japonés.
Díaz, L. y R.M. Lucha. 2010b. "Teaching Genres in an L2 Writing Course. The Incidence of Focus On Form in Written Production or How to Go a Step Further Than Natives". Monografías. *MarcoEle, revista de didáctica del español* 11: 20–36.
Díaz, L. y R.M. Lucha. 2018. "Las cartas de solicitud de trabajo en ELE y la tradición discursiva en L1 y L2. A propósito de la didáctica de los textos conversacionales y sus géneros en el aula de ELE". *MarcoELE, revista de didáctica del español* 26.
Fuentes, C. y E. Brenes. 2013. *Comentario de textos corteses y descorteses*. Madrid: Arco/Libros SL.
García Parejo, I. 1993. "La expresión escrita en español L2". *Actas del XVIII Congreso Internacional de ASELE*. cvc/04/04_289.pdf.
Halliday, M.A.K. y R. Hasan. 1985. *Language, Context, and Text: Aspects of Language in a Social-Semiotic Perspective*. Oxford: Oxford University Press.
Koch, P. y W. Oesterreicher. 2007. *Lengua hablada en la Romania: español, francés, italiano*. Madrid: Gredos.
Kroll, B., ed. 2003. *Exploring the Dynamics of Second Language Writing*. Cambridge: Cambridge University Press.
López, E., M. Rodríguez y M. Topolevsky. 1999. *Procesos y Recursos*. Madrid: Edinumen.
Lozano, C. y A. Mendikoetxea. 2010. "Postverbal Subjects at The Interface in Spanish and Italian Learners of L2 English: A Corpus Analysis." En *Linking Up Contrastive and Learner Corpus Research*, eds. G. Gilquin, M. Papp y B. Díaz Belmar, 127–166. Amsterdam: John Benjamins.
Lucha, R.M. 2006. "¿Por qué enseñara escribir utilizando técnicas de "focus on form"?" *MarcoELE, revista de didáctica del español* 2.
Lucha, R.M. 2015. *El efecto tarea en producciones escritas realizadas con ordenador. Un estudio comparativo entre sujetos nativos y no nativos*. Tesis doctorales. Barcelona: e-repositori UB.
Lucha, R.M. y C. Barlocher. 2008. "¿Es posible evaluar objetivamente contenidos gramaticales en producciones escritas?". *Actas del XVIII Congreso Internacional de ASELE*. Alicante: Universidad de Alicante.
Lucha, R.M. y L. Díaz. 2017. "Tipos textuales expositivos, correos electrónicos y enseñanza de géneros textuales en ELE". *MarcoELE, revista de didáctica del español* 25.
Manchón, R.M., ed. 2012. *Second Language Writing Development: Multiple Perspectives*. Amsterdam: John Benjamins.
Manchón, R.M., ed. 2014. *Research Methods and Approaches in Applied Linguistics*. Amsterdam: John Benjamins.
Martin, J.R. y D. Rose. 2003. *Working with Discourse*. Londres: Continuum.
Martin, J.R. y D. Rose. 2008. *Genre Relations: Mapping Culture*. Londres: Equinox.
Martínez Arbeláiz, P. 2004. "Índices de progreso en la producción escrita de estudiantes de español en situación de inmersión". *RAEL* 3: 115–145.

Matte-Bon, F. 1992. *Gramática comunicativa del español*. Madrid: Difusión.
Moirand, S. 1990. *Une grammaire des textes et des dialogues*. Paris: Hachette.
Núñez, R. y E. Del Teso. 1996. *Semántica y Pragmática del texto común*. Madrid: Cátedra.
Paltridge, B. 2006. *Making sense of Discourse Analysis*. Brisbane: Merino Litographs.
Polio, Ch. 2003. "Research on Second Language Writing: An Overview of What We Investigate and How". En *Exploring the Dynamics of Second Language Writing*, ed. B. Kroll. Cambridge: Cambridge University Press.
Polio, Ch. 2012. "How to Research Second Language Writing". En *Second Language Research Methods*, eds. S. Gass y A. Mackey, 139–157. Nueva York: Routledge.
van Dijk, T. 1978. *La ciencia del texto*. Barcelona: Paidós.
Vázquez, G., coord. 1999. *Proyecto ADIEU. Escritura académica*. Madrid: Edinumen.

Bibliografía recomendada

Bustos, J.M. 1996. *La construcción de textos en español*. Salamanca: Ediciones Universidad de Salamanca [Recomendada especialmente la 2ª parte: Prácticas, con modelos de propuestas de análisis, producción de no nativos y sugerencias de corrección, orientada al español LE/L2].
Loureda, Ó. 2003. *Introducción a la lingüística textual*. Madrid: Arco/Libros SL. [Resulta una síntesis ordenada de escuelas y enfoques].
Meoro, H. y M. Mir. 1995. *Textos conversacionales. La entrevista. La carta. El diálogo*. Barcelona: Oikos-Tau. [Exposición amena, sintética, ordenada, didáctica y plenamente vigente].

6

LA ORALIDAD CONCEPCIONAL EN ESPAÑOL

Principios para su estudio

Kathrin Siebold y Ferran Robles Sabater

1 Introducción

La inclusión de un capítulo dedicado a la modalidad oral en un volumen sobre la enseñanza del español como lengua extranjera desde la Lingüística del Texto refleja la creciente importancia de las estructuras específicas de la lengua hablada tanto en el ámbito lingüístico como en el didáctico.

Tradicionalmente, en la enseñanza de lenguas extranjeras, las teorías gramaticales se regían por las normas del estándar escrito; por ello, determinadas manifestaciones de la lengua hablada eran caracterizadas "ex negativo" respecto de la escritura, es decir, como deficitarias, caóticas, asistemáticas y, en definitiva, como desviaciones del uso canónico (cf. Günthner 2007, 9). Quizá por esta razón, muchas de las primeras taxonomías producidas dentro del estudio del texto no tomaban en consideración las producciones orales o bien las describían desde la extendida dicotomía entre lengua escrita y lengua hablada, lo que permitía en algún que otro caso el tratamiento periférico de esta última.[1]

Esta era también la situación en España hasta hace pocas décadas. A su superación contribuyeron en gran medida aportaciones como las de Rafael Cano Aguilar (1998) y Antonio Narbona Jiménez (2000, 2015) en Sevilla, Luis Cortés Rodríguez (2002a, 2002b) y el grupo ILSE en Almería, y Antonio Briz Gómez (1998) y el grupo Val.Es.Co. en Valencia.[2] En sus trabajos reclamaron más atención para las manifestaciones orales de la lengua, que en ningún caso debían ser descartadas del análisis lingüístico por considerarse transgresiones respecto de la gramática de la norma escrita. Fueron los primeros en plantear un estudio sistemático de la oralidad como un sistema estructurado en sí mismo, con patrones lingüísticos y estrategias comunicativas característicos, en el que es posible descubrir regularidades derivadas del proceso interactivo en relación con la organización conversacional, la configuración secuencial, la alternancia de turnos y el comportamiento interaccional. Con el paso de los años, todos estos aspectos se han demostrado descriptibles y transferibles a la enseñanza de ELE, como ha quedado patente en los intentos de Cestero Mancera (2012), García García (2016, 2017) o Ruiz Fajardo (2016), entre otros, de aplicar los conocimientos alcanzados sobre la estructura y el funcionamiento de la conversación a la adquisición de una competencia comunicativa completa, en la que se incluya una competencia específicamente conversacional.

En este sentido, el presente capítulo quiere ser una aportación teórica más para la superación del enfoque escriptista y la adopción de una óptica pragmático-discursiva de la enseñanza de español LE/L2 desde la lingüística textual. Para ello, se parte de una concepción oral subyacente a la producción textual, que sigue la propuesta teórica de Koch y Oesterreicher (2007),[3] con el fin de proporcionar herramientas para hallar los rasgos típicos de oralidad en diversos géneros textuales, que pueden estar presentes independientemente de su realización gráfica o fónica.

Tras discutir en el apartado 2 la dificultad general de clasificar los textos en categorías delimitadas y, especialmente, la de distinguir entre lengua hablada y lengua escrita, explicamos en el apartado 3 el enfoque de la oralidad concepcional de Koch y Oesterreicher, el cual nos permitirá describir y analizar en el apartado 4 determinados fenómenos lingüísticos frecuentes en contextos comunicativos de oralidad concepcional mediante ejemplos sintácticos, fónicos, semánticos y pragmáticos de los diversos corpus analizados, susceptibles de llevarse al aula, como en los citados ejemplos de Cestero Mancera (2012), García García (2016) o Ruiz Fajardo (2016 y en el capítulo 7 de esta monografía).

Este enfoque nos permitirá abordar la esencia de la oralidad en diversos géneros, y dejar el terreno abonado para sugerir explotaciones didácticas, no solo de conversaciones —en el sentido clásico— sino también en las conversaciones mantenidas en los mensajes escritos de chat o los "debates" realizados por escrito en los foros de internet.

2 La difícil situación de la oralidad en las clasificaciones textuales

Una de las mayores preocupaciones de la Lingüística del Texto ha consistido en encontrar taxonomías adecuadas para describir los sofisticados sistemas textuales. El empeño por ordenar los discursos según sus rasgos característicos y clasificarlos en tipologías sistemáticas responde al deseo humano de hacer descriptible la compleja realidad (comunicativa) y, ya desde un punto de vista didáctico, de establecer procedimientos deductivos para explicarla. Dado que los textos pueden contemplarse desde múltiples ángulos, las diferentes propuestas de clasificaciones textuales y los criterios de análisis empleados varían en función del enfoque disciplinar.

Entre las tipologías textuales usuales se encuentran aquellas que agrupan los textos según el ámbito de comunicación en que se enmarcan, como por ejemplo la administración pública, la economía, el comercio, el derecho, la prensa, etc. (véase la segunda parte de este libro, así como la clasificación propuesta por Brinker 2001). Adamzik (2004, 73) sostiene con acierto que tal criterio ayuda a describir numerosos géneros textuales existentes en cada ámbito, si bien difícilmente permitirá crear conjuntos cerrados, dado que la amplia interfaz entre los distintos dominios exhibe múltiples entrelazamientos temáticos y solapamientos.

Otras propuestas clasificatorias ordenan los textos según su función comunicativa (cf. Adam 2001; Fandrych y Thurmair 2011, 19–20). Adoptando una perspectiva pragmático-interactiva, parten de la relación entre emisor y receptor y de la intención comunicativa del primero. Las categorías principales que se consideran mediante esta visión ilocutiva suelen basarse en las clases de actos de habla descritas por Searle y distinguen entre las funciones representativa (o informativa), directiva (o apelativa), declarativa, comisiva (o de obligación) y expresiva (o de contacto) (cf. Gansel y Jürgens 2007).

Una taxonomía ampliamente extendida se centra en la organización temática de los textos y los patrones macro y microestructurales que esta genera. Bajo este enfoque, se constituye un repertorio acotado de tipos de textos —narrativos, descriptivos, argumentativos, expositivos e instructivos[4] (cf. Calsamiglia y Tusón 2007, 259–317)— que se pueden materializar a través de una variedad de géneros concretos (cf. capítulos previos de este volumen).

Los textos orales que nos interesan en este capítulo no se limitan a esferas concretas de la comunicación, es decir, los podemos hallar en ámbitos como el periodismo (entrevistas, encuestas, noticias, etc.) o la justicia (sentencias, alegatos, etc.), por dar algunos ejemplos. Tampoco están sujetos a funciones comunicativas o patrones de estructuración temática, esto es, un emisor puede apelar o informar al receptor de su mensaje, argumentar, describir o instruir, mediante una amplísima gama de textos, tanto escritos como orales.

Dada la ubicuidad transcategorial de los textos orales, muchos autores proponen su tratamiento exclusivo, en el sentido de excluirlos de las categorías clásicas (cf. nota 1) y otorgarles un grupo propio, formado únicamente por textos orales, bajo la etiqueta de "lengua hablada". La dicotomía resultante entre oralidad y escritura, no obstante, suele fundamentarse en un único criterio: la transmisión del mensaje por el medio fónico, es decir, el emisor utiliza su voz para formular un texto y el receptor lo percibe por el canal auditivo.

Sin embargo, es ya un lugar común entre los lingüistas considerar que la línea divisoria entre textos hablados y escritos no es sólida sino más bien degradada, casi transparente, y permite transgresiones permanentes entre ambos campos. Pensemos simplemente en un cuento infantil. Cuando el niño lo lee silenciosamente, es un texto escrito; pero cuando su hermana mayor se lo lee, ¿se convierte en un texto hablado? También los chistes pueden ser leídos y narrados. ¿Su realización fónica los convierte en textos hablados? Así ocurre sistemáticamente en los más diversos ámbitos privados e institucionales, donde ciertas técnicas profesionales o prácticas comunicativas implican la producción y recepción de textos híbridos que navegan entre lo escrito y lo hablado. Las noticias televisivas, las homilías en una misa o las sentencias en un juicio, por ejemplo, se redactan para ser leídas en voz alta, mientras que los dictados (de cartas, mensajes de texto, etc.), los levantamientos de actas (de reuniones, interrogatorios, etc.) registran gráficamente textos producidos en el medio fónico. En consecuencia, la clasificación de los textos en hablados y escritos según su realización material resulta dificultosa, dada la posible alternancia del medio.

A todo ello se une que encasillar determinados textos como hablados o escritos no concuerda plenamente con lo que los propios hablantes conceptualizan como tal de un modo intuitivo, especialmente si tenemos en cuenta algunas de las nuevas formas de comunicación mediada por ordenador u otros dispositivos electrónicos, como los chats en aplicaciones como WhatsApp® o los debates en foros de discusiones en internet. Estos contienen tantos rasgos tradicionalmente asociados con la oralidad que su categorización como lenguaje escrito no parece dar plena cuenta de su esencia.

3 La oralidad concepcional

Los romanistas alemanes Koch y Oesterreicher ya repararon en la dificultad de analizar la esencia de la oralidad y la escrituralidad mediante el simple recurso a la realización gráfica o fónica de un enunciado. En sus estudios constataron, en la línea de lo que se ha apuntado en el § 2, que los enunciados hablados pueden integrar características de los textos escritos y viceversa.

Dadas las posibles transgresiones entre lo escrito y lo hablado y el amplio abanico de formas híbridas entre ambas categorías, Koch y Oesterreicher (2007) proponen un modelo teórico que ya no solo diferencia los textos según su medio de aparición sino de acuerdo con la concepción que subyace a la producción del enunciado. La introducción de la categoría de la "concepción" quebranta la dicotomía basada únicamente en su realización material, introduciendo una variante que permite analizar las manifestaciones de oralidad en textos escritos y viceversa desde un planteamiento "concepcional" (cf. López Serena 2002, 260).

Este modelo, ilustrado en la figura 6.1, permite filtrar la esencia de la oralidad y de la escrituralidad de una manera transcategorial, con independencia del ámbito o

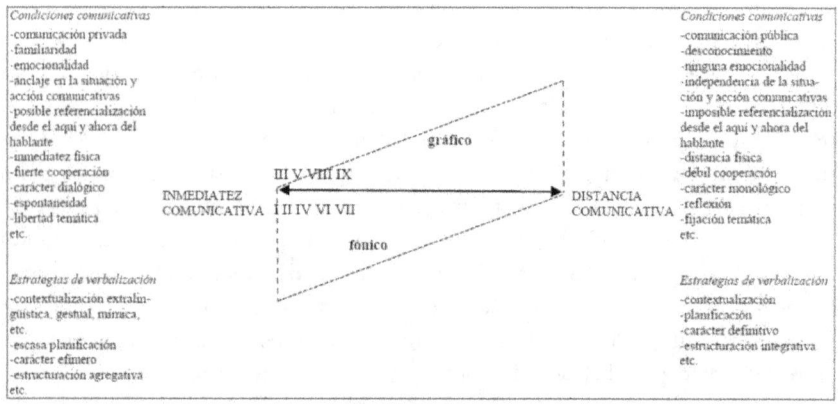

FIGURA 6.1 Medio y concepción. Continuo entre inmediatez y distancia comunicativas y perfil concepcional de algunas formas comunicativas.

Fuente: cf. Koch y Oesterreicher 2007, 34.

de la intención comunicativa, del tipo o género textual o del medio de realización del discurso.

3.1 El continuo entre oralidad concepcional y escrituralidad concepcional

Este esquema representa un mapa de coordenadas que permite emplazar los textos de acuerdo con dos parámetros: el medio fónico (abajo) o gráfico (arriba) y la concepción oral (izquierda) o escrita (derecha). A modo de ejemplo, ubica algunas formas de comunicación en estas cuatro grandes áreas (I: conversación familiar, II: conversación telefónica, III: carta privada, IV: entrevista de trabajo, V: versión impresa de una entrevista periodística, VI: sermón, VII: conferencia científica, VIII: artículo editorial, IX: texto jurídico).

Mientras que la agrupación vertical distingue claramente entre el medio gráfico y el fónico,[5] el eje horizontal no muestra una dicotomía estricta sino "un continuo entre las manifestaciones extremas de la concepción" (Koch y Oesterreicher 2007, 21). Así, la variación concepcional dibuja una escala gradual entre los polos de la oralidad concepcional, denominada inmediatez comunicativa, y la escrituralidad concepcional, entendida como distancia comunicativa. Las transiciones dentro del amplio espectro que separa ambos extremos son fluidas y permiten identificar distintos grados entre lo concepcionalmente hablado y lo escrito. Ello se ve reflejado en la diferente posición que los géneros textuales I a IX ocupan en la escala.

El mayor grado de oralidad prototípica en los distintos textos depende de las condiciones comunicativas en las que se generan, que quedan reflejadas en el extremo izquierdo del eje a modo de parámetros. Estas, a su vez, condicionan el recurso a determinadas estrategias de verbalización que se plasman en los textos en formas lingüísticas concretas. Dada su cuantía y diversidad, tales formas no se reflejan en la figura de Koch y Oesterreicher, pero su descripción detallada e ilustrada con numerosos ejemplos tomados de diversos de corpus forma el núcleo de la propuesta teórica de estos autores (cf. § 3.4.). Con todo, debe puntualizarse que ni la diferenciación entre medio y concepción ni la aceptación de la existencia de textos concepcionalmente orales pero producidos en el medio gráfico y viceversa, son elementos que por sí mismos apunten a una total independencia entre ambos fenómenos. Más bien, deben ser vistos como compatibles y complementarios con el reconocimiento de la afinidad entre el medio fónico y la concepción oral, así como entre el medio gráfico y la concepción escrita.

3.2 Las condiciones comunicativas de la oralidad concepcional

Según Koch y Oesterreicher (2007, 26–27), existe una serie de condiciones comunicativas que propician el empleo de estrategias de verbalización propias de la inmediatez y, con ello, el recurso a formas lingüísticas concretas. Tales condiciones se plantean como valores paramétricos, cuya concentración en una determinada situación comunicativa genera el máximo nivel de oralidad concepcional. Sin ánimo de establecer un listado exhaustivo de estas premisas, conviene destacar aquellas que son especialmente características de la oralidad concepcional:

- La comunicación privada, que se vincula por regla general con un reducido número de interlocutores y la falta de público.
- La familiaridad, que hace referencia al elevado conocimiento mutuo y la confianza entre los interlocutores, basada en la gran cantidad e intensidad de experiencias (comunicativas) conjuntas previas y de conocimientos compartidos.
- La emocionalidad, que apunta al alto grado de implicación emocional, vinculada a los interlocutores y/o al objeto de la comunicación.
- El anclaje en la situación y acción comunicativas, que concierne a la fuerte incidencia del contexto en el acto comunicativo.
- La posible referencialización desde el aquí y ahora del hablante, que enlaza directamente con el punto anterior, pues se refiere a la proximidad entre los objetos y personas aludidos con respecto al *origo* (*ego-hic-nunc*) del emisor.
- La inmediatez física, dado que la oralidad suele darse en situaciones comunicativas cara a cara, sin distancia espacial ni temporal entre los interlocutores.[6]
- La fuerte cooperación, que alude a las posibilidades que se le presentan al receptor de intervenir en la producción del discurso, cooperar en su construcción y contribuir a la negociación del significado.
- El carácter dialógico, que implica la alta posibilidad y elevada frecuencia de la asunción espontánea del rol de emisor por parte de los participantes en el acto comunicativo.
- La espontaneidad, que guarda correspondencia con la capacidad de los interlocutores de reaccionar rápidamente, sin mayor planificación ni reflexión previa sobre el contenido del discurso.
- La libertad temática, que se asocia con la flexibilidad con la que cambian los temas que son objeto de la comunicación.

Expresados en términos absolutos, los parámetros aquí descritos conforman el extremo de la oralidad concepcional. No obstante, su observación como fenómenos graduales permite identificar una escalaridad, a partir de la cual cuya es posible describir todo tipo de contextos comunicativos en el continuo entre la oralidad y la escrituralidad.

En este marco interpretativo, una conversación prototípica entre familiares (I) se caracterizaría por un elevado grado de oralidad, puesto que: tiene lugar en condiciones de privacidad y confianza, posee carácter cooperativo y dialógico, y presenta la opción de reaccionar con espontaneidad y emocionalidad ante lo dicho, de cambiar con flexibilidad los roles entre hablante y oyente, así como de introducir nuevos temas en la conversación y anclar la acción comunicativa en el contexto situacional. En cambio, un texto escrito jurídico (IX) representaría el extremo de la escrituralidad concepcional, al estar concebido de un modo reflexionado, emocionalmente neutro, fijado temáticamente, distanciado físicamente respecto de los posibles receptores, sin opciones de interacción dialógica y sin referencialización en el contexto comunicativo.

3.3 Las estrategias de verbalización de la oralidad concepcional

Las condiciones características de la inmediatez comunicativa conducen al empleo (o, cuanto menos, favorecen la aparición) de estrategias de verbalización concretas, con las que los hablantes reaccionan a estas variables contextuales. Entre las estrategias típicas de la inmediatez comunicativa suele otorgarse mayor relevancia a las siguientes (cf. Koch y Oesterreicher 2007, 31–33):

- Contextualización extralingüística. Se refiere a la fuerte presencia y predominio de aspectos extralingüísticos que "pueden entrar en acción" (Koch y Oesterreicher 2007, 32) a la hora de verbalizar el texto condicionando la forma de expresión. En la inmediatez comunicativa, se recurre constantemente al contexto situacional; al contexto cognitivo individual, tal como estos autores denominan los conocimientos mutuos compartidos o las vivencias comunes de los interlocutores; al contexto cognitivo general, "que abarca el conjunto de conocimientos humanos, bien sean socioculturalmente específicos o de carácter universal" (Koch y Oesterreicher 2007, 31); al contexto comunicativo paralingüístico, que se refiere a fenómenos de entonación, velocidad, volumen de voz, etc.; así como al contexto de comunicación no verbal, que implica, entre otros aspectos, los gestos y la mímica. Formas concretas de la estrategia de contextualización extralingüística serían, por ejemplo, expresiones deícticas o referencializaciones vagas (como las "palabras comodín" u "ómnibus", cf. § 4.3.2.).
- Escasa planificación. Hace referencia a la formulación rápida de los enunciados, que se correlaciona con la falta de tiempo para planificar la producción lingüística y la ausencia de una necesidad de construir textos muy elaborados en situaciones de comunicación inmediata y espontánea con interlocutores conocidos. La escasa planificación se puede plasmar en los textos en forma de fenómenos de hesitación o marcadores que contribuyen a la organización discursiva (cf. §§ 4.1.1. y 4.1.3.).
- Carácter efímero. Estrechamente relacionado con el punto anterior, otorga un carácter provisional a los segmentos textuales que se van produciendo y se vincula a la falta de necesidad de presentar un texto concluido o irreversible. En tanto que la producción textual oral se realiza sobre la marcha ("online", en palabras de Auer 2007), el texto está siempre sujeto a modificaciones instantáneas. Manifestaciones concretas del carácter efímero serían, entre otras, anacolutos y correcciones, estructuras elípticas o marcadores de reformulación (cf. §§ 4.1.4, 4.2.2 y 4.2.3).
- Estructuración agregativa. Es también el resultado de las condiciones comunicativas de espontaneidad e inmediatez, y se pone de manifiesto en la construcción extensiva y lineal del texto. Los enunciados se producen y agregan sobre la marcha, en pequeños bloques informativos simples, fácilmente producibles y comprensibles. Ello da como resultado un empleo frecuente de estructuras de menor complejidad y densidad informativa, como, por ejemplo, enunciados paratácticos o dislocaciones (cf. §§ 4.2.2 y 4.2.4).

4 Los fenómenos de oralidad concepcional en español

El contexto situacional y las estrategias de verbalización que de él se derivan se ponen de manifiesto en el empleo de incontables mecanismos lingüísticos que configuran lo que podemos denominar los rasgos prototípicos de la oralidad concepcional. Siguiendo a Koch y Oesterreicher, clasificamos estos fenómenos en cuatro grandes grupos según su ámbito de incidencia: pragmático-textual, sintáctico, semántico y fónico.

Ni en esta tabla ni en la explicación que la sigue se pretende dar cuenta de todos los fenómenos descritos por Koch y Oesterreicher (2007). Dado que una relación exhaustiva sobrepasaría los límites lógicos del presente trabajo, nos centraremos en aquellos que consideramos más relevantes para los propósitos de este volumen. A esta consideración se añade otra relativa a la naturaleza de la aportación pretendida por estos autores. Koch y Oesterreicher describen una serie de rasgos universales, los cuales pueden variar en función de las características histórico-idiomáticas de cada lengua. En este sentido y aunque no sea el propósito de nuestra indagación, debe recalcarse la necesidad de establecer de qué modo se estructuran internamente en cada una de las lenguas históricas particulares (en este caso, el español) las condiciones comunicativas y las estrategias de verbalización de la inmediatez comunicativa.

Revisemos brevemente los fenómenos enunciados por Koch y Oestrreicher en cada uno de los niveles apuntados en la tabla 6.1, que tienen un enorme potencial didáctico, pero que en el trabajo de dichos autores no se apoya en ejemplos de corpus orales actuales. Para facilitar su actualización y aplicación en el aula, se ha recurrido a ejemplos del corpus Val.Es.Co. 2.0 (salvo que se indique lo contrario), lo que constituye nuestra aportación, junto con la descripción previa.[7]

4.1 El ámbito pragmático-textual

En este nivel se inscriben los fenómenos relacionados con lo que Koch y Oesterreicher (2007, 72) denominan las instancias y los factores de la comunicación

TABLA 6.1 Fenómenos prototípicos de la oralidad concepcional.

Ámbito pragmático-textual	Ámbito sintáctico	Ámbito semántico	Ámbito fónico
Marcadores de la organización discursiva	Anacoluto	Iteración léxica	Reducción intervocálica
Marcadores de contacto	Dislocaciones	Referencialización vaga	Aféresis
Fenómenos de hesitación	Elipsis	Deícticos	Apócope
Mecanismos de reformulación	Parataxis	Metonimia	Epéntesis
Estilo directo	*Constructio ad sensum*	Hipérbole	Elisiones

Fuente: Adaptado de Koch y Oesterreicher 2007, 70–184.

lingüística. Se trata de aquellos aspectos universales de la oralidad asociados a las circunstancias de naturaleza extralingüística (aunque de gran relevancia comunicativa) en las que se enmarca la interacción. Estos factores e instancias incluyen el contacto entre los interlocutores, sus papeles conversacionales, las formas de organización del discurso, los procesos de formulación, las constelaciones deícticas, etc. Aquí nos referiremos a cinco fenómenos ligados a ellos: los marcadores de la organización discursiva, los marcadores de contacto, los fenómenos de hesitación, los mecanismos de formulación y el empleo del estilo directo.

4.1.1   Los marcadores de la organización discursiva

Una de las diferencias más notables entre los discursos típicos de la distancia y de la inmediatez comunicativa es la reducida espontaneidad y la falta de familiaridad y confianza de la primera, así como su carácter marcadamente monológico. Es por ello que sus textos se caracterizan por la existencia de una estructura jerárquica compleja, con varios niveles de organización, que se superpone a la linealidad de los hechos que se narran. Por el contrario, los discursos prototípicos de la inmediatez comunicativa presentan una configuración lineal y agregativa, a la vez que un menor grado de densidad informativa, así como de integración y complejidad lingüísticas. Es el resultado de una construcción del discurso que se lleva a cabo sobre la marcha, sin una planificación previa, en la que el emisor pretende señalar el inicio o fin de un fragmento de discurso, ayudando a organizar y estructurar la información presentada, pero sin tratar de establecer otros tipos de jerarquías y relaciones con las unidades discursivas colindantes.

Koch y Oesterreicher (2007, 77–78) distinguen aquí los marcadores de inicio (*y*, *pero*, *pues*, *sí*, *bueno*, *oye*, *mira*, *sabes*, etc.) y de cierre (*no*, *verdad*, *eh*, *sabes*, etc.) en discursos dialógicos, así como los marcadores de inicio en discursos narrativos (*y*, *entonces*, *luego*, etc.) Con el ejemplo propuesto, ilustramos su funcionamiento y posibilidades de explotación no solo léxica (usando las formas en mayúscula y cursiva), sino también las entonativas y relativas a las pausas, por ejemplo.

(1) A: síi/ *y entonces*↑ ellos↑/ empezaban→/ digo↑ ahora vosotros poneros a hablar↑/ y intentar decirme algo/ *y entonces*↑ yo me ponía a gritar con mi hermana→ PORQUE no sé qué no sé cuántos// ¿qué?/ no me entero de nada de lo habéis dicho/ ¿qué?/ ¿os ha parecido bien?/ ¡no noo!/ claro que no/ no sé→/ *y entonces*↑ es/ un poco↑ entrarles en- [en- en materia=]

4.1.2   Los marcadores de contacto

Condiciones como el grado de familiaridad entre los interlocutores y su inmediatez física, la espontaneidad de la comunicación y el anclaje de esta en la acción, favorecen la aparición de elementos fáticos, como los marcados en los textos, al transcribir y codificar, que aseguren que se mantiene el contacto y la cooperación entre los participantes en el acto comunicativo.

Por lo general, muchas de las señales de contacto son de naturaleza paralingüística y se relacionan con aspectos como la entonación, los gestos, el contacto visual o la mímica. Sin embargo, existe también un número nada desdeñable de medios lingüísticos que permiten establecer y mantener el contacto comunicativo y cuyo trabajo en el aula suele omitirse por no disponer de inputs adecuados: ni muestras de corpus ni de una metodología de codificación que ayude a resaltarlos y trabajarlos. Si nos fijamos en (2) para "oye" y en (3) para "claro/sí", podemos ver entonación, alargamiento e imágenes (si se accede al vídeo). La inclusión de risas y sonrisas (3) y (4) permiten completar la integración de lo lingüístico y paralingüístico en la interacción. Koch y Oesterreicher (2007, 82–83) destacan dos tipos de señales. Las primeras son las llamadas "señales del hablante", que el emisor dirige al receptor con el propósito de generar una reacción en este: *eh, no, verdad, venga, sabes, mira, oye, fíjate*, etc.

(2) I: ¿qué hacéis que no jugáis a balonmano↑?

F: *oye*↑ nosotros entrenamos dos días de la semana por ahí y corremos otro día en la playa o sea que→

I: ¿síi?

F: lunes martes y miércoles estamos [entrenando↑]

Las segundas son las señales del receptor, que este emplea durante la intervención del emisor para hacerle llegar distintos tipos de información (mantenimiento de la atención, acuerdo, sorpresa, disconformidad, etc.). Se trata de operadores como *hm, sí, ya, vale, claro, verdad, no me digas*, etc.

(3) A: (SONRISAS) lo que pasa que es cuestión también de repetir mucho las cosas

B: *claro/sí*

A: repetirlo mucho↑/ mm no repetirlo muchas veces tampoco seguido para que no digan↑ qué pesadez/ ¿no?§

Tanto las señales del emisor como las del receptor pueden manifestar un empleo fuerte (como el expresado en los ejemplos previos) y uno débil. Las señales fáticas débiles del emisor tienen la capacidad de aparecer en cualquier posición del discurso y de la oración y no persiguen una reacción lingüística directa por parte del receptor:

(4) A: § en casa↓ sí/ yo me pongo la música↑ y me pongo por ahí a bailar sola/ ¿no?/ (RISAS) pero→ no↓/ me gusta bailar↑ libre/ ¿no? normal/ mm música de discoteca↑ no m- me gusta mucho/ porque es muy machacona§

En su empleo débil, las señales del receptor sirven a la continua retroalimentación que es consustancial a todo acto comunicativo. No poseen valor semántico ni expresan el posicionamiento del receptor respecto a lo dicho, como sí sucede en su empleo fuerte.

(5) A: me gusta↑// DE TODO// ¡bueno!/ soy una romántica empedernida/ ((tío)) (RISAS)/ y nada/ me gustan↑/ Roberto Caarlos→/ Romina y Albaano→/ Julio Iglesias→// todos esos me gustan muchísimo/ también me gusta música moderna§
B: § mm
A: lo- estos→ ¿cómo se llaman?// (CHASQUIDO) ahora no me saldrá/// no sé/ Spandau Ballet↑ me gusta§

Como rasgo general y distintivo, las señales de contacto nunca constituyen un turno de palabra (forman subactos, según el modelo de segmentación de la conversación del grupo Val.Es.Co. 2014), por lo que su empleo no afecta al reparto de los papeles conversacionales.

4.1.3 Fenómenos de hesitación

El alto grado de espontaneidad y de implicación emocional que caracteriza el discurso inmediato no permite una planificación a largo plazo por parte del emisor ni un avance sostenido de la progresión informativa textual. Esto tiene consecuencias en la fluidez y discontinuidad, interrupciones, del discurso espontáneo, aunque no siempre esté reflejada en los inputs de aula. Desde el punto de vista del receptor, un caudal de información denso y continuado también sería harto difícil de procesar en condiciones de producción y recepción simultánea. Para superar este tipo de dificultades de formulación prospectivas, las lenguas históricas disponen de mecanismos, que en la L1 se aprenden espontáneamente participando en las interacciones, con los que el emisor gana tiempo de planificación a la vez que facilita la recepción. Se trata de los fenómenos de dilación o hesitación, entre los que se incluyen las pausas, que no se interpretan como problemas de competencia en la L1, (tanto las vacías como las rellenas), los alargamientos fónicos y las repeticiones.

Las pausas vacías son aquellas que generan un espacio de silencio en la producción del discurso y que no se interpretan como problemas de competencia en la L1. En español, una pausa puede rellenarse mediante el empleo de un marcador discursivo del tipo *eh, hm, y, pues, mira*, etc.

(6) A: creo que sí→/ la verdad es que no- no me acuerdo/ porque↑// *mira*/ yo llevaba el coche/ pero era el dee-// de los principios de esos↑ que haces ya viajes laargos↑/ y estaba yo supermuerta de miedo→ y diciendo ahora aquí

Un procedimiento típico para evitar una pausa vacía en la L1 es el recurso al alargamiento de la realización fonética de una palabra. En el caso de los términos polisílabos, este alargamiento suele recaer en la vocal final.

(7) A: a mí↑ o *seaa*// es una cosa *quee*// el *camping* no me- no me acaba de hacer mucho/ o sea↑/ m- en plan ↑/ o sea me gusta el *camping* pero→/ por libre// *noo* en las típicos sitios [*quee*]

De la misma manera, es posible rellenar una pausa mediante la repetición de partes de palabras, palabras enteras o secuencias. Sería útil, en el aula de español LE/L2 repasar estas estrategias y su valor pragmático-comunicativo.

(8) H: además↑ ¿cómo coño van a escribir *si no saben- si no saben* hacerlo?

4.1.4 Los mecanismos de reformulación

En los discursos típicos de la inmediatez comunicativa, los procesos de formulación se ponen de manifiesto a través de huellas que el emisor va dejando en sus enunciados a medida que planifica sobre la marcha el discurso en desarrollo. Entre estos fenómenos se encuentran los propios de la hesitación mencionados en § 4.1.3, así como también los diferentes mecanismos de reformulación o regresión textual. Nos referimos así a toda una serie de operaciones (de explicación, corrección, reconsideración y recapitulación) que señalan una vuelta atrás sobre un segmento discursivo previo para extraer de él lo que se considera relevante para la prosecución de una argumentación. Así, cuando un emisor juzga que una parte de su enunciado no se ajusta en su forma (fónica, morfosintáctica o léxica), referencia o contenido a lo que se pretendía comunicar, puede optar por presentarlo bajo una nueva formulación. El vínculo semántico entre el nuevo segmento y el que es retomado puede no estar señalado por un marcador explícito, sino por una mera interrupción de la cadena hablada.

(9) A: y luego↑ nada/ bueno/ la natación me gusta también mucho↑/// aunque *tampocoo// corro grandes* (RISAS) *no hago* [*grandes*↑=]

En ocasiones, el emisor juzga necesario especificar el tipo de relación existente entre el nuevo segmento y aquel al que se superpone. Para ello recurre a marcadores de reformulación como *es decir, o sea, mejor dicho, quiero decir, bueno, en fin*, etc.

(10) B: [claro↓/ sí/ o sea ¿exposiciones de alumno] a alumno? *o sea* de gente que [está allí=]

A: [sí]
B: = aa- [a los compañeros]

4.1.5 El discurso referido y el estilo directo

La inserción en el discurso propio de otros discursos es típica tanto de la distancia como de la inmediatez comunicativa, aunque suele manifestarse de distinta manera. Cuando el discurso introducido se integra en el discurso al que se subordina y adapta a este su sistema deíctico referencial, nos referimos a él como estilo indirecto. Por el contrario, cuando el discurso introducido es citado de forma más o menos literal, hablamos de estilo directo; en tal caso, los sistemas deícticos referenciales de ambos discursos se mantienen inalterados e independientes entre sí. Mientras que la adaptación de un sistema deíctico a otro requiere de un alto grado de planificación, que, por lo general, solo es posible en la distancia comunicativa, la espontaneidad de la inmediatez suele dificultar, no solo en la segunda lengua, sino también en la primera, la integración sintáctica y la adecuación temporal, espacial y personal del discurso referido.

(11) A: = es eso/ yo a lo mejor puedo hacer un proyecto↑/ que para mí sea↑/ superbién↑ que yo diga↑/ *es que veo que así/ utilizo más el espacio↑ o utilizo más el tiempo↑ o está mejor aprovechado/* o veo que hay una materia que es mucho más fácil de- dee- de sacar↑ o que se le [puede↑=]

El uso del estilo directo suele ir acompañado de recursos de economía lingüística. Son especialmente frecuentes las formas estereotipadas de verbos de dicción, como *digo* o *dice*, que suelen aparecer en presente narrativo. En ocasiones, para la construcción del estilo directo se recurre a ciertos marcadores discursivos, como *bueno* o *pues*, que otorgan al relato actualización y dinamismo.

(12) A: §estamos hablando (()) de correo/ y de repente/// me dice *mira↑/ vuestros amigos*// y es que le digo *pues toma propaganda* // me da la del tío este de gafas// y después eel- los socialistas dice *vuestros amigos*

4.2 El ámbito sintáctico

En el plano sintáctico, los fenómenos relevantes para la caracterización de la oralidad en español son, según Koch y Oesterreicher (2007, 119), los que se derivan de analizar la gramática oracional a la luz de los procesos de naturaleza discursiva que gobiernan la alineación y secuenciación de los signos lingüísticos mediante los que se construye el texto. Aquí se incluyen las concordancias débiles o faltas de concordancia, los anacolutos, las elipsis, las dislocaciones y las estructuras paratácticas, entre otros mecanismos. Nos referiremos brevemente a algunos de ellos.

4.2.1 La falta de concordancia y la constructio ad sensum

La inmediatez comunicativa se caracteriza por poseer un control prospectivo y retrospectivo limitado de la formulación. Factores como la privacidad, la familiaridad, la implicación emocional, la espontaneidad y el anclaje en la situación y acción comunicativas, favorecen la aparición de fenómenos que contravienen las reglas de coherencia y cohesión textual. Entre ellos encontramos secuencias de enunciados en las que los hablantes prescinden de las concordancias de número o persona.

(13) A: [se van fuera→]/ entonces↑ pues eso/ es un poco→ pues coger el coche↑ yo como *me quedo* en Valencia↑ pues *coger* el coche↑/ y *irte* aquí↑/ *irte* allá↑/ [vamos=]

La admisibilidad de estas estructuras se justifica por el hecho de que esta violación de las reglas de concordancia sintáctica no suele afectar a la coherencia semántica ni a la comprensibilidad de la secuencia resultante. Por esta misma razón, es habitual el recurso a la *constructio ad sensum* o concordancia por el sentido, que se refiere a la discrepancia en el morfema de número entre el verbo y un sujeto correspondiente a un nombre colectivo.

(14) H: es que *la gente parece* tonta/ porque no *piensan*/ bueno que está bien ¿no? Que quieran dar cosas que a lo mejor pues no pueden dar una cosa pues dan otra pero// que- que que son se queden contentos con eso porque con eso no han conseguido nada [y que lo sepan]

4.2.2 El anacoluto, la contaminación, la posposición y el reduplicamiento

Los frecuentes cambios de planificación que se dan en las interacciones típicas de la inmediatez comunicativa dan lugar a fenómenos muy diversos que implican la ruptura de la dinámica discursiva. Si esto ocurre en lengua materna, no es de extrañar que también se dé en la segunda. Así, su ausencia supone falta de naturalidad. Uno de ellos es el anacoluto, consistente en la interrupción y abandono de una construcción sintáctica, que va acompañado, además, de una corrección.

(15) A: = me muero de miedo// ¡qué horror!/ entonces claro/ *los críos pequeños*↑// de hecho *bueno*↑/ *nosotros podemos dar hastaa-*// hasta quinto de egebé/ con la especialidad que tenemos

Cuando no se produce tal corrección, sino que la construcción inicial se transforma de manera fluida en otra, hablamos de contaminación.

(16) A: *los italianos* mire usted *es un país* que no ya ve usted yo no lo conozco[8]

Un fenómeno peculiar de alteración del orden lineal del enunciado es la posposición, también llamada dislocación a la derecha. No implica un cambio de la construcción sintáctica, sino meramente un desplazamiento de uno de sus constituyentes al extremo final del enunciado.

(17) A: hay queso ahí/// he traído↓ queso/ *yo*

También en el margen derecho del enunciado tienen lugar los reduplicamientos, un fenómeno consistente en el empleo de un constituyente que precisa, mediante su repetición, el elemento inmediatamente previo. En este caso no podemos hablar solo de un mecanismo de formulación, sino de un recurso estilístico que obedece tanto a motivaciones semánticas como expresivas.

(18) A: a eso llegaremos es sin duda alguna *lo mejor lo más emocionante*[9]

4.2.3 La sintaxis incompleta y la elipsis

Los discursos de la inmediatez comunicativa se caracterizan por el empleo habitual de una sintaxis incompleta. Ello se manifiesta en la omisión de un constituyente oracional, que puede ser recuperado inequívocamente a partir del contexto lingüístico. La elipsis puede afectar al núcleo predicativo del enunciado y a uno o más de sus elementos dependientes, como en la intervención de A en:

(19) B: [y ahora estás] opositando↑ peroo no a magisterio§
　　　A: § nada/ a magisterio nada↓§

4.2.4 Las estructuras paratácticas

Como ya se ha apuntado, los discursos de la inmediatez comunicativa suelen presentar una configuración lineal y agregativa, así como un menor grado de integración y complejidad lingüísticas. Su espontaneidad y sus reducidas posibilidades de planificación favorecen un estilo paratáctico, en el que oraciones del mismo rango se alinean sin que se generen entre ellas relaciones de jerarquía.

(20) F: [=es que es la leche]// *y* nada / estaba yo sola por allí // *y* nada tía ahí aguantandoo// el hombre ese se me quedó mirando así como hacer un trabajo *y yo*↑ / yo tía toda nerviosa decía/ ¡HOSTIA! ¿ahora qué hago yo? [¿qué hago yo con este?=]

El tránsito de un enunciado al siguiente puede efectuarse mediante conectores coordinantes (*y, o, pero*) o en ausencia de estos (parataxis asindética).

4.3 El ámbito semántico

Los rasgos distintivos de la inmediatez comunicativa en el plano semántico se refieren a los modos en que el emisor puede aludir a un referente en sus formulaciones. La estrategia empleada en cada caso condicionará el esfuerzo de comprensión que deberá realizar su interlocutor para identificar el elemento referido.

Aquí conviene destacar cuatro fenómenos: la iteración léxica, la referencialización vaga, el empleo de deícticos y los mecanismos de expresividad.

4.3.1 La iteración léxica

La iteración léxica está relacionada con la escasa variación del material léxico empleado a lo largo de un intercambio. En este sentido apuntan Koch y

Oesterreicher (2007, 149) que la designación recurrente de un referente mediante un mismo lexema en un discurso resulta aceptable porque no afecta a la transmisión de la información y no requiere un esfuerzo interpretativo por parte del receptor.

(21) A: = yy-/ yy nada/ me gustaa/ jugar- el deporte↑ pues me- mira/ siempre digo que voy a ir a *hacer futing*↑/ y nunca *hago futing*/ porque es quee↑/ nunca/ [no sé qué pasa↑]

   B: [es que para *hacer*] *futing* hay que ir con gente/ porque [si va uno solo=]
   A: [hay que ir con gente]
   B: = para *hacer futing*↑

4.3.2 La referencialización vaga

La referencialización vaga consiste en la mención de un elemento concreto mediante términos dotados de rasgos semánticos muy generales, como *cosa*, *hecho*, *tío*, *hacer*, etc. Estas expresiones poseen una gran capacidad denotativa, por lo que se las suele llamar "palabras comodín" o "palabras ómnibus".[10] En relación con su elevado empleo en la lengua materna, Koch y Oesterreicher (2007, 157) señalan, además, que en los discursos típicos de la inmediatez comunicativa no se suele hacer uso de las diferenciaciones paradigmáticas del vocabulario.

(22) B: § por cierto↓ que se *dan cosas* muy raras ¿eh? hoy/ no sé/ a mí todo eso dee logopedia↑ sicomotricidad↑§

4.3.3 Los deícticos

Los elementos deícticos se amoldan a la perfección a las exigencias de la inmediatez comunicativa dada su función específicamente mostrativa y su débil intensión semántica. Por esta misma razón, entrañan una dificultad especial. Hacer visible esa intención semántica requiere una atención específica. En particular, los deícticos demostrativos empleados exofóricamente representan un recurso de economía lingüística que asegura el anclaje situacional de los referentes y su identificación por parte del receptor.

(23) C: ¿has visto la pancarta/ *esa* de *ahí*?

4.3.4 La metonimia y la hipérbole

La metonimia y la hipérbole forman parte de los mecanismos estilísticos usados por el emisor para dotar de expresividad al modo en que alude a los referentes comunicativos en su discurso. Los efectos de expresividad no son privativos del nivel semántico, puesto que se obtienen mediante el empleo de unidades lingüísticas pertenecientes a los planos léxico, morfológico y sintáctico. Las relaciones semánticas que generan son de contigüidad (metonimias) y similitud (metáforas, comparaciones e hipérboles), y persiguen dos objetivos básicos: la intensificación y la contundencia.

La metonimia se define como una relación indirecta, de contigüidad semántica, entre un referente discursivo y el término empleado para aludir a él.

(24) H: me fui con *los del cero siete/* bueno con los amiguetes ahí del grupetee

La hipérbole consiste en un desplazamiento semántico gradual que se manifiesta mediante una comparación exagerada.

(25) H: cogimos un CIEGO *de la hostia.*

4.4 El ámbito fónico

En la oralidad concepcional, la inmediatez comunicativa favorece articulaciones descuidadas, que afectan a la sustancia sonora de los significantes fónicos de los signos lingüísticos empleados en el discurso. La velocidad del habla activa procesos de pérdida de distintividad que llevan a la reducción fónica, e incluso a la desaparición, de fonemas o sílabas enteras. Esto puede concernir a las consonantes intervocálicas, que pueden debilitarse hasta caer, como en [pa'sao] por *pasado*. Cuando estos procesos afectan a las sílabas iniciales de palabras, hablamos de aféresis, como en ['tonseh] por *entonces* o ['sima] por *encima*. Si la sílaba que desaparece es la final, estamos ante una apócope, como en [to] por *todo* o [pa] por *para*.[11]

(26) B: §Tuqui // venga *usté p'aca/* a comer *d'eso/* venga/ a veer→ [venga↑]

5 Conclusión

La noción de variación concepcional propuesta por Koch y Oesterreicher (2007) supera el enfoque usual de categorizaciones textuales centradas en la dicotomía entre fonía y grafía. A través de ella, se crea un marco teórico que permite desarrollar una concepción global de la inmediatez comunicativa e identificar y explicar un amplio abanico de fenómenos lingüísticos prototípicamente orales que pueden aparecer en los más diversos tipos y géneros de textos, independientemente de su medio de realización.

Este marco otorga especial relevancia a un conjunto de condiciones comunicativas cuya mayor o menor concentración en un contexto situacional pone de manifiesto su nivel de oralidad concepcional, el cual a su vez propicia la aparición de verbalizaciones y estructuras lingüísticas concretas.

De este modo, el modelo de la variación concepcional permite dar cuenta de la auténtica naturaleza de la oralidad y de su ubicuidad transcategorial, al tiempo que facilita el hallazgo de fenómenos típicamente orales en géneros textuales, más allá de su complejidad formal, su desarrollo y su carácter híbrido entre lo escrito y lo hablado.

Notas

1. El conocido manual de Brinker *et al.* (2001), por ejemplo, distingue ya en su título entre "Text- und Gesprächslinguistik", sin incluir textos orales en el primer tomo llamado "Lingüística del Texto".
2. Tanto la escuela sevillana como la valenciana han desarrollado fructíferas líneas de investigación en el ámbito de la oralidad, que prolongan la inestimable contribución de sus fundadores. Bajo la dirección de Rafael Cano y Antonio Narbona se han desarrollado proyectos de investigación sobre el español hablado de Andalucía, las tipologías lingüísticas y la oralidad, y las propiedades sintácticas y pragmáticas del español hablado y escrito. En ellos ha realizado sus aportaciones más valiosas Araceli López Serena (2007a, 2007b) en el análisis de la oralidad y la escrituralidad concepcional. En cuando al grupo Val.Es.Co. mencionaremos únicamente algunas de las líneas iniciadas a partir de las aportaciones de Antonio Briz Gómez, como los estudios de Marta Albelda Marco sobre atenuación e intensificación (2007), de Albelda Marco y Fernández Colomer sobre enseñanza de lenguas (2008), de Antonio Hidalgo Navarro y Adrián Cabedo Nebot (2012) sobre prosodia, de Salvador Pons Bordería (2014, 2016) sobre segmentación del discurso y estructura informativa, o de María Estellés Arguedas (2011) y Ana Llopis Cardona (2014) sobre marcadores del discurso y gramaticalización, entre otros. Es igualmente digna de mención la vertiente pragmático-sociocultural desarrollada por Antonio Briz en colaboración con Diana Bravo (2004). Además, debe destacarse el trabajo realizado en Alcalá de Henares por Ana Cestero Mancera (2005, 2012) en el estudio de la enseñanza de la competencia oral en español LE/L2.

    También debemos mencionar el corpus ORALIA, accesible, metodológicamente acorde con los parámetros más actuales y rigurosos.
3. La obra fundamental donde desarrollaron la idea de la oralidad concepcional fue *Gesprochene Sprache in der Romania* (1990), originalmente publicada en lengua alemana. Los conceptos que en ella se manejan fueron rápidamente adoptados por los romanistas germanoparlantes, pero tuvieron una difusión más bien escasa en el mundo hispánico hasta su traducción al español de Araceli López Serena en 2007.
4. Según las escuelas, puede haber variaciones ligeras en las denominaciones y (sub)categorizaciones (cf. Alexopoulou 2011, 102–103).
5. Ténganse presentes, no obstante, las posibles transgresiones, que no solo afectan a las nuevas formas de comunicación aludidas al final del § 2. La dicotomía entre lo oral y lo escrito se diluye, por ejemplo, en las interacciones sostenidas en aplicaciones como WhatsApp®, donde los participantes a menudo intercambian mensajes hablados y escritos.
6. Dürscheid (2005) complementa el modelo de Koch y Oesterreicher añadiendo al parámetro de la distancia temporal las categorías de comunicación sincrónica y asincrónica.
7. Conservamos los ejemplos con la anotación original, que sigue el modelo del grupo Val. Es.Co. (2014).
8. Ejemplo tomado de Koch y Oesterreicher (2007, 124).
9. Ejemplo tomado de Koch y Oesterreicher (2007, 125).
10. En la edición alemana, Koch y Oesterreicher acuñan el término *pass-partout-Wörter* para estas palabras, que en la versión española (2007, 152) se traduce como "palabras ómnibus". Este tipo de palabras serían muy útiles en la LE/L2 como estrategia léxica compensatoria.
11. Tomamos estos ejemplos de Gaviño Rodríguez (2008, 53–54), quien realiza una enumeración exhaustiva de los fenómenos fónicos característicos de la oralidad en español peninsular. Sobre las marcas fonéticas de oralidad en el lenguaje de las nuevas tecnologías, véase Llisterri (2002).

Bibliografía citada

Adam, J.M. 2001. *Les textes. Types et prototypes.* Paris: Nathan-Her.
Adamzik, K. 2004. *Textlinguistik: eine einführende Darstellung.* Tübingen: Max Niemeyer.

Albelda Marco, M. 2007. *La intensificación como categoría pragmática: una aplicación al español coloquial*. Frankfurt: Peter Lang.

Albelda Marco, M. y M.J. Fernández Colomer. 2008. *La enseñanza de la conversación coloquial en la clase de E/LE*. Madrid: Arco Libros.

Alexopoulou, A. 2011. "Tipología textual y comprensión lectora en E/LE". *Revista Nebrija de lingüística aplicada a la enseñanza de lenguas* 9: 102–113.

Auer, P. 2007. "Syntax als Prozess". En *Gespräch als Prozess: linguistische Aspekte der Zeitlichkeit verbaler Interaktion*, ed. H. Hausendorf, 95–124. Tübingen: Gunter Narr.

Bravo, D. y A. Briz Gómez. 2004. *Pragmática sociocultural: estudios sobre el discurso de cortesía en español*. Barcelona: Ariel.

Brinker, K., Antos, G., Heinemann, W. y S. Sager. 2001. *Text- und Gesprächslinguistik. Ein internationales Handbuch zeitgenössischer Forschung*. Berlin: Walter de Gruyter.

Briz Gómez, A. 1998. *El español coloquial en la conversación: esbozo de pragmalingüística*. Barcelona: Ariel.

Briz Gómez, A. y Grupo Val.Es.Co. 2000. *¿Cómo se comenta un texto coloquial?* Barcelona: Ariel.

Cabedo Nebot, A. y S. Pons Bordería. *Corpus Val.Es.Co. 2.0*. www.valesco.es. Acceso: 15/02/2018.

Calsamiglia, B. y A. Tusón. 2007. *Las cosas del decir*. Barcelona: Ariel.

Cano Aguilar, R., et al. 1998. *El español hablado en Andalucía*. Barcelona: Ariel.

Cestero Mancera, A.M. 2005. *Conversación y enseñanza de lenguas extranjeras*. Madrid: Arco Libros.

Cestero Mancera, A.M. 2012. "La enseñanza de la conversación en ELE: estado de la cuestión y perspectivas de futuro". *International Journal of Foreign Languages* 1: 31–62.

Cortés Rodríguez, L. 2002a. "Español coloquial: concepto y *status quaestionis*". *Español Actual* 77/78: 27–42.

Cortés Rodríguez, L. 2002b. "Las unidades del discurso oral". *Boletín de Lingüística* 17: 7–29.

Dürscheid, Ch. 2005. "Medien, Kommunikationsformen, kommunikative Gattungen". *Linguistik Online* 22 (1). www.linguistik-online.de/22_05/duerscheid.html. Acceso: 15/02/2018.

Estellés Arguedas, M. 2011. *Gramaticalización y paradigmas: un estudio a partir de los denominados marcadores de digresión en español*. Frankfurt: Peter Lang.

Fandrych, Ch. y M. Thurmair. 2011. *Textsorten im Deutschen. Linguistische Analysen aus sprachdidaktischer Sicht*. Tübingen: Stauffenburg.

Gansel, C. y F. Jürgens. 2007. *Textlinguistik und Textgrammatik. Eine Einführung*. Göttingen Vandenhoeck & Ruprecht.

García García, M. 2016. "La alternancia de turnos y la organización temática en conversación entre estudiantes alemanes de ELE". *Linred* 14: 1–34. www.linred.es/monograficos_pdf/LR_monografico14-articulo2.pdf. Acceso: 30/04/2018.

García García, M. 2017. "La interacción oral alumno/alumno en el aula de lenguas extranjeras". En *Las destrezas orales en la enseñanza del español L2-LE*, ed. E. Balmaseda Maestu, 555–566. Logroño: Universidad de La Rioja.

Gaviño Rodríguez, V. 2008. *Español coloquial: pragmática de lo cotidiano*. Cádiz: Universidad de Cádiz.

Grupo Val.Es.Co. 2014. "Las unidades del discurso oral. La propuesta Val.Es.Co. de segmentación de la conversación (coloquial)". *Estudios de Lingüística del Español* 35: 13–73. http://infoling.org/elies/35. Acceso: 15/02/2018.

Günthner, S. 2007. "Brauchen wir eine Theorie der gesprochenen Sprache? Und: wie kann sie aussehen? – Ein Plädoyer für eine praxisorientierte Grammatiktheorie". *GIDI-Arbeitspapier* 7. http://noam.uni-muenster.de/gidi/. Acceso: 15/02/2018.

Hidalgo Navarro, A. y A. Cabedo Nebot. 2012. *La enseñanza de la entonación en el aula de ELE*. Madrid: Arco Libros.

Koch, P. y W. Oesterreicher. 2007. *Lengua hablada en la Romania: español, francés, italiano*. Madrid: Gredos.
Llisterri, J. 2002. "Marcas fonéticas de la oralidad en la lengua de los chats: elisiones y epéntesis consonánticas". *Revista de Investigación Lingüística* 2 (5): 61–100.
Llopis Cardona, A. 2014. *Aproximación funcional a los marcadores discursivos*. Frankfurt: Peter Lang.
López Serena, A. 2002. "Peter Koch y Wulf Oesterreicher (1990): Gesprochene Spache in der Romania". *Lexis* 26 (1): 255–271.
López Serena, A. 2007a. "El concepto de 'español coloquial': variación terminológica e indefinición del objeto de estudio". *Oralia* 10: 161–192.
López Serena, A. 2007b. *Oralidad y escrituralidad en la recreación literaria del español coloquial*. Madrid: Gredos.
Narbona Jiménez, A. 2000. "Sintaxis coloquial". En *Introducción a la lingüística española*, ed. M. Alvar López, 463–478. Barcelona: Ariel.
Narbona Jiménez, A. 2015. *Sintaxis del español coloquial*. Sevilla: Universidad de Sevilla.
Pons Bordería, S., ed. 2014. *Discourse Segmentation in Romance Languages*. Amsterdam: John Benjamins.
Pons Bordería, S. 2016. "Cómo dividir una conversación en actos y subactos". En *Oralidad y análisis del discurso*, eds. A. Bañón Hernández *et al.*, 545–566. Almería: Universidad de Almería.
Ruiz Fajardo, G. 2016. "El enfoque comunicativo en los libros de texto de español como nueva lengua". En *Inmigración: nuevas lenguas, nuevos hablantes, nuevas perspectivas*, eds. G. Ruiz Fajardo y A. Ríos Rojas, 115–159. Sevilla: Universidad Internacional de Andalucía.

Bibliografía recomendada

Briz, A. 2002. *El español coloquial en la clase de ELE*. Un recorrido a través de los textos. Madrid: SGEL [Útil propuesta descriptiva y práctica, basada en el manual más extenso de 1998, citado arriba].
De Mingo Gala, J.A. *La enseñanza de la conversación en el aula de ELE. Propuesta de contenidos de conversación B1*. Suplemento de *MarcoELE* 10. Revista de Didáctica del español. [Útil ejemplo de propuesta extensa para el aula llevada a cabo en el IC en el contexto turco].
Garrido Rodríguez, M.C. 2003. "Actas del congreso Internacional de ASELE, Burgos." *ASELE* 14: 330–343. https://cvc.cervantes.es/ensenanza/biblioteca_ele/asele/pdf/14/14_0331.pdf [Muy asequible propuesta de síntesis de Briz aplicada a prensa deportiva, en Internet y papel, como géneros coloquiales híbridos, complemento de otros corpus coloquiales.]
López Serena, A. 2007. "El concepto de 'español coloquial': variación terminológica e indefinición del objeto de estudio". *Oralia* 10: 161–192. [Trabajo que propociona la base teórica sobre la que se fundamenta los estudios más recientes de la lengua oral en español].

7

LA ENSEÑANZA-APRENDIZAJE DE LOS GÉNEROS ORALES INTERACTIVOS

Guadalupe Ruiz Fajardo

1 Introducción

En este capítulo vamos a tratar de géneros orales interactivos con una perspectiva muy orientada a la práctica de la enseñanza de nuevas lenguas. Nuestro objetivo es defender la enseñanza explícita de cuestiones estrictamente conversacionales y hacerlo a través del uso de muestras de lengua auténticas. Empezaremos con las particularidades de la enseñanza de estos géneros en el apartado 2. En los apartados 3 y 4 consideraremos qué aspectos de ellos es importante enseñar y de cómo hacerlo. Para ello, revisaremos las propuestas que ya hay, pero también propondremos el uso de muestras de lengua como conversaciones, interacciones transaccionales e interacciones institucionales reales grabadas en vídeo, con actividades y procedimientos para llevar a clase, así como indicaciones sobre cómo encontrar esas muestras. Si quien lea este capítulo ya está al tanto de la enseñanza de interacción oral en nuevas lenguas, le recomiendo que vaya directamente al apartado 4.

2 Los géneros interactivos orales y la enseñanza de lenguas

El Plan Curricular del Instituto Cervantes (2012) —fuente de información en español LE/L2 más poderosa fuera de Estados Unidos— y autores como Cestero (2005, 20) —muy citada entre investigadores jóvenes de la conversación en español— definen los géneros como formas de comunicación o clases de textos reconocidos como tales a lo largo de la Historia. Es interesante que la decisión de quienes usan la lengua sea la que proporcione el criterio de una definición.

Entre los géneros orales, los hay interactivos como la conversación, y no interactivos, como un monólogo.[1] En este capítulo nos vamos a ocupar solo de los interactivos.

Cuando enseñamos a interactuar en lengua extranjera nos enfrentamos con frecuencia a dos inconvenientes. El primero es pedagógico: en demasiados casos, ese enseñar consiste en dejar a la clase debatir proporcionando poco más que un tema y una lista de vocabulario; en otros casos, en organizar una tarea marco con poca información sobre las características específicas de la interacción en la que hay que participar para llevarla a cabo. A veces alguna frase hecha, algún recurso suelto. Poco o ningún modelo realista de lengua (Ruiz Fajardo 2010). Es, además, rarísimo encontrar en libros de texto y programaciones ejemplos de instrucción explícita sobre cuestiones como partículas conversacionales, entonación, pausas o turno de palabra.

El segundo es contextual: cuando enseñamos a interactuar, lo hacemos precisamente por medio de intercambios en clase, es decir, el intercambio es el medio y el objeto (Vázquez 2000; Wong y Waring 2010). Pero las interacciones en clase se rigen precisamente por unas reglas que son diferentes de las que rigen la interacción fuera de ella, y así resulta esta paradoja: en clase debemos aprender a hacer cosas que precisamente están prohibidas hacer en clase, como interrumpirse, apropiarse espontáneamente del turno de palabra, decidir el tema, cambiarlo, etc.,[2] porque en clase esas cosas las deciden solo quien enseña. El problema estriba en que, según la hipótesis del discurso (*discourse hypothesis*),[3] aprender a entender y producir determinadas formas discursivas como las que se suelen aprender en clase —es decir, interacciones con docentes y estudiantes en debates o trabajo en grupo— no garantiza que se aprendan otras formas de interacción, como las que rigen en la calle, donde es raro que alguien te dé la palabra y espere pacientemente a que pienses tu respuesta, como sí ocurre en clase. Lo que aprendemos interactuando en clase con las reglas que se usan para interactuar en clase, no se pueden extrapolar sin más a interactuar en la calle, si no nos enseñan específicamente a interactuar en la calle.

Pero también contamos con ventajas. La primera es la motivación: quien aprende una lengua es consciente de que necesita los géneros orales interactivos —queremos aprender al menos a conversar— y si hay algo que pueda estimular en clase es trasmitir la idea de que se pueden controlar, entender y participar en ellos.

La segunda es el concepto: los géneros interactivos son muy fáciles de identificar, quizá más que otros. Y precisamente decíamos al principio que un género es tal en la medida en que se puede identificar, se desarrolla de una manera predecible e institucionalizada y se completa de manera reconocible (McCarthy 1998, 62). Y mientras todas las personas saben en qué consiste una conversación o en qué consiste un intercambio comercial, no todas saben qué es un ensayo académico (Tusón Valls 1997, 14).

Vamos ahora a intentar ofrecer ejemplos de lo que se puede hacer para integrar la instrucción formal de los elementos de lengua que caracterizan los géneros interactivos orales.

3 ¿Qué enseñamos?

Para encontrar esos elementos particulares de la interacción que puedan resultar útiles en clase, vamos a usar el análisis de la conversación (CA, en sus siglas internacionales) para observar interacciones naturales. El análisis de la conversación es un método de análisis del discurso que, a pesar de su nombre, se ocupa de interacciones orales de diferentes géneros y en diferentes lugares, no solo conversaciones. por eso uno de sus fundadores como Schegloff (1987) prefiere el término "talk in interaction". Sus datos proceden de grabaciones de audio y vídeo (Antaki 2009). Para familiarizarse con ella recomiendo empezar por leer a los fundadores del análisis de la conversación – Sacks, Schegloff y Jefferson, con la ayuda de manuales como el de Paul Ten Have (2007). En español destacan, por una parte, los manuales de Tusón Valls (1997), Calsamiglia Blancaflor y Tusón Valls (1999) y, por otra la obra del equipo Val.Es.CO.; todos comparten una perspectiva pragmática, pero abordan puntualmente cuestiones discursivas y de análisis de la conversación de corte clásico. Revistas como *Oralia* y *Sociocultural Pragmatics* publican con frecuencia estudios concretos de fenómenos conversacionales del español.

Sobre enseñar a interactuar en nuevas lenguas, recomiendo Brown y Yule (1983b), McCarthy (1998), Wong y Waring (2010). En español y directamente relacionados con la enseñanza del español como nueva lengua, Vázquez (2000), y desde una perspectiva pragmática, Ortega Olivares (1994) y Briz (2002). Más cerca de los estudios de género, Cestero Mancera (2005). En revistas como *Cable*, *Marco ELE* y *Carabela* (en especial el número 47) encontramos muchas propuestas puntuales de enseñanza de géneros orales.

McCarthy (1998, cap. 3) señala que para enseñar a conversar (habla de conversar, no de interactuar) en cualquier lengua debemos enseñar estas cuestiones:

TABLA 7.1 Lo que hay que enseñar para enseñar a conversar.

Características estructurales	1 Los marcadores de transición (bueno, pues, vale, listo, dale. . .)
	2 Las fórmulas de seguimiento para reconocer, cerrar o evaluar un intercambio (que corresponden a la en una secuencia IRF, en inglés: *iniciate – response – follow* up, en español: iniciación-respuesta-seguimiento).[4]
	3 Las respuestas no preferidas de los pares adyacentes.
Características interaccionales	1 Organización del turno.
	2 Marcadores del discurso.
	3 Organización de la información.
Características de cada género	Rasgos de cada género.
Restricciones contextuales	Entre otras,
	1 la elipsis,
	2 la densidad léxica (que baja en conversaciones en torno a una acción, como cocinar, etc., a la vez que sube la presencia de deícticos.

El siguiente paso es observar y describir cómo se desarrollan esos elementos en español, bien de modo absoluto o bien en relación con las lenguas que encontramos en el aula. Hay características de los géneros interactivos orales que se han reclamado como universales,[5] pero cada comunidad lingüística regula y realiza esas características de manera diferente. Por ejemplo, todas las lenguas presentan alternancia de hablante en la interacción, pero las reglas que permiten tomar el turno difieren de una a otra. Todas las lenguas tienen pausas, pero lo que estas significan difiere mucho de una a otra.

En español todavía estamos en el proceso de crear repertorios detallados de esos elementos diferenciales de los géneros interactivos para la enseñanza o la creación de materiales de E/LE. *Un nivel umbral* (Slagter 1979) asociaba una lista de recursos lingüísticos con cada situación comunicativa que presentaba, pero el camino que inició no se desarrolló como cabría esperar. Sí hay repertorios ordenados por niveles de gramática, de léxico o de funciones comunicativas y así todos sabemos cuándo hay que enseñar el vocabulario de los alimentos, el imperativo, o dar consejos, pero no los hay de cuestiones esencialmente interaccionales de manera que no sabemos cuándo enseñar a usar "pues" para iniciar un desacuerdo o introducir un tema nuevo.[6] Para hacernos una idea: El *MCER* en las actividades de interacción oral indica que en el nivel A1 la persona que aprende español "se presenta y utiliza saludos y expresiones de despedida básicos" (77) pero no dice qué saludos son esos. El *Plan Curricular del Instituto Cervantes* (2006) incluye cuestiones conversacionales en el capítulo de "Tácticas y estrategias pragmáticas", pero no de producción o participación en la conversación. En el capítulo de "Géneros", hace propuestas, incluso de muestras, pero no son reales y, aunque a veces dan una buena información sobre qué tipo de elementos enseñar, la mayoría resultan poco verosímiles. Tampoco a qué

TABLA 7.2 Actividad 1.

Para B1 o Intermedio medio/alto.

He observado que en mis clases de intermedio (B1) apenas se controlan partículas conversacionales básicas como "pues", "eh", "hum", "bueno", etc., que usan las hablantes en este fragmento del *Columbia Corpus* "2 amigas sobre otra visita a la Alhambra Granada ES"[8] (Ruiz Fajardo 2017),

48 DULCE: ¿Vendrá Charo y su amiga Amparo?
49 INMA: Pues no lo sé. Yo creo que ya no le va a dar tiempo a venir, eh.
50 DULCE: Hum. . .
51 INMA: Pienso yo. Me imagino.
52 DULCE: Hum. . . Bueno, pues entonces ya. . .

Esto es solo el comienzo pero a partir de la conversación completa podemos hacer esta actividad[9] que pretende que se haga una reflexión sobre el significado, valor y funcionamiento de las partículas conversacionales. Recomendamos seguir estos pasos:

1 Descargar la transcripción de esta grabación y borrar partículas como "pues", "pues nada que", "bueno", "ah bueno", "por cierto", "ah".
2 Dividimos la clase en parejas y repartimos a cada una copia de la transcripción sin partículas y otra con partículas.
3 Escuchar la grabación.
4 Cada pareja debe comparar las transcripciones y reflexionar sobre la diferencia, tratando de hacer hipótesis sobre el significado de esas palabras que faltan y cómo su presencia o su ausencia altera el sentido de la conversación. Podemos adjudicar "pues" a una pareja, "bueno" a otra, "por cierto", a una tercera y "ah" a una cuarta, si queremos acortar el tiempo. Después cada pareja explica sus hallazgos a toda la clase.

Esta tarea es un procedimiento de clase que podemos llevar a cabo con cualquier conversación natural que contenga unas cuantas partículas de este tipo.

variedad se refiere, que en cuestiones como los saludos es bastante relevante, y eso que es un organismo oficial con vocación internacional.

Mejora la situación gracias a trabajos como el de Díaz Rodríguez, Martínez Sánchez y Redó Banzo (2011), que no solo recogen indicaciones de cuestiones socio pragmáticas y de situaciones sociales que deben enseñarse en cada nivel (A, B y C), sino que a veces concretan suficientemente, como cuando incluye las respuestas eco para nivel A: "—Hola, ¿Qué tal?/—Bien gracias, ¿Y tú?" (p. 17), o la diferencia entre "me da" y "quiero" en intercambios transaccionales (p. 17).

Por otra parte, estas carencias pueden jugar a nuestro favor: tenemos más libertad de acción y podemos enseñar con menos imposiciones, más cerca de la realidad de la lengua y las necesidades de nuestra clase.[7] Veamos un ejemplo con partículas discursivas conversacionales (Schiffrin 1986; en español, Briz, Pons Bordería y Portolés 2008).

Otro procedimiento es seleccionar en cada grabación un elemento prototípico de los géneros interactivos y distribuirlos de manera que encajen en la cada capítulo o unidad de una posible programación de un curso. Es decir, seleccionarlos en correspondencia con los posibles intercambios orales derivables de los objetivos de cada unidad de esa programación, por ejemplo:

TABLA 7.3 Actividad 2.

Para A2 o Inicial alto/Intermedio bajo.

Para una lección en la que enseñamos la narración (Labov y Waletzky 1967; Sacks 1992; 215–281; en español: Cuenca *et al.* 2011) podríamos mostrar cómo completar los intercambios básicos pregunta-respuesta usando seguimientos, como en este ejemplo del *Columbia Corpus*, "2 Vecinas puertorriqueñas sobre su vida y su barrio en Nueva York USA"[10] (Ruiz Fajardo 2017) donde una de participante, Dolores, combina en su segundo turno un reconocimiento ("Uhm") y un seguimiento ("Y ¿ha cambia(d)o. . ."):

- DOLORES: ¿En qué año tú viniste aquí?
- IRIS: Yo vine en el 1957, long time. . .
- DOLORES: Uhm. . . Y ¿ha cambia(d)o. . . el barrio ha cambia(d)o?

La conversación completa es una historia breve de su vida de emigrantes construida con recursos y frases hechas que sirven para construir ese relato y valorarlo. Aprenderlas puede ser muy útil para participar en conversaciones como esta. El procedimiento puede ser este:

1 Toda la clase, pedimos que se identifiquen en el texto estos dos grupos de recursos:

- Recursos para construir un relato ("vine", "me fui", "me mudé")
- Frases para hacer valoraciones ("todo ha cambiado", "no me puedo quejar")

2 Individualmente, se prepara un breve relato de cómo cada cual decidió estudiar o trabajar o vivir en el lugar que vive usando al menos dos recursos para construir el relato y dos para valorarlo. También se puede reflexionar sobre qué forma verbal usan en cada caso.

3 De nuevo en parejas, se cuentan mutuamente su relato, de manera que quien escucha debe mostrar que lo hace con sonidos o palabras (*sí, uhm* o con otras formas que conozcan) y expresar acuerdo ("Oh sí", "ya", o con otras formas que conozcan). Al final estos intercambios se pueden compartir en vídeo o presentarlos al resto de la clase.

Igual que explicamos cómo usar el aspecto verbal en la diferencia entre pretérito perfecto e imperfecto, o los marcadores temporales, podemos proporcionar un pequeño repertorio de frases para animar el relato.

4 ¿Cómo enseñamos?

Para enseñar géneros interactivos orales podemos seguir el mismo proceso que para enseñar otros géneros discursivos: usar una muestra de lengua de calidad, hacer instrucción explícita y practicar, tanto de manera controlada como de manera libre (Ruiz Fajardo 2012).

La fuente de lengua debe ser auténtica siempre, y eso aquí significa no creada para clase[11] porque, como decía Wilkins (1976, 79), un texto auténtico es un modo de construir un puente entre la clase y la vida real. Pero enseñar usando ejemplos de lengua real es antes una cuestión ética que de efectividad y las dificultades que hacerlo conlleva (dificultad de la comprensión, sobre todo) las podemos superar gracias precisamente a la selección de esas muestras y de su tratamiento en clase. Es decir, no debemos modificar la lengua, no alterar diálogos ni inventarlos para que sean más fáciles, sino elegir cuidadosamente los ejemplos que llevamos a clase y explotarlos didácticamente para hacerlos accesibles. Por eso los procedimientos de clase son tan importantes.

Como fuente auténtica para enseñar interacción se han venido usando con frecuencia diálogos procedentes de películas (cortos y largometrajes) y programas de ficción de televisión. En los últimos 30 años ha habido muchísimas propuestas, desde las más antiguas en colecciones como Expolingua, hasta las que recogen revistas como *Marco ELE*, *Red ELE* o *Frecuencia ELE*, actas de los congresos como *ASELE*, foros de profesores como TodoELE y materiales como *Clase de Cine* (Aixalà et al. 2009), con explotación didáctica de 12 películas. Es imposible dar cuenta de todas ellas aquí.

Pero el cine no es una fuente auténtica de interacción oral, está cerca muchas veces y a veces es extraordinariamente verosímil, pero rara vez ofrecen ejemplos de lucha por el turno de palabra o habla simultánea.

Hay otros lugares que ofrecen más garantía: los corpus, los programas de telerrealidad, los reportajes y documentales de televisión con "no actores" y la televisión hecha por aficionados en YouTube, Vimeo y plataformas similares. En ellos hay personas que hablan con fluidez, que no son profesionales del medio en el que aparecen y que interactúan sin seguir un guion.[12] De esos lugares se pueden obtener muestras de interacciones reales y hacer lo que se llama precisamente enseñanza derivada de datos (Chambers 2010) para proveer materiales didácticos, programaciones y clases, y dejar por fin de inventarnos diálogos inverosímiles (Cheng 2010; Roberts y Cooke 2009; Walsh 2010). Con programas de telerrealidad, que se pueden utilizar como verdaderos corpus, hay trabajos con Gran Hermano (Ruiz Fajardo 2010; Cabanes Pérez 2015), con Gandía Shore (Uclés Ramada 2015) o en inglés con The Family (Clift 2016).

Los corpus son una de las mejores fuentes de *input*, aunque no hay muchos en español que contengan interacciones (muchos solo contienen programas de radio o monólogos/entrevistas). Una lista bastante completa se encuentra en la excelente página de Listerri[13] donde aparecen los enlaces, clasificados y descritos. Aquí solo destaco estos siete porque están pensados para la clase de ELE:

- *Proyecto COLA*[14] (Jørgensen 2005) con grabaciones en audio de adolescentes de Madrid, pero sin vídeo.

- *Sacodeyl*[15] (Pérez Paredes 2008), en vídeo y también con muestras de jóvenes.
- *RICE University, Bridging Research and Practice – Spanish*,[16] contiene conversaciones en vídeo entre estudiantes hablantes de español con indicaciones de lo que se va a encontrar en ellas.
- *Del Oído al habla*[17] (Nicolás Martínez y Hernández Toribio 2015) es un pequeño corpus de conversaciones en audio acompañadas de explotación didáctica.
- *The Spanish in Texas Corpus Project*[18] (Bullock y Toribio 2013) presenta varias colecciones de vídeos y audios de entrevistas y con hablantes nativas y de herencia acompañadas de transcripciones y explotaciones didácticas. Solo las personas entrevistadas aparecen en cámara.
- *Columbia Corpus de Conversaciones para ELE*[19] (Ruiz Fajardo 2017) tiene treinta vídeos de conversaciones naturales y actividades para clase para cada nivel. De este ya hemos usado dos ejemplos y usaremos algunos más porque no solo es el proyecto de quien firma estas páginas, sino también porque, por ahora, es el que más vídeos contiene y con más variedad social y geográfica.

La instrucción explícita en interacción oral —como la que se hace en gramática, con esquemas, cuadros y reglas— es difícil porque, como dijimos antes, hay aún pocas descripciones sistemáticas sobre las que construirlas. Pero afortunadamente la adquisición de segundas lenguas nos recuerda que simplemente destacar (*noticing*, Schmidt 1990) puede ser tan eficaz como cualquier otra forma de instrucción explícita: si nos guiamos por esta hipótesis tan conveniente para nuestros propósitos, simplemente necesitamos seleccionar el elemento que nos parezca interesante en la muestra de lengua, convertirlo en el objetivo de la secuencia didáctica, destacarlo y organizar la práctica posterior en torno a él.

Entremos ahora en las propuestas para diferentes géneros de interacciones: conversaciones, interacciones transaccionales como las que ocurren en tiendas, despachos profesionales, etc. (Merritt 1976), e interacciones institucionales, como las que tienen lugar en oficinas públicas, comisarías, etc. (Drew y Heritage 1992; Heritage y Maynard 2006).[20]

Las propuestas en realidad son procedimientos fácilmente extrapolables a otros textos. Y todas de nivel inicial (A1): primero, porque para ese nivel hay menos propuestas en los libros de texto; segundo, porque es importante empezar desde el principio e igual que enseñamos a escribir poco a poco, y empezamos por listas de la compra y formularios sencillos en el nivel inicial, para después enseñar a escribir textos argumentativos en nivel superior, debemos empezar con características básicas de la interacción en nivel inicial también y seguir gradualmente.

4.1 Conversaciones

Veremos a continuación cómo enseñar cuestiones básicas relacionadas con el turno de palabra usando muestras de lengua procedentes de corpus de conversaciones y programas de telerrealidad.

En el Diccionario de términos clave de ELE del Instituto Cervantes una conversación se define como un protogénero: "es una actividad comunicativa oral en la que dos o más hablantes se alternan los papeles de emisor y receptor y negocian el sentido de los enunciados" (Instituto Cervantes 2008). No hace referencia a qué tipo de relación mantienen los hablantes o donde mantienen el intercambio, con lo cual en esta definición se incluirían también interacciones transaccionales o institucionales. Pero si definimos un género por su capacidad de ser reconocido por los hablantes, coincidiremos con Tusón Valls (1997, 14) en que no llamamos conversación al intercambio que alguien mantiene con vendedores en el mercado o con un policía de carretera cuando este le pone una multa.

Es frecuente leer que la conversación se planea menos o que su grado de ritualización es menor (Tusón Valls 1997; Cestero 2005) que el de otros géneros. Pero todas las formas interactivas son planeadas y están muy reguladas a través de rituales que los miembros de una cultura comparten y conocen. Sacks, Schegloff y Jefferson (1974) insisten en la idea de sistema desde el título de su trabajo más famoso y dicen que la conversación es flexible, pero que tiene mecanismos de regulación. La diferencia entre los diferentes géneros de interacciones estriba en otras cuestiones como la solemnidad o el tipo de sanciones que provoca no seguir el ritual correspondiente: en un juicio, interrumpir puede costarte una sanción económica o penal; en un café, llamar la atención del servicio inadecuadamente puede hacer que seas ignorado; en una cena familiar, un tema inapropiado puede hacer que parientes le retiren la palabra entre sí. La necesidad de planear previamente un intercambio tiene que ver con el grado de familiaridad que el hablante tiene con ese tipo de interacción (el entorno en el que se produce, la relación entre participantes, su personalidad, su familiaridad con el entorno cultural y lingüístico). Una jueza experimentada seguramente planeará lingüísticamente poco sus intervenciones mientras que las personas de a pie podemos pasar muchas horas ensayando una frase para decir ante un tribunal. En la conversación cotidiana, la mayoría de hablantes tampoco planea porque han aprendido a conversar desde tierna edad. Sin embargo, hay hablantes que necesitan planear una conversación delicada ante una visita de hospital, un duelo o un encuentro romántico.[21]

Esto es especialmente importante porque de esa ritualización se deriva la necesidad de enseñar la conversación, su estructura y sus reglas de participación de manera explícita en clase. La conversación está regulada hasta el menor detalle en cuestiones que van desde la decisión de quién puede tomar el turno y cuando, hasta los temas que se pueden tratar. Y con respecto a esto, cuestiones relativas a la identidad de género de participantes, su edad, en definitiva, sus relaciones de poder, que rara vez se abordan en clase de ELE. En la lengua primera aprendemos esas reglas desde la infancia y, aunque no podamos formularlas, reconocemos cuando se incumplen —cuando por ejemplo alguien interrumpe en exceso o evita responder a una pregunta—, igual que reconocemos un error morfológico.

Por eso participar en una conversación informal en una lengua nueva es un verdadero reto. Las lenguas tienen reglas y actitudes culturalmente diferentes frente a cuestiones como la lucha por el turno y el uso de interrupciones o solapamientos. Para ello hay que aprender a identificar en otra lengua cuando se puede interrumpir y cuando se puede hablar simultáneamente sin interrumpir.

Para ello, de nuevo, es mejor observar cómo lo hacen los hablantes. Empezaremos por lo más fácil.

4.1.1 Aprender a reconocer cuándo tomar el turno

Quizá la clave para participar en una conversación implica aprender a reconocer cómo funciona el cambio de hablante. Podemos empezar enseñando a reconocer la entonación que marca el final de un turno, es decir, cómo es la entonación que indica que alguien quiere seguir hablando o va a dejar de hablar, y cómo se indica a otros que pueden empezar a hablar (Sacks, Schegloff y Jefferson,1974; en español: Briz 1998, 90–95; Hidalgo 1998; Gil Fernández 2007, 369).

Una manera de abordar esta cuestión es asociar cada característica de la entonación a una función conversacional específica, como se hace en la actividad siguiente con la entonación ascendente que indica final de turno y designación del siguiente hablante. Veamos un ejemplo.

4.1.2 Turnos de apoyo

Son los que ocurren cuando durante una secuencia de turnos o un turno largo del hablante A, el hablante B en un turno breve introduce un comentario, o aporta un detalle de información, o una valoración, o una marca de comprensión, o un seguimiento del turno de A. Son cooperativos y en muchos casos necesarios, para que la

TABLA 7.4 Actividad 3.

Para A1.1 o Inicial absoluto.

En este vídeo del *Columbia Corpus,* "2 amigos sobre ir al cine en Cuzco PE"[22] (Ruiz Fajardo 2017), una pareja de muchachos charla sobre lo que van a hacer esta tarde y se ofrecen mutuamente el turno de dos maneras, una alargando la última vocal (1 y 2) y otra con preguntas que terminan en tono ascendente (4 y 5):

1 IVÁN: Es que no sé.
2 DANIEL: Yo tampoco sé.
3 IVÁN: Pero yo escuché que hay un cine pequeño donde pueden poner todo tipo de películas.
4 DANIEL: ¿Cómo se llama?
5 IVÁN: No sé, es un cine como que casero en. . . al frente de la universidad. ¿Te acuerdas de la Universidad?

Lo primero es hacer notar esos dos procedimientos en la grabación. Después entregamos una transcripción sin signos de puntuación y pedimos a la clase que la puntúen con símbolos como: ó? después de escucharla.

Una práctica puedes consistir en una simulación de una conversación sobre una toma de decisiones en parejas en la que cada estudiante tiene que usar una de esas dos técnicas para indicar a su compañero que puede tomar el turno. Este solo puede hacerlo cuando reconozca una de esas técnicas.

TABLA 7.5 Actividad 4.

Para A1.1 o Inicial absoluto.

En "2 amigos sobre surf Lima PE"[23] (*Columbia Corpus,* Ruiz Fajardo 2017), dos muchachos hablan de surf en esta conversación de la que recojo un fragmento con ejemplos de cómo Ignacio sigue el relato de Daniel con turnos de apoyo en 15, 17 y 21,

14 DANIEL: Yo estoy practicando como serán dos meses
15 IGNACIO: Ah, ya
16 DANIEL: y ya me estoy parando:
17 IGNACIO: Ah, ya
18 DANIEL: sí
19 IGNACIO: Y, ¿dónde? Y, ¿dónde corres? ¿Dónde nomás es que corres?
20 DANIEL: Acá me gusta correr en Barranco, en Barranco y, cuando está muy bajo, en Miraflores
21 IGNACIO: Ah, ya

Usando toda la conversación, podemos hacer una tarea como esta: después de escuchar el vídeo y de analizar la transcripción, podemos interactuar sobre actividades de tiempo libre o deportes favoritos. El procedimiento podría ser este:

1 Individualmente buscar el vocabulario en español del deporte o la actividad preferida.
2 En parejas revisar la transcripción identificando las diferencias en las maneras de hablar de Daniel e Ignacio. Ignacio pregunta (usando *oye, ¿qué fue?, ¿no?*), Daniel relata (con ayuda de recursos como *y todo* para resumir, o *como te decía* para continuar un relato interrumpido) e Ignacio lo apoya (con recursos como *ah ya, claro, sí*).
3 Podemos observar cómo Daniel usa entonaciones diferentes para hacer preguntas: una entonación ascendente al final cuando usa *¿qué fue?, ¿no?* (interrogaciones absolutas) y una entonación descendente cuando usa *¿Dónde. . .?* (interrogación relativa).
4 En parejas, cada miembro se explica mutuamente y por turnos cómo es esa actividad y porqué les gusta. Es una buena idea pedirles que por turnos adopten el papel de Daniel y el de Ignacio, de manera que quien explica su actividad o su deporte favorito replica la manera de hablar de Daniel, y quien pregunta y apoya replica la manera de hablar de Ignacio. Después, invierten los papeles.

Puede servir cualquier otra conversación que contenga turnos largos (con relatos, anécdotas o explicaciones) y turnos de apoyo con cualquier recurso como *sí, uhm, claro,* etc.

---

conversación fluya (Sacks, Schegloff y Jefferson 1974; en español: Tusón Valls 1997, 56; en ELE: Sanz Escudero 2016).

4.2 Transacciones

Vamos a proponer ahora enseñar los pares adyacentes y las respuestas preferidas con muestras de lengua procedentes de vídeos no profesionales en plataformas de vídeo en internet.

Usaremos transacciones, es decir interacciones en las que se produce un intercambio de servicios o bienes entre los participantes, como una compraventa o una consulta médica profesional. Dentro de las transacciones hay subgéneros que se

TABLA 7.6 Actividad 5.

Para A1.1 o Inicial absoluto.

En este vídeo de YouTube, "De compras en el mercado oriental de Managua"[24] (Cocinemos juntos.com 2014), en el minuto 5:35, encontramos este intercambio en el que el comprador elige no responder a la pregunta en 2 y sí responder a la pregunta en 14. A la pregunta/petición de 2, devuelve otra pregunta, informando así que puede estar interesado en el trato y postergando la decisión final. A la de 14, elige responder informando que no lo está usando un "No sé" que la vendedora interpreta como una negativa por lo que deja de prestarle atención inmediatamente, como vemos en el vídeo.

Comprador (C), Vendedora (V) y Vendedora 2 (V2)

1 C: ¿Qué es lo que son?
2 V: Tamales, amor, tamales... ¿Vas a llevar, muchachos? ¿Te gustan, mi amor? ¿Le damos?
3 C: ¿Qué son tamales son esos?
4 V: Tamales pizque
5 C: Ah, sí, esos tamales pizque... esos tamales se comen con queso
6 V: Sí
7 C: ¿Cuánto cuestan?
8 V: Cuatro por diez
9 C: Cuatro por diez... Danos cuatro... Y, ¿eso cómo es que lo hacen? Con maíz, ¿no es verdad?
10 V: Sí
11 C: Y ceniza
12 V: Sí, y ceniza, se pizquea con ceniza... Pinol, pinolillo, ¿Tamales, amor?
13 C: Mira los tomates, qué hermosos están
14 V2: ¿Cuántos, rey?
15 C: Este, no sé... ¿No compraba el señor?... ¿No compró tomates?

En clase podemos proponer una pequeña tarea de análisis e interpretación. Usando el vídeo completo, pedimos que se busquen en este intercambio y/o en el resto de los intercambios similares que hay en la grabación,

1 enunciados que usan los vendedores para ofrecer sus productos
2 maneras que usa el comprador para indicar interés
3 maneras de rechazar el producto
4 como los rituales de compraventa son diferentes en las diferentes culturas, pedimos como trabajo fuera de clase que busquen grabaciones similares en sus lenguas y/o recuerden sus propias experiencias y las compartan con sus compañeros en la clase siguiente.

Se pueden organizar tareas similares en otro tipo de intercambios comerciales usando fragmentos de programas de televisión como "El infierno de alquilar"[25] (Sánchez, Pérez y Galindo 2018) para buscar vivienda, o "Esto fue lo que pasó en la farmacia de Tony Mingo"[26] (Spiriman 2018) para comprar medicamentos. Las actividades se pueden centrar en cómo contestar las preguntas o en cómo no contestarlas sin interrumpir la comunicación, siguiendo el ejemplo de los participantes en el vídeo. Es importante enseñar esto en el caso de la salud, donde las preguntas, a veces demasiado íntimas o con consecuencias burocráticas, pueden ser muy difíciles de contestar para personas en situación legal complicada.

corresponden con los diferentes escenarios (oficina inmobiliaria, consulta médica, etc.) en los que esos intercambios se desarrollan.

Todos los intercambios orales en todas las lenguas se producen como una secuencia de pares adyacentes (Sacks, Schegloff y Jefferson 1974, 716; para español Tusón Valls 1997, 58–9 y Calsamiglia Blancaflor y Tusón Valls 1999, 23–25): a una pregunta (A: ¿qué hora es?) le sigue una respuesta (B: las tres); a una invitación (A: ¿Un café?) le sigue una aceptación (B: ay, sí, gracias) o un rechazo (B: gracias, acabo de tomar uno); a un saludo (A: hola) le sigue otro saludo (B: hola); a un cumplido (A: qué guapo estás) le sigue una atenuación (B: anda ya, si estoy horrible) o un agradecimiento (B: huy, gracias). Es frecuente considerar que la segunda parte (la respuesta, la aceptación, el rechazo, la atenuación, el agradecimiento) siempre debe aparecer porque, si no, la comunicación se daña (Schegloff y Sacks 1973, 76). Se considera que el silencio solo se tolera si está acompañado de una acción física como un gesto y, si no hay tal, el silencio es incómodo (Schegloff y Sacks 1974, 714–715).

Sin embargo, si observamos intercambios reales como el que sigue, vemos que responder preguntas o peticiones en transacciones comerciales es electivo y hacerlo o no, proporciona información a quien inició el intercambio.

4.3 *Intercambios institucionales*

Por último vamos a enseñar la estructura de la interacción, apertura, núcleo y cierres (Sacks 1992, 3–11; en español Tusón Valls 1997, 60–64) con muestras de lengua procedentes de vídeos profesionales en plataformas de vídeo en internet o programas de televisión de canales comerciales sobre policías o en aduanas de aeropuertos.[27]

TABLA 7.7 Actividad 6.

Para A1 o Inicial absoluto.

A partir de un vídeo de YouTube como "Una noche con la Guardia Civil de Tráfico"[29] (Septo Media 2017):

12:13–13:44, G – guardia civil (policía de tráfico), C – conductor

1 G: Buenas noches
2 C: Buenas noches
3 G: Un control de alcoholemia, ¿ha tomado algo de alcohol?
4 C: Una copita de vino cenando, es todo
5 G: Bien, vamos a hacer la prueba (le da el paquetito con una boquilla)... Introduzca la boquilla, introduzca, sople fuerte... hasta que yo se lo diga... no, solo un soplido
6 C: ah, vale
7 G: si sopla e interrumpe, se interrumpe la prueba, ¿Vale?
8 C: Vale
9 G: Cójalo, coja aire y sople... más fuerte... más fuerte... ya... quite la boquilla...
10 C: (Asiente con la cabeza)
11 G: Su carnet de conducir, ¿lo tiene ahí?... da cero veintidós, el límite es cero veinticinco, vale.
12 C: Venga... Y ¿me puedo meter por aquí para Coria pa...?

13 G: (inaudible)
14 C: Vale, gracias.

La actividad podría desarrollarse así

1 Preguntamos al grupo si saben qué es un control de alcoholemia, si lo han hecho alguna vez, si saben cuál es el límite de alcohol en sangre para conducir en el país en que estamos enseñando, cuál es el límite de drogas y alcohol en sus países, si lo hay, y cuál opinan que debería ser (la respuesta solo necesita números, y el contraste entre "(cómo) es" y "(cómo) debería ser"). Cuál es la multa o pena si se da positivo (con el vocabulario: carnet por puntos, multas, retirada de carnet, variantes como permiso/carnet de manejar/conducir/circulación). Traducir los términos de jerga (vehículo/coche/carro, cinturón, control de alcoholemia y drogas, boquilla, DNI, identificar, 0,0, cifra, prueba). Uso de imperativos para dar instrucciones y para peticiones corteses en interacciones institucionales. Uso de la partícula "vale" (y compararla con otras variantes geográficas) para solicitar el asentimiento del interlocutor, para asentir y para cerrar un intercambio.
2 Pedir al grupo que identifique
   - Los saludos
   - Las palabras que le indican que se trata de un control de alcoholemia
   - La palabra con la que el policía entra en el núcleo (Bien. . .)
   - La palabra con la que el policía termina (vale)
3 Se puede hacer un ejercicio de doblaje con los otros intercambios similares que hay en el vídeo.
4 En ese mismo vídeo hay muchos otros intercambios con los que podemos jugar a adivinar si la persona que conduce dará positivo o negativo y terminar desdramatizando un poco la sesión de clase.

También hay solapamientos e interrupciones perfectamente coordinadas en 7:23.

Actividades similares para otras situaciones con la policía se pueden llevar a clase usando vídeos de programas de televisión que siguen a patrullas de policía en diferentes ciudades del mundo o que se instalan en controles de frontera.

Trataremos ahora las interacciones en entornos institucionales como son los intercambios con las fuerzas de seguridad (policía, tráfico, ejército), la burocracia, la educación, los juicios, las ceremonias religiosas, etc. Su importancia es vital: muchas interacciones con policías han acabado en no pocas ocasiones con la muerte de los ciudadanos implicados, especialmente cuando proceden de grupos minoritarios o marginados (Kidwell 2009, 2016). Por eso, es especialmente importante enseñar el ritual de estos encuentros,[28] como en la actividad de clase que sigue:

5 Conclusiones

Para enseñar a interactuar en una nueva lengua debemos, por un lado, atender a las cuestiones que son específicas de la interacción oral, como las que hemos visto en los ejemplos. Por otro lado, debemos hacerlo con muestras de lengua auténticas, es decir, no creadas para la enseñanza, ni inventadas *ad hoc*. Estas muestras son hoy día de fácil acceso: corpus, y televisión en internet proporcionan fragmentos de vídeo con hablantes proficientes de muy diferente procedencia geográfica y social y en diferentes situaciones de la vida cotidiana. Basta con escribir el tipo de interacción que buscamos en un motor de búsqueda para tener donde elegir. Este tipo de documentos y de actividades es también una manera de abrir la puerta a las variedades del español/castellano en la clase —geográficas y sociales— evitando los tratamientos anecdóticos y exóticos.

Usar muestras auténticas conlleva encontrarnos a veces con imagen imperfecta, sonido irregular e incluso ruido, pero así es la realidad, así es fuera de la clase.

Las seis propuestas que hemos presentado son, más que actividades, procedimientos de clase que pueden adaptarse a otros vídeos fácilmente y a otros niveles de lengua. Con respecto a esto, quiero terminar insistiendo en la importancia de empezar la enseñanza de los géneros orales interactivos desde el nivel inicial con la introducción de características muy básicas de la interacción para aumentar gradualmente la dificultad igual que hacemos con el resto de géneros y de actividades de la lengua.

Notas

1 La diferencia es relativa: si no es delante de un espejo, no hay monólogo que no espere o provoque una respuesta.
2 Sobre esta paradoja, con perspectiva discursiva Stubbs 1983; con perspectiva pedagógica Dalton y Tharp (2002, 191).
3 Rod Ellis (1984) en enseñanza del discurso (hay otra *Discourse hypothesis* en enseñanza de los morfemas).
4 Los seguimientos (*follow up*) son especialmente importantes porque son modos de comprobar/reconocer la comprensión.
5 Véase, por ejemplo, Grice (1975) y Brown y Levinson (1978, 1987) cuestionados por Matsumoto (1989). O en Moerman (1988), seguido de Beach (1990). Una fuerte defensa en Stivers *et al.* (2009).
6 El Diccionario de partículas discursivas de Val.Es.Co tiene bastantes referencias conversacionales pero no está pensado para ELE.
7 Un procedimiento utilísimo, los detectives lingüísticos en el que un estudiante en cada grupo de trabajo anota las palabras que los compañeros dicen en la lengua materna, en mi experiencia suelen recoger muchas partículas conversacionales y frases hechas (Atkinson 1993; Sánchez Cuadrado, en prensa).
8 http://edblogs.columbia.edu/corpusdeconversaciones/2016/07/29/2-amigas-sobre-otra-visita-a-la-alhambra-granada-es-2/
9 Tarea inspirada por Uclés Ramada (2015).
10 http://edblogs.columbia.edu/corpusdeconversaciones/2016/10/27/2-vecinas-puertorriquenas-sobre-su-vida-y-su-barrio-en-nueva-york-usa/
11 La definición es de Nunan (1989). En esta línea, abogados de su uso Willis (1990), Gebhard (1996), Guariento y Morley (2001), Briz (2002), Mauranen (2004), **MacDonald, Badger y Dalsi (2006)**, en español: **Ruiz Fajardo (2010)**. Buena parte de la discusión sobre el concepto de autenticidad se esfuerza enormemente en estirar la definición de manera que al final caben los textos creados para materiales didácticos (Taylor 1994; Widdowson 2003; Tatzuki 2006; Shomoossi y Ketabi 2007). Al fin y a al cabo los textos reales o son difíciles de conseguir o tienen derechos de autoría. En contra de su uso se arguye la ansiedad de estudiantes (Richards 2001). Yo añadiría a la ansiedad de docentes por la ansiedad de estudiantes. Sobre las actitudes de estudiantes ante las fuentes auténticas, Chávez (1998): es curioso que justo quienes han tenido menos exposición a la lengua meta fuera del aula, las aprecian más.

12 Es importante distinguir entre seguir un guion y seguir indicaciones.
13 http://liceu.uab.cat/~joaquim/language_resources/spoken_res/Corp_leng_oral_esp.html
14 www.colam.org/om_prosj-espannol.html
15 www.um.es/sacodeyl/
16 http://clicmaterialsld.blogs.rice.edu/category/language/spanish/
17 https://ele.octaedro.com/appl/botiga/client/img/30804.pdf
18 http://spanishintexas.org/
19 https://edblogs.columbia.edu/corpusdeconversaciones/
20 Los géneros interaccionales se definen también por el lugar donde se desarrollan, lo que tiene mucho que ver con los cuatro ámbitos que usa el *Marco* (Consejo de Europa 2002, 15) para la enseñanza-aprendizaje de una lengua: personal, público, profesional y educativo. Transaccional quiere decir aquí más o menos comercial, no tiene que ver con el concepto de transacción como intercambio de información (Brown y Yule 1983a, 1–4). Aunque al fin y al cabo todos los intercambios comunicativos son transaccionales de una manera u otra, con todos ellos se intercambia poder y/o dinero. Sobre este asunto en español, Vigara Tauste 2003).
21 Tusón Valls (1997) también califica varias veces a la conversación como espontánea, pero narra anécdotas en las que reconoce la alta ritualización de conversaciones en situaciones sociales como fiestas o reuniones. Briz (2002, 17) dice que la conversación coloquial es planeada sobre la marcha, pero la conversación coloquial entre nativos no necesita planearse porque se controla muy bien.
22 http://edblogs.columbia.edu/corpusdeconversaciones/2016/07/28/2-amigos-sobre-ir-al-cine-en-cuzco-pe/
23 http://edblogs.columbia.edu/corpusdeconversaciones/2016/07/11/2-amigos-sobre-surf-lima-pe/
24 https://youtu.be/uu2KLONMTJg?t=333
25 www.rtve.es/alacarta/videos/comando-actualidad/comando-actualidad-infierno-alquilar/4508118/
26 www.youtube.com/watch?v=HKKJ_1Htuh4
27 www.youtube.com/watch?v=5ouEXTmbA7A
28 En realidad, no es a los ciudadanos a quien deberíamos educar en cómo manejar una interacción así sino a las fuerzas de seguridad, pero mientras…
29 https://youtu.be/rW63xMkq38k

Vídeos

Aixalà, E., G. Álvarez, M. Anfruns, C. Comes y C. González. 2009. *Clase de cine*. Barcelona: Difusión.
Bullock, B.E. y A.J. Toribio. 2013. *The Spanish in Texas Corpus Project*. COERLL. The University of Texas at Austin. www.spanishintexas.org. Acceso: 29/12/2018.
Cocinemos juntos.com. 2014. "De compras en el mercado oriental de Managua." *YouTube*. www.youtube.com/watch?v=uu2KLONMTJg&feature=youtu.be&t=333.
Jørgensen, A.M., ed. 2005. *Proyecto COLA*. www.colam.org/om_prosj-espannol.html. Acceso: 01/101/2017.
Nicolás Martínez, C. y M.I. Hernández Toribio. 2015. *Del oído al habla*. Barcelona: Octaedro.
Pérez Paredes, P., ed. 2008 *Sacodeyl*. www.um.es/sacodeyl/. Acceso: 29/12/2018.
RICE University Bridging Research and Practice, Spanish. http://clicmaterialsld.blogs.rice.edu/category/language/spanish/. Acceso: 01/10/2017.
Ruiz Fajardo, G. 2017. *Columbia Corpus de Conversaciones para ELE*. Center of Teaching and Learning Columbia University. https://edblogs.columbia.edu/corpusdeconversaciones/. Acceso: 01/10/2017.

Sánchez, S., C. Pérez y D. Galindo, dir. 2018. "El infierno de alquilar". *Comando actualidad*. Radio Televisión Española. www.rtve.es/alacarta/videos/comando-actualidad/comando-actualidad-infierno-alquilar/4508118/.
Septo Media. 2017. "Una noche con la Guardia Civil de Tráfico". *YouTube*. https://www.youtube.com/watch?v=rW63xMkq38k.
Spiriman. 2018. "Esto fue lo que pasó en la farmacia de Tony Mingo". *YouTube*. www.youtube.com/watch?v=HKKJ_1Htuh4.

Bibliografía citada

Antaki, C. 2009. "Analysing Discourse." En *Handbook of Social Research Methods*, eds. P. Alasuutari, L. Bickman y J. Brannen, 431–446. Londres: Sage.
Atkinson, D. 1993. *Teaching Monolingual Classes*. Londres: Longman.
Beach, W.A. 1990. "Searching for Universal Features of Conversation". *Research on Language and Social Interaction* 24 (1990/1991): 351–368.
Briz, A. 1998. *El español coloquial en la conversación: Esbozo de pragmagrmática*. Barcelona: Ariel.
Briz, A. 2002. *El español coloquial en la clase de E/LE: Un recorrido a través de los textos*. Alcobendas: Sociedad General Española de Librería.
Briz, A., S. Pons Bordería y J. Portolés. 2008. *Diccionario de partículas discursivas del español*. www.dpde.es. Acceso: 01/10/2017.
Brown, P. y S. Levinson. 1987. *Politeness: Some Universals in Language Usage*. Segunda edición. Cambridge: Cambridge University Press.
Brown, G. y G. Yule. 1983a. *Discourse Analysis*. Cambridge: Cambridge University Press.
Brown, G. y G. Yule. 1983b. *Teaching the Spoken Language: An Approach Based on the Analysis of Conversational English*. Cambridge: Cambridge University Press.
Cabanes Pérez, S. 2015. *El vídeo como recurso dinamizador en la adquisición de la competencia conversacional de estudiantes de E/LE*. Trabajo de fin de máster. Santander: Universidad de Cantabria. https://repositorio.unican.es/xmlui/handle/10902/7867.
Calsamiglia Blancaflor, H. y A. Tusón Valls. 1999. *Las cosas del decir: Manual de análisis del discurso*. Barcelona: Ariel.
Cestero, M.A.M. 2005. *Conversación y enseñanza de las lenguas extranjeras*. Madrid: Arco Libros.
Chambers, A. 2010. "What Is Data-driven Learning?" En *The Routledge Handbook of Corpus Linguistics*, eds. A. O´Keeffe y M. McCarthy, 345–358. Nueva York: Routledge.
Chávez, M.T. 1998. "Learners Perspectives on Authenticity". *IRAL: International Review of Applied Linguistics in Language Teaching* 36 (4): 277–306. https://files.eric.ed.gov/fulltext/ED381000.pdf
Cheng, W. 2010. "What a Corpus Tell Us about Language Teaching". En *The Routledge Handbook of Corpus Linguistics*, eds. A. O´Keeffe y M. McCarthy, 319–332. Nueva York: Routledge.
Clift, R. 2016. "Don't Make Me Laugh: Responsive Laughter inn (Dis)Affiliation". *Journal of Pragmatics* 100: 73–88.
Consejo de Europa, Departamento de Política Lingüística, Estrasburgo. 2002. *Marco común europeo de referencia para las lenguas: Aprendizaje, enseñanza, evaluación*. Madrid: Secretaría General Técnica del MECD-Subdirección General de Información y Publicaciones, Grupo ANAYA, S.A. https://cvc.cervantes.es/ensenanza/biblioteca_ele/marco/cvc_mer.pdf.
Cuenca, M.J., M.J. Marin i Jordá, M. Romano y M.D. Porto. 2011. "Emotividad y marcadores del discurso en narraciones orales". *Oralia* 14: 315–344.
Dalton, S.S. y R.G. Tharp. 2002. "Standards for Pedagogy: Research, Theory and Practice". En *Learning for Life in the 21st Century: Sociocultural Perspectives on the Future of Education*, eds. G. Wells y G. Claxton, 181–194. Oxford: Blackwell.

Díaz Rodríguez, L., R. Martínez Sánchez y J.A. Redó Banzo. 2011. *Guía de contenidos lingüísticos por nivels del español: Según el Marco Común Europeo de Referencia para ELE*. Barcelona: Octaedro.

Drew, P. y J. Heritage. 1992. "Analyzing Talk at Work: An Introduction." En *Talk at Work: Interaction in Institutional Settings*, eds. P. Drew y J. Heritage, 3–65. Nueva York: Cambridge University Press.

Ellis, R. 1984. "The Role of Instruction in Second Language Acquisition." En *Language Learning in the Formal and Informal Contexts*, eds. D. Singleton y D. Little, 18–37. Dublin: IRAAL.

Gebhard, J.G. 1996. *Teaching English as a Foreign Language: A Teacher Self-development and Methodology Guide*. Ann Arbor: The University of Michigan Press.

Gil Fernández, J. 2007. *Fonética para profesores de español: De la teoría a la práctica*. Madrid: Arco.

Grice, H.P. 1975. "Logic and Conversation." En *Syntax and Semantics* 3, eds. P. Cole y J. Morgan, 41–58. Nueva York: Academic Press.

Guariento, W. y J. Morley. 2001. "Text and Task Authenticity in The EFL Classroom". *ELT Journal* 55 (4): 347–353.

Heritage, J. y D. Maynard. (Eds.). 2006. *Communication in Medical Care*. Cambridge: Cambridge University Press.

Hidalgo, A. 1998. "Alternancia de turnos y conversación: Sobre el papel regulador de los segmentos en el habla simultánea". *Lingüística Española Actual* 22: 217–138.

Instituto Cervantes. 2000. *Centro virtual Cervantes*. Madrid: Instituto Cervantes. https://cvc.cervantes.es/sitio/default.htm.

Instituto Cervantes. 2006. *Plan curricular del Instituto Cervantes: Niveles de referencia para el español*. Madrid: Instituto Cervantes.

Instituto Cervantes. 2008. *Diccionario de términos claves de E/LE. Centro virtual Cervantes*. Madrid: Instituto Cervantes. https://cvc.cervantes.es/ENSENANZA/biblioteca_ele/diccio_ele/indice.htm.

Kidwell, M. 2009. "'What Happened?': An Epistemics of Before and 'After in At-the-Scene' Police Questioning Preview". *Research on Language and Social Interaction* 42 (1): 20–41.

Kidwell, M. 2016. "'Calm Down!': The Role of Gaze in the Interactional Management of Hysteria by the Police". *Discourse Studies* 8 (6): 745–770.

Labov, W. y J. Waletzky. 1967. "Narrative Analysis". En *Essays on the Verbal and Visual Arts*, ed. J. Helm, 12–44. Seattle: University of Washington Press.

Llisterri, J. *Corpus de lengua oral en español*. http://liceu.uab.cat/~joaquim/Language_resources/spoken_res/Corpus_lengua_oral.htlm. Acceso: 01/10/2017.

MacDonald, M., R. Badger y M. Dalsi. 2006. "Authenticity, Culture and Language Learning". *Language and Intercultural Communication* 6 (3–4): 250–261.

Matsumoto, Y. 2009. "Politeness and Conversational Universals: Observations from Japanese". *Multilingua – Journal of Cross-Cultural and Interlanguage Communication* 8 (2–3): 207–222. https://doi.org/10.1515/mult.1989.8.2-3.207.

Mauranen, A. 2004. "Spoken Corpus for an Ordinary Learner." En *How to Use Corpora in Language Teaching*, ed. J.M.H. Sinclair. Amsterdam: John Benjamins.

McCarthy, M. 1998. *Spoken Language and Applied Linguistics*. Cambridge: Cambridge University Press.

Merritt, M. (1976). "On Questions Following Questions in Service Encounters". *Language in Society* 5 (3): 315–357.

Moerman, M. 1988. *Talking Culture: Ethnography and Conversation Analysis*. Philadelphia: University of Pennsylvania Press.

Nunan, D. 1989. *Designing Tasks for the Communicative Classroom*. Cambridge: Cambridge University Press.

Ortega Olivares, J. 1994. "Conversación y enseñanza de lenguas extranjeras". En *Didáctica del español como lengua extranjera*, eds. L. Miquel y N. Sans, 83–104. Madrid: Fundación Actilibre, Colección Expolingua.

Richards, J.C. 2001. *Curriculum Development in Language Teaching*. Cambridge: Cambridge University Press.

Roberts. C. y K. Cooke. 2009. "Authenticity in the Adult ESOL Classroom and Beyond". *TESOL Quarterly* 43 (3): 620–642.

Ruiz Fajardo, G. 2010. "Televisión en el aula de español como lengua extranjera o cómo llevar a clase muestras auténticas de lengua". En *Lenguas de especialidad y su enseñanza*, ed. L. Díaz Rodríguez, MarcoELE 11. https://marcoele.com/television-en-el-aula/.

Ruiz Fajardo, G. 2012. "Tasks for Interaction." En *Methodological Developments of Teaching of Spanish as a Second and Foreign Language*, ed. G. Ruiz Fajardo, 73–118. Newcastle upon Tyne: Cambridge Scholars Publishing.

Sacks, H. 1992. *Lectures on Conversation: Volume II*, ed. G. Jefferson. Oxford: Basil Blackwell. https://archive.org/details/HarveySacksLecturesOnConversationVolumesIIITheEstateOfHarveySacks1995.

Sacks, H., E.A. Schegloff y G. Jefferson. 1974. "A Simplest Systematics for the Organization of Turn-taking for Conversation". *Language* 50 (4): 696–735.

Sánchez Cuadrado, A. 2015. *Aprendizaje formal de ELE mediante actividades cooperativas de traducción pedagógica*. Tesis doctoral. Universidad de Granada, España. En *Colección Monografías ASELE*. Madrid: ASELE. http://digibug.ugr.es/handle/10481/41765.

Sanz Escudero, R. 2016. "Una propuesta didáctica para la enseñanza de los turnos de apoyo en la conversación en español". *LinRed*. Alcalá: Unversidad de Alcalá.

Schegloff, E. 1987. "Analyzing Single Episodes of Interaction: An Exercise in Conversation Analysis". *Social Psychology Quarterly* 50 (2): 101–114.

Schegloff, E. y H. Sacks. 1973. "Opening up Closings". *Semiotica* 8 (4): 289–327.

Schiffrin, D. 1986. *Discourse Markers*. Cambridge: Cambridge University Press.

Schmidt, R. 1990. "The Role of Consciousness in Second Language Learning". *Applied Linguistics* 11 (2): 129–158.

Shomoossi, N. y Ketabi, S. 2007. "A Critical Look at the Concept of Authenticity". *Electronic Journal of Foreign Language Teaching* 4 (1): 149–155. http://e-flt.nus.edu.sg/v4n12007/shomoossi.pdf.

Slagter, P. 1979. *Un Nivel Umbral*. Estrasburgo: Publicaciones del Consejo de Europa.

Stivers, T., N.J. Enfield, P. Brown, C. Englert, M. Hayashi, T. Heinemann, G. Hoymann, F. Rossano, J.P. De Ruiter, K.-E. Yoon y S.C. Levinson. 2009. "Universals and Cultural Variation in Turn-taking in Conversation." *Proceedings of the National Academy of Sciences of the United States of America* 106 (26): 10587–10592.

Stubbs, M. 1983. *Discourse Analysis: The Sociolinguistic Analysis of Natural Language* Oxford: Basil Blackwell.

Suárez García, J., ed. *TodoELE*. www.todoele.net/. Acceso: 01/10/2017.

Tatzuki, D. 2006. "What is Authenticity?" En *Authentic Communication: Proceedings of the 5th Annual JALT Pan-Sig Conference*, 1–15. Sishuoka: Tokai University. http://hosted.jalt.org/pansig/2006/HTML/Tatsuki.htm.

Taylor, D. 1994. "Inauthentic Authenticity or Authentic Inauthenticity?" *Teaching English as a Second or Foreign Language* 1 (2): 3–12. www.tesl-ej.org/wordpress/issues/volume1/ej02/ej02a1/.

Ten Have, P. 2007. *Doing Conversation Analysis: A Practical Guide*. Londres: Sage.

Tusón Valls, A. 1997. *Análisis de la conversación*. Barcelona: Ariel.

Uclés Ramada, G. 2015. "Aprendiendo español con Gandía Shore: partículas conversacionales". *Foro de Profesores de E/LE* 11. https://ojs.uv.es/index.php/foroele/article/view/7131.

Vázquez, G. 2000. *La destreza oral: Conversar, exponer, argumentar*. Madrid, España: Edelsa.
Vigara Tauste, A. 2003. "Las relaciones de poder en la conversación". *Oralia* 6: 309–339.
Walsh, S. 2010. "What Features of Spoken and Written Corpora Can Be Exploited in Creating Language Teaching Materials and Syllabuses?" En *The Routledge Handbook of Corpus Linguistics*, eds. A. O´Keeffe y M. McCarthy, 333–344. Nueva York: Routledge.
Widdowson, H.G. 2003. "'Expert Beyond Experience': Notes on the Appropriate Use of Theory in Practice." En *Mediating between Theory and Practice in the Context of Different Learning Cultures and Languages*, eds. D. Newby, 1–6. Strasbourg: Council of Europe Press. https://static.uni-graz.at/fileadmin/gewi-institute/Anglistik/Fachdidaktik/Downloads/angl3www_widdowson.2003.pdf.
Wilkins, D.A. 1976. *Notional Syllabuses*. Oxford: Oxford University Press.
Willis, D. 1990. *The Lexical Syllabus*. Londres: Collins.
Wong, J. y H.Z. Waring. 2010. *Conversation Analysis and Second Language Pedagogy: A Guide for ESL/EFL Teachers*. Nueva York: Routledge.

Bibliografía recomendada

Ten Have, P. 2007 *Doing Conversation Analysis: A Practical Guide*. Londres: Sage. [Guía práctica de cómo hacer análisis de la conversación; para iniciarse, contiene ejercicios prácticos y lecturas recomendadas para cada capítulo].
Tusón Valls, A. 1997. *Análisis de la conversación*. Barcelona: Ariel. [Resumen en español muy útil para iniciarse en el análisis de la conversación o para entender la disciplina sin necesidad de convertirse en un especialista].
Wong, J. y H.Z. Waring. 2010. *Conversation Analysis and Second Language Pedagogy: A Guide for ESL/EFL Teachers*. Nueva York, NY: Routledge. [Excelente guía sobre la utilidad del análisis de la conversación en la enseñanza de lenguas, con reflexiones –académicas y emocionales – acerca de la práctica pedagógica y ejercicios].

PARTE II
Géneros discursivos y comunicación

8

GÉNEROS DE LA PRENSA ESCRITA EN LA ENSEÑANZA DEL ESPAÑOL LE/L2

Jan Peter Nauta

1 Introducción

Tanto la enseñanza del español como el periodismo han experimentado profundos cambios durante las últimas décadas, pero sigue siendo práctica común utilizar textos escritos provenientes de los medios de comunicación, con una variedad de objetivos, muchas veces en las áreas de las competencias lingüística o léxica, otras, en la competencia sociolingüística o sociocultural. En las propuestas didácticas, sean manuales de español LE/L2 o publicaciones didácticas, es habitual referirse a estos textos, de forma genérica, como *textos* o *artículos*, a veces acompañados del adjetivo *periodísticos*, donde se supone que los textos relatan hechos y los artículos comentarios, aunque esta distinción no siempre suele explicitarse ni se aplica consecuentemente. Las excepciones a esta regla podrían ser las denominaciones de *noticia* y *entrevista*, quizás porque son términos también de uso frecuente en los medios audiovisuales y en otros ámbitos de la vida cotidiana.

En este capítulo se hará una propuesta de sistematización, basada en una descripción de los géneros periodísticos y su desarrollo en la época de la revolución informática y en su carácter textual. Después de un repaso bibliográfico y un breve panorama de la clasificación y características de los géneros periodísticos actuales, se presentan sugerencias para el desarrollo de la competencia mediática de los alumnos y una serie de principios y propuestas didácticas que deberían orientar el uso de los textos periodísticos en la enseñanza del español LE/L2.

2 La prensa escrita en la enseñanza del español LE/L2: breve repaso bibliográfico

Comentaremos aquí algunas de las publicaciones que describen propuestas o experiencias con el uso de la prensa en la enseñanza de E/LE, siempre y cuando hagan uso del concepto de género periodístico.[1]

Fernández López (2005 [1991]), al analizar la comprensión lectora, menciona "la familiaridad con el género y el tipo de texto" que "posibilita el reconocimiento de unos paradigmas [. . .] y facilita el proceso lector". Otros factores que influyen en la comprensión son los conocimientos previos y la experiencia sociocultural. Fernández López aboga por el uso de tareas facilitadoras que pongan de relieve la macroestructura de cada género. Sin embargo, entre los ejemplos presentados solo se encuentra el género periodístico de la noticia.

Martínez Egido (2014), en un estudio discursivo de noticias económicas y financieras, muestra que este género puede inclinarse hacia la argumentación mediante la estructuración de la información o el orden de las palabras, así como el uso de verbos *dicendi*, convirtiéndose así en un instrumento ideológico.

Esteba Ramos (2009) describe dos secuencias didácticas utilizando crónicas periodísticas. Define la crónica como "el relato de unos hechos ocurridos [. . .] presentados al lector desde la visión de un especialista que los ha presenciado". Esta definición (quizás demasiado restringida, ver párrafo 5.2) la lleva al uso de la crónica "para trabajar la narración de los hechos del pasado y todos los elementos formales que ello conlleva", reservando un lugar para trabajar la descripción y la expresión del elemento subjetivo que suele estar presente en este género y que, en el caso concreto de la crónica usada, parece incluso ser más importante que el aspecto narrativo.

Domínguez y Barcellós (2006), con el objetivo de "preparar un bálsamo común contra tópicos e ideas prefijadas", proponen el uso de la crónica periodística como actividad de divulgación de contenidos culturales y sociológicos y también como actividad de producción oral y escrita, ya que se trataría de "relatos que se refieren a hechos veraces que pasan de puntillas por los grandes titulares, pero que nos dicen mucho sobre la sociedad a la que pertenecemos o que queremos conocer". Sin embargo, la ausencia de propuestas concretas o indicaciones de nivel deja abiertas varias interrogantes con respecto al trabajo de análisis textual o retórico que habría que hacer para que el alumno pueda acceder a esos contenidos.

Prieto Grande (2003) aboga por el uso de la prensa en el nivel elemental y argumenta que sus propuestas están basadas en una tipología textual que consistiría en cuatro formas de presentación de información en un texto: descripción, exposición, narración y argumentación. Pero en las actividades propuestas para cada una de las categorías se ve que, algunas veces, no responden al objetivo (comentarle una noticia a otra persona no es necesariamente lo mismo que narrar un evento) y, otras muchas, exigen clases diversas de discurso.

Para un nivel más alto (B2/C1), Piedra Lanza (2007) propone una secuencia de actividades entre cuyos objetivos están el "Análisis de la prensa escrita en español" y "Análisis de la noticia como género periodístico". El primero se desarrolla en una sesión de solo 20 minutos y se limita a descubrir los aspectos más obvios: formato, secciones, soportes visuales. . .; el segundo, mediante dos lecturas seguidas, los alumnos "[. . .] también se fijarán en los rasgos del lenguaje periodístico, la organización de la información y el léxico utilizado para transmitir la noticia". En ningún momento, sin embargo, se explica en qué consisten estos elementos o de qué manera los alumnos podrían analizarlos.

Pedrosa Rúa (2016) reporta una experiencia con alumnos lusohablantes en la que estos, mediante plataformas mediáticas, conseguían noticias periodísticas de diversas fuentes que luego resumían y comentaban semanalmente en un blog. El proyecto pretendía generar en el alumno "el hábito de adquirir información en español, de forma autónoma, permanente y personalizada [. . .] con una mente crítica que le ayude a discernir la información de la manipulación [. . .]". En otras palabras, la lectura de textos periodísticos se enmarcaba en una clara aunque todavía tímida aproximación a la competencia mediática. En contraste con ello, la afirmación de que "al resumir una noticia el alumno está trabajando el registro periodístico [sic], la variedad estándar y la modalidad expositiva" (p. 61) me parece dudosa: el registro periodístico en sí no existe sino que depende del género y no es tampoco evidente que una imitación sin reflexión lleve a una adquisición permanente, como parece admitir el autor al comentar que los comentarios personales (que no tenían modelo lingüístico o estilístico) eran de un nivel más bajo.

Moriano (2010) también utiliza la prensa en un proyecto con alumnos portugueses para superar prejuicios y tópicos, pero los análisis que se llevan a cabo se refieren siempre a los contenidos, no a la relación que podría existir entre género periodístico y contenido. Así afirma: "A pesar de la neutralidad que debería caracterizar a la prensa, este medio actúa como espejo de la sociedad" (p. 102).

Martínez Pasamar (2003) enumera una serie de actividades para explotar las constantes lingüísticas, como el uso de los tiempos verbales, en el género de la noticia. Llamas (2003) trata el trabajo con los marcadores del discurso en columnas de opinión. Alcíbar Cuello (2014) analiza el género del editorial desde una perspectiva pragmática discursiva. También pueden ser de interés las publicaciones sobre el uso del español en los medios, como los capítulos dedicados a este tema en los manuales de periodismo, aunque frecuentemente vienen en forma de consejos para escribir de forma correcta y están dirigidas a periodistas noveles hispanohablantes. Al respecto se pueden consultar Arroyo (2008), Romero Gualda (2008) y varios trabajos presentados en el XIV Congreso de ASELE 2003 (ver nota 1).

Sin embargo, de momento no hay estudios sistemáticos sobre los géneros periodísticos que puedan ayudar directamente al profesor de español LE/L2 en la enseñanza de la comprensión y análisis de estos textos.

3 Clasificaciones de los géneros del periodismo escrito

Mientras las clasificaciones propuestas por los distintos manuales de periodismo (entre otros, Casasús y Núñez Ladevéze 1991; García Perdomo y Gutiérrez Coba 2011; Mayoral 2013)[2] son, con frecuencia, contradictorias entre sí y no siempre homogéneas, exhaustivas ni distintivas, como lectores de prensa en lengua materna somos capaces de reconocer la mayoría de los géneros periodísticos y distinguir unos de otros (noticia o reportaje, comentario o informe . . .) de manera casi intuitiva, debido a que los géneros son una herencia sociocultural. De igual manera, para los periodistas los géneros constituyen estrategias de comunicabilidad en forma de una especie de plantillas adaptables que les permiten producir formatos reconocibles que les ayuden a conseguir la finalidad del texto. Para un alumno de español LE/L2, sin embargo, estas actividades no son ni automáticas ni intuitivas: para ello, tendrá que reajustar los criterios que maneja en su lengua materna y adquirir experiencia textual, paratextual e intertextual en español LE/L2.

Que seamos capaces de reconocer géneros es sorprendente si tenemos en cuenta que no hay apenas formas puras: los textos siempre son representantes *más o menos característicos* de una categoría, con fronteras más o menos borrosas (Adam 1997). Este fenómeno cobra una vigencia cada vez mayor debido a la influencia de la revolución informática que llegó a la prensa a partir de los años noventa del siglo XX. Por eso, en la definición de los géneros mencionaremos solo los rasgos que consideramos esenciales (Louredo Lamas 2009, 36 y ss.), es decir, los que definen de qué género periodístico estamos hablando y cómo se diferencia de otros. Los manuales de periodismo están llenos de otras cualidades que se pueden considerar accesorios.

En la tradición de la prensa escrita anglosajona, hasta mediados del siglo XX, se distinguía entre *story* (relato de hechos) y *comment* (exposición de ideas o comentarios). Se pensaba que era posible y deseable separar completamente la información y la opinión. Esta clasificación respondía a una definición básica del concepto de género periodístico: "modalidades de creación lingüística destinadas a ser canalizadas a través de cualquier medio de difusión colectiva y con el ánimo de atender a los dos grandes objetivos de actualidad: el relato de acontecimientos y el juicio valorativo que provocan tales acontecimientos" (Martínez Albertos citado en García Perdomo y Gutiérrez Coba 2011, 30). En muchas propuestas didácticas para E/LE se sigue partiendo de esta premisa, aunque ya hace varias décadas Borrat (1989) propuso una clasificación basada en cuatro tipos de textos: narrativos, descriptivos, argumentativos y explicativos. La importancia de esta clasificación, desde un punto de vista textual, estriba en el hecho de que Borrat no considerara estos tipos de texto como puros, sino como textos en los que predomina determinada secuencia, de forma que, por ejemplo, un texto narrativo como la noticia, que debería responder principalmente a las preguntas *qué, quién, cuándo,* también puede contener respuestas a preguntas como *dónde* o *por qué*. Los textos explicativos pueden tener secuencias narrativas y/o descriptivas con inclusión de características del género argumentativo.

En esta última línea se inscribe la teoría actual, defendida por autores como Casasús y Núñez Ladevèze (1991) que postulan la siguiente clasificación de los géneros periodísticos: informativos, interpretativos, argumentativos e instrumentales.

4 La convergencia de medios

Antes de describir los principales géneros periodísticos que un alumno de E/LE debería reconocer y saber analizar, es necesario hacer algunas observaciones sobre los cambios que se han venido produciendo en las dos últimas décadas. La llamada "convergencia de medios" es el proceso en el que, según creían muchos en los años noventa, todos los medios de comunicación se convertirían, junto a las industrias cinematográfica, editorial y de computación, en uno solo que abarcaría todas las posibilidades. Sin embargo, la realidad es que se ha creado un gran número de medios adaptados o incluso nuevos. Ahora uno puede leer un periódico en internet, ver un vídeo en la página web del periódico, consultar las últimas noticias en una tableta o en un teléfono inteligente, escuchar una entrevista en un *podcast* en la página web de una emisora de radio, reaccionar en una red social, hacer varias de estas cosas al mismo tiempo. . . y casi a diario se va ampliando el espectro de posibilidades. La producción de los medios, los formatos que producen, los canales de distribución y los soportes que utilizan los consumidores han cambiado drásticamente. Debido a ello, resulta cada vez más forzado hablar de *lectores, televidentes, oyentes*. . . Obviamente, en un momento determinado una persona puede dedicarse exclusivamente a realizar una sola de estas actividades, pero la misma estructura de los medios obliga a las personas a comportarse como *consumidores de productos noticiosos multimedia*: los periódicos llevan contenidos multimedia, algunos tienen hasta su propio canal de televisión, las noticias se pueden consultar en distintos formatos en varios soportes.

Todos estos cambios, como la hipertextualidad, la multimedialidad, la interactividad y la instantaneidad (García Perdomo y Gutiérrez Coba 2011, 289 y ss.) que sin duda seguirán evolucionando, han acabado trastocando la ya de por sí endeble clasificación de los géneros periodísticos y, por ende, los textos que deben aprender a consumir los alumnos de español LE/L2 y la forma en que deberían hacerlo. El concepto clave de una nueva clasificación de géneros debe ser la hibridación y mezcla de géneros y medios y los cada vez más difusos límites entre ellos. Casi lo único que queda en pie es esa premisa fundamental del periodismo: informar y formar opinión, con la interpretación como "una función que se diluye entre ambos y no define un grupo de géneros diferenciado, ya que se encuentra implícitamente en los primeros y de forma explícita en los segundos" (Yanes 2004).

5 Los principales géneros periodísticos

En este apartado, por motivos de espacio y de interés didáctico, nos limitaremos a comentar los principales géneros periodísticos de información, interpretación y opinión que un alumno de español LE/L2 debe conocer.

5.1 La noticia

La noticia, la información, el registro de lo que pasó constituyen, desde sus inicios, los pilares del periodismo. La función informativa de los medios de comunicación hace que la secuencia textual predominante de la noticia sea la narrativa: cuenta lo que pasó. Sin embargo, en el periodismo actual se suelen incluir también antecedentes y consecuencias de los hechos noticiosos; de ahí que con frecuencia en las noticias se encuentren intercaladas secuencias explicativas.

Que la noticia sea el género narrativo por excelencia no quiere decir que su estructura sea del todo cronológica. Al contrario, las noticias suelen empezar por el final, el resultado o el estado final de lo que pasó. Esto da pie a lo que se suele llamar la estructura de la *pirámide invertida*: consta de una entrada o *lead* con la información central, seguida del cuerpo de la noticia de carácter explicativo, terminando con detalles de cada vez menor importancia. En la entrada se debe encontrar la respuesta a las seis conocidas preguntas *qué, quién, cómo, cuándo, dónde* y *por qué*.

Hay que mencionar también la existencia de las noticias breves (llamadas también notas o breves), presentadas con frecuencia agrupadas en una columna o un recuadro en una sección específica del periódico, que relatan hechos relacionados con esa sección (como, por ejemplo, economía, internacional, deportes, etc.) y cuyo contenido no responde necesariamente a todas y cada una de las seis preguntas mencionadas.

En los últimos años se ha desarrollado, al lado de la noticia clásica, una nueva forma: la *noticia en directo* o *live blog*. Cada vez más, cuando tienen lugar importantes acontecimientos de actualidad, los periódicos en internet ofrecen noticias en continuo desarrollo. Este nuevo formato o, si se quiere, subgénero, consta de una serie de secuencias narrativas, escritas por periodistas, redactores, corresponsales o agencias de prensa, que pueden llevar fotos, vídeos y enlaces a otros textos. En realidad, estas noticias son una especie de "crónica sincrónica". La verdadera crónica aparecerá después de que el acontecimiento en cuestión haya terminado.

Al mismo tiempo, estas noticias van apareciendo en redes sociales como Twitter o Facebook, lo cual exige cambios en su redacción, sobre todo en la extensión de los párrafos. Si en el periodismo impreso clásico era habitual encabezar un texto con un titular que consistía en un antetítulo, un título y un sumario, en las versiones de *app* para teléfono inteligente el antetítulo prácticamente ha desaparecido.

Hay otro fenómeno presente en las noticias en las versiones digitales: las referencias mediante hipervínculos a otros textos. Con frecuencia, estas se intercalan entre párrafos con enunciados como: "Lea también:", "Además:", "También le puede interesar:", etc. Este fenómeno ofrece posibilidades didácticas importantes que no ofrecían las publicaciones en papel en las que consultar textos de ediciones anteriores suponía tener que acudir a una hemeroteca.

La escritura de las noticias en medios digitales supone un proceso de actualización constante con "capas, añadidos y mejoras al texto original" (López García 2015, 128). Este proceso puede producir textos incoherentes en los casos en que se actualiza la información principal al comienzo del texto sin prestar atención a la parte inferior de la pirámide invertida donde podrán quedar vestigios de versiones anteriores, a veces simples repeticiones pero también hechos en clara contradicción con la información nueva. Por eso, ya se han propuesto modelos alternativos como el modelo diamante o la pirámide tumbada.[3]

5.2 La crónica y el reportaje

La crónica, "un cuento que es verdad", en palabras de Gabriel García Márquez, suele considerarse como una ampliación o profundización de la noticia, enriquecida con la visión personal del periodista de los hechos (Mayoral 2013, 149); una "visión de primera mano y en profundidad en la que se incluyen muchos elementos descriptivos" (*Manual de Estilo de El Comercio*, sin fecha). Es una información que no solo reporta, sino que también interpreta y valora la noticia en la que está basada. Por tanto, la extensión de la crónica suele ser mayor que la de la noticia y su carácter, además de narrativo (cronológico), interpretativo. Son conocidas, por ejemplo, las crónicas taurinas, las deportivas, las de guerra, etc.

El reportaje es el género por excelencia que investiga las razones, causas y motivos detrás de una noticia. Es, igual que la crónica, un fenómeno del periodismo de investigación, pero con mayor énfasis en la interpretación y el análisis de los hechos. Es "el género más complejo y completo del periodismo que puede ser un extenso texto informativo, atestado de datos, cifras, declaraciones, descripciones, argumentos y demostraciones. Pero también puede ser una narración que ponga en evidencia los hechos desde una historia tejida con las historias de los personajes, de las fuentes" (García Perdomo y Gutiérrez Coba 2011, 155 y ss.). Fernández Parratt (2003) trata el reportaje en profundidad y distingue no menos de ocho tipos distintos. Tanto la crónica como el reportaje, como expresión de una visión personal, suelen ir firmados, a diferencia de muchas noticias, aunque estas a veces llevan la firma de un redactor especializado o de un corresponsal.

Desde la introducción del periodismo digital, las crónicas y los reportajes han ampliado considerablemente sus oportunidades de enriquecer la información. Siguen existiendo en su formato original, sobre todo en las ediciones de fin de semana de la prensa escrita y en las revistas culturales o las dedicadas a determinado campo de interés, pero en la versión digital de la prensa diaria impresa hay cambios importantes (López García 2015, 133 y ss.). A diferencia de las formas clásicas, consistentes en un texto lineal ilustrado con fotos o algún tipo de infografía estática, los nuevos reportajes y crónicas tienen la posibilidad de ofrecer una estructura fragmentada en la que la hipertextualidad teje las relaciones entre las distintas partes que pueden contener distintos contenidos: textos narrativos o descriptivos, datos, enlaces a fuentes externas de internet, contenido relacionado que se encuentra en el mismo medio o contenido multimedia: vídeos, podcasts, secuencias fotográficas o infografía interactiva (esta última considerada a veces como un género aparte). Todo este conglomerado de informaciones se puede adaptar además a varios soportes, de forma que con relativa facilidad se pueden producir varias versiones del mismo reportaje o crónica para PC, tableta o teléfono inteligente. En este último, por ejemplo, se suele limitar la carga multimedia para agilizar la descarga.

5.3 *El análisis y el informe*

Son formatos periodísticos informativos que, en sí, no son nuevos pero que no aparecen con estas denominaciones en todas las clasificaciones. Fundamentalmente, lo que hacen es informar al lector y aportar datos. El manual de estilo de RTVE dice lo siguiente: "El análisis tiene como objetivo explicar —no juzgar— por qué ocurren hechos determinados y debe permitir al espectador comprender los antecedentes, el sentido y la perspectiva de la noticia". Tanto en los medios audiovisuales como en los medios impresos predominan las secuencias expositivas pero las argumentativas también son sustanciales. Es de resaltar también el uso de la infografía en estos géneros.

5.4   La entrevista

La entrevista es el único representante del género dialogal en el periodismo escrito. Los objetivos de una entrevista para la prensa escrita pueden ser, básicamente, dos: obtener información, análisis, explicación u opinión sobre alguna cuestión de la que el entrevistado sabe, o llegar a conocer mejor a la persona entrevistada misma. El formato habitual en que se presenta la entrevista en la prensa escrita consta de una introducción del tema y del entrevistado, seguida de la transcripción de una serie de preguntas y respuestas. Este "estilo directo" (aunque siempre editado hasta cierto punto) contrasta con el "estilo indirecto" en que las preguntas y respuestas se transcriben en un texto de carácter no dialogal, sino principalmente narrativo y/o descriptivo. Se puede considerar que el chat (entre lectores y un experto en algún tema) es una forma de entrevista.

5.5   El editorial, el artículo, la columna y la crítica

Como expresión del punto de vista de la redacción de un medio periodístico impreso, el editorial es el representante más claro del género de opinión, con predominio absoluto de secuencias argumentativas. El editorial expresa la posición ideológica del periódico y sitúa a este medio en el espectro social y político de la sociedad.

En el habla cotidiana, "artículo" suele significar cualquier texto publicado en un medio de comunicación. En esta misma línea, el DRAE define el artículo como "cada uno de los escritos de mayor extensión que se insertan en los periódicos u otras publicaciones análogas". Con no ser incorrecta, la definición es incompleta ya que en el ámbito hispanoamericano se entiende por "artículo" casi siempre un texto de opinión, un comentario, cuyo objetivo es ayudar a formar la opinión del lector sobre hechos noticiosos importantes. Suelen aparecer en las páginas dedicadas a la opinión y con frecuencia sus autores no son periodistas sino personas relacionadas de alguna manera con el tema que se está tratando.

La forma más personal de los géneros de opinión es la columna. En la prensa impresa, suele tener una extensión fija y una frecuencia de publicación regular (por ejemplo, semanal). Los autores son, como en el caso del artículo, casi siempre personas no ligadas directamente al periódico; pueden ser, incluso, personas con una orientación política o ideológica opuesta a la de la redacción del periódico. De todas maneras, los columnistas son un factor importante en el prestigio del periódico.

La crítica en el periodismo está relacionada con la valoración de una manifestación cultural, como un libro, una película, un concierto, una representación teatral, o una exposición, aunque no hay que excluir otros campos de la cultura en un sentido amplio, como son la gastronomía, la arquitectura, la moda o la tecnología.

6 Hacia una competencia mediática en la enseñanza del español LE/L2

Como hemos visto, el mundo de la prensa y de los medios de comunicación en general está cambiando de forma vertiginosa. Estos cambios, sin embargo, no han encontrado aún un lugar sistemático en la didáctica de E/LE. Esta constatación debería impulsarnos a reflexionar sobre cómo podemos actualizar el uso de los textos mediáticos en la enseñanza de hoy.

6.1 Características del nuevo alumno de español LE/L2

¿Cómo es el alumno actual de español LE/L2? En su Anuario de 2015 el Instituto Cervantes estima que "más de 21 millones de alumnos estudian español como lengua extranjera", sin contar los alumnos del Instituto Cervantes. De ellos, solo unos 132.400 (un 0,6 %) no están matriculados en la enseñanza primaria, secundaria, de formación profesional o universitaria. Por lo tanto, sin temor a equivocarnos podemos afirmar (o confirmar, teniendo en cuenta la realidad que viven los profesores de E/LE) que una abrumadora mayoría de los actuales alumnos de E/LE ha nacido a partir de principios de los años noventa. A este dato hay que añadir el análisis del *Reuters Digital News Report 2016* del uso de los distintos medios en 26 países en el que se observa lo siguiente: "For every group under 45, online news is now more important than television news. For 18–24s social media (28%) comes out ahead of TV (24%) for the first time with print lagging behind at just 6%". Si contamos las fuentes en línea incluyendo las redes sociales, el porcentaje sube al 68 %. Las fuentes de información de un alumno actual de español LE/L2 son mayoritariamente digitales. Está, además, en camino de ser un aprendiz autónomo que desarrolla criterios para seleccionar su propia lectura como lo suele hacer la audiencia fragmentada de los medios de comunicación actuales. Como lector intercultural deberá aprender a descubrir otros contenidos que le son contados de otras maneras y que, a falta de estudios comparativos de géneros periodísticos, deberá ir descubriendo por su cuenta, aunque con ayuda del profesor.

6.2 Géneros y niveles de dominio

¿En qué momentos del proceso de enseñanza/aprendizaje puede acceder el alumno a los distintos géneros periodísticos? En el capítulo de "Géneros discursivos y productos textuales" del Plan Curricular del Instituto Cervantes (PCIC 2006) aparecen algunos géneros periodísticos de transmisión escrita. Sin embargo, el inventario no es completo y, debido a los cambios tecnológicos que han tenido lugar desde su publicación, habrá que hacer algunos ajustes. Así, los géneros de "carteleras de espectáculos" y "programación de radio y televisión" (géneros discursivos instrumentales muy codificados), que hasta hace unos años aparecían casi exclusivamente en la prensa diaria o en revistas especializadas, se encuentran cada vez más en páginas web específicas de proveedores de contenidos de televisión por cable, de empresas de difusión cinematográfica o en aplicaciones para tableta o teléfono celular.

No existe unanimidad sobre la inclusión de las cartas al director (llamadas cada vez más cartas del lector o de los lectores) en los géneros periodísticos. Las cartas al director son un género argumentativo, de opinión, que, a pesar de aparecer en la prensa, no siempre es considerado como género periodístico sino como género anexo (Yanes 2004), ya que no están escritas por periodistas. Curiosamente, las cartas al director forman la base de muchas propuestas didácticas en la enseñanza de lenguas extranjeras.

Si tomamos el término *reseña* del PCIC con el significado que le otorga el DRAE ("Noticia y examen de una obra literaria o científica"), coincide aproximadamente con lo que en el periodismo se llama "crítica" donde, además de informar sobre el contenido de una obra, también "se concede un mérito a la obra" (García Perdomo y Gutiérrez Coba 2011, 206). Aquí abogamos por diferenciar los dos términos reservando "reseña" para un texto puramente informativo y "crítica" para un texto tanto informativo como argumentativo.

Finalmente, para la secuenciación de los géneros hay que tener muy en cuenta, también desde un punto de vista didáctico, lo que dice Fernández Parrat (2008, 101): "No sólo las informaciones relatan noticias, sino que los reportajes tratan temas vinculados a hechos que han sido noticias; las crónicas narran hechos noticiosos; y los géneros de opinión muestran ideas o valoraciones sobre esos hechos".

A partir de estas observaciones, proponemos el siguiente esquema para la inclusión de géneros periodísticos en sus respectivos niveles:

TABLA 8.1 Esquema para la inclusión de géneros periodísticos por niveles.

Nivel	Propuesta para una nueva clasificación de géneros periodísticos de transmisión escrita en el PCIC
A2	Noticias
B1	Reseñas breves de libros, películas, exposiciones y otros eventos culturales Reportajes, sobre temas conocidos o basadas en noticias ya leídas Crónicas, sobre temas conocidos o basadas en noticias ya leídas Blogs
B2	Artículos de opinión, en periódicos o revistas, sobre temas actuales o sobre la propia especialidad Análisis Informes Columnas Editoriales (en revistas, periódicos...) Cartas de los lectores
C1	Críticas

En todos los casos, se trata de uso receptivo. Para fines didácticos, habrá que incorporar los géneros específicos de las revistas y realizar una operación parecida con los géneros de transmisión oral (vídeo de opinión, crónica en vivo, etc.) para fundir ambos en un esquema multimodal de géneros periodísticos.

6.3 Las competencias del alumno

Los textos periodísticos, además de vehículos para informar, interpretar y opinar sobre hechos sociales, también *son* hechos sociales. Los medios de comunicación son parte de la estructura social, económica e ideológica de la sociedad. Consecuentemente, no es posible considerar un texto periodístico *a priori* solo como una información veraz o no, o como una opinión obligante o no, sin tomar en consideración el contexto en que se produjo. Por ello, se impone desarrollar *una competencia mediática en español LE/L2*, ahora inexistente en términos de material didáctico, para que el alumno sea capaz de valorar los mensajes que le llegan por los diferentes medios. Un punto de partida para esta competencia podrían ser los siguientes indicadores que, entre otros muchos, establecen Ferrés y Piscitelli (2012).

- Capacidad de interpretar y de valorar los diversos códigos de representación y la función que cumplen en un mensaje.
- Capacidad de analizar y de valorar los mensajes desde la perspectiva del significado y del sentido, de las estructuras narrativas y de las convenciones de género y de formato.
- Capacidad de comprender el flujo de historias y de informaciones procedentes de múltiples medios, soportes, plataformas y modos de expresión.
   Capacidad de establecer relaciones entre textos —intertextualidad—, códigos y medios, elaborando conocimientos abiertos, sistematizados e interrelacionados.

Martín Leralta (2009) da un paso cauteloso en esta dirección cuando aboga por "el manejo de ciertas destrezas de competencia mediática por parte del docente". Alexopoulou (2010) propone un enfoque basado en los géneros textuales en el que sea "fundamental proponer actividades encaminadas a desarrollar la práctica discursiva" haciendo hincapié en las dimensiones comunicativa, pragmática y estructural del texto. Algo así proponen Tabarés Pérez y Pérez Ruiz (2008) en la enseñanza del español e inglés para los medios de la comunicación. Finalmente, de este punto de partida debe formar parte la competencia crítica que proponen López Ferrero y Martín Peris (2010) donde desempeñan un papel importante la interacción "entre los estudiantes [. . .], entre los textos que han de aprender a utilizar y entre los contextos en que esos textos cristalizan".

7 Principios didácticos

Hay algunos principios que rigen la adquisición eficaz de la destreza lectora y que cobran aún mayor importancia en el caso de los textos periodísticos:

a) *Hacer kilómetros.* Al igual que en el ciclismo, para mejorar hay que ejercitarse mucho: leer muchos textos, de manera intensiva, pero sobre todo de manera extensiva. De esta manera, el alumno amplía sus conocimientos del léxico y de la probabilidad de combinaciones léxicas y estructuras gramaticales frecuentes.

b) *Construir un vocabulario mediático.* Está más que documentada la relación entre vocabulario y comprensión lectora (Koda 2005, 48–70). Aprender vocabulario en contexto es, por tanto, una actividad muy rentable. Con un vocabulario de las mil palabras más frecuentes y de 6.000 a 8.000 más, es posible entender gran parte de la mayoría de los textos no especializados (como suelen ser los textos periodísticos). Obviamente, cada alumno deberá, en la medida de lo posible, poder seleccionar el léxico de aquellos campos que más le interesen.

c) *Ampliar conocimientos del mundo hispánico.* Leer prensa y ampliar conocimientos de referentes culturales y saberes socioculturales son dos procesos que se refuerzan mutuamente: los textos son más fáciles de entender si el lector dispone de conocimientos de los contextos, pero al mismo tiempo hay que leer textos para ampliar esos conocimientos. Hay que tener en cuenta la relación entre vocabulario y conocimientos del mundo: conocer la palabra "gobierno" significa también saber algo de, por ejemplo, la forma de gobierno de un país (y poder compararla con la del propio país u otros). Por eso es útil usar cualquier fuente, también en otras lenguas, para aprender sobre el mundo hispánico.

d) *Utilizar estrategias.* Los buenos lectores utilizan muchas estrategias cognitivas y metacognitivas para ayudarse a sí mismos a reflexionar sobre sus objetivos, sus tareas de lectura y el procesamiento estratégico del texto. Algunas estrategias son, por ejemplo: adaptar la lectura a los objetivos propuestos con técnicas como *skimming* o *scanning*, utilizar conscientemente conocimientos previos, utilizar la estructura textual para guiar la comprensión, resumir las principales ideas del texto, etc. Para una excelente revisión de las estrategias de lectura, véase Grabe (2009, 220–242).

e) *Estudiar el uso del lenguaje en los medios de comunicación.* Los géneros periodísticos, como hemos visto, responden a combinaciones de diferentes tipos textuales. Estos, a su vez, tienen rasgos específicos, cuyo conocimiento por parte del alumno le puede ayudar a leer los textos con más eficacia. Así, Regueiro Rodríguez (2011) establece un esquema que relaciona tipos de lectura con la intencionalidad comunicativa y la tipología textual. También establece una relación entre las competencias pragmática, lingüística y sociocultural, por un lado, y, por otro, contenidos en forma de la clásica tipología textual (narrativo, descriptivo, diálogo, expositivo y argumentativo). En los cruces de estas categorías surgen recursos gramaticales, sintácticos y léxicos que son de interés para mejorar la comprensión lectora.

8 Propuestas didácticas

Partiendo de estos principios, se pueden establecer una serie de maneras distintas de leer la prensa.

8.1 Lectura frecuente y continuada

Para cualquiera de los objetivos de lectura de prensa, como la adquisición de vocabulario o el poder alcanzar "una visión matizada de los referentes culturales" (PCIC Niveles B1/B2: 27), es absolutamente necesario que el alumno empiece a leer textos periodísticos con frecuencia y de manera continuada, según los niveles sugeridos anteriormente. Solo así podrá ir incorporando los nuevos conocimientos que le permitirán interpretar la realidad social. La lectura es un proceso interactivo entre los procesos *top-down* y *bottom-up* de la comprensión lectora en el cual el aumento de los conocimientos y saberes hará al alumno menos dependiente de la información puramente lingüística contenida en el texto. Se recomienda, siempre que la duración y características del curso lo permitan, fijar una rutina de lectura: cuándo hay que leer, qué tipo de textos (p.e. empezar con textos sobre temas conocidos), cuántos textos, cómo dar cuenta de las actividades de lectura, etc.

8.2 Lectura fundada en el conocimiento de los medios

La prensa diaria en español es enormemente variada[4] y el alumno deberá, dependiendo de sus intereses personales y necesidades educativas o profesionales, llegar a adentrarse en ella. De acuerdo con los objetivos y características de la situación de aprendizaje (en situación de inmersión o no), es recomendable que el alumno se familiarice con la prensa de distintas ciudades, regiones o países en soportes de papel y en internet. En vista de la extensión del territorio hispanohablante, su diversidad y los vaivenes sociales y políticos no es posible tratar la historia o la situación actual del periodismo hispanoamericano en su totalidad; en cada caso hay que buscar información en internet.[5]

8.3 Lectura basada en distinción de géneros periodísticos

El alumno necesitará conocimientos básicos de la teoría de géneros periodísticos y concientización de la estructura discursiva (ver, por ejemplo, Grabe 2009, 243–264). El alumno puede leer textos relacionados de distintos géneros, por ejemplo, noticias, un reportaje y un editorial sobre el mismo tema. Paradójicamente, las definiciones algo confusas de los géneros periodísticos pueden convertirse en una ventaja didáctica: relacionar textos y características de géneros sería una buena forma para que el alumno paulatinamente tomara conciencia de las constantes y las variables entre las características formales; la discusión entre compañeros sobre si un texto es de un género o de otro puede resultar clarificadora. Para empezar el trabajo en este sentido, el profesor puede hacer una colección (electrónica) de textos de distintos géneros y de descripciones para su análisis en el aula.

8.4 Lecturas documentadas

Llegar a conocer los medios de comunicación, sus características lingüísticas y textuales y las particularidades de las sociedades donde funcionan (estamos hablando de más de 20 países distintos que le podrían interesar al alumno) es una carrera de largo aliento que exige un trabajo continuado de documentación. Para poder ser un lector crítico hay que ser un lector documentado. A ese fin, el alumno debería llevar un registro de sus lecturas en distintos medios, apuntando hallazgos de lenguaje y de contenido, por ejemplo, a través de un porfolio digital.

Es recomendable que el alumno vaya construyendo una sencilla base de datos (por ejemplo, en Excel) con vocabulario en contexto de uso frecuente en la prensa. Tres columnas pueden ser suficientes: 1) palabra o colocación (unidad léxica); 2) campo semántico (una frase o una indicación del campo semántico); 3) una traducción si el alumno la necesita o alguna otra observación. El solo trabajo en esta base de datos ya tendrá efectos positivos sobre la retención.

8.5 Lecturas en distintos soportes

El alumno debe aprender a convertirse, según la situación, en varios lectores distintos: *lector de transporte público* (leyendo las últimas noticias en una aplicación del teléfono celular camino del trabajo, clase o casa), *lector de aula* (analizando en papel tipos de textos en colaboración con sus compañeros), *lector de mesa* (leyendo crónicas y reportajes multimedia en la pantalla del PC), *lector de sofá* (leyendo relajadamente durante el fin de semana los artículos de opinión y los *longreads* en papel). En todas estas situaciones irá adquiriendo, de distintas maneras, léxico, sintaxis, variedades dialectales, conocimientos socioculturales y, sobre todo, experiencia textual.

8.6 Lectura individualizada

El alumno tiene que aprender a escoger textos que sean relevantes para sus intereses y que aporten a sus objetivos personales. Para garantizar que lo haga, es recomendable que los alumnos comenten y debatan la elección de sus lecturas en el aula. Se podría organizar una sesión de comentarios regular en la que los alumnos comenten y se recomienden mutuamente determinados textos. Otra posibilidad es empezar cada clase con un breve comentario del día en el que uno o varios alumnos comenten muy brevemente una noticia que hayan leído en una aplicación.

9 Conclusión

A pesar de la larga tradición del uso de los textos periodísticos en la enseñanza del español LE/L2, no existe en estos momentos un enfoque didáctico global que tenga en cuenta todos los factores implicados en la lectura de textos periodísticos basada en la teoría de géneros y en el consumo de contenidos multimedia. Con las observaciones hechas en este capítulo, aunque limitadas a la prensa diaria escrita, esperamos haber mostrado el importante dinamismo de los medios, la necesidad de un enfoque didáctico múltiple y la dirección que podría tomar la didáctica de la prensa: hacia una competencia multimediática.

Notas

1 Para otras propuestas, en el Centro Virtual Cervantes se pueden consultar las actas del congreso de ASELE de 2003, dedicado al uso de los medios de comunicación en la enseñanza del español LE/L2.
2 El profesor de E/LE interesado en libros en lengua española sobre el periodismo puede consultar los fondos de las editoriales Ariel, Comunicación Social, Eunsa, Fragua o Síntesis.
3 En la página web de Fundéu (www.fundeu.es/) hay información al respecto.
4 Enlaces a medios de comunicación latinoamericanos en, por ejemplo, http://bit.ly/2pGQfHY, http://bit.ly/2r2OHg9, http://bit.ly/2qBGJuE y http://bit.ly/2qenUL5. Un análisis ideológico de la prensa española en http://bit.ly/2rb1xWM.
5 Para Latinoamérica, un punto de partida podría ser "Panorama de la prensa latinoamericana", http://bit.ly/2r8Ovff. Para España, "Informe anual de la profesión periodística", publicación anual en http://bit.ly/2qk6Y7s. En inglés hay informes sobre el periodismo en varios países en *Worlds of Journalism*: http://bit.ly/2rjTN4R

Bibliografía citada

Adam, J.M. 1997. "Unités rédactionelles et genres discursifs: cadre général pour une approche de la presse écrite". *Pratiques* 94: 3–18.
Alcíbar Cuello, M. 2014. "Propuesta pragmático-discursiva para analizar artículos editoriales: modelo y estrategias". *Estudios sobre el mensaje periodístico* 21 (1): 225–241.
Alexopoulou, A. 2010. "El enfoque basado en los géneros textuales y la evaluación de la competencia discursiva". http://bit.ly/2pFSLxT.
Arroyo, A. 2008. *La lengua española en los medios de comunicación*. Madrid: Laberinto.
Borrat, H. 1989. *El periódico, actor político*. Barcelona: Editorial Gustavo Gili.
Casasús, J.M. y L. Núñez Ladevéze. 1991. *Estilo y géneros periodísticos*. Barcelona: Ariel.
Domínguez Núñez, Ó. y E. Barcellós Morante. 2006. "La crónica periodística en el aula de E/LE". http://bit.ly/2qdcdUT.
El Comercio. *Manual de Estilo*. Sin fecha. http://bit.ly/1JMEF6w.
Esteba Ramos, D. 2009. "La crónica periodística: un género para explotar en la clase de E/LE". http://bit.ly/2r1EQXM.
Fernández López, S. 2005. "Competencia lectora, o la capacidad de hacerse con el mensaje de un texto". http://bit.ly/2qaSqXL.
Fernández Parratt, S. 2003. *Introducción al reportaje: antecedentes, actualidad y perspectivas*. Santiago de Compostela: Ed. Universidade de Santiago de Compostela Publicacións.
Fernández Parratt, S. 2008. *Géneros periodísticos en prensa*. Quito: CIESPAL.
Ferrés, J. y A. Piscitelli. 2012. "La competencia mediática: propuesta articulada de dimensiones e indicadores". *Comunicar* 38: 75–82.
García Perdomo, V.M y L.M. Gutiérrez Coba. 2011. *Manual de géneros periodísticos*. Bogotá: ECOE.
Grabe, M. 2009. *Reading in a Second Language: Moving from Theory to Practice*. Cambridge: Cambridge University Press.

Instituto Cervantes. 2006. *Plan Curricular del Instituto Cervantes: Niveles de referencia para el español*. Madrid: Biblioteca Nueva.
Instituto Cervantes. 2015. *Anuario 2015*. http://bit.ly/2qdekrP.
Koda, K. 2005. *Insights into Second Language Reading: A Cross-Linguistic Approach*. Cambridge: Cambridge University Press.
Llamas Saiz, C. 2003. "La enseñanza de los marcadores del discurso en la clase de ele: explotación de los textos periodísticos de opinión". http://bit.ly/2qcWNzV.
López Ferrero, C. y E. Martín Peris. 2010. "La competencia crítica en el aula de español L2/LE: textos y contextos". http://bit.ly/2pFSLxT.
López García, G. 2015. *Periodismo digital. Redes, audiencias y modelos de negocio*. Salamanca: Comunicación Social.
Louredo Lamas, Ó. 2009. *Introducción a la tipología textual*. Madrid: ArcoLibros.
Martín Leralta, S. 2009. "Competencia mediática y uso de la prensa en el aula de lengua extranjera". http://bit.ly/2r8lv3z.
Martínez Egido, J.J. 2014. "Modalidades de enunciado y de enunciación en la transmisión del discurso económico y financiero en la prensa española: la estructura de la información". http://bit.ly/2qAiD3b.
Martínez Pasamar, C. 2003. "Aprovechamiento didáctico de las constantes lingüísticas de la narración en la noticia". http://bit.ly/2qcWNzV.
Mayoral, J. 2013. *Redacción periodística. Medios, géneros y formatos*. Madrid. Síntesis.
Moriano, B. 2010. *El uso de la prensa en el aula de ELE: una aproximación cultural entre España y Portugal*. Memoria de Máster. http://bit.ly/2psPSFL.
Pedrosa Rúa, J. 2016. "La prensa digital en el aula de español: cuatro aplicaciones y una experiencia". *Actas del XXIV seminario de dificultades de la enseñanza de español a lusohablantes*. Madrid: Ministerio de Educación, Cultura y Deporte.
Piedra Lanza, B. 2007. "El periódico en el aula de E/LE". http://bit.ly/2q9GPZd.
Prieto Grande, M. 2003. "La prensa en el nivel elemental". http://bit.ly/2qcWNzV.
Regueiro Rodríguez, Mª L. 2011. "La compleja y rica relación entre el texto y el tipo de lectura". En *La lectura en Lengua Extranjera*, eds. Y. Ruiz de Zarobe y L. Ruiz de Zarobe. Londres/Vitoria/Buenos Aires: Portal Education.
Romero Gualda, M.ª V. 2008. *El español en los medios de comunicación (I)*. Madrid: Arco/Libros.
RTVE (S.f.). "Manual de Estilo". http://bit.ly/2qdj00K.
Tabarés Pérez, P. y L. Pérez Ruiz. 2008. "La enseñanza del español y del inglés para los medios de comunicación: propuesta metodológica contrastiva". *MarcoELE* 7.
Yanes, R. 2004. *Géneros periodísticos y géneros anexos: una propuesta metodológica para el estudio de los textos publicados en prensa*. Madrid: Fragua.

Bibliografía recomendada

Alexopoulou, A. 2010. "Tipología textual y comprensión lectora en E/LE". *Revista Nebrija de Lingüística Aplicada* 9. [Buena introducción al tema de la relación entre estos dos conceptos].
Gomis, L. 2008. *Teoría de los géneros periodísticos*. Barcelona: UOC. [Uno de los mejores análisis del periodismo como conjunto de géneros].
López Ferrero, C. y E. Martín Peris. 2013. *Textos y aprendizaje de lenguas*. Madrid: SGEL. [Especialmente útiles los capítulos I-VI como introducción a la lingüística textual].
Rodrigo, V. 2018. *La comprensión lectora en la enseñanza del español LE/L2: de la teoría a la práctica*. Londres/Nueva York: Routledge. [Introducción muy completa a una destreza fundamental para acercarse a la prensa].

9

EL DISCURSO PUBLICITARIO EN LA ENSEÑANZA DEL ESPAÑOL LE/L2

Claudia Fernández y Valentina Noblía

1 Introducción

Una de las particularidades de la cultura contemporánea, que resulta de las consecuencias culturales del mercado y la producción masiva, es la de ser una cultura publicitaria (Fairclough 2008). La configuración de la vida social a partir del consumo ha posicionado a los discursos publicitarios como recursos indiscutidos para la venta de bienes, servicios, ideas e, incluso, imágenes de personas. Ha colonizado masivamente el discurso de los servicios públicos y profesionales, configurando géneros híbridos. Consumimos publicidad todo el tiempo y por diferentes vías: radio, televisión, cine, internet, redes sociales, paredes, hasta el mismo cielo se ha vuelto canal publicitario. Según Baudrillard (1989), es el único bien verdaderamente democrático en las actuales sociedades capitalistas. Por ello, resulta relevante y atractivo como objeto de estudio y como herramienta para la enseñanza de lenguas maternas, segundas y extranjeras (en adelante, L1, L2 y LE).

La publicidad es un género rico y complejo, que puede reconocerse en diferentes ámbitos, prácticas y textos. Tiene como finalidad vender, por lo que es fuertemente persuasivo, a la vez que expresa valores, creencias y modelos propios del momento histórico y de la cultura en la que se produce. Es un discurso ideológico no solo por lo que exhibe, sino por cómo lo hace.

Históricamente, se ha apelado a diferentes recursos semióticos para persuadir a la audiencia. En la actualidad, las posibilidades estéticas y narrativas, así como sus circuitos de distribución y difusión se han multiplicado con las nuevas tecnologías.

En la enseñanza de español LE/L2, la publicidad se ha usado principalmente para explicar recursos lingüísticos o contenidos socioculturales y, aunque menos, para desarrollar la competencia comunicativa en toda su complejidad. En este capítulo presentaremos un panorama general del estado de la cuestión y aplicación del discurso publicitario en la enseñanza; definiremos luego sus características discursivas más relevantes y haremos una propuesta didáctica.

2 Estado de la cuestión. Publicidad y español LE/L2

La publicidad gráfica —carteles, folletos y volantes— llega a los manuales de enseñanza de español LE/L2 como material auténtico en los albores del enfoque comunicativo. Estos productos culturales —no intervenidos didácticamente— sirven de *input* para contextualizar funciones comunicativas o estructuras lingüísticas, y ofrecen muestras de lengua real que exhiben rasgos de la cultura; otras veces aparecen para ilustrar temas en una unidad didáctica. En esta etapa, se apela a la publicidad gráfica y asentada fuertemente en lo verbal.

Una vez afianzado este enfoque, la publicidad se diluye en los manuales generales de lengua, aunque no en los de enseñanza con fines específicos. En los cursos de español para los negocios y el turismo, por ejemplo, reaparece en los folletos turísticos y campañas institucionales (vacunaciones, alimentación, educación ciudadana). A la publicidad gráfica, se le suman los vídeos y el CD, que introducen anuncios audiovisuales. La publicidad es desplazada rápidamente de los manuales para reaparecer como material complementario.

Existen solo dos publicaciones dedicadas a este uso de la publicidad: *Bueno, Bonito y Barato*, de Lourdes Miquel y Neus Sans (1991 y 1994), donde se presentan 56 textos publicitarios, seleccionados por su contenido lingüístico y cultural, con una guía didáctica que incluye ejercicios y sugerencias de explotación. Quince años después, Agustín Yagüe (2006) publica *Dan que hablar: Actividades con anuncios de la tele para la clase de español*. Este material, organizado en 15 sesiones, propone el uso de anuncios como estímulos para la comprensión lectora y auditiva, y la interacción oral. También ofrece actividades de expresión escrita y oral.

Al iniciarse el nuevo siglo,[1] los sitios web y los repositorios especializados en didáctica del español LE/L2 (Todoele, Marcoele, La biblioteca del profesor del CVC, etc.) se han convertido en lugares privilegiados de publicación de materiales complementarios, entre ellos, actividades para llevar la publicidad al aula. Encontramos un altísimo predominio de las publicidades gráficas sobre otros formatos que se usan principalmente para vehiculizar contenidos socioculturales (Robles 2004; Yuste 2011), para contextualizar el uso de los imperativos (Oca 2003), del estilo indirecto (Bohórquez 2013), de marcadores discursivos en los anuncios (Balibrea 2003), o del léxico (Argüelles 2015). Son escasas las actividades que proponen crear anuncios publicitarios a partir del análisis (Pozo 2011[RefMR10]). Otro uso es como insumo para realizar actividades en secuencias didácticas complejas (Miquel y Sans 1994; Yagüe 2006 y Pinar 2012).

Las referencias sobre el uso de la publicidad en español LE/L2 se centran, preferentemente, en el análisis lingüístico. Coincidimos con Meler (2006) en que el fin innovador del lenguaje publicitario lo acerca al lenguaje literario por su riqueza de recursos lingüísticos y retóricos. Su brevedad y concisión permiten contextualizar adecuadamente la mayoría de estos recursos. Entre los más relevantes podemos señalar el uso de:

> las hipérboles, las paradojas, los dobles sentidos, la rima, las analogías, las comparaciones o símiles, las aliteraciones, las paranomasias, las sinestesias, las interrogaciones retóricas, un uso privilegiado de los modos imperativo e indicativo, superlativos, adjetivos y fundamentalmente de las metáforas, debido a su alta carga afectiva y persuasiva sobre el receptor. En el plano léxico abundan en cambio los neologismos, los términos científicos, los tecnicismos y extranjerismos y los juegos de palabras, [. . .] expresiones y frases populares que remiten a los registros del lenguaje coloquial.
>
> *(Meler 2006, 91)*

Siguiendo esta línea de privilegiar el análisis del mensaje verbal frente a las posibilidades multimodales, el trabajo más significativo es el de Robles (2004), que propone descifrar las estrategias persuasivas del plano lingüístico. Aunque son muchas, presentamos, sintéticamente, las consideradas de alta rentabilidad para la didáctica de español LE/L2 (Robles 2004, 513).

1 La cuantificación
2 La causalidad
3 La persuasión a través de las construcciones comparativas y superlativas
4 La persuasión a través del modo verbal en las construcciones de relativo

Del relevamiento de lecturas surge que la publicidad para enseñar lengua —materna, segunda, extranjera— es la mejor manera de profundizar el análisis de la sintaxis, mediatizada por las figuras retóricas o por las estrategias discursivas del lenguaje publicitario. Usar mensajes breves, concisos, al alcance de todos y que todo el mundo está acostumbrado a consumir, que apelan a creencias y presuposiciones dependientes del contexto, hace que se aprehendan mejor los mecanismos discursivos que construyen su significado y sentido.

Además de estos materiales centrados en lo lingüístico, encontramos una propuesta didáctica que muestra la viabilidad de la imagen publicitaria como recurso pedagógico. Yuste (2011) critica la concepción gregaria de la imagen y la creencia errónea de que ésta carece de valor comunicativo auténtico, por la ausencia de palabras. Propone un recorrido gradual e integrador[2] del documento icónico que permite sistematizar la información. Se desarrolla en seis fases consecutivas, consagradas a un aspecto analítico concreto, clasificable en dos bloques según el objetivo propuesto, distinguiendo aquellas referidas a la forma (1 y 6) de las del contenido (2–5), como se sintetiza a continuación:

TABLA 9.1 Fases del documento icónico.

1 Identificación/Definición	¿Qué es? Se invita al alumno a reconocer y definir la imagen.
2 Descripción/Constatación	¿Qué hay? ¿Qué elementos se pueden observar? El verbo de referencia es haber (existencia).
3 Función/Interpretación	¿Qué funciones desempeñan los elementos en el documento? Se analizan e identifican funciones representativas o alegóricas, para accionar la imagen fija mediante la palabra.
4 Amplificación/Narración	¿Qué sucede? Se contextualiza la imagen, integrando los contenidos en una estructura narrativa.
5 Finalidad/Argumentación	¿Qué quiere decir el autor?, ¿cuál es el mensaje? El centro de interés reside en la intencionalidad del mensaje. Se analizan los recursos articulados para valorar la eficacia del documento según el acto perlocutivo que desea generar.
6 Conclusión/Comentario	Se propone al alumno compartir su opinión como cierre del análisis del documento icónico.

Como vimos en este apartado, las propuestas didácticas publicadas en revistas o en repositorios están diseñadas según los enfoques comunicativos actuales. No obstante sus aciertos, el problema que presentan es que pierden vigencia rápidamente: en todos los casos, las publicidades elegidas ya no están en circulación y quedan lejanas tanto para el profesor como para el alumno. La misma característica que hace de la publicidad una de las mejores herramientas para el aula, invalida su publicación o le hace perder vigencia: su rabiosa actualidad.

3 Definición de género publicitario y características

Los géneros discursivos son procesos sociales orientados a la consecución de objetivos (Martin y Rose 2008). Se definen por la configuración recurrente de significados que representan los modos en los que se articulan las prácticas sociales de una cultura determinada. Están organizados en etapas, ya que las prácticas suponen diferentes acciones sucesivas, y no deben ser comprendidos de manera individual, sino en su relación con otros géneros (Martin y Rose 2008).

El género publicitario se caracteriza por una finalidad concreta: la promoción de bienes y servicios para la "venta",[3] a través de los medios de comunicación (Cook 2005). Para comprenderlo cabalmente, es necesario vincularlo con otro género discursivo, la compraventa, con el que está íntimamente relacionado por: su propósito final, los roles sociales implicados (vendedor/comprador) y el objeto (producto o servicio que se intercambia por dinero). Esa función no siempre es de índole comercial, por ejemplo, la publicidad con fines políticos o las campañas de prevención pretenden la "compra" de una imagen o de un cambio de conducta.

También puede ir acompañada de otras funciones secundarias como informar, prevenir, etc. (Cook 2005).

Estos géneros plantean al menos dos etapas: la presentación positiva de un objeto/servicio/imagen y la incitación a su compra/consumo, de manera explícita, alusiva o connotada. Puede hacer referencia directa a su objeto o invocarlo, a través de un universo de valores sociales considerados positivos o deseables (ser moderno, joven, saludable) con el que se lo vincula. Puede apelar al receptor directa o elípticamente, mediante la fuerza ilocucionaria explícita del acto ("comprá")[4] o trasponiendo ese imperativo a otros, que no tienen relación directa ni natural con una transacción comercial ("crecé sano", "conectate", "cuidá a tu familia"). Ese trasfondo de valores compartidos con la audiencia es el que garantiza la efectividad persuasiva de los mensajes y lo que, en definitiva "compra" el destinatario. La publicidad recurre a los valores, creencias y representaciones sociales de los grupos a los que se dirige, para activarlos como supuestos que no van a ser cuestionados y que van a garantizar su empatía y adhesión.

La publicidad trabaja fundamentalmente sobre el vínculo interpersonal con el destinatario y sobre el tratamiento semiótico del objeto publicitado, que le permite distinguirlo de otros y hacerlo deseable.

3.1 *La configuración del vínculo entre emisor y del destinatario*

El vínculo entre el texto publicitario y su destinatario es efímero (Adam y Bonhome 2000), por ello, la repetición es una estrategia necesaria para lograr su propósito. Como se dirige a un público masivo, que no la espera y que, incluso, no está dispuesto a recibirla, el primer paso en la planificación de estos mensajes es establecer el contacto con ese interlocutor y personalizar ese vínculo (Hermerén 1999).

Estos roles deben considerarse desde dos perspectivas: la del emisor/vendedor y la de la audiencia/comprador real o potencial. Para lograr el efecto persuasivo, las estrategias discursivas deben apelar a recursos que personalicen ese vínculo con un destinatario que, de partida, se sabe múltiple. Para ello, estos textos explotan distintas variedades lingüísticas —sociolectos, registros, léxico, deixis personal, etc.— y otros modos semióticos además del lingüístico —colores, puesta en escena, planos, música, vestimenta, etc.—, para reponer valores y normas que identifican a estos grupos, según el género, la edad, la profesión, estilos de vida, etc. y reforzar las identidades sociales y culturales de la audiencia. Si bien el mundo contemporáneo ha globalizado la actividad comercial, y el diseño de publicidades puede ajustarse a un público indeterminado culturalmente, la publicidad sigue asentando sus efectos persuasivos en temas, pautas y normas de fuerte arraigo cultural, propios de comunidades particulares.

La configuración multimodal del emisor del mensaje es estratégica, puede constituirse como una voz narrativa impersonal que presenta y naturaliza las bondades del producto o servicio, o puede personalizarse en una figura de autoridad que asume ese rol —el médico con chaquetilla que recomienda un analgésico o la ama de casa, que desde la cocina o el baño de su hogar nos garantiza la excelencia de un producto de limpieza—.

En el caso del destinatario, las estrategias son similares, aunque lo que se refuerza son los estereotipos sociales en todas sus posibilidades (bebés, niños, adolescentes, amas de casa, profesionales, etc.), con sus hábitos, valores y costumbres. Las diferencias sociales y económicas que estos estereotipos reproducen se vinculan con el contenido de la publicidad (exclusivo, de uso común, etc.) y serán consideradas en la elección de los recursos semióticos. Hay que decir, sin embargo, que en algunas culturas, estos estereotipos de género y clase social están cambiando.

En este encuadre multimodal, el plano verbal trabaja estratégicamente esta relación desde el registro, en la que el tenor (Halliday 2004) se establece generalmente entre una primera persona —la voz del productor de la publicidad— y la segunda persona —su destinatario— a partir del uso de la deixis (pronombres, verbos, léxico) y las representaciones discursivas multimodales que de estos actores se haga. La puesta en escena relaciona la deixis con momentos concretos, lugares o personas, con un tono particular (emotivo/distante, convencido/escéptico, literal/irónico, solemne/humorístico) y permite articular una gradualidad, en términos de mayor/menor distancia social. Las estrategias toman en cuenta, entre otros, los siguientes aspectos:

3.1.1 Configuración del rol del destinatario

La fórmula de tratamiento más directa e informal (menor distancia social) es la segunda persona, "vos" o "tú", frente a un "usted" (mayor distancia social) casi ausente. También es recurrente el uso de una primera persona ("yo"), para reforzar la cercanía —la pertenencia al mismo grupo— entre el emisor y el receptor:

(1) Hoy *elegí* multiplicar y ahora *tengo* más crédito para revivir este grupo (Música del grupo de cumbia Commanche – Movistar).

En ese "elegí" se produce un desplazamiento del imperativo de la segunda persona típica de la publicidad, a una primera persona que asume ese mandato como propio.

Los vocativos: "che", "ey", "flaco",[5] etc., y otros usos deícticos, desde las diferentes alternativas pronominales de la segunda persona (tú, tus, te) o la variante de la primera persona inclusiva (me/mi/nos/nuestra), son recursos típicos para reforzar el vínculo interpersonal.

(2) *Estoy* lista para revertir el paso del tiempo. Cicatricure presenta su nueva crema antiedad. En sólo dos meses, *tu* piel dos años más joven (Andrea Frigerio, modelo argentina)
(3) Cannon es *mi* colchón (Cannon)
(4) Siempre *sentiste* que tomar mate *te* conectaba con *vos* mismo, ahora *sabés* por qué (Yerba Mate Argentina)
(5) Libre de arrepentimientos. Libre de lo que no *querés* para *vos* (7Up Free)
(6) Ey, *vos, sí, vos*, ¿querés el mejor aceite para tu auto? Usá Energy Oil (Astroil Lubricantes)

3.1.2 Configuración del rol del emisor

Respecto del rol del emisor, este tratamiento puede observarse en el uso de:

a) A través de recursos gráficos (logo) o sonoros (melodías o sonidos que identifican a las marcas), sin una mención lingüística:

   (7) Nunca dejes de sonreír (Logo de Corega, producto para dentaduras postizas).

b) Mención lingüística de la marca que asume ese rol discursivo:

   (8) *Marolio* le da sabor a tu vida, desde el comienzo del día (Marolio – aceite).

c) Formas en las que el emisor se personaliza en un yo/nosotros particular, acortando la distancia con la audiencia:

   (9) *Redujimos* un 15 % del material PET de nuestros envases. Vos no lo vas a notar, la naturaleza, sí (Agua Eco de los Andes).

d) Formas mixtas en las que se pueden combinar las opciones precedentes.

   (10) *Coto*, yo *te* conozco. *Nos* conocemos (Logo y música que identifica la empresa Coto).

3.1.3 Modalidad

La modalidad define las posiciones y roles entre los participantes. El uso casi omnipresente del imperativo en la imposición de un producto/servicio es una de las recurrencias más destacables y pone de manifiesto una clara relación de poder simbólico entre ambos polos del intercambio. Le siguen el indicativo y el potencial, como formas mitigadas:

(11) En el mes del niño, *pedí* tu Personal. (Personal – empresa de telefonía)

   Las formas interrogativas crean la ilusión o ficcionalizan un supuesto diálogo con el destinatario:

(12) ¿Te tropezaste y no das más del dolor? Probá Ibuevanol Max rápida acción.

Tiempo

El tiempo de la publicidad es el presente, que opera estratégicamente al situar la necesidad en una instancia inmediata, el aquí y ahora. Le sigue, en menor escala, el futuro.

(13) *Llevate* la nueva pelota de YPF para que tu verano sea perfecto. *Canjeala* en todas las YPF del país (YPF – empresa de combustibles).

Actos de Habla

Los actos de habla más recurrentes son directivos e interrogativos. Las acciones básicas promovidas por cualquier aviso ("comprá"/"hacé") se enmascaran —en la mayoría de los casos— a través del contenido ideacional de otros actos de habla, vinculados con el producto que se promociona ("tomá", "hidratá", "ponete"). No obstante, la dimensión interpersonal —a modalidad imperativa— permite reponer el propósito que subyace en ese estado de cosas:

(14) *Tomá* lo mejor de tu país. Tomá Manaos (Gaseosa Manaos)
(15) *Hidratá* tu cuerpo, hidratá tu mente (Bon Aqua)
(16) Antes de entrar al túnel, *ponete* un Tulipán (Preservativos Tulipán)

Cuando la fuerza ilocucionaria no es explícita o el verbo está elidido, es más costoso comprender el objetivo buscado y recae fundamentalmente en el valor cultural del objeto publicitado:

(17) Nuevo Kuga. Tecnología Ford: lo casi imposible es posible (Ford)
(18) ¿Por qué elegir un Chevrolet? (Chevrolet)
(19) Algunas cosas van cambiando; otras no cambian nunca (Diario Olé)

Los recursos analizados dan cuenta de elecciones intencionales que construyen un vínculo ideal y personalizado con un destinatario múltiple y ausente.

3.2 La representación multimodal del objeto

Los textos publicitarios apelan a las convenciones de otros géneros discursivos (Bajtín 1982) y a recursos de distintos registros (Halliday 2004) para construir una imagen positiva y deseable del bien o servicio que promocionan. Pueden ser de diferente naturaleza semiótica, no hay recursos privativos, incluso, pueden operar como tales, textos completos que originariamente no fueron concebidos para cumplir con ese objetivo (poemas, canciones, imágenes, etc.).

Como dijimos, no hay recursos específicos, pero sí usos recurrentes con una finalidad persuasiva. En este marco cumplen un rol clave los valores y las creencias sociales vinculados con el objeto o servicio que se esté promocionando: objetos de la vida cotidiana (alimentos, artículos de limpieza), de lujo (relojes, perfumes) o de salud (medicinas, centros médicos, dietas), educativos (escuelas, universidades); etc. La lista puede ser tan amplia como la complejidad de la vida misma.

El registro se manifiesta fundamentalmente en los recursos verbales, especialmente en la selección léxica. El uso del léxico evaluativo permite destacar los beneficios y cualidades del objeto a vender/consumir: entre ellos la adjetivación, los juegos de palabras, las metáforas, las comparaciones, etc. No obstante, la preeminencia de lo verbal es relativa y muchas publicidades se asientan en los recursos visuales (colores, tipografías, fotografías); o lo auditivo (música y sonidos), dejando en un segundo plano lo lingüístico. En la mayoría de los casos se apela a una configuración multimodal, explotando las posibilidades que ofrecen los distintos modos. Por ejemplo, en la publicidad de Personal Argentina ("We are chusmas" – www.wearechusmas.com) se ofrece —en clave paródica— un servicio de ayuda para usar redes sociales. En ella, un personaje ficticio "Nilda Nicolás" responde preguntas de la audiencia. Este personaje está caracterizado con la imagen típica de la vecina con ruleros, experta en el "chusmerío". El texto que invita al sitio es el siguiente:

(20) We are *chusmas*.[6] Todas las redes sociales en tu Personal.

El uso del *spanglish* y del adjetivo "chusmas" instala un registro informal y humorístico, asentado en aspectos culturales idiosincráticos. La música que acompaña la publicidad y que remite a los típicos avisos televisivos para amas de casa, sumada a la tipografía y los colores primarios, y a la caracterización travestida de "Nilda Nicolás" por un actor con barba crecida y ruleros configuran un todo semiótico que construye el mensaje publicitario.

En ese sentido, lo lingüístico debe ser trabajado en confluencia con los otros modos semióticos y teniendo en cuenta los supuestos culturales que esa combinación de recursos exhibe. Veamos otros ejemplos:

(21) Ibuevanol Max rápida acción para dolores intensos, no sólo para esos días
(22) Hoy hice arroz, yo soy Diana Arroz. Lo hice para vos (Lucchetti)
(23) Antes de entrar al túnel ponete un Tulipán. (Preservativos Tulipán)

Estos casos permiten reconocer esta confluencia: los supuestos compartidos ("esos días", los dolores menstruales); el léxico, los préstamos lingüísticos, ("we are chusmas"); las metáforas ("el túnel", la penetración en el caso de los preservativos Tulipán); los juegos de palabras ("arroz", con la canción de Diana Ross), etc.

Los recursos elegidos para representar al bien o servicio se vinculan estrechamente con los medios de circulación y sus posibilidades semióticas: televisivos, radiales, impresos, digitales, etc. El medio radial hará uso estratégico de los sonidos, la música y lo verbal; los televisivos y digitales, la imagen y lo audiovisual, etc. El abordaje de los textos publicitarios exige, entonces, teórica y metodológicamente un enfoque multimodal, ya que producir e interpretar esos textos requiere una comprensión integral de su composición multimodal (Kress 2005, 2010).

En esta breve presentación sobre las características del género no nos propusimos recabar una lista de recursos, ya que, como mencionamos anteriormente, la publicidad puede hacer uso de todos los sistemas semióticos disponibles. Pretender una descripción exhaustiva no solo sería imposible sino irrelevante, ya que la clave para comprender su utilidad para la enseñanza de la lengua, no está en las formas en sí, sino el uso que se hace de ellas para persuadir al destinatario.

4. El género publicitario y la enseñanza de español LE/L2

De las lecturas del apartado anterior surgen cuatro usos de la publicidad para el aula de español LE/L2. Estas funciones no tienen por qué ser excluyentes:

1. Insumo para actividades de producción o interacción oral, escrita o audiovisual. La lectura y comprensión del texto publicitario permiten al estudiante participar en una conversación o en una polémica, elaborar un escrito, un vídeo o un *post*, realizar alguna transacción en el ámbito profesional o académico. En este caso, la publicidad forma parte de una secuencia compleja de actividades, en la que prima el proceso de comprensión audiovisual. Las competencias generales y lingüísticas del estudiante se activan para hacer una lectura productiva que le permitirá hacer una producción adecuada. Los exámenes internacionales recurren a publicidades o a campañas publicitarias institucionales en la fase de producción e interacción oral para que el candidato tenga temas de conversación. La figura 9.1 es una lámina de examen CELU (www.celu.edu.ar). En ella, un folleto ofrece razones para la donación de sangre. En el reverso de la lámina (aquí, debajo de la imagen) se presenta el juego de rol. Se espera que el candidato lea la información y elabore un discurso adecuado a la situación.

FIGURA 9.1 Examen CELU.

Situación

USTED donó sangre voluntariamente esta semana. Habla con un amigo y trata de convencerlo de que vaya a donar sangre.
EXAMINADOR es su amigo. Se resiste.

2   Contextualización de funciones comunicativas, pragmáticas, estructuras lingüísticas, léxico, pautas de entonación, etc. El uso de la lengua, en su totalidad, puede ser contextualizado en un anuncio publicitario. Predominan los mismos procesos de comprensión audiovisual descritos antes. Se activan además las competencias pragmáticas e interculturales.

En la figura 9.2 aparecen una serie de mandatos que los padres dan a sus hijos, relacionados con la buena educación (No llegues tarde, hacéle caso a la maestra, no grites). La imagen de una niña atildada y obediente, generada por la vestimenta (el uniforme atado atrás con un moño perfecto, los zapatos blancos) y el peinado (las dos coletas),

FIGURA 9.2 Tomá la leche.

la postura (camina recta con su gran mochila) naturaliza los mandatos sociales. Dado que en español coloquial es habitual hacer pedidos o dar instrucciones con imperativo, este tipo de publicidades contextualiza esta función y hace significativas las actividades.

3   Vehículo de contenidos (inter)culturales. Más que un vehículo, el discurso publicitario construye significados culturales. Por ello, promueven la activación e interacción entre las competencias pragmáticas y las habilidades interculturales. Los procesos de comprensión lectora, auditiva o audiovisual del texto publicitario se profundizan para reconocer sistemas de creencias, valores, conocimientos, estereotipos y visiones de mundo de una lengua.

La figura 9.3 muestra una actividad, "Somos diferentes— Somos iguales", que busca la expresión de sentimientos y opiniones (uso de subjuntivo y léxico valorativo). Se promueve una lectura multimodal de dos spots publicitarios, Benneton y Dove, reconocidos por sus polémicas campañas publicitarias caracterizadas por desmontar estereotipos. Los estudiantes deben reconocer los criterios con los que se construye el mensaje y elaborar una opinión. Para ello, tienen que saber cómo expresarse en español sobre la diversidad, los estereotipos de belleza, la crítica a ciertos modelos de mujer, etc., como en el ejemplo siguiente:

SOMOS DIFERENTES – SOMOS IGUALES

En pequeño grupo. Mire los anuncios en silencio (se muestran dos breves vídeos de Benneton y de Dove (https://youtu.be/odkGhyNvgk0 y https://youtu.be/aXfQE4gDOf4) y resuelva:

a) Comente el mensaje que transmiten estos spots en particular y estas marcas en general, y la forma en que lo hacen. ¿Cree que son efectivas?, ¿Qué relación encuentra con los conceptos de estereotipo, globalización, discriminación, imposición? Comparta su opinión con su grupo. Tome notas. Luego se compartirán sus opiniones en plenaria. Recuerde el uso de adjetivos en la frase siguiente:

Ejemplo: Es discriminatorio que *todas las modelos de las publicidades sean flacas*
Molesto-desagradable-lindo-saludable-bueno-inteligente-incómodo-discriminatorio-enfermo-injusto-aburrido-engañoso. . .

b) Seleccione una imagen y arme un anuncio publicitario. ¿Para qué producto o servicio se puede usar?, ¿a qué conceptos apelaría? Justifique su respuesta. Deberán presentar el anuncio a toda la clase

---

FIGURA 9.3 Somos diferentes – Somos iguales.

4   Modelo para la producción de textos. En los enfoques comunicativos o por tareas, o en la simulación global, se le da al estudiante modelos de texto que luego tendrá que producir. El estudiante debe comprender el mensaje y los recursos retóricos puestos en juego para persuadir. Aquí los procesos de comprensión y producción audiovisual se profundizan ya que el estudiante tiene que reconocer las estrategias discursivas subyacentes al modelo para comprender el mensaje. Esto también ocurre con las competencias pragmáticas e interculturales que permiten interpretar los sentidos sugeridos o connotados multimodalmente.

En la figura 9.3, la segunda consigna le propone al estudiante que diseñe un anuncio similar a los analizados y use el mismo criterio. El objetivo es reconocer y discutir, en español, que el criterio es desmontar los estereotipos. También que puedan imitar las publicidades analizadas y construir mensajes similares.

4.1   El anuncio publicitario en el Plan Curricular

La forma en que se incluye el discurso publicitario en el Plan Curricular del Instituto Cervantes (PCIC), refuerza lo relevado en la lectura de artículos, presentaciones a congresos y propuestas didácticas. La publicidad es fin y medio; objeto cultural en sí mismo y vehículo de cultura. Aparece como recurso léxico en los niveles iniciales porque, como producto de los medios de comunicación de masas, forma parte de la vida cotidiana; y como recurso para el léxico de especialidad porque está asociada a una de las actividades profesionales más habituales como el comercio. Por sus características discursivas, transmite y construye supuestos, profundiza creencias y estereotipos y es modelo de lengua, y como tal, referente cultural.

De manera sintética, los anuncios publicitarios están presentes en varios inventarios del PCIC (Nociones generales y específicas, géneros discursivos y tipos textuales, Referentes culturales y Ortografía) y niveles. Con respecto al léxico y a los campos semánticos, en los niveles iniciales, aparece para el A2, en las nociones específicas, "anuncios y publicidad", televisión y radio. En los niveles B1 y B2, y C1 y C2, se presenta dentro del campo semántico del comercio, respondiendo a la especificidad de la publicidad como actividad profesional.

El hecho de que la publicidad aparezca en el inventario de Géneros discursivos y productos textuales significa que se considera una muestra de lengua auténtica, pertinente para la enseñanza. Para los niveles iniciales (A2) en el listado de géneros de transmisión oral y escrita aparecen los anuncios publicitarios en vallas, prensa escrita, propaganda; y luego, al especificar los géneros de transmisión escrita se señalan: "Anuncios publicitarios relacionados con alojamiento, establecimientos hoteleros y viajes", sólo para la recepción. Para los niveles B1 y B2, para la transmisión oral se agregan los anuncios publicitarios de radio y TV. En la especificación de estos géneros, se presentan aquellos anuncios "sin implicaciones culturales ni lenguaje poético", solo para la recepción. En cuanto a los de transmisión escrita, para el B1 se proponen "Anuncios publicitarios de tipo informativo", solo para la recepción; y para el B2: "Anuncios publicitarios con limitaciones relativas al uso de la lengua (sobreentendidos de tipo cultural, uso irónico o humorístico", solo para la recepción. Para el nivel C1, se agregan a los géneros escritos, "Anuncios publicitarios con implicaciones socioculturales", aunque solo para la recepción. Por último, la publicidad aparece en los referentes culturales, para la fase de Profundización, con campañas de publicidad asociadas a diversas ONG y en la de Consolidación con publicidad en radio, televisión y prensa, y festivales de publicidad.

La mención que se hace de ella en el inventario de ortografía, para el nivel C2, donde se sugiere que la publicidad y los textos afines realizan usos expresivos de la ortografía y la puntuación, refuerza la idea de focalizar la sintaxis a través de la retórica.

4.2 Un ejemplo: "Los argentinos somos los que a menos distancia aceptamos estar del otro"

Este enunciado apareció en un anuncio el 5 de octubre de 2017 en Argentina en canales de aire y vía pública. Actualmente se puede visualizar en la web (www.youtube.com/watch?v=B4JX88ku59s). Fue realizado por la agencia de publicidad Grey Argentina. Para navidades se hizo una versión del anuncio para España[7], con la misma música de fondo (*Altogether now*, The Beatles).[8]

4.3 Análisis de la publicidad

Esta publicidad se articula a partir de una estrategia multimodal típica: la confluencia de lo verbal, lo audiovisual y lo gráfico en la construcción de un mensaje que hace referencia a un producto concreto (la bebida Coca Cola), asociado con un valor culturalmente dependiente como la distancia social: "estar cerca". Los recursos verbales y visuales trabajan paralelamente ese concepto según tres criterios:

a) Poner en escena situaciones que refieren a ese valor social (familia, amigos, compañeros de trabajo, bomberos, etc.), que pueden adaptarse a distintas realidades socioculturales (es la matriz que comparten el anuncio de Argentina y el de España).
b) Precisar esos valores en una identidad social y cultural particular ("habla de cómo somos"). En el plano visual, las imágenes del tango, del Congreso, Mar del Plata, los actores de cine y TV Alberto Olmedo y Javier Portales, el humor de Tute, el colectivo, etc., y en el verbal, el registro informal ("toquetones", "franeleros").[9]
c) Vincular ese universo con Coca Cola a través de las imágenes (escenas de vida cotidiana en la que estamos cerca de amigos, familiares, compañeros de trabajo) y lo verbal (el uso del nosotros inclusivo "estamos" —los argentinos + Coca Cola— "más cerca de lo que creemos").

El entramado verbal/audiovisual permite reforzar la identidad social y cultural del grupo al que va dirigido (los argentinos) desde un *nosotros* que incluye a Coca Cola. La cercanía interpersonal alta como pauta cultural identitaria se desarrolla simultáneamente en la confluencia de lo verbal y audiovisual; el desplazamiento de ese valor al producto (Coca Cola) se realiza a través de lo visual-gráfico (la marca al cierre) y visual-dinámico (las imágenes de las botellas en las escenas). Los recursos de cada modo aportan una significación particular al mensaje como complejo multimodal.

4.4 Propuesta didáctica

A partir de este anuncio se pueden diseñar actividades que cumplan con las cuatro funciones antes señaladas, dirigidas a un nivel de B1 a C1, tanto para LE como para L2.

1   Insumo para otras actividades: tema de conversación sobre la idiosincrasia de los argentinos, las similitudes y diferencias con las costumbres de los estudiantes sobre el espacio público y la cercanía en las relaciones personales.
2   Vehículo de contenidos culturales: para explotar la competencia pragmática, sociocultural e intercultural. La "confianza" que se toman los argentinos con las personas que apenas conocen. Coincide con los contenidos del punto anterior.
3   Contextualización de estructuras lingüísticas: concesivas ("aunque"), cita ("un estudio dice que"), registro coloquial ("toquetones", "franeleros").
4   Modelo: presenta una clara estructura argumentativa, dada la importancia de la imagen como recurso de persuasión, y por la articulación entre la imagen y el texto para construir el mensaje.

A continuación, ofrecemos una muestra de explotación de este anuncio (que no agota sus posibilidades) para un grupo de adultos, con o sin estudios universitarios, de Nivel: B1-C1, que estudian en Buenos Aires. El objetivo principal es el desarrollo de la competencia pragmática e intercultural, referida a la distancia interpersonal en Argentina en relación con otros países. Los objetivos secundarios son profundizar la comprensión audiovisual, la auditiva, lectora y visual; también, la interacción oral y la expresión escrita.

"Estamos más cerca de lo que creemos. Sentí el sabor"

1   Antes del visionado: presentar las imágenes de las colas

En parejas o en pequeños grupos, los alumnos deben describir las imágenes en función de la contraposición. Se sugiere inspirar con palabras en la pizarra: cerca/lejos, mucho/poco, ordenado/desordenado, juntos/separados (amontonados). Luego, hacer la puesta en común. El objetivo de esta actividad es prepararlos para el visionado, activando conocimientos previos y léxico relacionado.

2   Visionado del anuncio

Los alumnos ven el anuncio varias veces de manera silenciosa y toman notas. Luego, en pequeños grupos, tienen que identificar el tema principal del anuncio,

FIGURAS 9.4 Y 9.5 Las colas. (Phs: "Waiting for the bus" de Andrea Donato Allemano / "Too many people" de Oran Viriyincy).

qué imágenes consideran más universales (madre-hijo, cumpleaños, manifestaciones, comidas, ascensores), y cuáles más idiosincráticas de la cultura argentina (el tango, el Congreso, Mar del Plata, el colectivo, empujar el auto). Luego se hace la puesta en común. El objetivo es que los estudiantes hagan una lectura audiovisual en profundidad. Pueden tomar frases textuales del anuncio para responder a las preguntas.

El discurso publicitario **189**

FIGURAS 9.6 Y 9.7 Dos fotogramas de la Publicidad para Coca Cola. Grey Argentina.

3   Análisis de las imágenes

En esta fase se buscará analizar la relación de las imágenes con lo verbal y la música. Para ello, deberán responder un cuestionario en pequeños grupos, para escribir un breve texto que indique cuál es el mensaje, explique la argumentación del anuncio y muestre sus estrategias.

1) ¿Qué función cumplen los textos sobreimpresos en las primeras imágenes? Objetivo: detectar la estrategia de mostrar que la publicidad no miente. Se recurre al conocimiento y al discurso científico (la transmisión de datos de fuentes de autoridad).

2) ¿Por qué y cómo la imagen del músico en el *hall* de una estación sustenta la base de la argumentación? Punto de partida: vivimos en un mundo individualista. Así, se prepara al destinatario para recibir la contradicción como un valor: los argentinos somos solidarios porque estamos siempre cerca.
3) Señale las imágenes que ilustran los siguientes conceptos: incómodo, invasión (del espacio del otro), franeleros y toquetones, somos uno y siempre hay lugar para uno más. Objetivo: que los estudiantes organicen los conceptos y las imágenes como opuestos, o con signo positivo y negativo. Prestar atención al uso coloquial de "franelereos" y "toquetones" y explicar la diferencia de registro con el resto del texto.
4) Cierre: reflexión personal

Hacer una lluvia de ideas con toda la clase sobre la impresión general que les causó el anuncio y evaluar si se podría hacer un anuncio similar en sus países.

Tarea individual: escribir un texto sobre sus percepciones respecto a la comunicación verbal y no verbal en Buenos Aires, comparándola con la de sus lugares de origen. Narrar una experiencia confusa o malentendido que hayan tenido en las primeras interacciones con argentinos o hispanohablantes y cómo la resolvieron.

5 Conclusión

Esta propuesta didáctica espera dar un ejemplo concreto de los múltiples usos que puede darse a la publicidad para la enseñanza del español LE/L2. Una explotación didáctica eficaz de estos textos debe considerar; no solo los aspectos verbales sino todo el complejo semiótico multimodal que estos mensajes ponen en juego. Esta configuración multimodal se encuentra estratégicamente planificada para poder transmitir —con muy pocos recursos— aspectos propios de la lengua en contextos culturales concretos. La posibilidad de recuperar pautas culturales, modos de decir y actuar en contextos particulares resultan recursos eficaces para diseñar actividades para cualquier competencia o habilidad que se quiera desarrollar en una lengua.

Notas

1 Acotamos la búsqueda bibliográfica sobre la publicidad en ELE, al 2001 por la aparición del *Marco Europeo Común de Referencia para las lenguas*, porque cambió la terminología de la enseñanza de español LE/L2 de tal manera que es prácticamente imposible que las publicaciones anteriores sigan vigentes.
2 Estos sitios son relevantes en la didáctica de español LE/L2 por su vinculación con los centros de formadores de profesores y las editoriales de mayor presencia en el área.
3 Yuste declara que "hemos recurrido al Método Integral propuesto por Jorge Juan Vega y Vega para el análisis de la imagen, enfoque desarrollado para la docencia de francés como lengua extranjera a alumnado de la Facultad de Traducción e Interpretación de la Universidad de Las Palmas de Gran Canaria" (Yuste 2011, 202).
4 Ponemos entre comillas la palabra "venta", ya que incluye como objetos de transacción objetos intangibles (la imagen de un político o el contenido de un mensaje de prevención).
5 Un rasgo propio del español de la Argentina es el uso del pronombre de segunda persona "vos" para el tratamiento informal, en contraposición de la alternativa formal "usted".

La forma del imperativo es siempre regular y se arma sacando la /r/ final del infinitivo y poniendo el acento agudo: "comprá" ("comprar"), excepto el verbo "ir", cuyo imperativo se realiza a través de un verbo diferente: "andar" ("andá").
6 "Che", "Ey" y "Flaco/a" son vocativos de uso frecuente en un registro informal.
7 "Chusmas": cotillas o chismosas en otras variedades del español.
8 "Los españoles estamos más cerca de lo que creemos". Muchas imágenes son iguales, otras, diferentes y adecuadas al universo cultural peninsular.
9 www.youtube.com/watch?v=B4JX88ku59s

Bibliografía citada

Adam, J.M. y M. Bonhome. 2000. *La argumentación publicitaria*. Madrid: Cátedra.
Argüelles Díaz, A. 2015. *Los anuncios en la clase de ELE: una propuesta didáctica*. Memoria Fin de Máster. Universidad de Oviedo. http://digibuo.uniovi.es/dspace/bitstream/10651/33779/1/TFM_AlbaArguellesDiaz.pdf. Acceso: 18/01/2018.
Bajtín, M. 1982. "El problema de los géneros discursivos". En *Estética de la creación verbal*. México: Siglo XXI.
Balibrea, A. 2003. "La enseñanza de los marcadores del discurso oral a través de textos publicitarios audiovisuales en la clase de ELE". En *Medios de comunicación y enseñanza del español como lengua extranjera, Actas del XIV Congreso de ASELE*, eds. H. Perdiguero y A. Álvarez, 512–524. Burgos. https://cvc.cervantes.es/ensenanza/biblioteca_ele/asele/pdf/14/14_0848.pdf. Acceso: 18/01/2018.
Baudrillard, J. 1989. "Publicidad absoluta, publicidad cero". *Revista de Occidente*, núm. 92. Madrid.
Bohórquez, E. 2013. "¡Una pausa y volvemos! La publicidad en el aula de ELE: una propuesta didáctica". En *Actas del I Congreso Internacional de Didáctica de Español como Lengua Extranjera del Instituto Cervantes de Budapest*. https://cvc.cervantes.es/ensenanza/biblioteca_ele/publicaciones_centros/budapest_2013.htm. Acceso: 18/01/2018.
Byram, M. y M. Fleming. 2001. *Perspectivas interculturales en el aprendizaje de idiomas. Enfoques a través del teatro y la etnografía* (1998). Madrid: Cambridge University Press.
Cook, G. 2005. *The Discourse of Advertising*. Londres: Routledge.
Fairclough, N. 2008. "El análisis crítico del discurso y la mercantilización del discurso público: Las universidades". *Discurso & Sociedad* 2 (1): 170–185.
Halliday, M.A.K. 2004. *An Introduction to Functional Grammar*. Londres: Arnold.
Hermerén, L. 1999. *English for Sale: A Study of the Language of Advertising*. Lund, Sweden: Lund University Press.
Instituto Cervantes. 2007. *Plan curricular del Instituto Cervantes: Niveles de referencia para el español: A1 y A2, B1 y B2, y C1 y C2*. Madrid: Edelsa.
Kress, G. 2005. *El alfabetismo en la era de los nuevos medios de comunicación*. Granada: Aljibe.
Kress, G. 2010. *Multimodality: A Social Semiotic Approach to Contemporary Communication*. Londres/Nueva York: Routledge.
Lomas, C. 1991. "Estética, retórica e ideología de la persuasión". *Signos: Teoría y práctica de la educación* – número 3 abril/ junio 1991, 30/51.
Martin, J.R. y D. Rose. 2008. *Genre Relations: Mapping Culture*. Londres: Equinox.
Meler, M. 2006. "El anuncio publicitario televisivo en la enseñanza". www.canela.org.es/cuadernoscanela/canelapdf/cc17meler.pdf. Acceso: 18/01/2018.
Miquel, L. 2004. "La subcompetencia sociocultural". En *Vademécum para la formación de profesores. Enseñar español como segunda lengua (L2)/lengua extranjera* (LE), eds. J. Sánchez Lobato y I. Santos Gargallo, 511–531. Madrid: SGEL.
Miquel, L. y N. Sans. 1991. *Bueno, bonito y barato*. Barcelona: Difusión.

Miquel, L. y N. Sans. 1994. *Bueno, bonito y barato*. Barcelona: Difusión.
Oca, J. M. 2003. "Los anuncios publicitarios en internet para la enseñanza de ELE". En *XIV Congreso Internacional de ASELE*, Burgos.
Pinar, A. 2012. *Cultura y publicidad en la clase de ELE: propuesta didáctica para un curso de conversación*. Memoria Fin de Máster. Universidad de Barcelona. En *Suplementos marcoELE*, núm. 14, 2012. http://marcoele.com/descargas/14/pinar-cultura_publicidad.pdf. Acceso: 18/01/2018.
Pozo, J.C. 2012. *Los anuncios institucionales en la clase de español del turismo: una propuesta didáctica*. Memoria Fin de Máster. Universidad de Málaga. www.mecd.gob.es/dam/jcr:f09ffa92-658c-4b37-a0e1-d284a18b007b/2012-bv-13-57j-c-pozo-pdf. Acceso: 18/01/2018.
Robles, S. 2003. "La publicidad o el arte de persuadir con la palabra: claves lingüísticas y aplicaciones didácticas en ELE". En *Medios de comunicación y enseñanza del español como lengua extranjera, Actas del XIV Congreso de ASELE*, eds. H. Perdiguero y A. Álvarez, 512–524. Burgos. http://cvc.cervantes.es/ensenanza/biblioteca_ele/asele/pdf/14/14_0513.pdf. Acceso: 18/01/2018.
Robles, S. 2004. "Lengua en la cultura y cultura en la lengua: la publicidad como herramienta didáctica en la clase de ELE". En *El español, lengua del mestizaje y la interculturalidad, Actas del XIII Congreso de ASELE*, eds. M. Pérez Gutiérrez y J. Coloma Maestre, 720–730. Murcia: Universidad de Murcia.
Robles, S. 2005. "La ponderación en el discurso publicitario". *RILCE: Revista de filología hispánica* 21 (2): 263–280. http://dspace.unav.es/dspace/bitstream/10171/6712/1/0.5.%20Robles.pdf. Acceso: 18/01/2018.
Robles, S. 2011. "Sintaxis publicitaria II: lo oracional". En *Lenguaje publicitario: la seducción permanente*, ed. M.ª V. Romero Gualda. Barcelona: Ariel.
Romero, M.V. 2011. *Lenguaje publicitario: la seducción permanente*. Barcelona: Ariel.
Trujillo, F. 2010. "En torno a la interculturalidad: reflexiones sobre cultura y comunicación para la didáctica de la lengua". *Porta Linguarum* 2005 (4): 23–39. http://fernandotrujillo.es/en-torno-a-la-interculturalidad-reflexiones-sobre-cultura-y-comunicacion-para-la-didactica-de-la-lengua/. Acceso: 18/01/2018.
Yagüe, A. 2006. *Dan que hablar: Actividades con anuncios de la tele para la clase de español* [CD-Rom]. Madrid: Edinumen.
Yuste, R. 2011. "Como pez en el agua, una propuesta didáctica a partir del análisis de la imagen publicitaria". *El Guiniguada* 20 (2011): 197–214. Las Palmas de Gran Canaria. http://ojsspdc.ulpgc.es/ojs/index.php/ElGuiniguada/article/viewFile/418/358. Acceso: 18/01/2018.

Bibliografía recomendada

Kress, G. 2005. *El alfabetismo en la era de los nuevos medios de comunicación*. Granada: Ediciones del Aljibe. [Sugerente presentación y el tratamiento de las nuevas perspectivas y métodos para el abordaje de los textos multimodales].
Robles, S. 2011. "Sintaxis publicitaria II: lo oracional". En *Lenguaje publicitario: la seducción permanente*, ed. M.V. Romero Gualda. Barcelona: Ariel. [Útil, especialmente, su completa clasificación del uso de los recursos lingüísticos en la publicidad].
Yuste, R. 2011. "Como pez en el agua, una propuesta didáctica a partir del análisis de la imagen publicitaria". *El Guiniguada* 20 (2011): 197–214. Las Palmas de Gran Canaria. http://ojsspdc.ulpgc.es/ojs/index.php/ElGuiniguada/article/viewFile/418/358. Acceso: 18/01/2018 [Útil análisis de la imagen publicitaria independientemente de su relación con el texto].

10

EL DISCURSO CIENTÍFICO-TÉCNICO EN LA ENSEÑANZA DEL ESPAÑOL LE/L2

Jesús Fernández González

1 Introducción

Como consecuencia del papel preponderante del inglés en la ciencia y la tecnología, el español científico-técnico ocupa un lugar relativamente marginal en la enseñanza de español como lengua extranjera, a diferencia de lo que sucede, por ejemplo, en el ámbito de la traducción. Con todo, hay contextos en los que su aprendizaje y dominio puede ser relevante. En este capítulo se hará una revisión de las características principales de esta lengua de especialidad en los niveles léxico, morfosintáctico y pragmático-discursivo. En el léxico se analizará cómo se adapta y crea la terminología; en el morfosintáctico, cuáles son los usos y estructuras más comunes; y en el pragmático-discursivo se esbozarán las posibilidades de interacción en función del emisor, receptor y canal, así como los tipos de texto, géneros y estructuras más comunes. Desde el punto de vista de la didáctica, se revisan los condicionantes que plantea este tipo de lengua de especialidad para aprendices extranjeros de español y se reflexiona sobre cuál debería ser el planteamiento de un curso específico. En un mayor nivel de concreción, se proponen algunos tipos de actividades posibles para la práctica del vocabulario, así como el uso de la traducción como herramienta para diferenciar interlingüísticamente los niveles morfosintáctico y discursivo.

2 El lenguaje científico-técnico

Dentro de las denominadas lenguas de especialidad, el lenguaje científico-técnico se encarga de describir, explicar, construir e influir en la realidad tal y como la entiende el conocimiento humano tanto desde una perspectiva teórica (ciencia) como aplicada (tecnología). Aunque históricamente haya estado restringido a unos pocos iniciados, la democratización y generalización del acceso a la enseñanza desde mediados del siglo pasado lo ha hecho parcialmente accesible a la inmensa mayoría de la población en los países desarrollados. Cualquier escolar en países hispanohablantes se familiariza desde muy pronto con términos como *estambre, occipital, tangente, derivada, gravedad, morfema, amperio*, etc. que formarán parte, al menos durante algún tiempo, de su conocimiento de la realidad y de su acervo léxico. Hasta qué punto este saber es meramente memorístico y superficial o verdaderamente asimilado y operativo es una cuestión que preocupa a docentes, autoridades educativas y a la sociedad en general. En todo caso, en función de la carrera universitaria o de la formación profesional del individuo, su contacto con algún ámbito concreto de la ciencia o la tecnología se irá incrementando y especializando. Por otro lado, paralelamente a su presencia en el ámbito escolar, la divulgación científica en sus diversas manifestaciones traslada también parte de este lenguaje al gran público.

El estudio del lenguaje científico-técnico se ha llevado a cabo desde diferentes ópticas. Desde el punto de vista del análisis del discurso, por ejemplo, se ha discutido en qué medida el lenguaje refleja la realidad externa o la construye. Dicho en otros términos, hasta qué punto la presunta objetividad de la ciencia no se ve distorsionada por el filtro que impone la lengua o una selección de la misma por un investigador o una corriente determinada.[1] Desde la perspectiva del análisis lingüístico, las aproximaciones son fundamentalmente dos: por un lado, la descriptiva, a la que nos referiremos específicamente en el apartado 2, y, por otro, bien la normativa, esto es, aquella que detecta impropiedades respecto del estándar, como, por ejemplo, el uso del gerundio de posterioridad: "Se realizó biopsia no encontrándose nada significativo" (Ordóñez 1994, 82) o la omisión del artículo: "se acumula menos fármaco en riñón que con la misma cantidad" (Ferriols y Ferriols 2005, 13), bien la estilística, que pone el punto de mira en la manera innecesariamente críptica, farragosa y pedante de determinados textos especializados, incluidos los científico-técnicos. Así, Pinker (2014, 50) cita como muestra prototípica de inglés científico el estilo de un artículo de psicología en el que se describe un test: "Participants read assertions whose veracity was either affirmed or denied by the subsequent presentation of an assessment word" en lugar de "We presented participants with a sentence, followed by true or false".[2] Los casos más extremos de este metalenguaje se encuentran en artículos paródicos enviados a revistas de prestigio que han sido publicados sin que los procedimientos de revisión y evaluación hayan detectado el fraude.[3]

En el campo de la lingüística aplicada, el lenguaje científico-técnico ha tenido una suerte dispar por lo que al español se refiere. De una parte, la traducción de este tipo de textos junto con la de textos jurídicos o literarios es una de las principales especialidades de los estudios de esta disciplina como consecuencia de la demanda de un mercado en el que, sobre todo, el uso de la tecnología es cada vez más global;[4] de otra, la enseñanza del español científico-técnico dentro del marco general del español para fines específicos ocupa un papel muy marginal frente a otras como el español de los negocios, el español para el turismo o el español jurídico. La única excepción se encuentra en el español de la medicina, no tanto desde un enfoque estrictamente científico, sino más bien derivado de la necesidad de dar respuesta a las necesidades asistenciales de la población hispana en países como Estados Unidos.

La explicación de esta asimetría tiene que ver con el hecho de que la ciencia y la tecnología, al igual que otras muchas esferas sociales, tienen como *lingua franca* global al inglés. En los datos recopilados por Plaza, Granadino y García-Carpintero (2013) a partir de fuentes como *Web of Science, Scopus o Inspec* puede verse que el porcentaje de publicaciones en inglés en las ciencias de la salud, física, biología y ciencias sociales está en torno al 90 %; y en artes y humanidades alrededor del 70 %. El español, en el mejor de los casos, apenas llega a un 2 %. De hecho, como también señalan estos autores (2013, 333), la producción en inglés en revistas españolas, especialmente en ciencias experimentales y tecnología, es cada vez mayor (72,8 % en español frente a un 24 % en inglés). Por otro lado, tampoco los países hispanohablantes constituyen una fuente de atracción prioritaria para investigadores extranjeros. Así las cosas, el español científico-técnico queda reducido únicamente al dominio hispanohablante.

3 Características del lenguaje científico-técnico[5]

De manera general, los rasgos que definen al lenguaje científico-técnico son: a) la universalidad; b) la objetividad y c) la precisión. Estas características están vinculadas a su principal función lingüística: la referencial, expresada generalmente en un registro formal y culto. La universalidad deriva del hecho de que la ciencia no está sujeta a diferencias de tipo social o cultural. Una demostración matemática, una reacción química o la explicación de la tectónica de placas no varían en París, Houston o Tokio. La objetividad es consecuencia del intento de representar los hechos de manera aséptica, sin connotaciones, matices emotivos o sentidos figurados. De hecho, los términos que se tiñen de estas adherencias semánticas son generalmente desplazados por otros más neutros. En lugar de la palabra *cáncer*, los especialistas prefieren la menos marcada connotativamente *neoplasia* o las más específicas, *carcinoma, sarcoma*, etc. La precisión alude a la relación biunívoca entre términos y realidades. En otras palabras, a evitar tanto la sinonimia como la polisemia mediante definiciones que acoten completamente el significado. Con todo, esto no siempre es así. Por citar un caso bien conocido, en la terminología gramatical abundan distintos términos para un mismo concepto, *complemento directo, objeto directo, implemento*, o *sintagma nominal, frase nominal, grupo nominal*. A veces, como explican Galán y Montero (2002, 27) a propósito de *hematíe, eritrocito* y *glóbulo rojo*, nos encontramos una sinonimia con matices: "hematíe es el más genérico porque se vincula con la raíz griega hemato- (sangre) presente en compuestos como hematología, hematoma, hematófago, etc.; eritrocito (del griego, *lit*. célula roja) es más específico y alude a su morfología; la denominación glóbulo rojo, también morfológica, sería una variante del discurso de divulgación científica".

En otras ocasiones, se documentan geosinónimos del tipo *torque*, usado en países de América Latina, y *par de torsión*, empleado en España (Vivanco 2006, 34) o *intermitente* o *alicates* en España frente a *direccional* y *pinzas* en México, (Moreno Fernández 1999). E incluso, con cierta frecuencia, hay ejemplos de sinonimia interlingüística al coexistir términos de dos lenguas como *flap* y *aleta hipersustentadora*

(Vivanco 2006, 41). La definición ajustada del significado es para algunos términos una quimera. Elbourne (2011, 8–10) se refiere a la falta de acuerdo entre los especialistas sobre las propiedades que hacen que un determinado material pueda ser considerado metal. Lo mismo cabría decir de términos como *palabra* u *oración* en los estudios lingüísticos.

A los rasgos de universalidad, objetividad y precisión, suelen añadirse los estilísticos de economía en la exposición, es decir, la transmisión de las ideas con el menor número posible de palabras; claridad, esto es, la presentación fácilmente procesable y sin ambigüedades; y calidad o exposición basada en evidencia científica que sea verificable y replicable.

Un último aspecto debatido en relación con el lenguaje científico-técnico es su grado de diferenciación de la lengua común. Cabré (1993, 132–140) resume las principales posturas al respecto: a) la de diferenciación total; b) la de variante de la lengua general, de tal forma que "el lenguaje de la física o el de la informática estarían tan diferenciados entre sí como el lenguaje de los delincuentes y el de los vendedores ambulantes", esto es, serían meras variaciones léxicas del lenguaje general; y c) la de subconjuntos de la lengua común: se basan en ella, pero muestran un determinado grado de especialización. A nuestro modo de ver, se trata de una cuestión de grado, que varía en función de la temática y del contexto. Un artículo especializado de matemáticas lleno de fórmulas se aproximaría más a la primera postura; un texto de biología para secundaria, más a la tercera.

3.1 El nivel léxico

Desde el punto de vista léxico, el lenguaje científico-técnico se caracteriza por la presencia de un léxico específico para cada ciencia constituido por los denominados tecnicismos. Estos son palabras de carácter monosémico que remiten directamente a una realidad observable o hipotética, de manera que, al menos en teoría, el significado equivale a la designación. Así, las definiciones de los tecnicismos suelen ser analíticas y enumerativas, delimitando con precisión la naturaleza de lo descrito. La traducción a otras lenguas, por tanto, requiere únicamente de la sustitución del significante, ya que el significado permanece constante. Frente a ello, el léxico común encuentra su significado en función no tanto de la realidad objetiva sino de cómo esta es estructurada por cada lengua, cómo cada término se relaciona con otros afines, contrarios, etc. La creación de estas unidades va en paralelo con la necesidad de dar nombre a nuevos conceptos o realidades. Por esta razón el avance de la ciencia y de la tecnología es una fuente constante de producción de nuevos vocablos.

Siguiendo a Martín Camacho (2004a, b), la creación de la terminología científico-técnica se sirve fundamentalmente de dos procedimientos: la adopción y la creación de términos.

La adopción incluiría, a su vez, los siguientes recursos:

- Extranjerismos: préstamos lingüísticos tomados generalmente de la lengua en la que se origina el nuevo término o de la que funciona en ese momento como *lingua franca* en el ámbito científico-técnico (el inglés en la actualidad). La asimilación de los préstamos puede ser de dos tipos: el primero, la incorporación directa sin ningún tipo de adaptación. Así, por ejemplo, se utiliza en español el anglicismo *stent* para referirse a un tubo pequeño y expandible, cuyo fin es ensanchar las arterias. En este caso se habla de préstamos crudos o no adaptados. El segundo acomoda el extranjerismo a las reglas morfofonológicas de la lengua receptora. La palabra inglesa *scanner*, por ejemplo, ha pasado al español como *escáner*. La adaptación puede hacerse también mediante el uso o la creación de una palabra propia. Así *bulldozer* ha sido traducido como *excavadora, topadora, niveladora*, etc., que coexisten con *buldócer*. Se incluye en este grupo el denominado calco semántico, es decir, la adopción de la traducción literal del significado de una palabra. Así, por ejemplo, la palabra *ratón* en el ámbito de la informática procede del inglés *mouse,* que, por extensión metafórica debida al parecido formal, designa tanto a un pequeño roedor como al dispositivo que facilita desplazarse por la pantalla de un ordenador.

- Cultismos: palabras procedentes directamente del latín o del griego, lenguas en las que ya se usaban en las mismas esferas del conocimiento. Martín Camacho (2004b, 163) cita, por ejemplo, términos como *apoplejía, anfibio, hipérbola* o *seísmo*.
- Terminologización: especialización de palabras de la lengua común que adquieren un sentido técnico. *Lengüeta*, por ejemplo, se utiliza en medicina para referirse a una "compresa larga y estrecha que se aplica en las amputaciones, fracturas, etc." (DLE); en arquitectura, para "un tabique pequeño de ladrillo con que se separan los distintos cañones de una chimenea o con el que se fortifican las embocaduras de las bóvedas, o se separan los cañones de algunas chimeneas" (DLE). En la misma línea, *fuerza* tiene un sentido específico en física: "magnitud vectorial que mide la razón de cambio de movimiento lineal entre dos partículas o sistemas de partículas" (Wikipedia). El camino inverso se observa en el uso en la lengua común de tecnicismos del tipo *átomo, voltio, oxígeno, virus.* . . . En muchos casos, este trasvase se hace de una forma laxa, es decir, el uso de estas palabras puede ser poco riguroso. Es también posible el paso de palabras de una disciplina a otra. *Polo*, por ejemplo, pasó de la geometría (ejes de la esfera) a la física (terminales de un circuito eléctrico) (Martín Camacho 2004b, 160). Finalmente, otro fenómeno interesante es el uso publicitario de tecnicismos para proyectar una imagen de calidad al relacionar al producto con el mundo de la ciencia y la tecnología. Así hay yogures con *bifidus*, cremas antiarrugas enriquecidas con *silicio reestructurante* y coches con *Tiptronic*.

La creación de términos englobaría, según Martín Camacho (2004b), dos clases de mecanismos: morfemáticos y no morfemáticos. En los primeros estarían las palabras creadas mediante la derivación (prefijación o sufijación) y la composición. Tanto en una como en otra pueden intervenir: a) morfemas del léxico común, bien con su significado habitual como *anti-* en *antiemético,* bien con un significado diferente como *-oso* en química para "distinguir los ácidos menos oxigenados *-clor-oso,* *sulfur-oso-* de los más oxigenados, los cuales se expresan, a su vez, mediante el sufijo *-ico -clor-ico, sulfur-ico-*" (Martín Zorraquino 1997, 325) o b) morfemas propios del léxico científico generalmente procedentes del latín y del griego, por ejemplo, el sufijo griego *-oma* (tumor) en *fibroma* (en el tejido muscular), *adenoma* (en las glándulas), etc. La combinatoria puede incluir elementos del léxico común, del latín y/o el griego. Por ejemplo, en el caso de la composición, *cuentarrevoluciones* está formada por palabras del léxico común; *biodegradable*, por un prefijo griego bio- (vida) y una base y un sufijo del léxico común; o *terramicina*, por dos bases, una del latín *terra* (tierra) y otra del griego *micina* (mukes: hongo).[6] Este último tipo de composición, denominada composición culta, es altamente productivo. Es también importante señalar que determinados prefijos o sufijos tienen un alto rendimiento en algunas ciencias. En medicina, por ejemplo, encontramos: *dis-* (dificultad o problema) en *dispepsia* (en la digestión), *disnea* (en la respiración), *dislexia* (en el lenguaje); *dismenorrea* (en la menstruación), etc. o *-itis* (inflamación): *adenitis* (de los ganglios linfáticos), *flebitis* (de las venas), *gingivitis* (de las encías); *hepatitis* (del hígado).

Los segundos, los no morfemáticos, comprenden cuatro procedimientos de reducción más la eponimia y la creación *ex nihilo*. Los de reducción incluyen:

- La abreviatura o reducción para su uso en el lenguaje escrito de una o varias palabras a alguna o algunas de las letras que las integran, por ejemplo, *l* (litro), *Hz* (hercio), *ag* (antígeno) *c.p.s* (ciclos por segundo). Entrarían también aquí los símbolos de elementos químicos *Au* (oro) o los referidos a unidades de la física, ? (constante de Poisson), *h* (constante de Planck), etc.
- La siglación o reducción de un sintagma a sus letras iniciales, utilizada tanto en el lenguaje escrito como en el oral. Así, *ADN* (*ácido desoxirribonucleico*), *PSA* (del inglés *prostate specific antigen*, antígeno prostático específico), *ABS* (del alemán *Antiblockiersystem*, sistema antibloqueo de ruedas) o *LED* (del inglés *light emitting diode*, diodo emisor de luz).
- La acronimia o combinación de fragmentos de palabras para crear una nueva, por ejemplo, *bit* (del inglés **bi**nary di**git**), *telemática* (**tele**comunicación e infor**mática**), *biónica* (**bio**logía-**electró**nica).
- El acortamiento o reducción del cuerpo fónico de una palabra a algunas de sus sílabas iniciales como sucede en *quimio* por *quimioterapia* o *megas* por *megabytes*.

La eponimia es el recurso a nombres propios de personas o lugares ya sea sin modificación morfológica o con ella para referirse a determinados conceptos o realidades asociados a ellos. Así, unidades de medida en electricidad como el *culombio* o el *amperio* deben sus nombres respectivamente a los físicos franceses Coulomb y Ampère. Es frecuente encontrar epónimos en construcciones del tipo: *teorema de Fermat*, *linfoma de Hodgkin*, *cinturones de Van Allen*, etc. Más raras son las creaciones *ex nihilo*, ya que se citan repetidamente *gas* o *quark* como únicos ejemplos.

Por último, cabe reseñar la presencia abundante de sintagmas nominales del tipo: nombre + adjetivo especificativo del tipo: *cloruro sódico, ácido acetilsalicílico*, etc.; y construcciones metafóricas tales como: *agujero negro, tuerca mariposa, lima de lengua de pájaro, engranaje de dientes helicoidales, piel de estanqueidad*, etc. (Vivanco 2006, 144–152).

De manera colateral, podría incluirse en el apartado relativo al léxico la presencia de procesos de formalización como fórmulas o ecuaciones, especialmente en matemáticas, física y química.

3.2 El nivel morfosintáctico[7]

En el nivel sintáctico las características más notorias son las siguientes:

- La tendencia a usar construcciones impersonales como marca de objetivación de lo mencionado y de prelación de los hechos sobre el autor. Son habituales:
    - Pasivas e impersonales con *se*: "En embriones de pollo, el eje D/V *se especifica* en las primeras posiciones por la posición del blastodermo en relación al vitelo" (365).
    - Pasivas analíticas o perifrásticas: "Las etapas más tempranas del desarrollo de la Drosophila, y otros artrópodos, *son controladas* por productos preformados" (364).
- En la misma línea de evitación de la primera persona del singular, es también frecuente el uso del plural de modestia en el que el emisor se refiere a sí mismo en primera persona del plural: "Ya *hemos indicado* como las fluctuaciones o ruido interno en un sistema. . ." (914) o el plural sociativo en el que el emisor incluye al receptor en el razonamiento: "Para fijar las ideas, *veamos* lo que ocurre con un sistema unidimensional" (912).
- La presencia en el ámbito nominal de:
    - Sintagmas nominales complejos, cuyo núcleo se ve incrementado con numerosos complementos: "*La utilización de compuestos radioactivos como trazadores que podían estudiarse mediante detectores extracorporales (medicina nuclear)* tuvo cierto declinar en los ochenta" (534).
    - Frecuentes nominalizaciones: "La esencia de la química orgánica es *la creación* de enlaces carbono-carbono" (en lugar de "que crea enlaces"). (199).
    - Adjetivación especificativa (no valorativa): "En este apartado vamos a ocuparnos, casi exclusivamente, de química *computacional* en sus dos vertientes: tanto cálculos *teóricos* como modelado *molecular*" (209).
    - Artículo con valor generalizador: "Se ha comprobado que *una* dieta hipocalórica alarga *la* vida de los animales de experimentación" (409), "Como hemos señalado antes, *las* mitocondrias poseen su propio ADN. [. . .] Además, *la* mitocondria no posee *los* complejos mecanismos de reparación que existen en *el* núcleo" (409).
- Por lo que se refiere al verbo, es común la utilización del presente atemporal: "Los daños del ADN *suceden* espontáneamente, pero su frecuencia *aumenta* de manera vertiginosa en ciertas circunstancias" (408).

- Desde el punto de vista oracional y discursivo destaca la frecuencia y diversidad de construcciones que expresan relaciones lógicas: causa, consecuencia, etc. "Los virus son parásitos intracelulares obligatorios y, *por lo tanto*, son dependientes de la maquinaria biosintética celular *para* multiplicarse" (317); "S. cerevisiae constituye un sistema muy asequible desde el punto de vista genético, *ya que* puede multiplicarse según un ciclo haploide" (321).

3.3 Niveles pragmático y discursivo

Por lo que se respecta al nivel pragmático, tal y como señala Calvi *et al.* (2009, 23–28), en las lenguas de especialidad interactúan dos dimensiones: una horizontal, relativa al componente temático, que incluye los contenidos, la terminología y los procedimientos morfosintácticos, y otra vertical, que atiende a la vertiente social, al contexto y a las finalidades pragmáticas del acto comunicativo. En el caso del lenguaje científico-técnico, factores como 1) la intención del emisor (exponer una investigación, informar de un nuevo descubrimiento a los medios de comunicación, dar una clase, etc.), 2) el canal (oral, por ejemplo, en una conferencia en un congreso, o en una entrevista en un programa de televisión, o escrito, por ejemplo, en un artículo especializado o un capítulo en un manual), y 3) el tipo de receptor, especializado como sucedería con colegas; académico, orientado a estudiantes; o general, por ejemplo, en la divulgación científica, condicionarían la forma en la que se articularía la dimensión horizontal para integrarla mejor en las necesidades de la vertical. Así, en un artículo de investigación de matemáticas o física para una revista destinada a especialistas, el conocimiento compartido haría que las presuposiciones, la terminología, la manera de exponer, el estilo, el uso de fórmulas, gráficos, etc. fuera muy diferente al tratamiento que el mismo tema recibiría en una revista de divulgación.

En el nivel discursivo son de interés tres aspectos: la tipología textual, los géneros usados y la estructura de los textos. En relación con el primero, Vivanco (2006, 161) distingue: informativos (memorias, informes, noticias), explicativos (exposiciones didácticas, conferencias, manuales), persuasivos (artículos de opinión, debates) y prescriptivos (manuales de instrucciones y de normativas). Cada uno de ellos posee características propias. El informe, por ejemplo, no requiere explicaciones terminológicas, ya que su circulación suele estar restringida a especialistas. Así mismo, su estilo tiende a ser sobrio y esquemático. La conferencia, en cambio, puede o no requerir de aclaraciones terminológicas en función de que el público sea o no especialista en la materia. Si no lo es, es también habitual aderezarla de símiles o metáforas que puedan aclarar los conceptos más abstrusos. Desde otra óptica, en función de la intención informativa y/o persuasiva, se distinguen textos expositivos, argumentativos, descriptivos, narrativos o dialogados. Los expositivos, por ejemplo, abundan en el mundo académico y suelen configurarse con una introducción o presentación del tema, un desarrollo y unas conclusiones; los argumentativos están presentes en las demostraciones de tesis mediante pruebas o datos, o en las réplicas a artículos o reseñas de libros centradas en la búsqueda de debilidades tanto en las pruebas aducidas como en el razonamiento desarrollado.

En cuanto a los géneros, los más habituales pueden esquematizarse así:

TABLA 10.1 Algunos ejemplos de géneros discursivos del lenguaje científico-técnico.

Géneros		
Oral	Un emisor	Conferencia, comunicación, exposición didáctica
	Varios emisores	Debate, coloquio, mesa redonda
Escrito	Breve	Artículo, informe, reseña, resumen
	Extenso	Monografía, ensayo, tesis, manual

Cada género tiene sus convenciones específicas. Así, por ejemplo, una tesis doctoral podría presentar un armazón conceptual como el siguiente:

TABLA 10.2 Armazón conceptual de una tesis.

Qué	Qué se va a investigar	Tema
	Qué se encuentra	Resultados
Cómo	Cómo se va a investigar	Hipótesis, marco teórico y metodología
	Cómo se interpretan los resultados	Conclusiones

Ese armazón puede tener una estructura lineal del tipo:

TABLA 10.3 Estructura lineal de una tesis.

Introducción	Tema, motivación del mismo y estructura general del trabajo
Estado de la cuestión	Revisión crítica de estudios anteriores
Planteamiento	Hipótesis de trabajo y marco teórico
Metodología	Sistema de análisis de datos y de comprobación de las hipótesis
Desarrollo	Análisis y valoración de los datos
Conclusiones	Confirmación o refutación de las hipótesis

Por último, respecto de la estructura del texto, podrían incluirse como características generales: una exposición ordenada, datos y pruebas bien seleccionados, rigor en la investigación y en la exposición, ejemplificación, inclusión de gráficos y esquemas, uso de conectores discursivos para mostrar relaciones de oposición, causalidad, consecuencia, enumeración, aclaración, gradación, ejemplificación, resumen, etc. Lógicamente, cada género incluye sus propias convenciones. Como ilustración, un artículo científico podría estructurarse de la siguiente manera:

- Introducción, en la que se establece el campo de estudio, se resume el estado de la cuestión, se indica la aportación que supondrá lo que se va a exponer y se justifica el enfoque adoptado por el autor.

- Desarrollo, en el que se presentan las hipótesis de trabajo y la metodología que se va a seguir, se desarrolla la argumentación pertinente y se presentan los resultados.
- Conclusiones, en las que se relacionan hipótesis y resultados, se valora la aportación hecha y lo que quedaría por resolver, y se apuntan futuras líneas de investigación.
- Bibliografía, en la que se incluyen las referencias hechas en el texto.

4 Didáctica del lenguaje científico-técnico en la clase de español LE/L2

La enseñanza del español científico-técnico en la clase de español LE/L2 presenta una serie de condicionantes de muy diverso tipo que lo diferencian claramente de su enseñanza a nativos. En primer lugar, el papel marginal del español como lengua internacional de comunicación en este ámbito frente, por ejemplo, al del turismo o los negocios, tiene como consecuencia que su didáctica apenas si esté explorada.[8] En segundo lugar, dado que la formación del profesorado de español como lengua extranjera es generalmente lingüística o humanística, le resulta difícil desenvolverse con comodidad en el terreno científico-tecnológico en el cual no es especialista. A ello se añade el hecho de que, aunque el lenguaje científico-técnico siga unas pautas comunes, la terminología de cada ciencia es diferente y, por tanto, difícilmente abarcable. En tercer lugar, los contextos en los que puede surgir una clase de español científico-técnico como lengua extranjera son muy variados: un investigador extranjero que va a realizar una estancia en un país hispano y necesita una inmersión rápida tanto en la lengua común como en la especializada, un grupo de ingenieros que va a trabajar en un proyecto de cierta duración en un país hispano, un equipo de médicos que van a desarrollar su labor en un entorno únicamente hispanoparlante, estudiantes de intercambio en facultades de ciencias que deben manejarse con cierta soltura tanto en el español académico como en el científico-técnico, una clase de estudiantes de traducción de español científico-técnico, etc. Ninguno de estos condicionantes está presente en la enseñanza de materias científico-técnicas a hablantes nativos, ya que el profesorado es especialista, los materiales y recursos didácticos son numerosos y los entornos académicos están muy consolidados.

Así las cosas, el diseño de un curso de español científico-técnico para estudiantes no nativos debería plantearse de la siguiente manera:

TABLA 10.4 Diseño de un curso de español científico-técnico.

1	Análisis de necesidades	Debe tener en cuenta: • El ámbito científico-técnico que se va a estudiar (medicina, cardiología, cirugía vascular) • Nivel de conocimientos del publico meta (cardiólogos, especialistas en medicina general, estudiantes de medicina o enfermería) • Nivel de especialización al que se aspira

		• Nivel de dominio de la lengua común
		• Lengua o lenguas maternas de los aprendices
		• Objetivos lingüísticos: dominio de la comprensión de lectura, interacción oral o escrita y grado de especialización
2	Diseño del curso	Debe considerar:
		• La importancia que debe darse a los distintos niveles lingüísticos (léxico, gramatical, pragmático y discursivo) y destrezas (escritas, orales, receptivas, productivas)
		• El uso de textos y materiales reales
		• Los aspectos interculturales que pudieran estar implicados
3	Desarrollo del curso	Debe incluir:
		• Actividades variadas, relevantes y motivadoras (revisión de vídeos de operaciones, discusión de artículos sobre terapias)
		• Actividades de comprensión y de producción (entrevistas con pacientes, lectura y comentarios de informes médicos)
		• Atención a los niveles y destrezas que sean relevantes para los aprendices
		• Aprovechamiento, si es posible, del contraste interlingüístico con la lengua materna de los aprendices
4	Evaluación	Debe valorar:
		• El dominio lingüístico y específico del ámbito científico relevantes para los objetivos marcados
		• La capacidad de desenvolverse en situaciones reales de comunicación en el ámbito científico-técnico estudiado

A modo de ejemplo, supongamos que se trata de un curso para personal médico estadounidense que va a trabajar en un hospital con alta presencia de población hispana que no habla inglés. En este contexto, lo prioritario es desarrollar la capacidad de interactuar oralmente con los pacientes. Esto exige, básicamente, entender las explicaciones de los enfermos y dialogar con ellos a fin de establecer un diagnóstico, así como poder explicarles de manera clara qué es lo que padecen y cuál va a ser el tratamiento. Secundariamente, puede ser necesario comunicarse oralmente o por escrito con colegas hispanohablantes. En términos concretos, preguntas generales del tipo *¿cómo se encuentra?, ¿qué le pasa?, ¿dónde le duele?, ¿desde cuándo tiene esa sensación?, ¿es alérgico a algún medicamento?,* así como otras más específicas y delicadas como *¿va al baño con regularidad?, ¿sangra al hacerlo?,* deberán formar parte de la competencia pragmática del aprendiz.

Paralelamente, el conocimiento léxico será fundamental para una práctica médica adecuada. El vocabulario deberá incluir, entre otros, términos básicos referidos a las partes del cuerpo, funciones corporales, síntomas, enfermedades comunes (riñones, orinar, fiebre, infección, etc.), así como otros más técnicos referidos a las pruebas de diagnóstico y exploración (endoscopia, analítica, biopsia, etc.) o a la especialidad médica concreta (urología, cistitis, enuresis, hematuria, etc.). Para practicar las destrezas receptivas, puede ser útil ver vídeos breves de interacciones entre médicos y pacientes o entre médicos en español, que pueden ser extraídos de series de televisión (House, Anatomía de Grey, Hospital Central), leer informes médicos en castellano, realizar ejercicios de selección múltiple con imágenes y vocabulario de la medicina, etc. Las destrezas productivas pueden activarse mediante pequeñas simulaciones (interacciones médico-paciente; conversaciones telefónicas o discusión de un caso con colegas hispanohablantes) o simulaciones globales como la que proponen Cabré y Gómez de Enterría (2006, 149–155). De ella, como ilustración, recogemos de manera resumida la fase 3, dedicada al diagnóstico y tratamiento:

- Interacciones conversacionales (diferencias entre los diferentes niveles de comunicación especializada según se trate de especialistas o profanos);
- Narración oral en pasado para describir el historial del paciente;
- Redacción de informes sencillos: el diagnóstico de una enfermedad no severa;
- Interacciones médico/paciente. Preguntas y respuestas sobre el tratamiento; la evolución previsible de la enfermedad; los cuidados y recomendaciones;
- El alta del enfermo. Interacción conversacional médico/paciente: sugerir, aconsejar, aceptar una sugerencia, pedir aclaraciones, establecer prohibiciones;
- Actividades de expresión escrita: redactar un informe sobre la enfermedad, su diagnóstico y tratamiento.

Al objeto de dar algunos ejemplos[9] de lo que puede ser el trabajo en el aula, vamos a centrarnos en dos aspectos que consideramos especialmente útiles en la enseñanza de este tipo de lenguaje: la práctica del léxico y la traducción.

4.1 El léxico

Dada la relevancia de este nivel lingüístico en los lenguajes de especialidad y, en concreto, en el científico-técnico, es necesario plantear actividades para presentarlo, practicarlo, afianzarlo y activarlo. En este sentido, conviene recordar la distinción que se establece en ocasiones entre léxico técnico, subtécnico y común. El primero, el propio de la especialidad, plantea dificultades en la medida en que los significantes no sean reconocibles, si bien es cierto que con frecuencia son similares en muchas lenguas. El segundo se refiere (Cabré y Gómez de Enterría 2006, 64) a términos que comparten su forma con una unidad léxica general, bien como palabras que tienen el mismo significado en varias disciplinas científicas o técnicas, bien como palabras del léxico común que adquieren un significado especial en alguno de estos dos ámbitos. El léxico subtécnico puede ocasionar problemas en el aprendizaje de lenguas tanto porque el parecido formal es menos frecuente como por el hecho de que su significado es menos predecible. Teniendo en cuenta esta distinción, propondremos algunas actividades para un nivel B2, que den idea de cómo se puede trabajar el aprendizaje del léxico en diferentes áreas del conocimiento.

La primera actividad puede ser la lectura de un texto en el que se resaltan algunas palabras de interés. En el siguiente ejemplo, tomado del conocido libro de

Watson sobre el descubrimiento del ADN, se destacan en negrita algunos términos para atraer la atención del aprendiz:

> Hasta la mitad de la semana siguiente no surgió una idea con cierto fundamento. Me vino mientras dibujaba los **anillos fusionados** de **adenina**. De pronto me di cuenta de las posibles y serias implicaciones de una estructura de **ADN** en la que el **residuo** de **adenina** formara **enlaces** de hidrógeno similares a los que se hallaban en los cristales de **adenina** pura. Si el **ADN** era así, cada **residuo** de adenina formaría dos **enlaces** de hidrógeno con otro residuo de **adenina** situado en una rotación de 18 grados respecto a él.
>
> *(2000 [1968], 164)*

Además, la habitual repetición de términos del lenguaje científico-técnico juega a nuestro favor al duplicar el *input*. En este pequeño fragmento, podemos incidir en los siguientes elementos:

- Un término técnico como *adenina*, que no será difícil de recordar ya que es similar en otras lenguas (ing.: *adenine*; fr.: *adénine*; al.: *Adenin*) y que puede servir de pretexto para recordar las otras tres bases nitrogenadas o nucleobases que integran el ADN: timina, citosina y guanina.
- Una sigla *ADN* que, al contrario de lo que sucede en otros muchos casos, sigue el orden de elementos del español (ácido desoxirribonucleico) y no el del inglés (*DNA*). Lo mismo sucede con *AIDS* (SIDA) o *RMN* (resonancia magnética nuclear; NMR en inglés).
- Un cognado no aparente: *residuo* (ing.: *residue*).
- Un semicognado que puede plantear problemas por las diferencias morfológicas: *fusionado* (ing.: *fused*).
- Dos términos subtécnicos: *anillos* (ing.: *rings*) y *enlace* (ing.: *bond*), el primero constante en otros ámbitos en inglés y en español (anillo de boda, anillos de Saturno); el segundo, no (*enlace* en informática sería *link* en inglés, *enlace matrimonial* sería *wedding* o *nuptials*).

La segunda actividad, relativa a la terminología médica en un nivel básico, propondría un ejercicio de emparejamiento con tarjetas en inglés y español a propósito de las vacunas.[10]

TABLA 10.5 Modelo de ejercicio de emparejamiento (elaboración propia).

(1) Poliomielitis	(2) Difteria	(3) Tétanos	(4) Tosferina	(5) Sarampión	(6) Rubéola
(7) Parotiditis (Paperas)	(8) Hepatitis A	(9) Hepatitis B	(10) Varicela	(11) Enfermedad meningocócica	(12) Gripe
(13) Virus del papiloma humano	(14) Enfermedad neumocócica	(15) Haemophilus influenzae	(16) Tuberculosis	(17) Rabia	(18) Fiebre tifoidea
(19) Fiebre amarilla	(20) Encefalitis centroeuropea	(21) Encefalitis japonesa	(22) Herpes zóster	(23) Rotavirus	(24) Cólera

(Continued)

(Continued)

(a) Chicken pox	(b) Meningococcal	(c) Mumps	(d) Typhoid fever	(e) Shingles (Herpes zoster)	(f) Rubella (German Measles)
(g) Rabies	(h) Rotavirus	(i) Polio	(j) Yellow fever	(k) Japanese encephalitis	(l) Human Papilloma Virus
(m) Measles	(n) Tuberculosis	(o) Haemophilus influenzae	(p) Pneumococcal	(q) Hepatitis B	(r) Central European encephalitis
(s) Cholera	(t) Hepatitis A	(u) Pertussis (Whooping cough)	(w) Influenza (Flu)	(x) Tetanus (Lockjaw)	(y) Diphtheria

Soluciones: 1-i; 2-y; 3-x; 4-u; 5-m; 6-f; 7-c; 8-t; 9-q; 10-a; 11-b; 12-w; 13-l; 14-p; 15-o; 16-n; 17-g; 18-d; 19-j; 20-r; 21-k; 22-e; 23-h; 24-s.

La tercera actividad atiende a las colocaciones, esto es, combinaciones estables de palabras en las que un elemento, la base, selecciona al otro, colocativo. Continuando con el campo de la medicina, podríamos proponer un ejercicio de selección múltiple para practicarlas:

1 Habrá que ....le un antibiótico para la infección. (a. tomar; b. administrar; c. tener; d. pasar)
2 Le mandaron .... una radiografía para ver mejor el alcance de la lesión. (a. tomar; b. dar; c. hacer; d. tener)
3 Le van a .... el alta mañana. Ya se encuentra mucho mejor. (a. tomar; b. hacer; c. poner; d. dar)
4 El enfermero le va a .... una inyección. (a. tomar; b. hacer; c. poner; d. sacar)
5 El endocrino le recomendó .... a régimen para adelgazar. (a. ponerse; b. hacerse; c. tomarse; d. darse)
6 Le tuvieron que .... 20 puntos para cerrar la herida. (a. hacer; b. tomar; c. dar; d. poner)

Los ejercicios se podrían ampliar de muchas formas, bien trabajando con prefijos y sufijos para aumentar el caudal léxico, como sugiere Gómez de Enterría (2009, 34) con causativos como *-izar* o *-ificar*, derivando verbos a partir de sustantivos o adjetivos; bien mediante prácticas con diccionarios especializados o recursos *online*;[11] bien dibujando redes de palabras a partir de un determinado vocablo para potenciar la disponibilidad terminológica, etc.

4.2 La traducción

La traducción, tanto directa como inversa, es una de esas prácticas que han estado sometidas a los vaivenes metodológicos. De ser durante mucho tiempo un ejercicio habitual en las clases de idiomas, pasó desde comienzos del siglo XX a quedar relegada a un segundo plano, cuando no totalmente arrinconada. En la época del postmétodo, empieza a ser nuevamente considerada. De hecho, en la enseñanza de lenguas de especialidad, Gómez de Enterría (2009, 162) destaca su importancia en el desarrollo de la comprensión lectora y la expresión escrita; en la familiarización con las semejanzas y diferencias interlingüísticas al fomentar el análisis contrastivo; en la ampliación de los conocimientos socioculturales; y en el trabajo con fuentes de documentación. Especialmente interesante es la posibilidad de cotejar características propias del español científico-técnico con otras lenguas y, especialmente, con el inglés. Vivanco (2006, 199–215) recoge algunos ejemplos, como la mayor tendencia a la subordinación y la coordinación en español, frente a la preferencia de las oraciones simples en inglés; el uso de la pasiva refleja en español frente a la perifrástica en inglés; o los problemas puntuales que surgen en la traducción de determinados términos como el caso de *compound* y *composite*. Gonzalo Claros (2008), por su parte, realiza un detallado estudio de las diferencias en el ámbito ortotipográfico en inglés y en español, desde el uso de los signos de puntuación, hasta las diferentes formas de llevar a cabo la notación matemática, pasando por el análisis de diferentes tipos de letra o de abreviaciones.

Los ejercicios más habituales en este campo son la traducción directa e inversa. Pero también puede ser interesante realizar algunas variantes como: 1) proponer traducciones defectuosas para que sean editadas o corregidas por los aprendices; 2) editar una traducción hecha por traductores automáticos o 3) comparar la propia traducción con una publicada. Como ejemplo de la primera, nos servimos de uno de los múltiples fiascos analizados por Santos Río (1975) a propósito de la traducción española de *A transformational grammar of Spanish* de Hadlich (1971):

TABLA 10.6 Errores de traducción en la obra de Hadlich.

Original:
But here the similarity ends, and T rules and PS rules have important differences. PS rules have only one symbol on the left-hand side. They deal with one grammatical category at a time . . . (13)

Traducción publicada
Pero aquí las terminaciones de semejanza, las reglas T y las de ES tienen diferencias importantes. Las reglas ES tienen solamente un símbolo al lado izquierdo. Se ocupan de una categoría gramatical en un momento. . . (31)

Traducción mejorada
Pero las semejanzas acaban aquí. Las reglas T y las reglas de ES muestran claras diferencias. Las reglas ES tienen un único símbolo a la izquierda de la flecha de reescritura. Se ocupan de una única categoría gramatical cada vez. . .

Para la segunda y tercera variantes, tomamos un texto de Chomsky (1986, 8), la versión que da el traductor de Google y la realizada por los traductores de la edición española:

TABLA 10.7 Errores de traducción en la obra de Chomsky.

Original
Where γ is restricted to maximal projections (following Aoun and Sportiche 1983), we will say that α m-commands β. It seems that for the binding theory, γ should be taken to be any branching category, along the lines of Reinhart 1976; otherwise, for example, *the city's* [*destruction t*] would be a condition C violation and *its* [*destruction t*] a condition B violation.
Traducción de Google (20/09/2017)
Donde γ está restringido a las proyecciones máximas (siguiendo Aoun y Sportiche 1983), diremos que α m-comandos β . Parece que para la teoría vinculante, y debe considerarse que cualquier categoría de ramificación, siguiendo las líneas de Reinhart 1976; de lo contrario, por ejemplo, la destrucción de la ciudad t sería una condición C violación y su destrucción t una condición B violación.
Edición del aprendiz
Traducción de la edición española (para cotejar con la versión editada del aprendiz) Cuando γ se restringe a las proyecciones máximas (siguiendo a Aoun y Sportiche 1983), decimos que α manda-m a β. Parece que, para la teoría del ligamiento, γ debería interpretarse como la primera categoría ramificada, según se propone en Reinhart (1976). En caso contrario, por ejemplo, *the city's* [*destruction t*] [´la ciudad-GEN [destrucción t]´] sería una violación del principio C y *its* [*destruction t*] [´su [destrucción]´] una violación del principio B.

Las actividades se podrían multiplicar en varias direcciones: traducciones de manuales de instrucciones, protocolos de funcionamiento en laboratorios o empresas, e incluso, como ha estudiado Miguel Peña (2015), en series de televisión con contenido científico como *The Big Bang Theory*.

5 Conclusión

La presencia del español como lengua de referencia en el ámbito científico-técnico es muy limitada fuera del dominio hispanohablante. Como consecuencia de ello, su incidencia en la enseñanza de español como lengua extranjera, y, más específicamente, en español con fines específicos es menor que la que se da, por ejemplo, en el español de los negocios o del turismo. Con todo, en aquellos contextos en los que es necesario su aprendizaje deben tenerse en cuenta tanto sus características generales como las estrategias y recursos que pueden facilitarlo. Entre las primeras cabe destacar el carácter universal, objetivo y preciso que se traduce en una terminología específica, así como en una serie de rasgos sintácticos, pragmáticos y discursivos propios. En cuanto a la didáctica, es preciso, en primer lugar, considerar las variables relevantes para el diseño de currículos, y, en segunda instancia, desarrollar ejercicios de práctica léxica, sintáctica y textual, que, en la medida de lo posible, potencien lo que de común tiene este lenguaje en las diferentes lenguas y ayude a discriminar lo diferente.

Notas

1 Véase Galán y Montero (2002).
2 Una parodia de la vacuidad que muchas veces se encuentra en este lenguaje se recogía en el artículo de El País "Una visión irónica de los artículos científicos", publicado el 19 de octubre de 1994. http://ocw.unican.es/humanidades/teoria-y-metodos-de-la-geografia.-evolucion-del/material-de-clase-1/archivos-modulo-1/una-vision-ironica-de-los-articulos-cientificos
3 Entre otros, pueden citarse el famoso caso Sokal, en 1996, o el más reciente de "The conceptual penis as a social construct" publicado en Cogent Social Sciences.
4 Reflexiones sobre la traducción científico-técnica pueden encontrarse en Maillot (1997), Anguita (2002) y Franco (2013).
5 La elaboración de este apartado resume contenidos de los siguientes autores: Rodríguez Díez (1977–78), Cabré (1993), Guerrero Ramos (1995), Pascual *et al.* (1996), Llacer *et al.* (1991), Martín Zorraquino (1997), de Santiago-Guervós y López Eire (2001), Galán y Montero (2002), Martín Camacho (2004a, 2004b y 2007), Gutiérrez Rodilla (2005), Gómez de Enterría (2009), Mapelli (2009), Bosque *et al.* (2012).
6 Para un panorama más detallado, véase Martín Camacho (2004a, b).
7 Los ejemplos de esta sección están extraídos de García Barreno (2000). Se indica tras el ejemplo la página en la que se encuentran.
8 Frente a lo que sucede en inglés, lengua en la que hay un mayor número de materiales didácticos para algunas áreas de la ciencia y la tecnología como la medicina o la ingeniería. Véase Glendinning y Howard (2007), Glendining y Holmström (2005), Harvey (2009), Ibbotson (2008 y 2009), Pohl y Brieger (2002), Ortega (2015), Marco Fabrè y Remacha Esteras (2007). En español, Rosa de Juan *et al.* (2009).
9 Para un planteamiento más extenso y detallado, véase Vivanco (2006, 217–278).
10 Para otras lenguas, véase el glosario multilingüe: www.elgipi.es/vacunas-traducidas.htm
11 Véanse, por ejemplo, Gómez de Enterría (2009, 188–189) o Vivanco (2006, 8).

Bibliografía

Anguita, J.M. 2002. "La traducción científico-técnica: situación actual en España". En *Actas del I Congreso Internacional "El español, lengua de traducción"*, ed. Comisión Europea, 366–376. https://cvc.cervantes.es/lengua/esletra/pdf/01/026_anguita.pdf.
Bosque, I., *et al.* 2012. "La transmisión cultural (I). Textos científicos". En *Lengua castellana y Literatura Bachillerato 2*, 161–169. Madrid: Akal.
Cabré, T. 1993. *La terminología. Teoría, metodología y aplicaciones.* Barcelona: Antártida/Empuries.
Cabré, T. y J. Gómez de Enterría. 2006. *La enseñanza de los lenguajes de especialidad. La simulación global.* Madrid: Gredos.
Calvi, M.V. *et al.* 2009. *Las lenguas de especialidad en español.* Roma: Carocci editore.
Chomsky, N. 1986. *Barriers.* Cambridge, MA: The MIT Press. [Traducción española de S. Alcoba y S. Balari. 1990. *Barreras*. Barcelona: Paidós.].
De Santiago-Guervós, J. y A. López Eire. 2001. "El lenguaje científico-técnico desde el griego antiguo". *IV Congreso de Lingüística General*, 781–792. Cádiz: Universidad de Cádiz.
Elbourne, P. 2011. *Meaning: A Slim Guide to Semantics.* Oxford: Oxford University Press.
Ferriols, R. y F. Ferriols. 2005. *Escribir y publicar un artículo científico original.* Madrid: Mayo Ediciones. www.isciii.es/ISCIII/es/contenidos/fd-el-instituto/fd-organizacion/fd-estructura-directiva/fd-subdireccion-general-redes-centros-investigacion2/fd-centros-

unidades2/fd-biblioteca-nacional-ciencias-salud/fd-buscar-informacion-biblioteca-cs/escribir_publicar_articulo_cientifico.pdf.

Franco, J. 2013. "La traducción científico-técnica: aportaciones desde los estudios de traducción". *Letras* 53: 37–60.

Galán, C. y J. Montero. 2002. *El discurso técnico-científico*. Madrid: Arco.

García Barreno, P., dir. 2000. *La ciencia en tus manos*. Madrid: Espasa Calpe.

García Delgado, J.L., et al. 2013. *El español, lengua de comunicación científica*. Barcelona: Ariel/Fundación Telefónica.

Glendining, E.H. y B. Holmström. 2005. *English in Medicine: A Course in Communication Skills*. Cambridge: Cambridge University Press.

Glendinning, E. y R. Howard. 2007. *Professional English in Use: Medicine*. Cambridge: Cambridge University Press.

Gómez de Enterría, J. 2009. *El español lengua de especialidad: enseñanza y aprendizaje*. Madrid: Arco.

Gonzalo Claros, M. 2008. "Un poco de estilo en la traducción científica: aquello que quieres conocer, pero no sabes dónde encontrarlo". *Panace@* 9 (28): 145–158.

Guerrero Ramos, G. 1995. *Neologismos en el español actual*. Madrid: Arco.

Gutiérrez Rodilla, B. 2005. *El lenguaje de las ciencias*. Madrid: Gredos.

Hadlich, R. 1971. *A Transformational Grammar of Spanish*. Englewood Cliffs: Prentice Hall. [Traducción española de J. Bombín. 1973. *Gramática transformativa del español*. Madrid: Paidós.].

Harvey, W.C. 2009. *Spanish for Health Care Professionals*. Nueva York: Barron's.

Ibbotson, M. 2008. *Cambridge English for Engineering, Student's Book*. Cambridge: Cambridge University Press.

Ibbotson, M. 2009. *Professional English in Use: Engineering with Answers*. Cambridge: Cambridge University Press.

Llacer, I., et al. 1991. "El lenguaje científico-técnico". En *Lengua Española COU*, 312–327. Madrid: Ecir.

Maillot, J. 1997. *La traducción científica y técnica*. Madrid: Gredos.

Mapelli, G. 2009. "El lenguaje técnico-científico". En *Las lenguas de especialidad en español*, eds. M.V. Calvi et al., 101–122. Roma: Carocci editore.

Marco Fabrè, E y S. Remacha Esteras, S. 2007. *Professional English in Use ITC: For Computers and the Internet*. Cambridge: Cambridge University Press.

Martín Camacho, J.C. 2004a. *El vocabulario del discurso técnico-científico*. Madrid: Arco.

Martín Camacho, J.C. 2004b. "Los procesos neológicos del léxico científico. Esbozo de clasificación". *Anuario de Estudios Filológicos* 27: 157–174.

Martín Camacho, J.C. 2007. "La creación de términos científicos mediante procedimientos no morfemáticos". *Anuario de Estudios Filológicos* 30: 239–254.

Martín Zorraquino, M.A. 1997. "Formación de palabras y lenguaje técnico". *Revista Española de Lingüística* 27 (2): 317–339.

Miguel Peña, E. 2015. *Traducción científico-técnica y traducción audiovisual: análisis de la serie The Big Bang Theory*. Trabajo de Fin de Grado. Universidad de Valladolid.

Moreno Fernández, F. 1999. "Lenguas de especialidad y variación lingüística". En *Lenguas para fines específicos (VI). Investigación y enseñanza*, eds. S. Barrueco et al., 3–14. Alcalá de Henares: Universidad de Alcalá. www.ub.edu/filhis/culturele/moreno.html.

Ordóñez, A. 1994. *Lenguaje médico. Modismos, tópicos y curiosidades*. Madrid: Noesis.

Ortega, P. 2015. *Spanish and the Medical Interview*. Elsevier.

Pascual, J.A. et al. 1996. "El lenguaje de la ciencia I y II". En *Lengua castellana 1º Bachillerato*, 88–97 y 102–113. Madrid: Santillana.

Pinker, S. 2014. *The Sense of Style*. Nueva York: Viking.

Plaza, L., B. Granadino y E. García-Carpintero. 2013. "Estudio bibliométrico sobre el papel del español en la ciencia y la tecnología". En *El español, lengua de comunicación científica*, coords. J.L. García, J.A. Alonso y J.C. Jiménez Madrid, 323–374. Barcelona: Ariel/Fundación Telefónica.

Pohl, A. y N. Brieger. 2002. *Technical English: Vocabulary and Grammar*. Andover: Summertown Publishing.

Rodríguez Díez, B. 1977–78. "Lo específico de los lenguajes científico-técnicos". *Archivum* XXVII–XXVIII: 485–521.

Rosa de Juan, C. et al. 2009. *Temas de salud*. Madrid: Edinumen.

Santos Río, L. 1975. *Anotaciones a la "Gramática transformativa del español"* (manuscrito no publicado).

Vivanco, V. 2006. *El español de la ciencia y la tecnología*. Madrid: Arco.

Watson, J.D. 2000 [1968]. *La doble hélice*. Madrid: Alianza.

Bibliografía recomendada

Cabré, T. 1993. *La terminología. Teoría, metodología y aplicaciones*. Barcelona: Antártida/Empuries. [Lectura clásica ya, muy completa sobre el lenguaje científico-técnico, referencia obligada de publicaciones posteriores].

Gómez de Enterría, J. 2009. *El español lengua de especialidad: enseñanza y aprendizaje*. Madrid: Arco [Planteamiento didáctico sobre los lenguajes de especialidad. De especial interés para el lenguaje científico-técnico son los capítulos 7, 8, 9 y 13].

Vivanco, V. 2006. *El español de la ciencia y la tecnología*. Madrid: Arco [Síntesis muy completa de las características del lenguaje científico-técnico en los diferentes niveles lingüísticos, así como de su didáctica].

11

LENGUA Y DISCURSO EN EL ÁMBITO JURÍDICO-ADMINISTRATIVO

Javier de Santiago-Guervós

1 Introducción

El lenguaje jurídico-administrativo ha concitado en los últimos tiempos la atención de los especialistas en este ámbito por la importancia que tiene como vehículo de comunicación entre la administración del Estado y los ciudadanos. Probablemente, la razón principal de este inusitado interés radica en la preocupación que existe por el hecho de que, muchas veces, esta comunicación constituye un acto fallido (De Miguel 2000; Muñoz Machado 2017), lo cual es un serio problema para una primera lengua, pero lo es más aún si hablamos de la enseñanza y aprendizaje de una segunda lengua. Obviamente, si la materia prima está viciada, los inconvenientes que un mal modelo o un modelo imperfecto pueden provocar en un aprendiz son evidentes.

Así pues, el planteamiento que debe hacerse un profesor de lenguas al enfrentarse al lenguaje jurídico-administrativo, tiene que centrarse, fundamentalmente, en qué enseñar y cómo hacerlo; y no es un problema menor.

Es cierto que este tipo de lenguaje, en numerosas ocasiones, es oscuro, enrevesado, opaco. Es cierto que dentro de este ámbito lingüístico existen modelos que forman parte de la vida diaria de una comunidad social, pero también lo es que hay otros que pertenecen a ámbitos excepcionalmente especializados. ¿Qué hacer?

En este capítulo vamos a ir, paso por paso, intentando describir y ordenar la enseñanza de este tipo de lenguaje. En primer lugar, daremos un repaso a la bibliografía que debe manejarse para familiarizarse con el lenguaje y los modelos textuales del ámbito jurídico-administrativo. En segundo lugar, nos detendremos en su descripción y reflexionaremos sobre qué hay que enseñar, en qué nivel y con qué modelos de los que componen este ámbito de especialidad para terminar con propuestas concretas para la enseñanza aprendizaje del lenguaje jurídico-administrativo y sus modelos textuales en el español como LE/L2.

2   El lenguaje jurídico-administrativo

Los problemas de redacción y norma de esta lengua de especialidad han sido extensamente estudiados en los últimos años tanto para el español L1 como para el español LE/ L2, y se inscribe en la iniciativa que se ha llevado a cabo en diversos países (Suecia, Canadá, Reino Unido, México, Chile, etc.) con el fin de proporcionar un lenguaje accesible que proponga una comunicación clara y directa de los gobiernos con los ciudadanos. Es lo que se ha dado en llamar el lenguaje ciudadano, lenguaje llano o *Plain English*, en el caso del inglés.

Así, en el mundo hispano, partiendo de la propia Administración, se están llevando a cabo desde hace algún tiempo intentos de simplificar y actualizar los textos que produce con el fin de volverlos más claros y precisos. Como consecuencia de esta actitud, se publicó en España, en 1990, el *Manual de Estilo del Lenguaje Administrativo,* que alude, entre otras cosas, a la búsqueda de la claridad en las relaciones de la Administración con los ciudadanos.

A pesar de todo, el problema persiste. En 2004 el gobierno mejicano publicó un documento titulado *Lenguaje Ciudadano* en el que insistía en la necesidad de establecer un lenguaje simple y claro en los documentos del gobierno, sobre todo los que se dirigen a los ciudadanos. En el año 2011, el Ministerio de Justicia del gobierno español propició un convenio marco de colaboración para promover la claridad del lenguaje jurídico. En este convenio participaron, además del propio Ministerio, la Real Academia Española de la Lengua (RAE) y otras instituciones jurídicas del Estado. Uno de los productos de este convenio ha sido un documento de casi 500 páginas denominado *Claridad y derecho a comprender: comisión para la modernización del lenguaje jurídico*, donde se estudian aspectos fonéticos, sintácticos, morfológicos, léxicos, normativos, etc. que describen el lenguaje jurídico-administrativo, y donde se recogen numerosísimos documentos en los que se transgreden, de un modo u otro, normas académicas y reglas de redacción, además de mostrar abundantes problemas léxicos que pueden oscurecer la comunicación. En muchos casos, los autores proponen redacciones alternativas, enormemente útiles para el profesor de español, más acordes con las normas y con la redacción que, ciertamente, hacen la lectura más amable.

En la misma línea, el recientemente publicado *Libro de Estilo de la Justicia* (2017, XXIII), avalado por la RAE y el Consejo General del Poder Judicial (CGPJ), señala como objetivo fundamental "impulsar una más diáfana utilización del lenguaje por parte de los jueces y magistrados españoles, en aras de una mayor claridad expositiva de su argumentación que, sin duda, cosechará múltiples beneficios para la seguridad jurídica" y el deseo de superar "imprecisiones, sobrentendidos y ambigüedades", tan propios de este lenguaje.

Este problema, que afecta al lenguaje jurídico-administrativo como primera lengua, tiene su trascendencia en la enseñanza de dicho lenguaje en español L2, ya que los textos a los que se va a enfrentar el aprendiz vienen, en su mayor parte, corrompidos por las patologías lingüísticas propias de este lenguaje (párrafos interminables, uso indebido de gerundios, neologismos, etc.), por lo que solamente un domino profesional de la lengua permitiría descifrarlos, y a veces, ni aun así.

Además de las obras comentadas, los estudios realizados sobre esta lengua de especialidad en L1 se han centrado, fundamentalmente, en la descripción pormenorizada de un modelo de lengua y de unos géneros concretos. De este modo, podemos agruparla en cuatro vertientes bien delimitadas:

- La legislativa, relativa a los textos legales (*ley*, *decreto*, *resolución de la administración*, etc.).
- La jurisdiccional, que engloba todos los documentos propios de los actos jurídicos procesales desde el inicio hasta la sentencia final inapelable (*demanda*, *sentencia*, *exhorto*, etc.).
- La administrativa, relativa a todo lo que compete a la administración del Estado (*contrato*, *testamento*, *póliza de seguro*, etc.).
- La notarial, que recoge un amplio panorama de documentos, tales como testamentos, escrituras o contratos de diversa índole.[1]

Este modelo de lengua aparece perfectamente descrito en la obra de Alcaraz y Hughes (2002). En ella se analizan los rasgos más sobresalientes del español jurídico en contraste con otras lenguas como el inglés o el francés, a través de las distintas ramas del derecho (civil, procesal, penal, etc.); Álvarez (1995) es extensamente citada por la simplicidad y concisión en la presentación de características y tipos textuales del lenguaje jurídico-administrativo; Calvo Ramos (1980) trabaja, básicamente, gramática y textos, y, más o menos con este tipo de estructura se mueven otras obras en torno al lenguaje jurídico publicadas en los últimos años.

Ya en el estricto ámbito de las lenguas segundas, las obras de Aguirre y Hernando de Larramendi (1997) o de Prada y Cuquerella (2011) analizan con suficiencia este tipo de lenguaje, que debe completarse con aspectos teóricos de las lenguas de especialidad (Gómez de Enterría 2006, 2009) y manuales específicos de español LE/ L2 como los de Carbó Marro y Mora Sánchez (2012), Rosa de Juan y Fernández (2010), Fernández y Núñez (2016) o San Juan y Bustiduny (2006). Todas estas obras se completan con diversos artículos donde se tratan aspectos concretos del lenguaje jurídico-administrativo y que pueden consultarse en la bibliografía de este capítulo, como los estudios de Hernando de Larramendi (1998, 2001), los de Sánchez Cuadrado (2015) sobre traducción pedagógica, algunas páginas web como http://administracion.gob.es/ o el propio *Manual de documentos administrativos* (1994), que pueden ser una fuente inagotable de recursos textuales para la clase de L2.[2]

Algunos de estos manuales están motivados por el tipo de público al que se dirigen. Las necesidades formativas de los estudiantes del español jurídico-administrativo se concentran en aquellos que exigen una formación exhaustiva en contenidos jurídicos y aquellos que ya han satisfecho o están satisfaciendo sus necesidades de conocimiento material, pero necesitan desarrollar destrezas de tipo comunicativo que les conduzcan a dominar el lenguaje especial que funciona como lengua vehicular en estos contextos. (Riva 2009). Los materiales que aparecen en las editoriales ligadas a la enseñanza de español LE/L2 intentan aunar español jurídico y cultura jurídica con cierta voluntad abarcadora, ya que, muchas veces, el estudiante necesita tanto conocimientos sobre el sistema jurídico español como destrezas en el uso del lenguaje jurídico-administrativo, de ahí que en la mayoría de los casos partan de un nivel B2 del Marco Común Europeo de Referencia para las Lenguas (MCER) o del Intermediate High, Advanced Low de la American Council for the Teaching of Foreing Languages Proficiency Guidelines (ACTFL).[3]

De un modo u otro, en lo que respecta a la enseñanza de L2, debemos plantearnos que, en una lengua de especialidad, el objetivo es enseñar los aspectos del español relevantes en el contexto profesional concreto en que van a comunicarse y desenvolverse profesionalmente los alumnos porque en eso consistirá su competencia comunicativa específica. Como señalan Cabré y Gómez de Enterría (2006, 17), en una obra destinada a profesores de español para fines específicos debemos enseñar recursos "lingüísticos y no lingüísticos, discursivos, gramaticales y pragmáticos, que se utilizan en situaciones de comunicación consideradas especializadas por sus condiciones comunicativas". En este caso, podemos, además, dar información sobre el sistema jurídico español, dependiendo de los conocimientos de nuestros estudiantes, pero debe primar la comunicación. En este trabajo, por tanto, plantearemos actividades con textos jurídico-administrativos, pero no actividades en las que se pregunte sobre aspectos del sistema jurídico español.

3 Características del lenguaje jurídico-administrativo. Modelos textuales

Cuando abordamos un texto jurídico-administrativo sabemos qué es y qué nos vamos a encontrar, del mismo modo que lo sabemos cuando contemplamos un texto periodístico, una carta formal, una informal, etc. Al leer, clasificamos automáticamente el texto porque reconocemos las convenciones del género al que pertenece como parte del proceso de socialización al que nos vemos sometidos desde que nacemos, lo que provoca la asunción de una serie de rutinas discursivas como consecuencia de la impregnación por exposición al género. Por tanto, a la hora de producir un texto jurídico-administrativo clonamos dichas rutinas discursivas para obtener un discurso adecuado. La cuestión es distinguir y, por tanto, enseñar, cuáles son esas características que hacen que un texto jurídico-administrativo sea perfectamente reconocible como tal. Por tanto, tendremos que describir tanto aquellas características necesarias para que los aprendices tomen nota y produzcan adecuadamente este tipo de discurso y, por otra, observar algunas de las patologías lingüísticas del lenguaje jurídico-administrativo para que no caigan en errores por imitación de los textos con los que van a trabajar.

Desde esta perspectiva, y compartiendo la visión de Alcaraz y Hughes (2002) al respecto, señalamos las tres características básicas que definen el español jurídico, a saber, el uso de un vocabulario muy singular que representa el núcleo de esta lengua de especialidad, la adopción de unas tendencias léxico-estilísticas y morfosintácticas muy idiosincrásicas, a las que se añade la existencia de unos géneros textuales propios ya mencionados en páginas anteriores (testamentos, sentencias, etc.).

En definitiva, existen ciertas características léxico-semánticas y morfosintácticas que troquelan un estilo propio del lenguaje jurídico-administrativo para convertirlo en una lengua de especialidad. Carecemos de espacio en este capítulo para examinar todas y cada una de ellas, pero sí podemos hacer una nómina de las más significativas para que el aprendiz pueda crear textos jurídico-administrativos canónicos. Del mismo modo, veremos algunas desviaciones respecto a lo que debe ser un texto comprensible pero que, inevitablemente, jalonan leyes, sentencias y demás modelos textuales a los que deben enfrentarse nuestros aprendices.[4]

3.1 El nivel léxico

En cuanto al vocabulario, básicamente, hay que tener en cuenta las palabras técnicas propias del lenguaje jurídico (por ejemplo, *exhorto*) junto a palabras semánticamente neológicas que existen en la lengua general, pero que se emplean en el lenguaje jurídico-administrativo con otros significados (*instruir, casamiento, deposición, alzada*, etc.) y que pueden provocar confusión en el aprendiz y en el receptor. También habrá que tener en cuenta que existen ciertas unidades léxicas que no existen en la lengua del aprendiz, o los *falsos amigos* que también se encuentran presentes en el español jurídico-administrativo. Para ilustrar dicho fenómeno, podemos recurrir a la diferencia de significados de los términos *evicción* (en español) y *eviction* (en inglés), refiriéndose el primero a la obligación que incumbe al comprador de una cosa de entregarla a un tercero, titular de un derecho sobre ella anterior a la venta, frente al valor de *desahucio* que tiene en inglés (Videva 2016).

El lenguaje jurídico utiliza con frecuencia términos arcaicos que no pertenecen al lenguaje común, y que han ido conformando el género petrificándose en el uso con el paso de los años. Son arcaísmos frecuentes: *afecto* ('adscrito, vinculado'), *conducto* ('procedimiento'), *elevar* ('dirigir un documento a un cargo superior'), *decaer [en su derecho], empero, infraescrito, fundo* ('inmueble'), *incoar [un expediente], librar [un certificado], otrosí, tenor [literal]*.

Igualmente, se emplean numerosos latinismos. Las referencias al derecho romano son constantes, con lo cual, las citas directas son habituales. Será necesario memorizar tales latinismos tanto para su uso cuando sea necesario como para la compresión de los textos. Habrá que contar con los glosarios de los manuales y con los diccionarios de términos jurídicos existentes en el mercado (*vid.* bibliografía) para hacer una selección de palabras de tipo general y de acuerdo con la rama del derecho que pretendamos abordar, así como de latinismos y arcaísmos propios de este tipo de textos.[5] Algunos de los más frecuentes son, por ejemplo, *ab initio* (desde el principio), *ab intestato* (sin testamento), *alibi* (coartada), *iuris tantum* (presunción que admite prueba en contrario), etc.

3.2 El nivel morfosintáctico

Por lo que se refiere a la morfosintaxis del lenguaje jurídico-administrativo, siguiendo a Muñoz Machado (2017, 4–11), podemos recoger una serie de características que aportan parte de la especificidad que adorna este tipo de lenguaje.

En lo que se refiere al verbo:

a) Formas verbales impersonales y pasivas reflejas, que evitan la referencia a la primera persona: *se resuelve, se da traslado, se modifica. . .;* expresiones que ocultan el agente: *procede, conviene, es de interés, es de justicia . . .* o el empleo casi exclusivo de la tercera persona, que evita la referencia al emisor y al destinatario. También se acude a menudo a sustantivos deverbales: *el acusado, el denunciante, el declarante, el abajo firmante, este tribunal.* El uso de sustantivos derivados de verbos favorece asimismo la impersonalización, ya que suelen evitar la presencia del sujeto: *el incumplimiento de estas disposiciones, la ejecución de la sentencia, la interposición de recurso, la tramitación del expediente . . .*
b) Uso arcaico del futuro del subjuntivo: *si procediere, si hubiere ocasión . . .*
c) Abundancia en algunos textos del imperativo prescriptivo sin referencia al agente: *notifíquese, convóquese, dispónganse, hágase, precédase . . .*
d) Uso del futuro con carácter de obligación (modalidad deóntica): *El notificado se personará . . ., se hará público . . .*
e) Uso de gerundios especificativos y de posterioridad.

El uso del gerundio es característico del lenguaje jurídico-administrativo, tanto en sus usos correctos, como agramaticales, y, en todo caso, muchas veces con exceso. Así, el llamado gerundio de posterioridad, consecuencia o efecto, muy abundante en las sentencias, no es admitido por la NGLE: *El agresor huyó, siendo detenido horas después; Dictóse la sentencia el viernes, verificándose la ejecución al día siguiente.*

Tampoco se admite el gerundio de especificidad, equivalente a una oración de relativo: *Compró un disco conteniendo muchas arias.*

En estos casos de errores normativos, el estudiante no viene contaminado por la exposición a este tipo de textos, por lo que, como en otros muchos casos, no es necesario enseñar a producir, pero sí enseñar a comprenderlo como uso incorrecto equivalente a "y fue" o "que contenía", respectivamente.

f) Empleo del presente de indicativo con valor atemporal. Se utiliza para prescribir; tienen valor yusivo (o imperativo): El caso *no admite prórroga. . .*
g) Creación de verbos por derivación: *-izar (teorizar, liberalizar, tangibilizar. . .)* o *-iar (evidenciar, compendiar. . .).* En muchas ocasiones son archisílabos innecesarios, ya que la lengua posee términos que pueden sustituir perfectamente a las formas neológicas: *concretizar (concretar), complementarizar (complementar), ejercitar (ejercer). . .* Habría que tener en cuenta este particular a la hora de enseñar esta lengua de especialidad como L2.
h) También se tiende a sustituir el verbo por verbo + sustantivo: *dar información* (por *informar*), *dar trámite* (por *tramitar*), *dar curso* (por *cursar*). . .
i) Construcciones absolutas de participio (ablativos absolutos): *Finalizado el plazo de presentación de solicitudes. . .; Presentada la demanda en tiempo y forma. . .; Oídas las partes. . .*

En lo que se refiere al nombre y al adjetivo, es habitual, buscando la expresividad, la precisión y la concreción, la creación de términos a partir de las opciones que ofrece la lengua, ya sea por derivación o por composición.

a) Derivación por prefijación, sufijación y composición:

- Prefijos como *co-* (coheredero), *extra-* (extramarital), *in-* (insolvente), *pre-* (prenupcial), *a-* (apátrida) *sub-, super-, trans-, anti-, auto-*, etc. están al alcance del jurista para crear términos que ayuden a la redacción o a la explicación legal o administrativa.
- Los sufijos para la creación de sustantivos, adjetivo o verbos se emplean con abundancia creando términos que, muchas veces, pasan al acervo del lenguaje jurídico-administrativo (*adjudicatario, anulabilidad, estimatorio, cesionario*, etc.)
- En cuanto a la composición, las más abundantes se producen con sustantivos:

sustantivo + sustantivo: *compraventa, litisconsorcio, cuasicontrato*;
sustantivo + adjetivo: *causahabiente, cuasiperfecta, justiprecio*.

En otras ocasiones, la composición no llega a crear una sola palabra, pero sí, prácticamente, una locución sustantiva: *decreto-ley, estado de necesidad*.

Será necesario, por tanto, trabajar con los diferentes prefijos y sufijos para entrenar al aprendiz en la creación de palabras por derivación y composición, y en la comprensión de nuevos términos teniendo en cuenta este pormenor, ya que las creaciones son, en numerosas ocasiones, muy arriesgadas: *. . . pero es importante que digamos, que ustedes lo tengan claro y que le transmitan esa sensación de claridez a la niña . . .* (Ministerio de Justicia 2011. *Lenguaje Oral*, p. 30)

b) Inclinación a la nominalización, básicamente, con los sufijos *-dad, -ición, -al, -imiento, -tud*, etc.

Dentro de la creación por derivación, la nominalización es un rasgo bastante definitorio del lenguaje jurídico-administrativo. Así, existe una marcada tendencia a la formación de sustantivos deverbales. Como decíamos, se debe al afán de ocultar el agente y crear discursos más impersonales:

-on/-ión. Generan muchísimos sustantivos de acción y de resultado: *presunción (de inocencia), impugnación, ratificación, apelación, desestimación; -dad: irrazonabilidad, indemnidad, excusabilidad. . .; -encia: recurrencia, diligencia, solvencia, injerencia. . .; -miento: requerimiento, pronunciamiento, reforzamiento. . .*

c) Son numerosas las creaciones de adjetivos por derivación. Los sufijos más comunes empleados en el lenguaje jurídico son:

-ado: delatado, instrumentalizado, apelado. . .; -al: judicial, competencial, eventualcontractual, jurisprudencial, procedimental . . .

-ante/-(i)ente. Algunos derivan de participios de presente latinos y ya funcionan como sustantivos: *querellante, obrante, concordante; -ario: arbitrario, dinerario, consignatario, tributario . . .; -ble: afirmable, liberalizable, suprimible . . .; -ivo: administrativo, lesivo, abusivo, punitivo, invasivo . . ., -or: actor, morador, instructor, redactor . . .; -orio: defraudatorio, estimatorio, condenatorio . . .; -oso: contencioso, litigioso . . .*

También existen elementos anafóricos de carácter adjetivo (adjetivos que se refieren a algo citado con anterioridad: *lo dicho, lo mencionado*, etc.), en ocasiones, de forma demasiado abundante. Prolifera el uso de adjetivos encadenados: *cláusulas jurídicas generales, obstrucción legal arbitraria y burocrática entorpecedora*.

Son asimismo muy comunes las siglas y los acrónimos, especialmente cuando se refieren a organismos y disposiciones legales.

Los adverbios y preposiciones también ocupan un lugar destacado en esta lengua de especialidad. Son abundantes los adverbios en -*mente* (*excepcionalmente, supuestamente, debidamente, concretamente,*) y algún que otro adverbio arcaico (*otrosí, amén, empero*), así como locuciones del tipo *en lo referente a, en la medida de, en función de, sin perjuicio de, con arreglo a* . . .

Abundan otros tipos de locuciones y expresiones características de este lenguaje: *a instancia de parte; a la mayor brevedad; en su defecto; en tiempo y forma; conforme a derecho; el abajo firmante*. . . que aportan buena parte de las peculiaridades del género.

Por otra parte, como señala Muñoz Machado (2017, 10–11), abundan las expresiones explicativas, guiadas por un deseo obsesivo de matizar bien los significados; proliferan los incisos que aluden a disposiciones legales buscando lograr mayor precisión y fundamentar las justificaciones y los argumentos; son muchos los hipérbatos o alteraciones del orden, a veces forzados y generalmente innecesarios: *el suprimido decreto, la expresada prohibición, la referida norma…; se* registran muchas repeticiones sinonímicas: se *personen y comparezcan; serán nulos y carecerán de validez; cargas y gravámenes*; uso y abuso de circunloquios: *para la debida constancia, para general conocimiento y cumplimiento*.

Como consecuencia de la acumulación de información, muchas veces se escriben párrafos largos llenos de enumeraciones, redundancias, subordinaciones y coordinaciones que son también habituales en este tipo de lenguaje. El resultado de todos estos rasgos estilísticos cristaliza en textos que no solamente resultan extraños para el ciudadano al que van dirigidos, sino también difíciles de seguir por los profesionales, incluso en una lectura atenta.

Como ya hemos señalado a lo largo de este capítulo, hemos de fijarnos en las características que dan especificidad al lenguaje jurídico-administrativo para que el aprendiz asuma un lenguaje sin vicios, pero es evidente que hemos de mostrar las patologías lingüísticas que se producen para que pueda comprender, en la medida de lo posible, los discursos a los que puede enfrentarse en un contexto hispanohablante. Se hace necesario distinguir entre lo que hay que enseñar a producir y lo que hay que enseñar a comprender.

La mayoría de los manuales que estudian esta lengua de especialidad son enormemente críticos con ella no solamente por cuestiones de tipo comunicativo, como venimos afirmando a lo largo de este trabajo, sino también por cuestiones de tipo normativo. Son frecuentísimos los errores contra la norma académica fruto del desconocimiento o de la costumbre. El estudio de este tipo de textos da como resultado una frecuencia de error alta, pero el problema más grave aparece cuando el error se fosiliza y se convierte en característica del propio lenguaje que pasa a reproducirse constantemente por contaminación debido a una exposición constante al modelo. Así, el mal uso de los gerundios (posterioridad, especificativo, condicional, etc.), el dequeísmo (*Pienso de que es un problema*) y el queísmo (*Estoy seguro que saldrá*) son buena prueba de ello.

Este tipo de errores, obviamente, no se debe enseñar para que el estudiante lo produzca, pero, como decíamos, en ciertos niveles, habrá que exponerlo a ellos para que se familiarice con su presencia sin que esta entorpezca su comprensión. Y habrá que valorar el insistir en que no los reproduzca.

3.3   Los modelos textuales

El estudio del lenguaje jurídico-administrativo debe completarse con el trabajo de los modelos textuales en los que se inserta. Así pues, al lado de las características lingüísticas que hemos visto, hemos de tener en cuenta la estructura de los documentos que forman parte de este género: actas, certificados, circulares, sentencias, reglamentos, contratos, convenios, convocatorias, declaraciones juradas, diligencias, informes, memorias, notificaciones, oficios, requerimientos, resoluciones, solicitudes, leyes, demandas, contratos, testamentos, etc., son documentos con los que el ciudadano se comunica con la Administración y con los que la Administración se comunica entre sus miembros.

Existen diversos manuales en los que poder encontrar modelos para trabajar en el aula, tal y como señalábamos al principio de este capítulo. En ellos se describe la estructura del documento en cuestión, junto a un modelo en bruto y otro elaborado, para poder visualizar con claridad el modelo textual.

Por ejemplo, en caso de una *solicitud* y de un *recurso* la estructura sería la siguiente:[6]

TABLA 11.1 Esquema de modelos textuales.

SOLICITUD	RECURSO
1.- Datos del solicitante y, en su caso, del representante.	1.- Nombre y dos apellidos del recurrente.
2.- Exposición de motivos. Se inicia con la palabra «EXPONE: . . .». Se expresarán de forma concisa las circunstancias y causas que motiven la solicitud.	2.- N.º del Documento Nacional de Identidad.
	3.- Determinación del tipo de acto administrativo que se recurre: resolución, acuerdo, acto de trámite, etc.
	4.- Fecha en la que se dictó el acto administrativo.
3.- Petición: se inicia con la palabra «SOLICITA: . . .». Se expresa la petición de forma resumida y esquemática.	5.- Autoridad o funcionario que dictó el acto.
	6.- Determinación del contenido del acto que se recurre (hechos, circunstancias, fechas, etc.).
4.- Relación de documentos: se inicia con la fórmula «A cuyos efectos aporta la siguiente documentación (en su caso)»: el solicitante relaciona los documentos que presenta junto a la solicitud.	7.- Se especificarán de forma ordenada las razones que sirvan de base a la pretensión de impugnación del recurrente.
	8.- Medio o forma de notificación (por escrito, fax, soporte informático, etc.).
5.- Fecha y firma: se firmarán y sellarán todas las páginas en el margen lateral izquierdo, excepto la última, en la que las firmas figurarán al final del texto.	9.- Lugar donde desea recibir las notificaciones.
	10.- Lugar y fecha del recurso.
	11.- Firma u otro medio de acreditación del recurrente.
6.- Destinatario: centro, órgano o dependencia al que se dirige la instancia. Generalmente se expresa en mayúsculas.	12.- Órgano administrativo al que se dirige el recurso.

Por su parte, Iria da Cunha, de la Universidad Nacional de Educación a Distancia (UNED), ha desarrollado un sistema automático para la redacción de textos especializados en español, denominado arText (http://sistema-artext.com), que ayuda a estructurar el documento, asignar títulos a los apartados, añadir contenidos prototípicos e incorporar fraseología relacionada con el texto en tres ámbitos específicos: la relación con la Administración Pública, la Medicina y el Turismo. Puede resultar de enorme utilidad a la hora de poner en práctica los conocimientos adquiridos en este ámbito.

4 Didáctica del lenguaje jurídico-administrativo en el aula de LE/L2

El trabajo de la programación, planificación y creación de materiales para el aula del español jurídico-administrativo no difiere mucho, desde el punto de vista didáctico, de lo que se puede llevar a cabo en un curso de español general. Los modelos de ejercicios son similares, lo que varía son los modelos textuales, el vocabulario, las situaciones de comunicación en las que se pone en práctica la lengua, el contexto de aprendizaje, etc. Es cierto que, dependiendo de las necesidades de los aprendices, es habitual trabajar con ejercicios de simulación, tareas y proyectos con el fin de garantizar la contextualización de la comunicación y de la práctica comunicativa e involucrar al aprendiz de forma verosímil en la resolución de problemas profesionales auténticos. Esto no obsta para que se puedan proponer también ejercicios más tradicionales de trabajo de destrezas con modelos de selección múltiple o preguntas abiertas, entre otros, para la profundización en semántica, precisión léxica, distribución (colocaciones) o estructura discursiva.

El programa de un curso de español jurídico-administrativo se establece en función de las necesidades de comunicación de un grupo de aprendices en contextos de especialización. Se suele impartir en un período de formación limitado; el alumnado es adulto, con cierto nivel de lengua (B1-C1 del MCER, Intermediate Mid, Intermediate Hig a Advanced Mid, Advanced High de ACTFL, generalmente) y formación en el ámbito de estudio.

Así las cosas, en general, una programación para fines profesionales como la que nos planteamos deberá desarrollar la competencia comunicativa de los aprendices teniendo en cuenta los siguientes aspectos.

4.1 Las destrezas escritas

Los textos que el aprendiz debe crear y comprender tienen características especiales propias de un estilo determinado. En muchas ocasiones, la técnica de comunicación especializada de los textos coincide con la de su propia lengua, lo que facilita el aprendizaje. En otras ocasiones, en cambio, sí pueden ser convenientes explicaciones que familiaricen y faciliten al aprendiz la comprensión y redacción de este tipo de escritos, sin perder de vista las patologías lingüísticas que hemos visto y las posibles soluciones en favor de la comunicación eficaz con la sociedad a la que va destinado.

El material de trabajo, eso sí, debe ser auténtico y el aprendiz debe comprender y redactar textos especializados de diferentes niveles de especialización, así como de diversa tipología: impresos, instancias, contratos, informes, actas, sentencias, etc., y reconocer y producir las fórmulas que son propias de cada contexto profesional (saludos, encabezamientos, vocabulario, etc.).

Uno de los problemas más graves del lenguaje jurídico-administrativo es la enorme longitud de los párrafos, llenos de incisos y con una subordinación recurrente. Inconscientemente, el jurista relaciona concepto jurídico y unidad sintáctica. Así, por ejemplo, el delito es una unidad, como concepto, y por eso aparece en un único párrafo, para reflejar esa unidad cognitiva en el texto.

Para intentar crear párrafos cuya interpretación sea menos tediosa, se puede trabajar con cambios de conectores intraoracionales, que impiden la pausa y la organización ordenada del discurso, por otros supraoracionales que permiten una puntuación que puede dejar blancos entre los párrafos, lo que aporta una visualización textual más amigable y una interpretación menos trabajosa (Montolío 2014, 22).

También ayuda la enumeración de párrafos como estrategia para la interpretación textual. Así pues, el trabajo textual tiene mucho peso en el lenguaje jurídico-administrativo.

Anula y Revilla (2010, 203) sugieren modificar los textos para ir acostumbrando al aprendiz paulatinamente al modelo textual. Así, proponen trabajar la frecuencia léxica y la extensión oracional "mediante la sustitución de algunas palabras poco usadas por otras de mayor frecuencia de uso, especialmente aquellas que no son propias del lenguaje específico y mediante una nueva composición oracional que no supere las quince o veinte palabras por oración se facilitará la comprensión del aprendiz y la asimilación del género discursivo".

Del mismo modo, se puede empezar por modelos textuales y orales simples con vocabulario jurídico-administrativo asumido por la sociedad casi ya como lenguaje

TABLA 11.2 Opciones de empleo de conectores contraargmentativos.

Conectores contraargumentativos	
Intraoracionales	*Supraoracionales*
(generalmente, tras coma)	(tras punto o punto y aparte)
Forman una sola oración:	Son dos oraciones distintas:
[A, pero B] [Aunque B, A]	[A. Sin embargo, B]
, pero	. Sin embargo
, sino (que)	. No obstante
, mas	. Con todo
, aunque	. Ahora bien
, si bien	. A pesar de eso/todo
, a pesar de (que)	. Aun así
, pese a (que)	. Por el contrario
, mientras (que)	. En cambio

TABLA 11.3 Opciones de empleo de conectores consecutivos.

Conectores consecutivos	
Intraoracionales	*Supraoracionales*
(tras coma)	(tras punto o punto y aparte)
Forman una sola oración:	Son dos oraciones distintas:
[A, por lo que B]	[A. Así pues, B]
, por lo que	. Por eso/ello,
, de manera/forma/modo que	. Por ese/dicho/tal {motivo/causa/razón},
, así que	. Por tanto,
, pues,	. Por tanto,
, de ahí (que) + subjuntivo	. En consecuencia,
	. Por consiguiente,
	. Así pues,
	. Por ende,

general para, desde ahí, ir incrementando la dificultad, el vocabulario, y las expresiones tanto en las destrezas productivas como en las receptivas.

4.2 Las destrezas orales

Existen ciertas situaciones de comunicación en el ámbito jurídico-administrativo que tienen una frecuencia de empleo superior a la comunicación en un contexto habitual y en las que, por tanto, hay que incidir. Reuniones de diverso tipo, debates, juicios, presentaciones son situaciones de comunicación que requieren formas de expresión adecuadas para explicar, sugerir, garantizar, disculparse, agradecer, etc. junto a fórmulas habituales del ámbito profesional, como pueden ser dictar sentencia, abrir una sesión, entre otras.

El profesor deberá fijar su atención en ciertas paráfrasis reformuladoras (*es decir, o sea, quiero decir, esto es*. . .), repeticiones o expresiones modalizadoras propias de las destrezas orales en este ámbito y conectores que explicitan la organización textual o del discurso.

En definitiva, el objetivo fundamental del aprendiz será comprender mensajes en el ámbito profesional y, del mismo modo, desarrollar la expresión oral en el mismo tipo de contexto e interactuar en las situaciones de comunicación que lo requieran teniendo en cuenta factores pragmáticos como el turno de palabra, el silencio, la confirmación, el paralenguaje, la distancia de comunicación, etc. Como hemos visto, la cultura en general, y la profesional en particular, varía enormemente de unos países a otros y puede llevar al fracaso una interacción que quiere alcanzar el éxito comunicativo. El dominio de la modalidad expositiva, narrativa o descriptiva (*vid*. capítulos 1–5) y su combinación en secuencias, puesto que no hay textos 100 % homogéneos tipológicamente, es otro de los objetivos de este discurso eminentemente multimodal. La dimensión cultural completa el campo de aprendizaje de esta lengua especial.

Las metodologías didácticas más habituales y más eficaces en la enseñanza del español para fines profesionales y académicos suelen estar basadas en actividades comunicativas que tienen su base en el enfoque por tareas y en la simulación. Lo que se pretende es que el estudiante pueda desenvolverse con facilidad en situaciones reales de comunicación y pueda resolver los problemas propios del ámbito de su especialidad.

Como ya sabemos, en las tareas se plantea como punto de partida un objetivo final y un plan de trabajo que ha de llevar a la consecución de ese objetivo. Así, a partir de ese objetivo final, por ejemplo, organizar un juicio, un debate, etc., se abordan actividades intermedias en las que se ponen en funcionamiento la práctica de las destrezas, el vocabulario, la gramática, etc., para alcanzar el objetivo comunicativo propuesto. Como se ve, se trabajan todas las destrezas, comprensión y expresión, además de los diversos modelos textuales, y se hace necesaria la explicación de fórmulas lingüísticas propias de la comunicación jurídico-administrativa y demás aspectos de la especialidad.[7]

A través de las simulaciones intentamos situar al alumno en situaciones (y papeles, *role play*) reales de comunicación con el fin de que ponga en práctica los conocimientos adquiridos en la lengua de especialidad que aprende. Tales situaciones pueden ser más o menos extensas dependiendo de lo que se vaya a practicar. Una posible simulación global prototípica podría ser la preparación y desarrollo de un juicio, donde se van a ver implicados jueces, abogados, peritos, administrativos, etc. que deben elaborar una gran cantidad de material textual y oral interviniendo con distintos registros, tecnicismos y fuentes de información, de forma activa y en tiempo real, del mismo modo que lo harían del aula.

En definitiva, estas dramatizaciones requieren tiempo de preparación (inmersión a través de series de televisión, modelos textuales. . .), pero presentan una versatilidad interesante al permitir establecer niveles de actuación entre los alumnos.[8] Además, favorecen su participación, permiten el uso espontáneo del lenguaje y acercan el aula a contextos profesionales en situaciones reales.

Los estudios de caso, por ejemplo, son muy apropiados para la práctica del lenguaje jurídico-administrativo. Se parte de una situación hipotética que requiere una actuación por parte de los alumnos. Con los datos que se le ofrecen, debe reaccionar abordando el problema, estudiándolo, analizándolo, contemplando alternativas y buscando soluciones. Puede tratarse del estudio de un problema administrativo, fiscal, penal, mercantil, etc. y, a partir de ahí, desarrollar la actividad manejando todos los datos posibles; textuales, gramaticales, culturales, tanto en destrezas productivas como receptivas. Por ejemplo, por parejas, se puede preparar la tramitación de un divorcio:

- Cada uno de los aprendices será el abogado de una de las partes.
- Los estudiantes discuten con el profesor la personalidad de sus clientes, su situación económica, sus peticiones, etc.

- A partir de la situación inicial, se impone hacer una negociación para acordar la custodia, la pensión (si fuera necesaria), visitas, gastos extraordinarios, y las cláusulas que consideren convenientes.
- Una vez finalizada la negociación oral del caso, se procederá por ambas partes a la redacción de un convenio o a la modificación de un convenio tipo.

Indudablemente, todos los modelos de actividades propios de la enseñanza del español LE/L2 pueden caber en un contexto especializado de acuerdo con los intereses y los niveles de nuestros aprendices. Por ejemplo, además de los recursos didácticos habituales (sobre texto, preguntas abiertas, preguntas de verdadero/falso, selección múltiple, *cloze*, texto con errores, frases con huecos, etc.) (de Santiago-Guervós y Fernández 2017), enumeraremos algunos modelos de ejercicios.

Habitualmente, esta metodología de trabajo en el aprendizaje del lenguaje jurídico-administrativo se basa en la estructura tradicional de presentación, práctica y producción, si bien no tiene por qué seguir este esquema.

TABLA 11.4 Modelos de actividades para la clase.

1 Tomar el texto de una sentencia y ponerla en español jurídico llano (frecuencia textual).
2 Tomar el texto de una sentencia y redactar de nuevo modificando párrafos y conectores.
3 Quitar al texto de una sentencia algunos elementos de cohesión para que el aprendiz lo redacte correctamente incluyéndolos donde sea necesario.
4 Sustituir los conectores más especializados de un texto por otros más generales.
5 Enumerar verbos y extraer el sustantivo derivado (*derogar – derogación*).
6 Buscar sinónimos y antónimos.
7 Redactar distintos documentos jurídico-administrativos partiendo del esquema del modelo de acuerdo con los datos aportados (contratos, informes, sentencias, denuncias, etc.).
8 Explicar en forma oral a un lego en la materia cualquier asunto de carácter jurídico-administrativo: contrato, acta, sentencia, informe, presupuesto, convenio, reglamento, etc.
9 Casar partes (preguntas con respuesta de una entrevista, casar el término jurídico con la definición, el delito con el ámbito del derecho, el latinismo con su traducción, el término técnico frente al general, etc.).
10 Ordenar las partes de un texto.
11 Completar tablas con información (qué registro lleva qué documentos, por ejemplo).
12 Ejercicios de completar frases con conectores, vocabulario, tiempos verbales, etc.
13 Discusiones sobre asunto jurídicos (a favor, en contra. . .).
14 Buscar información en la web sobre datos concretos para realizar un informe.
15 Preparar la defensa oral de un acusado para exponerla delante de la clase.
16 Comparar sistemas jurídicos o legislativos del país del aprendiz, o los tribunales populares frente a otros modelos de tribunal.

TABLA 11.5 Esquema de unidad didáctica.

1 OBJETIVOS	a) precalentamiento b) introducción al tema, planteamiento del caso, tarea a realizar
2 CONTEXTUALIZACIÓN	Muestras de textos legales necesarios (leyes, sentencias, etc.).
3 ASPECTOS FORMALES	Español jurídico a nivel morfosintáctico, estilístico-léxico, semántico- discursivo; esto es, datos necesarios para la comprensión de los textos jurídicos.
4 TAREA	Producto jurídico (carta despido, contrato, convenio, etc.), resolución del caso.
5 POST-TAREA/EVALUACIÓN	Simulación; situación ficticia de comprobación de lo visto / estudiado. Aspectos pragmáticos y socioculturales de las profesiones jurídicas.

Gutiérrez Álvarez (2010, 9–12) plantea un esquema de unidad didáctica, que más adelante desarrolla, que sirve para diseñar actividades de resolución de casos y realización de productos jurídicos, además de ser adaptable a cualquiera de los órdenes del Derecho: civil, mercantil, penal, administrativo, laboral, constitucional, comunitario, procesal, etc.

Por último, la evaluación de un curso de español jurídico-administrativo no difiere mucho de la evaluación de la lengua general. Tanto la evaluación del aprovechamiento como la de dominio emplean técnicas que no difieren de las que se emplean en el aprendizaje de la lengua general, si bien, obviamente, empleando textos y situaciones propios del ámbito de especialización.

5 Conclusión

El lenguaje jurídico administrativo es una lengua de especialidad, y así debe ser tratada en su enseñanza y aprendizaje. Es conveniente enseñarla a partir de cierto nivel de dominio y trabajarla de acuerdo con las circunstancias de comunicación en las que suele emplearse (básicamente, simulaciones en el plano oral y ejercicios de práctica de modelos, por un lado, y prácticas de tipo general, por otro), teniendo en cuenta las particularidades léxicas, sintácticas y morfológicas de este tipo de lenguaje.

Por otra parte, si bien existe una coincidencia general del lenguaje jurídico en las distintas variedades del español, es cierto que existen algunas variaciones léxicas, básicamente en el español de América, que proceden, en su mayor parte, de aspectos que afectan a diferentes sistemas legales. El *Diccionario Panhispánico del Español Jurídico* (2017) recoge las variedades propias de cada región para que el profesor de español pueda tener acceso, en su caso, a los términos del país en el que el aprendiz debe producir la lengua.

Notas

1 Por lo que se refiere al español jurídico y las variedades del español en este ámbito está prácticamente aceptado y asumido el escaso número de diferencias existentes dentro de la órbita jurídica, con alguna excepción de ciertos y escasos localismos (Alcaraz y Hughes, 2002).
2 Muchas comunidades autónomas en España tienen sus propios manuales de documentos administrativos. Pueden consultarse:

www.lingua.gal/c/document_library/get_file?folderId=1647069&name=DLFE-10806.pdf
www.udc.es/export/sites/udc/snl/_galeria_down/documentospdf/manual_doc_udc.pdf
http://publicaciones.ua.es/publica/Manual%20de%20estilo%20web.pdf

Del mismo modo, puede accederse a la página web del Consejo de Europa (www.consilium.europa.eu/es/european-council/) para consultar modelos textuales multilingües.
3 En algunos casos concretos, de acuerdo con las necesidades de los aprendices, se pueden plantear actividades para niveles por debajo del B2. Parte del vocabulario y algunos modelos textuales, dada su frecuencia de uso y su nivel de lengua, pueden desarrollarse perfectamente en un A2 o B1 (solicitudes, informes, impresos varios, etc.). En Plan Curricular del Instituto Cervantes (PCIC), los textos jurídico administrativos no aparecen hasta el nivel C.
Las equivalencias con la ACTFL serían:

C2 Advanced High, Superior
C1 Advanced Mid, Advanced High
B2 Intermediate High, Advanced Low
B1 Intermediate Mid, Intermediate High
A2 Lower Intermediate, Intermediate Mid
A1 Novice High
<A1 Novice Low, Novice Mid

4 Para un compendio pormenorizado de las características del lenguaje jurídico-administrativo, así como de los errores de norma y estilo, pueden consultarse Muñoz Machado (2017), Ministerio de Justicia (2011), Calvo (1980), Ministerio para las Administraciones Públicas (1990), Álvarez (1995), Alcaraz y Hughes (2002), entre otros.
5 Algunos manuales de español LE/ L2 como *De Ley* (Carbó y Mora 2012) cuentan con un pequeño glosario de expresiones latinas de uso en el español jurídico. También existen numerosos recursos en la red como en.

http://latin.dechile.net/?Juridico
http://derecho.isipedia.com/miscelanea/locuciones-en-latin-usadas-en-derecho
También de términos administrativos:
www.unmsm.edu.pe/ogp/ARCHIVOS/Glosario/Inda.htm
www.businesscol.com/productos/glosarios/gladmivo.htm
www.actualidad-24.com/2013/03/diccionario-glosario-terminos-administrativos-Venezuela.html

6 Fuente: *Manual de Normalización de Documentos Administrativos de la Universidad de las Palmas de Gran Canaria* www.ulpgc.es/hege/almacen/download/6/6265/Manual_normalizacion.doc (3/10/2017)
7 Para modelos de tareas puede consultarse Fernández (2001).
8 En Cabré y Gómez de Enterría (2006) se pueden encontrar una explicación detallada de la simulación global así como distintos modelos de este tipo de actividad.

Bibliografía citada

Aguirre, B. y M. Hernando de Larramendi. 1997. *El español por profesiones. Lenguaje jurídico*. Madrid: SGEL.
Alcaraz, E. y B. Hughes. 2002. *El español jurídico*. Barcelona: Ariel.
Alcarazo, N. y N. López. 2016. *¿De acuerdo? 20 simulaciones para la clase de español*. Londres/Nueva York: Routledge.
Álvarez, M. 1995. *Tipos de escrito III: Epistolar, administrativo y jurídico*. Madrid: Arco/libros.
Anula, A. y A. Revilla. 2010. "El español accesible y su aplicación en el ámbito de la enseñanza del español como L2. Los textos jurídicos y administrativos". En *El español en contextos específicos: enseñanza e investigación*, eds. A. Vera e I. Martínez. ASELE, Fundación Comillas.
Cabré, M.T. y J. Gómez de Enterría, J. 2006. *Lenguajes de especialidad y enseñanza de lenguas. La simulación global*. Madrid: Gredos.
Calvi, M.V. et al. 2009. *Las lenguas de especialidad en español*. Roma: Carocci editore.
Calvo, L. 1980. *Introducción al estudio del lenguaje administrativo*. Madrid: Gredos.
Carbó, C. y M.A. Mora. 2012. *De ley. Manual de español jurídico*. Madrid: SGEL.
Castellón, H. 2000. *Los textos administrativos*. Madrid: Arco/Libros.
Castellón, H. 2001. *El lenguaje administrativo: formas y uso*. Granada: Editorial La Vela.
De Miguel, E. 2000. "El texto jurídico-administrativo: análisis de una orden ministerial". *Revista de Lengua y Literatura Españolas* 2: 6–31.
De Prada, M. y A. Cuquerella. 2011. *Guía de español jurídico para extranjeros*. La Coruña: Netbiblo.
De Santiago-Guervós, J. y Fernández, J. 2017. *Fundamentos para la enseñanza del español como L2/LE*. Madrid: Arco/Libros.
Diccionario Jurídico Elemental. 2001. Granada: Gomares.
Diccionario Jurídico. 1999. Madrid: Cólex.
Fernández, S., coord. 2001. *Tareas y proyectos en clase*. Madrid: Edinumen.
Fernández, S. y Z. Núñez. 2016. *Profesionales del mundo jurídico*. Madrid: En Clave ELE.
Gómez de Enterría, M.J. 2006. *La enseñanza de los lenguajes de especialidad. La simulación global*. Madrid: Editorial Gredos.
Gómez de Enterría, M.J. 2009. *El español lengua de especialidad: enseñanza y aprendizaje*. Madrid: Arco/Libros.
Gutiérrez Álvarez, J.M. 2010. "El lenguaje jurídico: propuesta didáctica orientada a la acción como base para un curso". *MarcoELE. Revista de didáctica ELE*, 11. https://marcoele.com/descargas/11/gutierrez_espanol-juridico.pdf. Acceso: 2/6/2020.
Hernando de Larramendi, M. 1998. "Aproximación didáctica al español jurídico". *Carabela* 44: 57–73.
Hernando de Larramendi, M. 1999. "Caracterización del lenguaje legislativo". En *Actas de las VI Jornadas de Fines Específicos de la Universidad de Alcalá*, 207–217. Alcalá de Henares: Publicaciones de la Universidad de Alcalá de Henares.
Hernando de Larramendi, M. 2001. "Propuesta de estructuración y clasificación del léxico jurídico para su enseñanza en E/LE". *Culturele*. www.ub.es/filhis/culturele/larramen.html.
Marco Común de Referencia para la Lenguas; aprendizaje, enseñanza y evaluación. 2001 [2017]. Consejo de Europa. http://cvc.cervantes.es/ensenanza/biblioteca_ele/marco/cvc_mer.pdf.
Ministerio de Justicia. 2011. *Claridad y derecho a comprender. Comisión para la modernización del lenguaje jurídico*. www.mjusticia.gob.es/.
Ministerio para las Administraciones Públicas. 1990 [1997, 6ªreimpresión]. *Manual de estilo del lenguaje administrativo*. Madrid: Instituto Nacional de Administración Pública.

Ministerio para las Administraciones Públicas. 1994. *Manual de documentos administrativos* Madrid: Tecnos.
Montolío, E. 2014. *Manual de escritura académica y profesional* (I y II). Barcelona: Ariel.
Muñoz Machado, S. 2017. *Libro de estilo de la Justicia*. Madrid: Espasa.
Real Academia Española de la Lengua y Consejo General del Poder Judicial. 2016. *Diccionario del español jurídico*. Madrid: Espasa.
Riva, F. 2009. *La enseñanza de español con fines específicos: el español jurídico*. Trabajo de Fin de Master. UIMP. http://pacouimp.blogspot.com.es/2010/10/master-en-ensenanza-de-espanol-como.html. Acceso: 21/2/2017.
Rodríguez-Aguilera, C. 1969. *El lenguaje jurídico*. Barcelona: Bosch.
Rosa de Juan, C. y J.A. Fernández. 2010. *Temas de derecho. El español en el ámbito jurídico*. Alcalá de Henares: Universidad de Alcalá de Henares.
San Juan, F. y A. Bustiduny. 2006. *Español jurídico. Manual de español profesional*. Alcalá de Henares: Universidad de Alcalá de Henares.
Sánchez Cuadrado, A. 2015. *Aprendizaje formal de ELE mediante actividades cooperativas de traducción pedagógica con atención a la forma*. Tesis doctoral inédita. Universidad de Granada.
Secretaría de la Función Pública. 2004. *México*. www.gobernacion.gob.mx/work/models/SEGOB/Resource/148/1/images/Manual_lenguaje_ciudadano.pdf.
Vázquez, G. 2001. *El discurso académico oral*. Madrid: Edinumen.
Videva, R. 2016. *Propuesta de especificaciones de un examen de certificación de dominio del español jurídico para un nivel B2*. Trabajo de Fin de Master. Universidad de Salamanca.
VV.AA. 2017. *Diccionario panhispánico del español jurídico*. Madrid: Santillana.

Bibliografía recomendada

Alcaraz, E. y B. Hughes. 2002. *El español jurídico*. Barcelona: Ariel. [Manual clásico en la descripción del español jurídico en el que repasa cada campo del derecho, la Constitución y problemas de traducción].
Ministerio de Justicia. 2011. *Claridad y derecho a comprender. Comisión para la modernización del lenguaje jurídico*. www.mjusticia.gob.es/. [Trabajo ciertamente exhaustivo en el que se radiografía el lenguaje jurídico con todas sus patologías y las posibles soluciones en favor de una mayor claridad en el mensaje].
Muñoz Machado, S. 2017. *Libro de estilo de la Justicia*. Madrid: Espasa. [Manual de estilo enormemente útil para profesores de español LE/L2].

12
COMUNICACIÓN ACADÉMICA ESCRITA EN CONTEXTOS UNIVERSITARIOS

Graciela Vázquez y Brenda Laca

1   Introducción

La etiqueta "género académico" se aplica a todo tipo de texto oral o escrito que circula en ámbitos universitarios a los fines de entrenar y evaluar competencias relacionadas con las disciplinas. En ese sentido, se diferencia de lo que se conoce como "textos científicos" o "textos de la ciencia" (Cubo de Severino 2005), productos dirigidos a una audiencia experta en la especialidad y que se publican a través de revistas u otros medios electrónicos de reconocido prestigio. Como todo género, detenta patrones recurrentes y se inserta en la actividad social propia de los ámbitos universitarios. Sus funciones principales son la heurística y la epistemológica y ambas se relacionan con la evaluación de conocimientos relacionados con las herramientas orales y escritas de la futura profesión. El capítulo comienza con un estado de la cuestión del género aplicable a ELE; sigue el análisis de los rasgos prototípicos más importantes y las dimensiones del género para terminar tendiendo un puente entre la teoría y la práctica que une la lectura con las actividades y ambas con la evaluación.

2   Estado de la cuestión

En el ámbito hispanohablante, heredero de la tradición anglosajona (Paltridge 2014) y francesa (Fernández Silva 2015), la investigación del discurso académico y su aplicación a la enseñanza del español LE/L2 surge a fines del siglo XX en el marco de los programas de intercambio estudiantil europeos. Estos pusieron de manifiesto la necesidad del estudiantado de cumplir con criterios de bondad locales e internacionales para la obtención de créditos, al interactuar en escenarios transculturales, tanto de estudio como de evaluación. En el año 2001 se publica en España una obra colectiva que introduce la aproximación científico-pedagógica al discurso académico:

el proyecto Akademischer Diskurs in der europäischen Union (ADIEU) (Vázquez *et al.* 2001). En Chile, un equipo de investigación de la Pontificia Universidad de Valparaíso comienza una fructífera labor de análisis de un conjunto de géneros académicos y profesionales y la creación de corpus (Parodi y Burdiles 2015). Bajo la acepción de "prácticas letradas", la Universidad Pompeu Fabra inicia la publicación de trabajos de Daniel Cassany y su equipo y en la Universidad Nebrija, en el marco del programa en Lingüística Aplicada, dirigido por Marta Baralo y Cecilia Ainciburu, comienzan a defenderse tesis y a publicarse una serie de trabajos en torno a aspectos del discurso académico en español LE/L2. En la actualidad, en la Universidad de Alicante y bajo la dirección de Susana Pastor Cesteros continúa la investigación en el marco del proyecto ACQUA (http://dfelg.ua.es/acqua).

Paralelamente, la investigación del género y sus aplicaciones experimenta un desarrollo notable en diversos países latinoamericanos, donde predominan los enfoques centrados en lo que se suele denominar "alfabetización académica" o "literacidad". Estas investigaciones no solo están relacionadas con la "Cátedra Unesco para la lectura y la escritura" sino también con la Asociación Latinoamericana de Estudios del Discurso (ALED) y sus capítulos nacionales.

Si bien es cierto que el siglo XX es testigo de un abandono del modelo plurilingüe en la ciencia para pasar a la hegemonía del inglés, no es menos cierto que los trabajos de máster y tesis en las Humanidades suelen escribirse en castellano y en el caso de español LE/L2 observamos una situación similar. Es esta situación la que justifica la visión de este capítulo, que se centrará en dicho público dejando al estudiantado meta nativo entre paréntesis, y en manos de excelentes investigaciones y prácticas (Fernández Silva 2015, 31–37).

El género académico en el ámbito del español LE/L2 podría ser un híbrido resultante del trasvase de culturas nacionales e internacionales y simultáneamente un producto de la globalización. Por esa razón es fundamental identificar los elementos prototípicos que lo constituyen mediante un análisis que tenga en cuenta tres dimensiones: la normativa, la pragmático-funcional y la intercultural. El siguiente apartado gira en torno a esta distinción imprescindible, puesto que el estudiantado de español LE/L2 no constituye una *tabula rasa*. En este sentido, resulta crucial tener en cuenta la teoría que gira en torno al concepto de *agencia*, y a la libertad de elegir que puede ejercer el estudiantado aun consciente de trasgredir ciertas normas, para preservar su identidad (Van Lier 2013; Zavala 2011). Asimismo, hay que subrayar que los textos académicos son exponentes de la multiliteracidad de quienes los producen (Sánchez-Jiménez 2015a, 2015b, 2016a, 2016b, Ainciburu en prensa).

La lista que aparece a continuación contiene algunas de las contribuciones fundamentales de este periodo y no pretende alcanzar niveles de exhaustividad:

- Descripción de algunos subgéneros y aspectos específicos (Ciapuscio 2000; Cubo de Severino 2005; Fernández Silva 2015; Nothstein y Valente 2016).
- Desarrollo de la literacidad (Carlino 2005; Arnoux 2009); cátedra Unistesco, Asociación Latinoamericana de Estudios del Discurso (ALED) y sus capítulos nacionales (Colombia y Venezuela, entre otros).

- Estudios de retórica contrastiva intercultural (Cassany 2011; Sánchez-Jiménez 2015b; Ainciburu en prensa).
- Corpus (Parodi y Burdiles 2015).
- Investigación y manuales (Vázquez *et al.* 2001; Montolío *et al.* 2016).
- Discurso académico oral (Villar 2014).
- Difusión de estudios teóricos y aplicados: Revista Signos y Revista ALED.
- Proyectos europeos y nacionales: ADIEU; Acqua (https://dfelg.ua.es).

3 Las dimensiones del discurso académico escrito en el marco del español LE/L2

3.1 El macrogénero "discurso académico universitario"

Este discurso remite a los modelos de las disciplinas respectivas y consiste de tipos de textos (descripciones, procedimientos, relatos, planteos de problemas y su solución, exposiciones [la traducción es nuestra] que aislados o combinados conforman un microgénero en particular (Paltridge 2014, 303). El macrogénero comprende subgéneros de estructura y función altamente codificadas, identificados como tales por el público usuario, que pueden clasificarse atendiendo a su propósito comunicativo, a su modo de organización, a la relación entre productor y destinatarios y a su contexto ideal de circulación (Parodi 2009). La tabla siguiente presenta, a modo de ejemplo, la caracterización de los tres subgéneros más frecuentes (de un total de 30) identificados por Parodi (2012) en un corpus constituido por las lecturas propuestas al alumnado de seis programas de doctorado en Ciencias Humanas y Sociales y en Ciencias Básicas: el artículo de investigación (AI), el manual (M) y el texto disciplinar (TD):

TABLA 12.1 Algunos subgéneros académicos frecuentes.

Género	Propósito comunicativo	Modo de organización	Relación entre productor y destinatario	Contexto de circulación
AI	persuadir de una tesis, mediante una revisión teórica o de un estudio empírico	predominantemente argumentativo	productor experto y destinatario experto	ámbito científico
M	instruir acerca de conceptos o procedimientos en una temática especializada	predominantemente descriptivo	productor experto y destinatario lego o semilego	ámbito pedagógico
TD	persuadir respecto del tratamiento de uno o varios temas de una disciplina particular	predominantemente argumentativo	productor experto y destinatario experto	ámbito científico

Los textos más importantes que el estudiantado debe producir, y para los que el ámbito universitario entrena, pueden subsumirse bajo el término reconocidamente polisémico de monografía (Ciapuscio 2000; Fernández Silva 2015). Este género tiene puntos importantes de contacto con el texto disciplinar, salvo que, al tratarse de trabajos destinados a la evaluación, el productor debe convencer a su destinatario de que es un experto, y el ámbito de circulación queda generalmente restringido a las instancias evaluadoras. Tanto en L1 como en LE/L2, el discurso académico puede concebirse como un género permeable, una especie de interlengua que comienza desarrollándose en la escuela local y que en un proceso de expansión y reducción se desarrolla en dirección a un modelo nacional primero e internacional después. En otras palabras: se trata de sistemas aproximativos, cuyos movimientos y pasos prototípicos se acercan paulatinamente al modelo ideal consagrado por la cultura evaluadora y que no siempre coincide entre las disciplinas. En el caso del español LE/L2 debe contemplarse además la existencia de una aculturación previa a patrones de discurso académico de la cultura de origen, que pueden presentar diferencias importantes con la cultura de inmersión. Los patrones previos pueden tener una influencia notable en la producción de los estudiantes de español LE/L2 (véase, p. ej. Fernández Silva 2015, §3.2.2 y la bibliografía allí citada).

Un estudio detallado de los macro- y microgéneros mencionados rebasa los límites del presente capítulo. Por esa razón, hemos decidido aislar algunos rasgos comunes aplicables a la mayor parte de ellos para dar una visión de conjunto que a su vez permita sentar las bases para un modelo pedagógico. La base para la descripción que se desarrolló en Vázquez *et al.* (2001) es el artículo de investigación, ya que puede considerarse que cristaliza el microgénero meta.

3.2 La polifonía en el discurso académico

Como todo discurso, el discurso académico integra varias "voces", es decir, es polifónico (García Negroni 2008). Pero la gestión de las fuentes de enunciación está altamente codificada, de una manera que refleja probablemente dos rasgos fundamentales del discurso académico: la pretensión de objetividad, que hace que los hechos y los razonamientos se presenten como independientes de los agentes epistémicos que los constatan o los producen, y la naturaleza colectiva de la producción y evaluación crítica de conocimientos, que acentúa la pertenencia a una comunidad. Estas características presentan una importante variación según las disciplinas de las que se trate (Fernández Silva 2015; Parodi 2009).

El aspecto mejor estudiado es el de la inscripción de la persona del autor en el discurso (Vázquez *et al.* 2001, cap. 4; García Negroni 2008; Fernández Silva 2015). Los estudios realizados confirman la tendencia a evitar el uso de la primera persona del singular y el recurso sistemático a formas de despersonalización, dentro de las cuales destaca la utilización de las construcciones impersonales y pasivas con *se*, cuya referencia puede incluir al enunciador. La primera persona, cuando aparece, lo hace sobre todo en plural, y presenta funciones y roles diferentes (Tang y Suganthi

1999). Se constata en particular en el rol de Guía y de Arquitecto y en ciertas partes constitutivas del texto (Fernández Silva 2015).

Sin embargo, la inscripción de la autora o del autor en el discurso se hace también de manera oblicua a través de recursos lingüísticos que están implícitamente anclados en la persona del enunciador. Estos recursos indican el grado de compromiso epistémico (certidumbre) con las afirmaciones expresadas y la pertinencia que les atribuye. Se trata de las matizaciones, las modalizaciones, los comentarios evaluativos y algunos tipos de reformulación como la rectificación o el distanciamiento (Vázquez et al. 2001, cap. 6 y §8.5). Los recursos lingüísticos asociados al enunciador comprenden expresiones adverbiales atenuadoras o intensificadoras, verbos y adverbios modales, expresiones de frecuencia y probabilidad, locuciones evidenciales y adjetivos evaluativos de relevancia.

La inscripción de la investigación en una comunidad se manifiesta fundamentalmente en la presencia constante de otras instancias enunciativas que caracterizan al discurso académico. Dichas instancias enunciativas son responsables de las aseveraciones y juicios de otros individuos referidos por el autor o autora del texto. Aparecen en tres elementos formales que caracterizan a los textos académicos: las notas al pie de página, las citas o las paráfrasis que retoman las palabras de otras fuentes, y las referencias bibliográficas a otras obras (Vázquez et al. 2001, cap. 5; Ainciburu 2017). García Negroni (2008) constata diferencias importantes en la gestión del segundo de estos elementos según la disciplina de la que se trate, con un predominio de la citas destacadas e integradas en las disciplinas humanísticas, y una presentación despersonalizada de los otros autores y autoras en las ciencias médicas. Sus resultados confirman que el rol de la referencias a las fuentes y a discursos previos es mucho más visible en el discurso académico de las humanidades.

Es también en dicho campo donde pueden detectarse algunas características que parecen propias del discurso académico en español y manifiestan indirectamente el predominio de ciertos valores por encima de otros. La abundancia de expresiones de matización y del uso de relaciones de oposición y concesión explícitamente marcadas en la argumentación (Vázquez et al. 2001, §6.1 y 7.6.3) son estrategias cooperativas determinadas por la deferencia hacia la comunidad, y en particular hacia los destinatarios del texto. En el marco de la teoría de la cortesía verbal (Haverkate 1994), parece evidente su función de proteger la imagen del destinatario, a quien estas estrategias no imponen, sino que dan opciones de adhesión, pero también la del productor del texto, a quien cubren las espaldas ante la posibilidad de error. En segundo lugar, la frecuencia de citas directas e indirectas, así como la mención de posiciones concordantes, de instancias colectivas indeterminadas y el recurso a la autoridad ponen en evidencia la importancia de mostrar que quien escribe conoce bien el estado de la disciplina.

La deferencia hacia la comunidad y la erudición manifiesta son valores que predominan en muchos textos por encima de la concisión, de la claridad y de la contundencia de la argumentación. Estas características pueden ser fuente de dificultades interculturales para el estudiantado de español LE/L2, no solo en la producción sino también en la comprensión y valoración de los textos a los que se enfrenta, por lo que es conveniente sensibilizarlos a ellas.

3.3 Estructura del texto académico

El texto académico presenta una estructura canónica tripartita, en la que el desarrollo o cuerpo del texto está enmarcado entre dos secciones más breves, la introducción y las conclusiones. La función principal de la introducción es la de ubicar a quien lee en lo que está por leer: presenta el tema a tratar, situándolo en el marco disciplinario correspondiente, y pone de relieve las razones por las cuales el tema es pertinente y los objetivos que persigue la autora o el autor (Carlino 2005). La introducción de los textos de una cierta longitud contiene a menudo una sinopsis del cuerpo del texto, que expone la estructura y el orden que se seguirá en el desarrollo (Vázquez *et al.* 2001, cap. 1). En los textos más breves, la introducción puede presentar también las hipótesis que se van a desarrollar y la metodología de trabajo seguida, que en textos más largos aparecen en las primeras secciones del cuerpo del texto. Las conclusiones constituyen el cierre discursivo del texto, y pueden ser cerradas o abiertas (estas últimas aparecen a veces con el intitulado "Conclusiones y perspectivas"). Las primeras son meramente retroactivas: exponen las ideas principales que surgen del desarrollo del tema, resumen de forma sistemática y concisa los resultados obtenidos, y subrayan las consecuencias y repercusiones de las ideas defendidas y de los resultados obtenidos. Las segundas inscriben el texto en una dimensión prospectiva, señalando las cuestiones abiertas que la investigación deja pendientes o bien las posibles aplicaciones prácticas de los resultados. Introducción, desarrollo y conclusiones difieren en los roles asumidos por el autor que predominan en cada una de ellas (Fernández Silva 2015). Para un inventario de los recursos lingüísticos más frecuentes en las introducciones y conclusiones puede consultarse Vázquez *et al.* (2001).

Más característica que la organización tripartita, que el género académico tiene en común con otros géneros expositivos y/o argumentativos, es la presencia de algunos elementos constitutivos que le son propios, entre los que distinguimos los elementos paratextuales (véase Ainciburu 2012, 2017) y algunos pasos o movimientos internos al texto.

Dentro de los elementos paratextuales, los textos académicos van acompañados de una bibliografía en la que se recogen las fuentes manejadas, que aparece generalmente en forma de listado en una sección independiente al final del texto. Con la adopción generalizada del sistema de referencias autor-fecha, cada vez más utilizado en todas las disciplinas, esta sección se ha vuelto obligatoria. Paralelamente, las notas al texto, un segundo elemento paratextual característico, se hacen más raras para la simple presentación de referencias bibliográficas, y se utilizan más bien para comentarios, aclaraciones, digresiones y la mención de opiniones convergentes o divergentes con lo expresado en el cuerpo del texto. Un tercer elemento paratextual característico es la estructuración explícita del texto en secciones, frecuentemente identificadas por el sistema de numeración decimal con o sin epígrafes para cada subdivisión. Cuando se trata de textos de cierta longitud, la estructuración explícita se recoge en un índice que remite cada subdivisión a la página en la que comienza y que aparece en general antes del texto. Muchos textos académicos de longitud intermedia contienen al inicio o al final un sumario, un breve resumen del contenido (Vázquez et al. 2001, §1.3). Por último, en algunas disciplinas aparecen integrados en el texto elementos que presentan información de modo gráfico: figuras, tablas, diagramas, ilustraciones, reproducciones, y en las disciplinas que utilizan métodos formales se incluyen en él fórmulas (para una serie de estudios sobre la multimodalidad en el discurso académico, véase Vásquez-Rocca y Parodi (2015) y la bibliografía allí citada).

En lo que concierne a los pasos o movimientos típicos, conviene señalar dos de entidad y función diversa. El "estado de la cuestión" no constituye necesariamente una sección autónoma de un texto académico, pero todo texto académico integra un resumen selectivo y crítico de la producción científica más reciente sobre la cuestión tratada, que ofrece la base y el telón de fondo para el desarrollo de su investigación. Dado que se espera que las monografías que debe producir el público estudiantil normalmente contengan un estado de la cuestión —y que en algunos casos estas pueden reducirse exclusivamente a un estado de la cuestión— es particularmente importante que el estudiantado se entrene en su producción, desarrollando la capacidad de estructurarlo temáticamente a partir de un trabajo de fichado sistemático a lo largo de la investigación bibliográfica previa, que debe llevar a identificar enfoques, cuestiones y conceptos claves.

Por otra parte, el macrogénero académico se caracteriza por la densidad de la información que aporta y por la complejidad y extensión de los razonamientos y de la argumentación. Para garantizar que sus productos sean inteligibles y facilitar en algo el trabajo del público destinatario, un texto académico bien estructurado debe presentar reformulaciones de lo dicho, que pueden ampliar o bien resumir una serie de afirmaciones (Vázquez et al. 2001, cap. 8). Un tipo de reformulación codificado como parte del texto es la conclusión intermedia (Vázquez et al. 2001, §2.5). Esta aparece al final de una subdivisión del texto y retoma en forma abreviada la información más importante contenida en ella. También puede asegurar la transición hacia las subdivisiones siguientes.

Para concluir, señalemos algunas desiderata. No existen investigaciones suficientes que confirmen la intuición de una homogeneización creciente del género académico en dos sentidos: (1) la internacionalización progresiva basada en un modelo bilingüe y bicultural con predominio del inglés y de los patrones retóricos de la cultura anglosajona, que es totalmente esperable a partir de la práctica cotidiana de los actores y (2) la disminución de las diferencias entre el discurso de las ciencias básicas y el de las humanidades por una asunción progresiva del modelo de las primeras. Tampoco ha sido estudiada la influencia en los textos académicos de la generalización de prácticas multimodales de difusión, en particular, la presentación apoyada por diaporamas, que puede suponerse importante. En efecto, el diaporama incide indirectamente en el discurso académico escrito, dado que la mayoría de los trabajos han sido presentados antes como diaporama; es de suponer que esto afecta a la estructura y al estilo (se trataría de una "cadena de textos" de la cual el tipo de presentación utilizada es siempre un eslabón).

4   Dimensiones didácticas del discurso académico: de la teoría a la práctica

Las dimensiones didácticas del discurso académico abarcan dos ámbitos: las actividades de aprendizaje y la evaluación.

La escritura académica en español LE/L2 es una actividad llevada a cabo por un agente social, lingüístico e intercultural. La discusión de los escritos por pares o docentes es la base del reconocimiento de los aspectos positivos y mejorables y el punto de partida para la reescritura si fuera necesario. Se trata de escribientes estratégicos que ejecutan, evalúan, reparan y vuelven a formular, adaptando la escritura hasta lograr un producto final gramatical, aceptable y adecuado. El marco ideal para dicho proceso es el taller de escritura académica y los enfoques más efectivos podrían ser el enfoque por tareas y el enfoque cooperativo (Bruck y Obligado 2005; Neira Martínez y Ferreira Cabrera 2011). Evidentemente, su aprendizaje es un proceso cronológicamente amplio que debe didactizarse a través de etapas y actividades minuciosamente pautadas. En otras palabras: estamos hablando del enfoque estratégico en acción que atraviesa en diagonal toda la etapa universitaria.

Diseñar actividades que constituyan pasos previos a la escritura académica presupone, en primer lugar, un conocimiento de los formatos académicos (los macro-y microgéneros que lo componen). Estos conocimientos resultan más importantes que el manejo casi nativo de la morfosintaxis y el léxico, puesto que estos últimos son reparables y desambiguables, mientras que las expectativas interculturales de la escritura académica son más responsables de malentendidos y evaluaciones negativas (Nothstein y Valente 2016). De allí que habría que poner más atención en aquello que se conoce como "incidentes críticos" en los estudios interculturales. En otras palabras: las fases de atención a la lengua y al significado son importantes pero el contenido es prioritario.

Una investigación empírica acerca de los contextos multifacéticos en los que el estudiantado interactúa podría darnos una visión más amplia y a la vez más objetiva de las ventajas y/o limitaciones que los enfoques presentan (Wang y Huizhong 2015).

4.1   Hacia una tipología de actividades

Sugerimos a continuación una clasificación de las actividades tendientes a practicar diversos aspectos de los géneros académicos. Se tratará siempre de aspectos puntuales o ejemplares, puesto que el taller no es un seminario o coloquio para quienes redactan trabajos de maestría o tesis doctorales. Es más bien un laboratorio donde se ponen a prueba competencias parciales en un sistema de vasos comunicantes que redundarán en un producto o tarea final.

TABLA 12.2 Tipología de actividades.

Dimensiones

Tipo de actividad y ejemplo	Normativa	Pragmático-funcional	Intercultural
Identificación	Descubrir errores en una bibliografía o la presencia de citas incorrectas en el cuerpo del texto (olvidos u omisiones). Controlar paratextos. Etiquetar las partes de un texto (resumen, introducción, conclusión, etc.) según la función de la información presentada. Las consecuencias del plagio (involuntario).	Ubicar desde dónde habla la autora o autor de un texto (autoridad, igualdad, complicidad, etc.).	La función de las partes constitutivas de los textos. La longitud de los títulos. La profusión (o no) de citaciones y el principio de la erudición manifiesta. Presencia de dedicatorias y agradecimientos.
Manipulación		Quitar o cambiar elementos (matizadores, conectores, reformuladores) de modo tal que el producto resulte desde el punto de vista funcional inadecuado.	Cambiar los tipos de citas: de citas destacadas a paráfrasis y referencias de apoyo y viceversa. Eliminar o variar las expresiones de desacuerdo.
Transformación		Partir de un texto poco claro y preciso y modificarlo. En un texto donde proliferan las formas impersonales, subrayar la importancia de las propias ideas y la contribución personal. - Dividir un texto largo en párrafos.	Reformulación *vs.* Síntesis. Marcar explícitamente las paráfrasis. En un texto que pareciera tener muchos ejemplos, transformar la función ilustrativa en argumentativa.

Reflexión crítica		Analizar ejemplos de incidentes críticos y sugerir soluciones.
Redacción	Tras la lectura de un artículo redactar un posible resumen, introducción y/o conclusión y comparar el texto propio con el original.	La concesión y la matización como indicadores de cortesía.
Deducción	Las estrategias de argumentación: ejemplificación y tabula rasa.	
	Tras la lectura de un artículo expresar qué elementos determinan el público o audiencia, en otras palabras, diferenciar entre lo académico, la divulgación y lo pedagógico.	
Plantearse preguntas		Qué ocurre cuando no se recurre a... La matización, reformulación, a los recursos de cohesión y coherencia, las instancias enunciativas apropiadas, a las metáforas conceptuales, la ejemplificación como motor de la argumentación, a un sistema de citas reconocido, etc.
Combinar/relacionar		Mantener la coherencia a través de relacionar pronombres y antecedentes.
Constatar conocimientos	Todo lo referente a la normativa: ortografía, por ejemplo.	

4.2 El género académico y la evaluación

En la actualidad, el español no cuenta en Europa con una certificación formal del discurso académico. Ni el CELU (Certificado de Español Lengua y Uso) ni el DELE (Diploma Español Lengua Extranjera) ofrecen descriptores específicos ni constituyen requisitos para ingresar en la universidad (Fernández Silva 2015, 38–42). Sin embargo, más allá de las evaluaciones formales sería inmensamente más productivo diseñar un currículo de lectura y escritura que desde la escuela primaria hasta la universidad siguiera una línea coherente para desarrollar la literacidad, es decir, la competencia cognitiva que exigen las actividades académicas (CALP, *cognitive academic language proficiency*).[1] Como sabemos, estas implican actividades de abstracción, análisis, síntesis y pensamiento crítico y reflexivo que subyacen a toda producción académica, sea escrita u oral.

Las evaluaciones en boga, incluido el SIELE y los planes curriculares existentes o por existir, constituyen un pasaporte que permita el acceso a la universidad como entidad autónoma. La evaluación real no es un examen: es un rito de pasaje, una migración hacia un nuevo territorio desconocido: el mundo académico. Lógicamente es posible y hasta recomendable (pero no suficiente) contar con marcos de referencias (MCER, MAREP, ACTFEL y WRSFL) pero el nivel lingüístico no garantiza ni la producción ni la circulación del conocimiento a solas: simplemente las presupone.

Podemos evaluar sumativamente competencias parciales, determinar niveles de comprensión y producción como lo hace el MCER, pero la evaluación también debe llevarla a cabo quien enseña, estudiantes considerados iguales o pares, o puede adoptar alguna forma de la autoevaluación (listas de control o porfolio). Dependiendo del tipo de macrogénero evaluado (la monografía o sus partes), de un submacrogénero (estado de la cuestión o reseña de un artículo científico) o los rasgos prototípicos y estrategias discursivas (instancias enunciativas, matización, reformulación, entre otras) es posible establecer criterios que transparenten las expectativas de corrección y adecuación. Importante en todo caso son los ejemplos de buenas prácticas que provienen en primer lugar de académicas y académicos de reconocido prestigio, aunque otras fuentes a considerar pueden ser trabajos de calidad del propio estudiantado.

Una forma privilegiada de evaluación la constituye la evaluación por pares o iguales (Carlino 2004; Vargas Franco 2014), un modelo de influencia anglosajona; o bien, el modelo conocido como "Escribir a través del currículum" (Bazerman *et al.* 2016). Dicha corriente puede definirse como la promoción de la escritura en diversas disciplinas donde la actividad de escribir incentiva la creación del conocimiento (cf. CLIL: *Content Integrated Language Learning* o AICLE Aprendizaje Integrado de Contenidos y Lenguas, en las escuelas secundarias). En una línea parecida pero más a tono con el estudiantado español LE/L2 estaría el modelo que se conoce como *Writing across borders* (Escribir a través de las fronteras), un programa que pone el acento en el estudiantado internacional y su posición menos ventajosa con respecto al estudiantado nativo en lo que se refiere al manejo de la lengua.

4.2.1 El texto académico, los niveles del MCER y los descriptores inexistentes

Las actividades de escritura son inseparables de la lectura. Según el MCER, la palabra clave relacionada con la lectura en general (B1 a C1) es *texto de especialidad*: se trata de leer para orientarse, *encontrar la información específica* y decidir si es oportuno realizar un análisis más profundo, de leer en busca de información y argumentación. Los niveles B2 a C1 introducen el concepto de texto que *no pertenece a la especialidad* del estudiantado, cuya comprensión se realiza con ayuda de un *diccionario para identificar detalles sutiles que incluyen actitudes implícitas y explícitas*. En cuanto a las instrucciones, B2 a C1 introducen la salvedad de poder *volver a leer las secciones difíciles*.

En lo que se refiere a la escritura, ni la competencia léxica, la corrección gramatical, la ortografía, la cohesión y coherencia, ni el procesamiento de textos ofrecen descriptores relacionados con las disciplinas. A lo sumo, podría concluirse que el estudiantado debe alcanzar el nivel B2 para ser competente en la escritura académica. De todo lo anterior resulta claro que, según el MCER, los niveles de comprensión superan como mínimo en una franja la expresión escrita; la dificultad de un texto aumenta de manera proporcional al desconocimiento de la disciplina en cuestión. En otras palabras, una lectura competente no debe perder de vista qué y para qué se lee y qué herramientas y condiciones facilitan la tarea. De esto se desprende que la lectura de textos académicos de especialidad puede introducirse a partir del nivel B1y a partir de allí la escritura especializada.

Para desarrollar descriptores para la escritura académica, necesariamente deberíamos remitirnos a las CALP (*Cognitive Academic Language Proficiency*), es decir, a aquellas competencias lingüístico-cognitivas que entran en juego a la hora de escribir textos en las distintas disciplinas y a los saberes. Dichos descriptores, según el MCER, deberían tener en cuenta:

- Los saberes: el conocimiento del mundo, el conocimiento sociocultural, la conciencia intercultural. Aplicado a la escritura académica esto se traduce en el conocimiento declarativo sobre la disciplina, el género textual, el contexto institucional, la información intercultural y no menos importante, la capacidad de asociar, analizar, establecer relaciones de causa y efecto, etc.; la competencia sociocultural que implica valores, creencias y actitudes relacionadas con los grupos profesionales y académicos y las relaciones de poder. Asimismo, el conocimiento de los rituales del mundo académico y la conciencia intercultural que permitan percibir la diversidad de la disciplina en la universidad de acogida y compararla de manera reflexiva con la universidad de origen.

- Saber hacer: las destrezas y las habilidades prácticas e interculturales. En otras palabras: destrezas cuasi profesionales, en cuanto académica o académico en ciernes. Capacidad de superar situaciones estereotipadas.
- "Saber ser" o competencia existencial: una actitud abierta que permita reflexionar sobre el propio comportamiento, el estilo cognitivo y de aprendizaje, la meta propuesta y los rasgos de personalidad para tomar decisiones fundamentales a la hora de aculturarse o no a la comunidad universitaria de acogida. Asumir las consecuencias que supone el valor de disentir (agencia).
- Saber aprender: aplicar estrategias de comunicación y aprendizaje y destrezas heurísticas.
- Saber actuar: la capacidad de interactuar y atravesar con éxito las etapas de evaluación; comprometerse éticamente con su disciplina y las consecuencias de su trabajo de investigación.

Los descriptores que podrían eventualmente utilizarse para la evaluación de la escritura académica deberían tener en cuenta los niveles de producción distinguidos en la Tabla 12.3. La tabla es una sugerencia de las autoras y llena un vacío, puesto que el MCER no describe ni evalúa las habilidades académicas, tampoco en la versión de 2018.

TABLA 12.3 Descriptores para la evaluación de la escritura académica.

Nivel	Descriptor aproximado
B1+	Puede planificar un texto, utilizar modelos existentes, identificar el género, reconocer el registro y confeccionar listas de vocabulario específico.
B2.1	Puede estructurar un texto por partes y encontrar títulos adecuados, establecer relaciones con otros textos y otras fuentes. Corregir el texto desde el punto de vista ortográfico y gramatical con instrumentos de apoyo.
	Puede utilizar obras de referencia y mejorar el texto propio para ampliar la variedad de recursos sin cometer plagio involuntario.
B2.2	Puede escribir borradores y cotejarlos con otros de manera crítica y constructiva y redactar borradores de un texto académico en particular y transformarlo positivamente con la ayuda docente o de sus pares.
	Puede parafrasear fuentes de manera adecuada sin acudir al *patchwriting*.
C1.1	Puede transformar el último borrador de un texto académico en la primera versión final de un texto editable con ayuda de listas de control y la lectura crítica de sus pares. Las listas de control incluyen las pautas de publicación de una posible revista indexada como modelo.
	Puede manejar fuentes correctamente (citaciones) sin correr el riesgo del plagio involuntario
C1.2	Puede escribir un texto académico que reúna casi todas las características del género.
	Puede cumplir satisfactoriamente con los formatos de evaluación locales.

5   Conclusión

Para concluir podemos decir que un texto académico se caracteriza por ser:

- gramatical y adecuado en cuanto al registro, claro y preciso
- respetuoso de las convenciones y de la norma
- interculturalmente aceptable en la comunidad científica de referencia
- fiel a las características conocidas de los patrones prototípicos de los macro y microgéneros.

Su función es socializar al estudiantado en el discurso científico, sus ritos y productos.

Sin embargo, implica mucho más: es el pasaporte al territorio de la comunidad científica. Escrito por lo general en lengua vernácula, puede detentar patrones y estrategias discursivas que se alejen en parte del discurso hegemónico y del poder editorial. Aunque una gran parte de los resultados se publiquen en inglés—como instrumento de comunicación y no de cultura—será necesario redefinirlo. El texto globalizado está escrito por enunciadores y se dirige a una audiencia de múltiples literacidades. La identidad nacional está destinada a ser ampliada por otras identidades globalizadas y transculturales y una escritura multimodal influida por las tecnologías de la comunicación. Del mismo modo que la clase magistral va quedando atrás en aras de otras formas de comunicación del saber más interactivas, así también los textos de la ciencia dejarán de ser lo que eran. Nos encontramos en un interregno donde los vertiginosos cambios tecnológicos influyen en las formas de transmisión de los conocimientos (Kristjánsson 2013).

Nota

1 El dominio del lenguaje académico cognitivo (CALP, por sus siglas en inglés) se refiere a la etapa de aprendizaje que atraviesan los estudiantes del idioma inglés después de haber dominado el lenguaje social. En esta etapa, los estudiantes intentan dominar el lenguaje técnico académico y se vuelven competentes en la articulación de sus puntos de vista en una variedad de contextos, que incluyen la hipótesis, el debate, el razonamiento, las preguntas y la generalización. Se requiere la enseñanza específica del vocabulario clave y las estructuras oracionales requeridas para estas tareas, ya que es probable que los alumnos no absorban el lenguaje como lo hicieron en la etapa de comunicación social.

Bibliografía citada

Agradecemos a Cecilia Ainciburu la valiosa información bibliográfica.

Ainciburu, M.C. 2012. "Modelos y recursos de escritura académica en diferentes lenguas maternas y su influencia en la práctica ELE". En *Plurilingüismo y enseñanza de ELE en contextos multiculturales. Actas del XXIII Congreso ASELE*. Universitat de Girona. http://cvc.cervantes.es/ensenanza/biblioteca_ele/asele/pdf/23/23_0007.pdf.

Ainciburu, M.C. 2017. "Retórica contrastiva intercultural: citación y ejemplificación en la escritura académica". En *Nuevas perspectivas en lingüística aplicada a la enseñanza de ELE*, ed. A. Alexandropoulou. Madrid: Ediciones del Orto.

ALED. Asociación Latinoamericana de Estudios del Discurso. www.aledportal.com/.

American Council on the Teaching of Foreign Languages. 2012. *ACTFL Proficiency Guidelines 2012*. Yonkers, NY: ACTFL.
Bazerman, C. et al. 2016. *Escribir a través del curriculum Una guía de referencia*. www.uepc.org.ar/conectate/wp-content/uploads/2016/10/Escribir-a-traves-de-Curriculum.pdf.
Bruck, C. y M. Obligado. 2005. "El taller de escritura académica". En *Español con fines académicos. De la compresión a la producción de textos*, ed. G. Vázquez, 135–152. Madrid: Edinumen.
Carlino, P. 2004. "Escribir a través del currículum: tres modelos para hacerlo en la universidad". *Lectura y vida* 1: 16–27.
Carlino, P. 2005. *Escribir, leer, y aprender en la universidad. Una introducción a la alfabetización académica*. Buenos Aires: Fondo de Cultura Económica.
Cassany, D. 2011. "Sobre las fronteras retóricas del español escrito". *Cuadernos Comillas* 1: 37–44.
Ciapuscio, G. 2000. "La monografía en la Universidad: ¿una clase textual?". *Humanitas. Revista de la Facultad de Filosofía y Letras* (Argentina) 33 (30–31): 237–253.
Cubo de Severino, L. 2005. *Los textos de la Ciencia*. Córdoba, Argentina: Comunicarte.
Fernández Silva, C. 2015. *La inscripción del autor en la escritura académica*. Tesis Doctoral, Universidad Nebrija (Madrid).
García Negroni, M.M. 2008. "Subjetividad y discurso científico-académico. Acerca de algunas manifestaciones de la subjetividad en el artículo de investigación en español". *Revista Signos* 41 (66): 5–31.
Haverkate, H. 1994. *La cortesía verbal*. Madrid: Gredos.
Kristjánsson, C. 2013. "Inside, Between and Beyond: Agency and Identity in Language Learning". En *Meaningful Action: Earl Stevick's Influence on Language Teaching*, edited by J. Arnold and T. Murphey, 11–28. Cambridge: Cambridge University Press.
MAREP. Marco para los Enfoques Plurales de las Lenguas y las Culturas. http://carap.ecml.at/LinkClick.aspx?fileticket=2h4E794AZ48%3D&tabid=425&language=fr).
MCER. 2001 [2017]. Marco Común de Referencia para la Lenguas; aprendizaje, enseñanza y evaluación. http://cvc.cervantes.es/ensenanza/biblioteca_ele/marco/cvc_mer.pdf.
Montolío, E. et al. 2016. *Manual de escritura académica y profesional*. Barcelona: Ariel.
The National Standards Collaborative Board. 2015. *World-Readiness Standards for Learning Languages*. Alexandria, VA: National Standards Collaborative Board.
Neira Martínez, A. y A. Ferreira Cabrera. 2011. "Escritura académica: un modelo metodológico efectivo basado en tareas y enfoque cooperativo". *Literatura y Lingüística* 24: 143–159.
Nothstein, S.B. y E.A. Valente. 2016. "La producción de escritos en postgrados internacionales. La incidencia de las tradiciones académicas en la apropiación y producción de saberes". *Revista Signos* 49 (S1): 127–148.
Paltridge, B. 2014. "Genre and Second-Language Academic Writing. Research Timeline". *Language Teaching* 47 (3): 303–308.
Parodi, G. 2009. "University Genres in Disciplinary Domains: Social Sciences and Humanities and Basic Sciences and Engineering". *D.E.L.T.A.* 25 (2): 401–426.
Parodi, G. 2012. "¿Qué se lee en los estudios doctorales? Estudio empírico basado en géneros a través del discurso académico en seis disciplinas". *Revista de Lingüística Teórica y Aplicada* (Concepción, Chile) 50 (2): 89–119.
Parodi, G. y G. Burdiles, eds. 2015. *Leer y escribir en contextos académicos y profesionales: géneros, corpus y métodos*. Barcelona: Ariel.
Pastor Cesteros, S. 2014. "Aprendizaje de contenidos a través del Español como Segunda Lengua en la Educación Superior: un puente entre la lengua y el conocimiento". *EuroAmerican Journal of Applied Linguistics and Languages* 1 (1): 15–30.
Sánchez-Jiménez, D. 2012. "El uso de las funciones de las citas en la estructura retórica de las Introducciones de memorias de máster escritas en español por estudiantes nativos españoles y no nativos filipinos". *Revista Nebrija de Lingüística Aplicada* 12: 137–152.

Sánchez-Jiménez, D. 2015a. "Tradición y actualidad en la enseñanza de la escritura académica en el entorno europeo (Reseña de Rethinking academic writing pedagogy for the European University)". *MarcoELE* 20. http://marcoele.com/descargas/20/resena-sanchez_breeze.pdf.

Sánchez-Jiménez, D. 2015b. "50 años de evolución en los estudios lingüísticos transculturales: de la Retórica Contrastiva a la Retórica Intercultural". *Argus-a Artes & Humanidades* V (18). http://www.argus-a.com.ar/publicacion/993-50-anos-de-evolucion-en-los-estudios-lingisticos-transculturales-de-la-retorica-contrastiva-a-la-retorica-intercultural.html

Sánchez-Jiménez, D. 2016a. "Revisión crítica del concepto de género en el discurso escrito y su aplicación didáctica a la enseñanza de lenguas con propósitos específicos". *Estudios de Lingüística Aplicada* 64: 207–236.

Sánchez-Jiménez, D. 2016b. "Delimitación y desarrollo de las lenguas de especialidad. Problemas actuales en la definición de los géneros discursivos en las Lenguas con Propósitos Específicos". *Revista de Estudios Filológicos Tonos Digital* 30. www.tonosdigital.com/ojs/index.php/tonos/article/view/1439.

SIELE. https://siele.org/.

Tang, R. y J. Suganthi. 1999. "The 'I' in Identity: Exploring Writer Identity in Student Academic Writing Through the First Person Pronoun". *English for Specific Purposes* 18: 23–39.

Van Lier, L. 2013. "Control and Initiative: The Dynamics of Agency in the Language Classroom". En *Meaningful Action: Earl Stevick's Influence on Language Teaching*, eds. J. Arnold y T. Murphey, 241–251. Cambridge: Cambridge University Press.

Vargas Franco, A. 2014. "Revisión entre iguales y escritura académica en la universidad: la perspectiva del estudiante". *Folios* 39: 13–29.

Vásquez-Rocca, L. y G. Parodi, G. 2015. "Relaciones retóricas y multimodalidad en el género Informe de Política Monetaria del discurso académico de la Economía". *Calidoscópio* 13 (3): 388–405.

Vázquez, G. 2009. "El discurso académico español: entre la identidad académica y la globalización del conocimiento". *Actas del XX Congreso Internacional ASEE*. Volumen 1. https://cvc.cervantes.es/ensenanza/biblioteca_ele/asele/pdf/20/20_0117.pdf.

Vázquez, G., coord. 2001. *El Discurso Académico Oral. Guía didáctica para la comprensión auditiva y visual de clases magistrales*. Madrid: Edinumen.

Vázquez, G., et al. 2001. *Guía didáctica del discurso académico escrito. ¿Cómo se escribe una monografía?* Madrid: Edinumen.

Villar, C. 2014. *Las presentaciones académicas en E/LE de estudiantes alemanes. Un análisis macrotextual, discursivo y contextual del género en nativos y no nativos*. Frankfurt a. Main: Peter Lang.

Wang, W. y Sh. Huizhong. 2015. "Researching Gender Learning in Second Language Writing: a Review for Specific Purposes". *University of Sydney Papers on TESOL* 10: 155–181.

Zavala, V. 2011. "La escritura académica y la agencia de los sujetos". *Cuadernos Comillas* 1: 52–66.

Bibliografía recomendada

Arnoux, E., dir. 2009. *Escritura y producción de conocimiento en las carreras de posgrado*. Buenos Aires: Santiago Arcos. [Perspectiva amplia para el contexto académico].

Navarro, F., coord. 2014. *Manual de escritura para la carrera de Humanidades*. Buenos Aires: Filo UBA. https://discurso.files.wordpress.com/2014/08/navarro_2014_manual-de-escritura-para-carreras-de-humanidades.pdf [Recurso para profesor y alumnos].

Regueiro Rodríguez, M.L. y D.M. Sáez. 2013. *El español académico: guía práctica para la elaboración de textos académicos*. Madrid: Arco Libros. [Herramienta práctica que combina reflexión y acción].

13
LA ESCRITURA CREATIVA EN ESPAÑOL LE/L2

Jorge Juan Sánchez Iglesias

1 Introducción

En el proceso de aprendizaje/adquisición de una LE/L2 domina una concepción "utilitarista" de la lengua. Así, la necesaria prioridad de lo transaccional al usar la LE/L2 determina la progresión de contenidos lingüísticos y discursivos para construir actividades comunicativas de creciente complejidad. Ahora bien, también hay lugar para recorridos en los que la dimensión estética, lúdica o creativa de la lengua asume un papel central. De hecho, entre las escalas ilustrativas del MCER para las actividades de expresión escrita aparece una centrada en la "escritura creativa".

El objetivo de este capítulo es delimitar ese espacio propio en el que explotar y desarrollar las posibilidades de la lengua en términos tal vez estéticos y sobre todo expresivos. Para ello realizaremos un doble recorrido. Por una parte, analizaremos las relaciones (privilegiadas, pero no excluyentes) que se establecen con los textos literarios; por otra, revisaremos conceptos y aportaciones surgidos de la propia Escritura creativa. A partir de dichos elementos propondremos algunas claves para el desarrollo de actividades o proyectos de escritura que fomenten la creatividad, la función expresiva, la individualidad incluso, con las ventajas que representa también desde el punto de vista de la motivación.

2 Planteamiento de la escritura creativa

En la enseñanza de la LE/L2 prevalece la dimensión informativo-transaccional, la construcción de textos (en el más amplio sentido) con los que el nuevo usuario de la LE/L2 se insertará en el contexto socio-comunicativo, cuya lengua (y códigos) quiere aprender/adquirir. Antes o después, todos nos enfrentamos a la producción de "textos reales", o al menos "verosímiles" (como, por ejemplo, una carta de acompañamiento y motivación para un CV en respuesta a una oferta de empleo). Más aún si nos situamos en campos de especialidad, como otros que se consideran en este volumen, en los que priman los géneros (ámbito jurídico) y/o las convenciones formales-discursivas (textos académicos).

Ese es el principio general, claro. Entonces, ¿qué sentido tiene desarrollar un *espacio propio* para la escritura creativa (EC)? Al menos son tres los supuestos desde los que nos lo podemos plantear:

1. En nuestras clases, es normal introducir actividades que no se atienen a una estricta funcionalidad. Todos los profesores hemos pedido, antes o después, alguna actividad de escritura en cierto modo creativa. Sucede con muchas de las prácticas que se basan no tanto en los géneros como en los tipos (textos narrativos, descriptivos, instructivos y expositivo-argumentativos). Así, pedimos un ejercicio creativo, por ejemplo, a partir de una serie de viñetas (A, B, C, D. . .): se proporcionan de forma aleatoria (primero F, después H, luego C. . .) y se solicita la elaboración, oral o escrita, de una historia sustentada por las imágenes. Ahora bien, ¿cuál es el propósito de estas actividades? Normalmente, un marco general para la utilización (o para la verificación del aprendizaje) de una serie de recursos lingüísticos (gramaticales, léxicos y/o discursivos). ¿Podemos entender en estos casos que nos encontramos ante ejemplos de EC?
2. El aprendizaje de una LE/L2 no se reduce a lo comunicativo-transaccional, sino que pueden darse otras razones para abordarlo. Así, hay quien se embarca en el aprendizaje de una LE por disfrutar "en versión original" de la obra de uno o diversos autores que en dicha lengua se expresa(ro)n. Puede darse también que nos encontremos ante uno de esos menos frecuentes casos en los que se practica la traducción literaria inversa (Pokorn 2005), de la misma manera que cada vez más nos encontramos con autores que se decantan por su L2 para canalizar su expresión literaria.
3. La dimensión comunicativo-transaccional de la lengua se manifiesta en buena parte de los materiales que habitualmente se proponen. Sin embargo, y desde el punto de vista de la actividad que nos ocupa, es relevante recordar la contraposición que McRae (1996) realizaba entre "referential language" y "representational language". Con el primer término, el autor se refiere a ese tipo de lengua, perfectamente normal sea como texto de entrada o de salida en la mayor parte de los libros destinados a la enseñanza de la LE/L2, en los que no hay excesivas demandas desde el punto de vista de la comprensión o de la producción. Con el segundo, se refiere a cualquier uso lingüístico que invoca la imaginación y el aspecto afectivo de los interlocutores. Por supuesto, ambos forman parte del proceso de adquisición de una L2.

La evolución en el aprendizaje/adquisición de una LE/L2 constituye no solo una ascensión vertical, sino una expansión horizontal, en forma de pirámide invertida. Esa expansión se asienta (también) en la ampliación de los recursos disponibles para, conscientemente, "jugar" con la lengua, realizar operaciones de realce (*foregrounding*) en el texto con las que ganar matices significativos, etc. La capacidad para desplegar toda esta gama de opciones conforma la que podemos denominar *competencia expresiva*. Y un espacio destinado a la EC parece el mejor ámbito en el que abordar de manera específica el desarrollo de dicha competencia. Sin embargo, creemos que la mera mención de la EC desencadena toda una serie de interrogantes:

1. ¿Cuál es la especificidad de un (sub)programa de EC en el marco general del desarrollo de la destreza escrita?
2. ¿Deriva la EC de la introducción de los textos literarios en el aula? ¿Es la EC, pues, el resultado de la explotación didáctica de los textos literarios?
3. ¿Puede cualquier profesor de español LE/L2 asumir el trabajo de enseñar EC? ¿O solo en la medida en que ha desarrollado unos conocimientos vinculados a lo literario? ¿O solo en la medida en que ha desarrollado "autorialmente" su creatividad?
4. ¿Cuáles son los anclajes teóricos de la EC en el panorama lingüístico en español?
5. ¿Cuáles son los géneros textuales propios de la EC? ¿Solo los géneros "clásicos" de la literatura o existen otros?
6. ¿Es válida la EC para todos los niveles de aprendizaje/adquisición o debe limitarse a los superiores?

En todas estas cuestiones, en realidad, subyace una pregunta de fondo: *¿Qué entendemos por EC?* En efecto, dependiendo de cómo definamos dicha actividad, con cuántas precisiones y restricciones, podremos responder a algunas de estas preguntas.

3 Premisas para la definición de la *escritura creativa*

A la hora de definir la EC, es difícil sustraerse a su vigoroso desarrollo en el contexto anglosajón, a ambas orillas del Atlántico. En el mismo encontramos las grandes obras de referencia y las asociaciones en las que se desarrolla. Así, vamos a tomar "nuestra" definición de EC del documento *Creative Writing Benchmark*,[1] elaborado por NAWE:

> Creative Writing is the study of writing (including poetry, fiction, drama and creative non-fiction) and its contexts through creative production and reflection on process. By writing, we mean not only books and other printed materials, but also scripted and unscripted performances, oral and recorded outputs, and the variety of forms possible in electronic, digital and other new media. Creative Writing can use any form or genre of writing as an exemplary subject of study, but the productions of Creative Writing tend not to be informational, but imaginative interpretations of the world that invite the complex participation of the audience or reader.
>
> *(2008, 2)*

Por otra parte, y a diferencia de lo que sucede con otras áreas discursivas tratadas en este volumen, la EC dispone de una escala propia en el MCER, que aparece a la hora de ejemplificar las actividades de expresión escrita junto con una escala de "Expresión escrita en general" y otra para "Informes y redacciones". Con independencia de las particularidades de su elaboración,[2] dicha escala, que a continuación recordamos, constituye un punto de partida irrenunciable para nuestra reflexión:

TABLA 13.1 Escala del MCER de actividades de expresión escrita.

C2	Escribe historias atractivas y descripciones de experiencias con claridad y fluidez, y con un estilo adecuado al género literario elegido.
C1	Escribe descripciones y textos imaginarios de forma clara, detallada y bien estructurada, con un estilo convincente, personal y natural, apropiado para los lectores a los que van dirigidos.
B2	Escribe descripciones claras y detalladas de hechos y experiencias reales o imaginarias en textos claros y estructurados, marcando la relación existente entre las ideas y siguiendo las normas establecidas del género literario elegido.
	Escribe descripciones claras y detalladas sobre una variedad de temas relacionados con su especialidad. Sabe escribir una reseña de una película, de un libro o de una obra de teatro.
B1	Escribe descripciones sencillas y detalladas sobre una serie de temas cotidianos dentro de su especialidad.
	Escribe relaciones de experiencias describiendo sentimientos y reacciones en textos sencillos y estructurados.
	Es capaz de escribir una descripción de un hecho determinado, un viaje reciente, real o imaginado.
	Puede narrar una historia.
A2	Escribe sobre aspectos cotidianos de su entorno, en oraciones entrelazadas, por ejemplo, personas, lugares, una experiencia de estudio o de trabajo.
	Escribe descripciones muy breves y básicas de hechos, actividades pasadas y experiencias personales.
	Es capaz de escribir una serie de frases y oraciones sencillas sobre su familia, sus condiciones de vida, sus estudios, su trabajo presente o el último que tuvo.
	Es capaz de escribir breves y sencillas biografías imaginarias y poemas sencillos sobre personas.
A1	Es capaz de escribir frases y oraciones sencillas sobre sí mismo y sobre personas imaginarias, sobre dónde vive y a qué se dedica.

A partir tanto de la definición como de la escala, ya se pueden afrontar algunas de las dudas que antes planteábamos y fijar así las coordenadas fundamentales para ese *espacio propio*:

1. La escala del MCER se extiende a lo largo del proceso de aprendizaje. Con ello se responde a la pregunta de si solo los estudiantes de niveles altos (digamos, a partir del B2) pueden realizar actividades de EC. Asimismo, la progresión se marca en términos de detalle y estructura, desde la cohesión (el más lingüístico de los parámetros que construyen el texto) hasta la propiedad en términos de estilo.

2   De alguna manera, podemos considerar EC todo lo que no se encuadra en la *escritura profesional*, entendida en el sentido más amplio posible, como formas de redacción relacionadas con una actividad específica (incorporando buena parte de la escritura periodística, la técnica e incluso la académica enseñada a los estudiantes y por ellos realizada, puesto que forma parte de la profesión de estudiante, en cualquier nivel).

3   Por último, la EC desborda en buena medida lo literario, explícitamente en la definición, implícitamente en la escala. Esta resulta muy desprejuiciada en términos de género (de hecho, más bien se remite a los tipos textuales que resultan creativos de manera más intuitiva: narraciones y descripciones) y reitera en la progresión la dimensión de lo "imaginario"; en la misma línea se sitúan las "imaginative interpretations" en la definición de NAWE antes citada. Así, a la hora de plantearse la introducción de actividades de EC en español LE/L2 se pueden considerar también géneros o formas de escritura que se encuadran en ese amplio marco al que nos referimos con el término "no ficción" (*creative nonfiction*): (auto)biografías, diarios, viajes...

En última instancia, como puede apreciarse, se trata de renegociar el alcance de significado de términos como "creativo" o "creatividad". Por complicado que resulte enfrentarse con nociones asumidas, resultantes de nuestra tradición cultural. En ese sentido, es bueno recordar las palabras de Pope (2005), en una reseña conjunta de dos libros y titulada oportunamente "The return of creativity: common, singular, and otherwise":

> [ambos libros][3] are both committed to a radical rethinking of creativity as *creation from something* (not 'nothing'); and both offer critiques of the remarkably persistent (and inaccurate) Romantic stereotype of the creator as some kind of 'genius' obsessed by the production of the absolutely 'new' or merely 'novel'.
>
> *(2005, 376)*

En otras palabras, se trata de cuestionar(se) una concepción que se convierte en una incómoda rémora a la hora de generar y articular ciertas propuestas, retomando otros conceptos (artesanía, imitación...) que normalmente no asociamos con la creatividad.

4   Anclajes disciplinares para la EC

Una de las preguntas que nos planteábamos al abordar la EC se refería a sus anclajes teórico-disciplinares. A la hora de realizar una revisión bibliográfica en este ámbito, dos son los principales problemas que hemos encontrado, entre los que podría además establecerse una relación de causa-consecuencia. Por una parte, el hecho de que no exista una auténtica configuración académica en torno a la EC en español. En términos generales, la EC como disciplina resulta esencialmente desconocida en el ámbito hispánico. En ese sentido, su irregular traslado al contexto de español LE/

L2 resulta más explicable (volveremos después sobre el adjetivo). Por otra (al mismo tiempo como consecuencia de lo anterior y por la monótona vinculación con lo literario), en ocasiones se hace difícil distinguir entre las propuestas "genuinas" en EC frente a aquellas que plantean actividades o bien complementarias en el marco general de la introducción de los contenidos literarios (competencia literaria), o bien como parte de una propuesta general de explotación de los textos literarios como material del aula (competencia comunicativa). Obviamente, el foco es distinto y distintos son los objetivos perseguidos, pero lo cierto es que las más de las veces aparecen entreveradas de manera casi indisoluble.

Comencemos por el segundo de los problemas. Internet es un repositorio casi infinito ya de propuestas con distintos tipos de aprovechamiento de lo literario. Pero desde el punto de vista de la EC es fundamental distinguir cuál es la competencia cuyo desarrollo se favorece. Así, muchos de los trabajos relacionados con la literatura en español LE/L2 se proponen, como indicábamos, el desarrollo de la "competencia literaria", que Iriarte Vañó define de manera integrada: "La competencia literaria contiene los cuatro objetivos fundamentales que se deben trabajar: fomentar el hábito de la lectura, hacer que los estudiantes disfruten con la lectura, facilitar la comprensión y mostrar obras y autores importantes" (2009, 206). Siguiendo un principio básico de comunicatividad, y también por la propia dinámica del aula, la autora propone la integración de las cuatro destrezas "clásicas", dentro de las cuales se acomodarían también prácticas productivas: "El entrenamiento técnico a través de la *creación e imitación de los autores* fomenta la habilidad analítica y creativa, al mismo tiempo que facilita la comprensión de los textos" (2009, 206; las cursivas, nuestras, remiten a los postulados que sobre la creatividad realizaba Pope (2005) y en este trabajo se asumen). Igualmente, cierta dimensión creativa se puede identificar también en algunas de las actividades incorporadas en *Más que palabras*, de Benetti, Casellato y Messori (2003), que propone un itinerario de aprendizaje de la literatura por tareas, que potencia la implicación de los aprendices a la que se aspira (o de la que se parte) en la EC. En cualquier caso, y como conclusión, Iriarte Vañó recuerda "el mandato definitivo": "El profesor no debe olvidar el fin último de la literatura: el placer de leer". Nadie puede dudar de lo acertado de esta afirmación.

Abundante es también la bibliografía disponible en cuanto a los textos literarios en el aula de ELE, al papel que pueden/deben desempeñar. Como trabajos de reflexión global destacan Sanz Pastor (2006) y Sáez Martínez (2011). A partir de la idea de que la (re)inserción de los textos literarios en la enseñanza puede resultar un terreno confuso (nadie niega su presencia, pero persisten los temores y las suspicacias), ambas autoras pasan revista a distintas aproximaciones sobre cómo introducirlos y aprovecharlos, desde su papel como contenido cultural a las posibilidades de emplear el literario como texto de entrada en el que se expone un contenido lingüístico (gramatical en la mayoría de los casos) que después se trabajará.

En la estela de estas reflexiones encontramos numerosos materiales (en la mayoría de los casos Trabajos Fin de Máster) que proponen distintos aprovechamientos de los textos literarios: generales, centrados en géneros o ámbitos concretos (microrrelatos, clásicos o literatura infantil-juvenil, considerados respectivamente en Fernández-Cuesta Valcarce 2012; Palacios González 2011 y Vila Barbosa 2014) o en grupos específicos de destinatarios (niños, Padrón de los Niños 2016). Por su carácter pionero y su vigencia destaca el trabajo de Naranjo (1999), centrado en la poesía, que retoma en español la propuesta de actividades con textos literarios de Maley y Duff (1990):

TABLA 13.2 Propuesta de actividades con textos literarios de Maley y Duff.

1. Reconstrucción: Los textos se presentan en forma alterada o incompleta. El estudiante los restaura de acuerdo con su forma original (versificar un poema en prosa; presentar un poema en prosa para convertirlo en verso; proponer el principio/final para reescribir el texto ausente . . .).
2. Reducción: Se descartan elementos del texto con el objetivo de ir acortándolo (reducción conservando el sentido y la corrección gramatical. . .).
3. Expansión: Se añaden elementos a un texto, ampliándolo (inclusión de elementos gramaticalmente correctos; adición de descripciones, narraciones, comentarios . . .).
4. Sustitución: Se reemplazan elementos (cambios en tiempos verbales; sinónimos y antónimos; cambio del punto de vista del que emana el texto. . .)
5. Emparejamiento: Se buscan correspondencias entre dos grupos de elementos (asociando principios y finales; títulos con fragmentos; palabras descriptivas con personajes. . .)
6. Cambio de formato: Se transfiere información del poema a un nuevo formato (convertir poema en foto, dibujo, mapa, etc.; transformar tipo de texto —conversaciones en narraciones y al revés; disertaciones en cartas; guiones en relatos; relatos en guiones y/o imágenes—).
7. Selección: Se escoge un poema de acuerdo con un criterio o propósito (distintas paráfrasis de un poema; distinguir en una serie de poemas uno que no concuerda; introducir en un poema versos ajenos a él. . .)
8. Jerarquización: Se ordena un grupo de poemas de acuerdo con un criterio (uso de lenguaje más o menos formal/literario/fácil. . .)
9. Comparación y contraste: Se señalan similitudes y diferencias entre dos poemas paralelos (en términos de lenguaje, de diferencias ideológicas, de concepto. . .).
10. Análisis: Se estudia el poema detenidamente.

Como puede apreciarse, entre las distintas actividades se recogen muchas que se relacionan con la EC. Sin embargo, con su indudable valor en muchos casos, es evidente que en ninguno de los anteriores nos encontramos ante la articulación de ese *espacio propio* para la EC que nos proponemos.

Esta falta de delimitación, como anticipábamos, puede deberse al hecho de que la EC prácticamente carece de desarrollo como disciplina académica en el ámbito hispánico.[4] Esta situación contrasta de manera muy acusada con el desarrollo ya mencionado en los ordenamientos universitarios anglosajones (en esta ocasión, importada al Reino Unido desde Estados Unidos, Wandor 2008). En ningún caso suponemos, y menos aún querríamos argumentarlo, que las posibilidades de desarrollo de la EC pasen por la implantación de una disciplina académica en la educación superior. No se trata tanto de una cuestión de "respetabilidad", sino de una mejor posibilidad de "sistematización" (frente a la *irregularidad* antes mencionada), que en principio tiene mejores condiciones para darse en un ámbito institucional. En ese sentido, no contamos en español con obras de conjunto colectivas, como las de Earnshaw (2007) o Harper (2013). Es cierto que en ninguna de ellas, por lo demás, se habla de EC en L2, de la misma manera que no se plantea en volúmenes con intención de "manual" como es el caso de Mills (2006). Pero es legítimo suponer un vínculo causal entre su vigencia en L1 y su extrapolación a la L2.

En general, cabe plantearse si la EC se convierte en un camino hacia el desarrollo de una destreza específica (en expresión escrita) y general (comunicativa) en la LE/L2 o si constituye una vía en sí misma. En el primer sentido se posiciona Tarnopolski (2005), que realiza una propuesta metodológica en varios pasos:

> The technique in question, designed for a creative writing course aimed at such students, was based on: (a) the combination of process and genre approaches to teaching writing; (b) paying special attention to students' development of the skills of description, narration, and discussion in creative writing; (c) development of the skills of commenting and critique; (e) emphasizing peer-reviewing, peer-commenting, and peer-evaluating students' written works in the course; (e) and ensuring learners' autonomy in writing by introducing free-choice writing. This technique allowed students to achieve dramatic improvement in their writing skills. The article describes how its introduction not only intensifies students' development, but also generates positive motivation for writing in English as a foreign language.
>
> *(2005, 76)*

Es evidente la concepción amplia de la EC, que se convierte así en eje de un curso destinado al desarrollo general de la LE/L2. Dicho planteamiento es cuestionado por Lim (2015) con especial contundencia, en la medida en que se subordina a los objetivos básicos en la enseñanza de lengua extranjera (el inglés, en su caso): ampliación del vocabulario, enseñanza de elementos formales y refuerzo de la corrección gramatical. La propuesta de Lim pasa por un replanteamiento en la EC para la LE/L2 del "muestra y cuenta" ("show and tell") de las ejercitaciones escolares frente al "show, don't tell" que se formula como precepto casi básico de la EC, como forma de canalizar la voz propia de los aprendices.

En esa dirección podemos considerar las aportaciones de Disney (2014) y Zhao (2015). El primero, un volumen colectivo, asume como premisa que la vertiente académica de la EC en la LE/L2 examina la interrelación entre lengua(s), literatura(s) e identidad(es), que se convierte en especialmente dinámica y dialéctica en el caso de la EC en L2. A partir de un articulado sistema de recogida de datos (durante la elaboración de un escrito autobiográfico en LE/L2), el trabajo de Zhao (2015) se centra también en las formas en que la identidad se (re)negocia y se (re)construye al abordar tareas de EC en L2. En ese mismo sentido también resulta muy ilustrativo el capítulo "The multilingual narrator" incluido en Kramsch (2009).

La situación en lo que a los estudios en español y sobre español LE/L2 se refiere es muy diferente. Quizá no resulte sorprendente reparar en que las aproximaciones a la EC en español se han desarrollado pensando en otros niveles educativos, más en concreto en la educación secundaria, que ha representado una fuente de inspiración e ideas habitual para español LE/L2 (un espacio natural de conexión, como indican también Pujante Corbalán y De Lucas Vicente 2014). En este sentido, podemos recordar dos aportaciones aún fundamentales, como son los trabajos de Sánchez-Enciso y Rincón (1985) y Delmiro Coto (2002). Común en ambos es la apuesta por el "taller literario". En el primero, cumple el doble propósito de superar o complementar la mera dimensión históric(cist)a en la enseñanza de la literatura, así como de incorporar espacios de expresión para los alumnos. El segundo de los trabajos destaca por sus propuestas prácticas y por una completa revisión del formato en distintos ámbitos geográficos con algunas de las aportaciones académicas más destacadas que se han generado en cada uno de ellos.

Entre las propuestas específicas de EC en español LE/L2 destacan Espinoza-Vera (2009), Bruno Galván *et al.* (2009, con numerosas actividades), Pujante Corbalán y De Lucas Vicente (2014) o López-Toscano (2015). La más desarrollada aparece con la tesis doctoral de Acquaroni Muñoz (2008), que da lugar a otras publicaciones derivadas (2010, 2015). El objetivo que se propone la autora, corresponde recordarlo, es el desarrollo de la "competencia metafórica" y algunos de los aspectos más interesantes de su trabajo, a nuestro juicio, son los siguientes:

1. Se propone el taller como el formato más adecuado para fomentar la apreciación estética de la literatura; se constituye como un espacio aparte, independiente de la clase de ELE, con alumnos de diferentes niveles (desde el A2), que desde sus particularidades abordarán tanto la comprensión/interpretación de los textos literarios "motores" como la exploración de sus capacidades para la construcción de textos expresivos.
2. Se propone una articulada secuencia de tareas, dentro y fuera del aula, individuales o colectivas, que van desde la secuencia trampolín (que despierta el interés por escribir), pasando por tareas de planificación y textualización (planificación y redacción) hasta la revisión final (cooperativa).

Escapando de lo literario, contamos con los trabajos de Fernández Marrero (2006) y de Frank, Rinvolucri y Martínez Gila (2012). A partir de un texto turístico, el primero se basa en el concepto de intertextualidad para abordar posibilidades de (re)elaboración que llevan el texto más allá de su más allá de la funcionalidad informativa primera. En el segundo trabajo (traducción del original inglés en la que se añade el tercer autor), nos encontramos toda una serie de ejercicios de lo que los autores denominan de "escritura significativa", que abarcan todos los niveles y que se configuran como una actividad de aula más, sin una estructuración articulada, que pueden encajar en cualquier momento de la formación.

Como puede verse, la delimitación de la EC resulta complicada en distintos planos. En primer lugar, por su relación con lo literario, que es privilegiada, pero no consustancial. En segundo lugar, por su falta de restricciones en cuanto a formas textuales (desde la poesía al reportaje) y temáticas (desde la competencia metafórica ya mencionada al desarrollo del humor, Bell y Pomerantz 2016). En tercer lugar, porque en la mayor parte de los casos se configura más como un espacio derivado. Todo ello, en conclusión, induce menos a buscar un *prototipo* para la EC y más a plantearse reflexiones generales que sirvan como coordenadas para todas las posibilidades que puedan plantearse (o, al menos, tantas como sea posible).

5 De la indefinición de los géneros a la reflexión sobre propuestas

Como ya hemos señalado, con la definición que aquí asumimos de EC se excluye una relación necesaria con lo literario. Y aunque ese no fuera el caso, aunque nos restringiéramos a los "géneros literarios" que cualquier hablante reconoce en (casi) cualquier tradición cultural, seguiríamos sin poder definir de manera unívoca los textos en virtud de una determinada presencia o densidad de determinados rasgos lingüísticos (formales, léxicos, discursivos). De hecho, toda una disciplina (la teoría literaria) ha terminado por abandonar dicho empeño (la definición en términos lingüísticos de la *literariedad*).

Si queremos aún retomar los géneros clásicos, podemos plantearnos algunas alternativas metodológicas que de alguna manera puedan anticipar la prevención de determinados alumnos en el caso de querer incorporar este tipo de actividades en el marco de una clase general de ELE, en dos sentidos al menos.

En primer lugar, abordar algunos de los géneros "clásicos" (los propia o tradicionalmente literarios) puede resultar demasiado intimidante o demasiado desafiante para algunos alumnos (la ansiedad ante la escritura de cualquier tipo de texto es una experiencia común, Leki 1999), como consecuencia de las implicaciones con las que nos relacionamos con la literatura, resultante de nuestra "inserción cultural". O, a menor escala, nos resultará incómodo, tal vez, que nos pidan determinados tipos de texto, que pueden ser inhabituales o que "provocan vergüenza". Es decir, si no escribo poemas en mi lengua materna, ¿lo voy a hacer en la L2? En ese sentido, una alternativa se encuentra en los que podríamos considerar como "géneros cercanos": desde la poesía se puede llegar a la letra de canciones; o desde el teatro, a los guiones cinematográficos.

En segundo lugar, pensamos por defecto en la narración. Y uno de los temores puede relacionarse con la no capacidad para "generar" historias, "no tener imaginación" suficiente para desarrollar un escrito. De ahí que la mitología o la historia pueden constituir perfectos puntos de partida, tanto en la reproducción/alteración de tramas como por la posibilidad de encarnar las voces de sus personajes ("La casa de Asterión" de J.L. Borges, por poner un ejemplo). O la posibilidad de hacer progresar la creación a partir de fragmentos. Veamos un ejemplo:

> "Había una vez un tiempo en que los hombres no tenían alas".
> Así empezaban todos los cuentos que me contaba mi madre cuando yo era niña: remitiéndose a una época antigua y tal vez mítica en que los hombres no habían adquirido aún la capacidad de volar. A mí me gustaba mucho oír aquellas historias, y le pedía que las repitiese una y otra vez, aunque ya me las sabía de corrido: la de aquel héroe desalado que, a falta de alas propias, se construyó unas de cera y plumas de aves; pero, al volar cerca del sol, la cera se derritió y el cayó al mar y se ahogó. O aquel otro que inventó un artilugio de lona y madera para, arrojándose desde lo alto de las montañas, planear sobre los valles de su país aprovechando las corrientes de aire cálido: una cosa que hoy en día todos hacemos de forma intuitiva, pero que así contada me parecía nueva e inusual, como si yo misma acabase de descubrir un fenómeno tan cotidiano que hoy nos pasa inadvertido.
> Lo que jamás pensé mientras oía los cuentos de mi madre es que alguna vez yo misma llegaría a sentir como propia y cercana la carencia de alas y que aquel mito de los hombres mutilados acabaría habitando junto a mí.

Así comienza el cuento "La niña sin alas" de Paloma Díaz Más. Es fácil proponer una actividad preguntando a los integrantes del grupo: "¿cómo sigue?". Sus algo más de 2.500 palabras permiten dividirlo en distintas secuencias que se irán proporcionando para que los estudiantes (individualmente, en parejas o grupos) hagan suposiciones continuando la historia, y después comparen sus textos con el nuevo fragmento que se les proporciona.

Con el objetivo de favorecer la modulación de distintas voces, una propuesta sería la narración múltiple de una secuencia cinematográfica desde la perspectiva de los personajes implicados, en la que lo único que esté en común sea el diálogo, realizada en grupos, integrados por tantos estudiantes como tiene la escena. Igualmente, cabe también jugar con la capacidad de interpretación de los lectores, proponiendo un texto perfectamente cohesionado y coherente, pero, en principio, de difícil comprensión como el siguiente:

> Siempre tan ajetreados, y con largas extremidades que agitan con frecuencia. Y qué poco redondos son, sin la majestuosidad de las formas consumadas y suficientes, pero con una minúscula cabeza móvil en la que parece concentrarse toda su extraña vida. Llegan deslizándose sobre el mar, pero no nadando, como si fueran pájaros, e infieren la muerte con fragilidad y grácil ferocidad. Permanecen largo rato en silencio, pero luego gritan entre ellos con repentina furia, con un galimatías de sonidos que apenas varían y que carecen de la perfección de nuestros sonidos esenciales: reclamo, amor, llanto de duelo. Y qué penoso debe de resultarles amarse: e híspido, casi brusco, inmediato,

sin una mullida capa de grasa, favorecido por su naturaleza filiforme que no prevé la heroica dificultad de la unión ni los magníficos y tiernos esfuerzos para conseguirla.

No les gusta el agua, y la temen, y no se entiende por qué vienen tan a menudo. También ellos van bancos, pero no llevan hembras, y se adivina que están en otra parte, pero son siempre invisibles. A veces cantan, pero sólo para ellos, y su canto no es un reclamo sino una forma de lamento desgarrador. Enseguida se cansan, y cuando cae la noche se reclinan sobre las pequeñas islas que los transportan y tal vez se duermen o contemplan la luna. Se alejan deslizándose en silencio y es evidente que están tristes.

"¿Quién o qué está hablando de quién o qué?". El texto propuesto se convierte en una especie de acertijo al carecer de la clave interpretativa que proporciona el título ("Una ballena ve a los hombres", del italiano Antonio Tabucchi). Otra forma para fomentar la creación.

A nuestro juicio, los dos puntos fundamentales en los que pivota ese *espacio propio* de EC son la programación y la gestión/evaluación. Por supuesto, la primera condicionará la segunda y en relación con esta hemos propuesto un doblete no tanto pensando en una evaluación sumativa o de resultado, sino en una evaluación formativa, que condicionará la forma en que se gestionan las actividades.

Desde el punto de vista de la programación, caben dos posibilidades: que la incorporación de las actividades de EC se sume a un "curso general" de ELE, o que constituya una materia en sí misma (obligatoria u opcional en el marco de un currículo). En el primero de los casos, el objetivo fundamental es el de la *continuidad* (que en el segundo se da por supuesta). Como cualquier otra dimensión que se quiera incorporar en un curso general, tiene que desarrollarse de manera suficientemente amplia como para alcanzar sus objetivos.

La continuidad puede encontrar su molde en la elaboración de un proyecto colectivo, una suerte de publicación que se constituya como una macro-tarea del curso. De hecho, distintas publicaciones que podemos encontrar en cualquier quiosco constituyen un "contenedor" de géneros (por ejemplo, una revista en la que se incluyen noticias, entrevistas, reportajes, críticas. . .), de manera que puede constituirse fácilmente como marco en el que cada uno de los participantes desarrolle sus preferencias o intereses (y más aún, sin verse constreñidos en términos de modelos literarios). Dicho contenedor, además, puede unificarse en cuanto al tema. En efecto, una de las posibilidades que ofrece la EC es la de recurrir a ámbitos temáticos, esferas, mundos mentales. . . que no son los que se transitan en el aula, que no sean los que aparecen considerados en los materiales que se proporciona a los alumnos (los textos aducidos, de entrada). Y el tema propuesto puede convertirse en la oportunidad para recurrir, por ejemplo, a campos léxico-semánticos poco usuales. Un modelo de esa publicación-contenedor puede ser la revista *Jot Down*. Además de géneros periodísticos clásicos (entrevistas, que también se pueden proponer como actividad creativa; por ejemplo, realizadas a personajes históricos), incorpora textos que se sitúan en una zona híbrida en cuanto a su funcionalidad, en la que se conjugan lo informativo (en un sentido muy amplio) y lo creativo-expresivo.

Al mismo tiempo, y fundamental desde el punto de vista de la programación, parece importante proponer formatos que fomenten la interacción (entre alumnos y con el docente/coordinador). En ese sentido, el taller resulta el más adecuado para alternar diferentes actividades (individuales, en parejas o pequeños grupos), con fases sucesivas de tareas de planificación, estructuración, escritura, revisión y reescritura, generadas además a partir de la discusión del punto de partida y de los desarrollos. En ese itinerario también se va articulando el acceso a los recursos lingüísticos que permiten enriquecer el texto (variación léxica, construcción de figuras retóricas, alteración de colocaciones. . .). Acquaroni Muñoz (2015, 14) se refiere al responsable del taller como mediador (clarificando las intervenciones, provocando ulteriores desarrollos en lo dicho, planteando nuevas cuestiones, ayudando a sacar conclusiones. . .) y como moderador (distribuyendo turnos de palabra, equilibrando intervenciones, reconduciendo el debate . . . .). Asimismo, retoma una interesante idea de Cassany:

> Resulta mucho más fácil aprender a cocinar siendo "pinche" de un gran chef que leyendo libros de recetas o ensayando sólo por la cuenta de cada uno. La mejor manera de aprender a escribir es también poder 'ver en acción' a un experto que ejemplifica las distintas técnicas y tareas mentales y físicas de que se compone, es poder 'participar' con un experto en la producción de un texto en una situación comunicativa real. El docente es el mejor — el único— 'experto' que el aprendiz encuentra en el aula. Debe ponerse a escribir con sus alumnos, sin dilación: escribiendo su propio texto ante ellos, ejemplificando para ellos el funcionamiento de una técnica, ayudando a alumnos concretos a desarrollar su propio texto, etc. No tengamos miedo de escribir con los alumnos, de mostrar nuestras limitaciones —también— y nuestras necesidades —consultar el diccionario, revisar, etc. De este modo estamos ofreciendo una imagen real al alumno que nunca vio un escritor escribiendo y que cree que los textos se elaboran espontáneamente como churros, de golpe, sin elaboración.
>
> *(2001, s.p.)*

Dicho procedimiento permite activar una enseñanza por observación, en la que la reescritura se convierte en herramienta fundamental, que parte de la evaluación de los textos para escalonar una revisión creativa (reforzando la elaboración del texto en términos de voz propia y de expresividad). Se puede centrar, además, en distintos aspectos en cada ocasión, intentando abordar elementos con los que pueden activarse diferentes formas de realce.

El siguiente cuadro plantea una secuencia de pasos en que se podría articular un taller de EC, recogiendo alguna de las ideas expuestas o asumidas a lo largo del trabajo:

TABLA 13.3 Pasos en que se podría articular un taller de EC.

Elección del modelo	Se realiza una selección de distintas publicaciones, por el docente o aportadas por los integrantes del grupo, y se procede a una lectura general y un somero análisis de contenidos.
	Con estos y otros elementos, se discute cuáles son las características más destacadas de las publicaciones, el prototipo de destinatario. . ., y se escoge un modelo inspirador, para su réplica total o parcial.
	Asimismo, se decide si se realizará en términos de unidad temática (lo que tendrá un impacto de programación en la medida en que se producirá la incorporación, por ejemplo, de un determinado campo semántico para su desarrollo).
Análisis detallado del modelo	A partir de la lectura común de un ejemplar del modelo, se seleccionan algunos textos que resultan especialmente interesantes o representativos para realizar un análisis en profundidad de los elementos de contenido y rasgos formales (lingüísticos, textuales, discursivos) más destacados
Actividades previas + Discusión en grupos	En caso de que se haya optado por la versión unificada temáticamente, se localizarán textos relacionados con el mismo (tanto en español LE/L2 como en la lengua nativa del grupo, si es unitario) que sirvan como base para discusiones en pequeños grupos.
Elaboración y presentación de propuestas + Organización de grupos de trabajo	Mientras se realiza la fase anterior, cada uno de los integrantes del grupo elabora su propuesta personal de contribución. Se realiza una primera puesta en común en grupos, para considerarlas todas de manera individual y aportar elementos (en este caso, de contenido) de las que cada uno pueda aprovecharse.
	Distribuidos de acuerdo con distintos criterios (uniformidad o no en términos de género), se distribuye a los integrantes en pequeños grupos, con la premisa de que todos los miembros trabajarán aportando sus textos y comentando los textos de sus compañeros.
Presentación, análisis y reelaboración de textos	Se presentan distintos trabajos, que preferentemente han sido antes leídos por los integrantes del grupo. En principio, se consideran especialmente los que presentan un desarrollo temático más satisfactorio y son ya susceptibles de un trabajo específico en los aspectos formales para conseguir un refuerzo desde el punto de vista de la expresividad.
Re/elaboración de versiones	En los grupos se trabaja sobre los borradores (que dependiendo de la longitud de los textos puede plantearse sobre fragmentos o secciones). Cada integrante aporta su texto y realiza observaciones, sugerencias. . . sobre los de sus compañeros.
	Resulta interesante tratar inicialmente los textos en términos de contenido, para desarrollar su potencial significativo antes de centrarse en la dimensión estrictamente lingüística.
	Esta fase se repite en distintas ocasiones, las suficientes para que los trabajos evolucionen, pero no tantas como para convertirse en una actividad rutinaria.

(Continued)

TABLA 13.3 (Continued)

Elaboración de la versión final	A partir de las distintas versiones, cada integrante realiza su versión final.
Ensamblaje de la publicación	Se ensamblan los distintos textos para conseguir una publicación unitaria, elaborada de acuerdo con los recursos disponibles (en términos de maquetación, inserción de imágenes, etc.).

En cuanto a la evaluación, el modelo del porfolio resulta esencial. Pero lo es más aún considerar el interés que tiene evaluar la evolución que experimenta un determinado texto, por lo que resulta fundamental la idea de conservar las distintas versiones. Con esta forma de genética textual, es posible analizar la progresiva elaboración de un texto, que nos resulta, en principio, indiferente en otros tipos y géneros textuales, pero en el caso de la EC sirve para registrar la progresión y la ganancia de cada muestra (del esbozo hasta el definitivo, pasando por los distintos borradores) en términos de expresividad, si en dicho término queremos cifrar el objetivo final de la EC.

6 Conclusiones

A lo largo de este trabajo hemos considerado algunas de las cuestiones que surgen al definir un espacio propio para la EC, que constituye un territorio en buena medida aún por desbrozar y estructurar en español LE/L2 y desde la complejidad que resulta de considerar una dimensión textual que no se materializa en un conjunto finito de moldes formales, ni se caracteriza por la presencia de determinados rasgos lingüísticos que permitan homogeneizarla.

En términos de reflexión, sin embargo, nos gustaría haber argumentado una serie de ideas que nos parecen especialmente relevantes a la hora de conceptualizar la EC, y que son las siguientes:

1 *Definir la EC de manera amplia.* Todo texto debe considerarse en términos de su *potencial expresivo* si nos proponemos fomentar la competencia expresiva de los estudiantes. Y en esa amplitud de perspectiva puede cifrarse la aproximación a la EC por parte de cualquier docente de español LE/L2.
2 *Desvincular la EC de lo literario, sin negar por ello su posición privilegiada.* En ese sentido, es necesario también "desacralizar" las obras o los fragmentos propuestos, servirse de ellos como textos motores más que como representaciones culturales canonizadas, que serán imitados, replicados, reescritos. . .
3 *Proponer la EC como un espacio en el que a partir de la interacción se desarrolla una voz.* En el desarrollo de la EC los objetivos tradicionales de dominio se supeditan a la búsqueda de maneras en que los aprendices se puedan expresar, con su voz y de acuerdo con sus preferencias, a partir de la interacción con los compañeros.

Indudablemente, la EC se convierte en un terreno indeterminado en distintos sentidos. La vía para su afianzamiento está en nuestra capacidad como docentes para añadir contenidos a esa *competencia expresiva* concebida en términos lo suficientemente amplios para dar cabida a todas las opciones.

Notas

1 www.nawe.co.uk/writing-in-education/writing-at-university/research.html
2 Especifica el *MCER*: "Los descriptores de esta escala y de las dos subescalas que siguen (escritura creativa; informes y redacciones) no han sido comprobados empíricamente con el modelo de medición. Por lo tanto, los descriptores de estas tres escalas se han creado combinando elementos de descriptores de otras escalas" (2002, 64, n. 3).
3 Los libros que Pope reseña son *Language and Creativity: The Art of Common Talk* de Ronald Carter y *The Singularity of Literature* de Derek Attridge, publicados ambos en el año 2004 por Routledge. No queremos dejar de mencionarlo como buena prueba del amplio alcance con que se emplean el término *creatividad* y sus derivados.
4 Derivado con su implantación en el sistema estadounidense, la Universidad de Houston ha impulsado un programa de doctorado en EC en español.

Bibliografía citada

Acquaroni Muñoz, R. 2008. *La incorporación de la Competencia Metafórica (CM) a la enseñanza/ aprendizaje del español como Segunda Lengua (L2) a través de un taller de escritura creativa: Estudio experimental*. Tesis doctoral, UCM. http://eprints.ucm.es/8598/.
Acquaroni Muñoz, R. 2010. "El desarrollo de la competencia metafórica en la producción escrita de los aprendices de ELE a través de un Taller de Escritura Creativa". *Mosaico. Revista para la promoción y apoyo a la enseñanza del español* 26: 24–31.
Acquaroni Muñoz, R. 2015. "La experiencia de la literatura: una propuesta de taller de escritura creativa para aprendices de ELE/L2". *Doblele: Revista de lengua y literatura* 1 (1): 3–25.
Bell, Nancy D. y Anne Pomerantz. 2016. *Humor in the Classroom: A Guide for Language Teachers and Educational Researchers*. Nueva York: Routledge.
Benetti, G., M. Casellato y G. Messori. 2003. *Más que palabras. Literatura por tareas*. Barcelona: Difusión.
Bruno Galván, C. et al. 2009. *La escritura creativa en E/LE*. Brasilia DF: Consejería de Educación.
Cassany, D. 2001. "Decálogo didáctico de la enseñanza de la composición". *Glosas didácticas* 4.
Delmiro Coto, B. 2002. *La escritura creativa en las aulas: en torno a los talleres literarios*. Barcelona: Graó.
Disney, D., ed. 2014. *Exploring Second Language Creative Writing: Beyond Babel*. Amsterdam/ Londres: John Benjamins.
Earnshaw, S., ed. 2007. *The Handbook of Creative Writing*. Edimburgo: Edinburgh University Press.
Espinoza-Vera, M. 2009. "La escritura creativa en la clase de ELE". En *El profesor de español LE-L2*, ed. A. Barrientos Clavero, 959–968. Cáceres: ASELE, vol. 2.
Fernández Marrero, J.J. 2006. "Intertextualidad y escritura creativa". En *Actas del III simposio internacional José Carlos Lisboa de didáctica del español como lengua extranjera del Instituto Cervantes de Río de Janeiro*, 527–534. https://cvc.cervantes.es/ensenanza/biblioteca_ele/ publicaciones_centros/PDF/rio_2006/64_fernandez.pdf. Acceso: 30/10/2017.
Fernández-Cuesta Valcarce, Mª.G. 2012. *El microrrelato: Origen, características y evolución. Propuesta didáctica en el aula de L2. Aplicaciones prácticas en L1*. TFM, Universidad de Málaga.

www.mecd.gob.es/educacion/mc/redele/biblioteca-virtual/numerosanteriores/2013/memorias-master/gracias-fernandezc.html. Acceso: 30/10/2017.

Frank, C., M. Rinvolucri y P. Martínez Gila. 2012. *Escritura creativa. Actividades para producir textos significativos en ELE*. Madrid: SGEL.

Harper, G., ed. 2013. *A Companion to Creative Writing*. Chichester: Wiley-Blackwell.

Iriarte Vañó, M.ª D. 2009. "Cómo trabajar con textos literarios en el aula de ELE". *Tinkuy: Boletín de investigación y debate* 11: 187–206.

Kramsch, Claire. 2009. *The Multilingual Subjetct*. Oxford. Oxford Universty Press.

Leki, I. 1999. "Techniques for Reducing Second Language Writing Anxiety". En *Affect in Foreign Language and Second Language Learning: A Practical Guide to Creating a Low-Anxiety Classroom Atmosphere*, ed. D.J. Young, 64–88. Boston: McGraw-Hill.

Lim, S.G.-L. 2015. "Creative Writing Pedagogy for World Englishes Students". *World Englishes* 34 (3): 336–354.

López-Toscano, J. 2015. "Escritura creativa y ELE: Motivación, expresión individual y otros factores afectivos en el desarrollo de las destrezas escritas". En *La enseñanza centrada en el alumno*, eds. Y. Morimoto et al., 1157–1164. Madrid: ASELE.

Maley, A. y A. Duff. 1990. *Literature*. Oxford: OUP.

MCER (*Marco común europeo de referencia para las lenguas. Aprendizaje, enseñanza, evaluación*). 2002. Madrid: Ministerio de Educación, Instituto Cervantes y Anaya + North, B., Goodier, T. y E. Piccardo. 2017. *Companion Volume*. Council of Europe, provisional edition.

McRae, J. 1996. "Representational Language Learning: From Language Awareness to Text Awareness". En *Language, Literature and the Learner*, eds. J. McRae y R. Carter, 16–41. Essex: Pearson Education.

Mills, P. 2006. *The Routledge Creative Writing Coursebook*. Routledge.

Naranjo, M. 1999. *La poesía como instrumento didáctico en el aula de español como lengua extranjera*. Madrid: UCM.

NAWE (National Association of Writers in Education). 2008. *Creative Writing Subject Benchmark Statement/Creative Writing Research Benchmark Statement*. www.nawe.co.uk/Private/17547/Live/CW%20Benchmarks.pdf.

Padrón de los Riscos, D. 2016. *La enseñanza ELE a niños (nivel A1-A2): Propuesta de actividades literarias*. TFM, Universidad de Jaén. http://tauja.ujaen.es/bitstream/10953.1/4778/1/PadrndelosRiscosDaniel_TFM_1516.pdf. Acceso: 30/10/2017.

Páez, E. 2001. *Escribir: Manual de técnicas narrativas*. Madrid: SM.

Palacios González, S. 2011. *Los textos literarios clásicos españoles en la enseñanza del español para extranjeros (E/LE)*. TFM, Universidad de Alcalá. https://repositorio.uam.es/bitstream/handle/10486/7081/40933_palacios_gonzalez_sergio.pdf?sequence=1. Acceso: 30/10/2017.

Pokorn, N. 2005. *Challenging the Traditional Axioms: Translation into a Non-Mother Tongue*. Amsterdam/Philadelphia: John Benjamins.

Pope, R. 2005. "The Return of Creativity: Common, Singular, and Otherwise". *Language and Literature* 14 (4): 376–389.

Pujante Corbalán, R. y A. de Lucas Vicente (2014): "El taller de escritura creativa en la clase de español". En *Tendencias actuales de la investigación en ELE (Monográficos Marco-ele)*, eds. Felipe Jiménez Berrio, 70–84. http://marcoele.com/descargas/18/tendencias-investigacion-ele.pdf. Acceso: 30/10/2017.

Sáez Martínez, B. 2011. "Texto y literatura en la enseñanza de ELE". En *Del texto a la lengua: la aplicación de los textos a la enseñanza-aprendizaje del español L2-LE*, eds. J. de Santiago-Guervós et al., 57–66. Salamanca: ASELE, vol. 1.

Sánchez-Enciso, J. y F. Rincón. 1985. *Los talleres literarios. Una alternativa didáctica al historicismo*. Barcelona: Montesinos.

Sanz Pastor, M. 2006. "Didáctica de la literatura: el contexto en el texto y el texto en el contexto", *Carabela* 59: 5–23.

Tarnopolski, O. 2005. "Creative EFL Writing as a Means of Intensifying English Writing Skill Acquisition: A Ukrainian Experience". *TESL Canada Journal/Revue TESL du Canada* 23 (1): 76–88.

Vila Barbosa, Mª. M. 2014. *El uso de la literatura infantil y juvenil (LIJ) en la enseñanza de español como lengua extranjera: aspectos teóricos y aplicación práctica*. TFM, Universidad de Alcalá. www.mecd.gob.es/educacion/mc/redele/biblioteca-virtual/numerosanteriores/2016/memorias-master/magdalena-vila.html. Acceso: 30/10/2017.

Wandor, M. 2008. *The Author Is Not Dead, Merely Somewhere Else. Creative Writing After Theory*. Londres: Palgrave McMillan.

Zhao, Y. 2015. *Second Language Creative Writers: Identities and Writing Processes*. Nueva York: Multilingual Matters.

Bibliografía recomendada

Acquaroni Muñoz, R. 2008. *La incorporación de la Competencia Metafórica (CM) a la enseñanza/aprendizaje del español como Segunda Lengua (L2) a través de un taller de escritura creativa: Estudio experimental*. Tesis doctoral, UCM. [Amplio estudio sobre el desarrollo de un aspecto de la competencia expresiva en diversos niveles].

Delmiro Coto, B. 2002. *La escritura creativa en las aulas: en torno a los talleres literarios*. Barcelona: Graó. [Trabajo ya clásico para la delimitación del taller como formato de trabajo].

Disney, D., ed. 2014. *Exploring Second Language Creative Writing: Beyond Babel*. Amsterdam/Londres: John Benjamins. [Volumen colectivo con diversas e interesantes aproximaciones a la escritura creativa en el ámbito de L2].

14
APRENDIZAJE DE LA LECTURA Y ESCRITURA EN ESPAÑOL LE/L2 EN LAS REDES SOCIALES

Esperanza Román-Mendoza

1 Introducción

Internet hace tiempo que ha dejado de ser la plataforma que solo permitía enviar y recibir mensajes de correo electrónico y consultar información eminentemente textual publicada por grandes empresas e instituciones. Hoy en día es una complejísima red de servicios formada por miles de *petabytes* de datos generados por todos sus usuarios y que se encuentran almacenados en una inmensa nube de servidores localizados por todo el mundo. Dentro de este inmenso entramado, a fecha de junio de 2017, el español es la tercera lengua más usada, tras el inglés y el chino, con más de 312 millones de usuarios, es decir, un 8 % del total (Internet World Stats 2017). Por término medio, un usuario de Internet pasa entre 20 y 27 horas a la semana realizando actividades profesionales o de ocio en línea. Se puede encontrar y hablar de todo en Internet, tanto a través de los géneros discursivos ya existentes como haciendo uso de los nuevos que han aparecido gracias a ella. Dentro de este contexto, las redes sociales son uno de los principales motores del vertiginoso aumento de oportunidades para la comunicación multimodal. En 2017, sus usuarios les dedican una media de 135 minutos al día.

Estas circunstancias abren una multiplicidad de posibilidades para que los aprendientes y profesores de español segunda lengua/L2 o lengua extranjera/LE (a partir de ahora LE/L2) utilicen la lengua en contextos auténticos. Pero, además, la web es el medio principal por el que nuestros alumnos se expresan y comunican entre sí en la actualidad, y en este medio interactuarán con sus compañeros de trabajo o sus conocidos en el futuro. Asimismo, cada vez son más las personas que acuden a Internet para adquirir nuevos conocimientos o solventar dudas sobre los que ya poseen. Familiarizarse, por lo tanto, con las reglas de la interacción *online* y con las características del discurso electrónico es una condición fundamental para garantizar una comunicación exitosa y una utilización crítica de la información que se encuentra disponible en la web; sin embargo, no es fácil determinar cuáles son esas reglas ni cómo se estructura el discurso *online* dado el vertiginoso ritmo con el que la tecnología va introduciendo nuevos espacios multimodales. De ahí que muchos docentes de español LE/L2 no exploten al máximo el potencial didáctico que los géneros online ofrecen para sus clases.

Con objeto de solventar esta limitación, este capítulo describe cómo facilitar el trabajo en el aula de español LE/L2 con uno de los géneros *online* más populares de la web: las redes sociales. Partiendo de la concepción de la escritura como acto social, se realiza primero un breve análisis del concepto de literacidad electrónica, prestando especial atención a las características del discurso digital, las particularidades del lenguaje de Internet y los rasgos distintivos de la audiencia y autoría electrónicas. A continuación, se explica qué son las redes sociales y cómo se han implementado hasta la fecha en español LE/L2. Para finalizar, se presenta una serie de propuestas didácticas que explotan su idoneidad para ahondar en cuestiones como la creación de la identidad translingüe o la influencia del contexto sociocultural en la elección y apropiación de determinados recursos semióticos.

2 La literacidad electrónica

El estudio de la literacidad electrónica se puede plantear a partir de la definición del concepto de literacidad "tradicional" (la basada en el texto impreso) y de la influencia que la introducción de medios digitales para la comunicación y transmisión del conocimiento ejerce sobre ella. Dicha literacidad "tradicional" es susceptible de ser estudiada desde muchas perspectivas diferentes, como las recogidas por la UNESCO (2006):

- Como un conjunto autónomo de destrezas cognitivas, sobre todo las relativas a las de lectoescritura, independientes del contexto en el que el aprendiente las adquiere.
- Como la aplicación y práctica situada de una serie de destrezas. La literacidad depende del contexto en el que tiene lugar el proceso de codificación y decodificación y, por ello, el grado de literacidad de una persona no se puede determinar en términos absolutos.
- Como un proceso de aprendizaje activo que se extiende más allá de la simple práctica de la lectoescritura. Este enfoque no se centra en el resultado de una intervención educativa determinada sino en la forma en la que el aprendiente va desarrollando su literacidad dentro de unas circunstancias socioculturales concretas. En este sentido, y desde la pedagogía crítica, el aprendiente no solo introduce su propia realidad en el proceso de aprendizaje, sino que también utiliza dicho proceso para cuestionar y cambiar las circunstancias sociales que lo rodean.
- Como una materia, analizando las características del texto y el discurso, y teniendo en cuenta "las prácticas sociopolíticas que construyen, legitiman y reproducen las estructuras de poder existentes".

(UNESCO 2006, 148–152)

En cuanto a la literacidad electrónica, resulta prácticamente imposible estudiarla desde una perspectiva que no considere la escritura como un acto social en el que sus participantes son miembros activos de diferentes espacios culturales y sociales. Estos contextos determinan cómo cada autor/escritor interpreta la noción de "corrección" del discurso escrito y sus actitudes hacia el proceso de escritura (Christiansen 2013). Consecuentemente, este capítulo propone partir del concepto de literacidad digital entendido como un proceso multimodal y multidimensional, en continua evolución, que toma forma dentro de plataformas electrónicas intercomunicadas, fluidas y cada vez más translingües y transnacionales, que viene determinado por el espacio sociocultural y político en el que se contextualiza, y cuyo estudio se realiza a través del análisis del discurso mediado por ordenador o comunicación electrónica (Gee 1996; Cassany 2004; Kress y van Leeuwen 2006; van Dijk 2009; Cassany 2012; Herring 2013; Mancera Rueda y Pano Alamán 2013; Marín Zavala 2017).

2.1 Características y organización del discurso electrónico

2.1.1 Oralidad y escrituralidad

Como afirman Mancera Rueda y Pano Alamán (2013, 10), uno de los temas recurrentes en los estudios sobre el lenguaje de la red es "la naturaleza híbrida, entre oral y escrita" del discurso digital, a la que se ha hecho referencia utilizando diferentes términos, como *texto escrito oralizado* o *conversación escrita*. De hecho, la división dicotómica entre lo que constituye el lenguaje hablado y el escrito, como la recogida por Cassany (2004, 918–919), es difícil de aplicar no solo al discurso digital sino a la mayoría de los usos de la lengua (véase también el capítulo de Siebold y Robles Sabater en este volumen). Este mismo autor afirma que las investigaciones empíricas "demuestran que ni la oralidad ni la escritura constituyen modos homogéneos y que no existe rasgo lingüístico o contextual que pueda abarcar todas las formas de habla o escritura" (Cassany 2004, 919).

Por este motivo, resulta preferible entender oralidad y escrituralidad como un continuo entre dos polos, el de la inmediatez y el de la distancia comunicativa (Koch y Oesterreicher 1985), entre los que se sitúan las diferentes prácticas discursivas existentes. Este planteamiento es fundamental para el estudio del discurso electrónico, ya que este presenta mucho más marcada la interrelación entre coloquialidad y formalidad. Por una parte, al transmitirse por lo general mediante la lengua escrita y el canal visual, el escritor-lector virtual espera del discurso electrónico, consciente o inconscientemente, una mayor atención a las particularidades formales de la modalidad escrita, como el uso de la norma estándar y una mayor riqueza léxica y sintáctica. Sin embargo, su carácter de comunicación instantánea, dirigida en muchos casos a una audiencia que se percibe como conocida, añade características más propias del discurso oral, como la relajación ante la norma, ya sea ortográfica o morfosintáctica, la utilización de variedades coloquiales y regiolectales, y la espontaneidad discursiva. El medio electrónico, además, pone al alcance del usuario una multiplicidad de recursos semióticos y redefine el escenario comunicativo añadiendo nuevas dimensiones a los conceptos de autoría y audiencia. Todos estos factores determinan los aspectos específicos del discurso electrónico, como se describe a continuación. Estos son clave, a su vez, para concretar acciones pedagógicas específicas en ELE.

2.1.2 Multiplicidad de recursos semióticos

Según la teoría de la multimodalidad (formulada, entre otros, por Baldry y Thibault 2006; Kress y van Leeuwen 2006), el discurso electrónico presenta las características propias de un texto multimodal: el mensaje se formula y transmite a través de una compleja constelación de repertorios semióticos transmitidos por diferentes medios que se integran e interactúan entre sí. En el ámbito de la enseñanza de L1 y L2, la mayor parte de los estudios se han centrado hasta la fecha en los aspectos relativos a la descripción del lenguaje escrito en contextos de comunicación *online*, especialmente en las "desviaciones" que este presenta respecto a la norma estándar (Devís 2004; Myslín y Gries 2010; Álvarez 2011; Mancera Rueda 2016). Sin embargo, se empiezan a publicar estudios sobre el resto de repertorios semióticos, cuya relevancia en el discurso digital se ha visto impulsada por la creciente facilidad con la que estos se pueden crear, editar, integrar, remezclar y transmitir en cualquiera de las plataformas de comunicación *online*, como las redes sociales o los servicios de mensajería instantánea (Schreiber 2015; Marín Zavala 2017; Dzekoe 2017).

1.1.2.1 El lenguaje escrito

El lenguaje escrito propio del discurso electrónico se caracteriza por una serie de rasgos atribuibles a circunstancias tales como:

- la economía lingüística propia de contextos de comunicación instantáneos;
- la necesidad de oralizar la formalidad del texto escrito y dotarle de mayor expresividad mediante estrategias que imitan el discurso oral;
- el contacto con otras lenguas, fruto de la globalización de las comunicaciones y la tecnología;
- la urgencia de utilizar la lengua escrita para definir una o múltiples identidades que representen la imagen que el individuo quiere (o necesita) que su audiencia perciba.

Estas peculiaridades son más fáciles de identificar en el plano ortográfico, pero también se documentan en el morfosintáctico, en el léxico y en el pragmático. En el primero se observan los errores típicos de la expresión escrita, también denominados *antiortografías* (Palazzo 2005), originados en muchos casos por la rapidez con la que se redactan los textos electrónicos. Entre ellos, sobresalen la omisión de la hache, el uso no correcto de las tildes, la confusión entre grafemas y expresiones homófonas, y los errores de puntuación. A su lado coexisten las desviaciones intencionadas de la norma o *heterografías* (Martínez de Sousa 2004), que Mancera Rueda (2016) clasifica en tres grupos:

- Las producidas por mímesis de la inmediatez comunicativa, es decir, por el intento de representar con la escritura los fenómenos propios del lenguaje oral, como la apócope, el rotacismo, el yeísmo, el ceceo, el seseo, la monoptongación, el debilitamiento de la oclusiva dental sonora en posición intervocálica y la aspiración de la fricativa dental sorda. Yus (2011) clasifica estas (orto)grafías alternativas en fonéticas, coloquiales, regiolectales, prosódicas, interlingüísticas y homofónicas. Este tipo de escritura a veces se ha denominado *ideofonemática* (Cassany 2012).
- Las que reflejan una convención ortográfica "alternativa" aceptada, como las abreviaturas, la eliminación de vocales para hacer más breve el texto y las sinalefas de lexías, es decir, la unión de dos o más palabras en una, precedida con frecuencia por el signo #, cuya relevancia se describe más adelante.
- Las heterografías fruto de la creatividad individual que todavía no han adquirido la naturaleza de convención.

Dentro de estas heterografías también hay que añadir el empleo arbitrario de los espacios en blanco y las mayúsculas, además de la ausencia y uso particular de los signos de puntuación, como las repeticiones de los signos de exclamación o interrogación al final de la oración, y su eliminación al principio de esta. Dado que la mayoría de las plataformas de mensajería electrónica instantánea y las redes sociales no permiten el uso de recursos ortotipográficos más tradicionales, como la introducción de diferentes tipos, tamaños y estilo de letra, resulta lógico y esperable que los usuarios desarrollen su creatividad dotando de nuevos significados a los elementos ortotipográficos que tienen a su alcance.

El discurso electrónico también refleja características propias de la estructura sintáctica del lenguaje oral, como la concatenación y acumulación de enunciados, los anacolutos, las discordancias y las oraciones breves y, a menudo, incompletas (Briz 1998; Pérez-Sabater y Montero-Fleta 2015). En cuanto al léxico y la pragmática, los rasgos más característicos de la comunicación electrónica se concentran en torno a las redundancias y tautologías, la creación de neologismos, la utilización de extranjerismos, los fenómenos propios del translingüismo, sobre todo en contextos multilingües, la relevancia de la intertextualidad y la incorporación de palabras y expresiones precedidas por el signo # llamadas "etiquetas" o *hashtags*. Este último recurso ha sido estudiado por Heyd y Puschmann (2017), quienes analizan cómo este signo, apenas utilizado hace unos años, y cuyo uso, según Zappavigna (2011), deriva de las convenciones para denominar los antiguos canales de IRC (Internet Relay Chat) se ha convertido en poco tiempo en un emblema de la lengua de los medios sociales, apareciendo en campañas de concienciación social con proyección mundial, como el caso de *#MeToo* o *#BlackLivesMatter*, y en etiquetas menos marcadas léxico-semántica y estratégicamente, como *#jajaja* o *#megusta*. Pero la importancia de este signo no termina aquí: su apropiación por parte de los hablantes en mensajes publicitarios, campañas políticas y comunicaciones personales más allá del contexto digital demuestra la convergencia entre este y el mundo "real", y es un claro ejemplo de cómo el discurso electrónico está contribuyendo a la variación lingüística.

1.1.2.2 Emoticonos, *emojis*, imágenes y recursos audiovisuales

Las necesidades comunicativas y expresivas del discurso electrónico, unidas a la potencialidad multimodal que ofrece Internet en el siglo XXI, han tenido como consecuencia que los repertorios semióticos no textuales constituyan un componente fundamental del discurso digital. Entre ellos destacan los emoticonos (en los que los recursos tipográficos se utilizan para nuevos propósitos comunicativos), todo tipo de imágenes, incluidos los *emojis* y los memes, los recursos audiovisuales, los enlaces hipertextuales y las *apps* en forma de *widgets* (como breves encuestas o juegos participativos). La (des)cortesía, el humor, la ironía, el sarcasmo y otros aspectos (socio)pragmáticos se expresan a través de estos repertorios, que sirven para compensar la falta de un canal (como el oral o el audiovisual), para reforzar, ampliar o sustituir el escrito, y para crear nuevas y exclusivas prácticas comunicativas. Una simple ojeada a la "biografía" o "muro" de cualquier usuario de Facebook a fecha de 2017 hace patente la escasez de publicaciones exclusivamente textuales. Incluso aquellas que no presentan imágenes, emoticonos o enlaces a otros recursos se ven realzadas por los coloridos fondos o las palabras interactivas que desde ese mismo año tienen a su disposición los usuarios de esta red social. En un entorno donde la audiencia es variopinta y casi nunca cautiva, cualquier elemento que contribuya a atraer su atención es fundamental para garantizar la recepción del mensaje y su correcta interpretación.

Otros fenómenos propios de la oralidad se materializan a través de las funcionalidades propias de las plataformas electrónicas, que, como en el caso de las publicaciones y comentarios de Facebook, permiten imitar ciertos aspectos del diálogo oral, como las interrupciones y la alternancia, o incluso el robo, de turnos. Hay que recordar aquí también que, aunque algunos tipos de discurso electrónico escrito, como la mensajería instantánea, se suelen etiquetar como "sincrónicos", en realidad no lo son por completo. Por una parte, el mensaje no empieza a decodificarse hasta que aparece, normalmente más o menos completo, en pantalla. Por otra, se dispone de tiempo para contestar y editar la respuesta antes de ser enviada y, en algunos casos, como en Facebook, incluso después de haberse publicado.

Para terminar este breve repaso de los recursos semióticos del lenguaje digital, es importante resaltar que, en contra de lo que en su día propuso Crystal (2008), no existe una forma única de ciberlenguaje (*netspeak*) ni de lenguaje para SMS (*textspeak*), sino que estos varían dependiendo de factores como la edad, sexo, afiliación étnica o racial, y grupo social de los hablantes, los contextos comunicativos en los que estos se encuentren y su voluntad de ser percibidos de una forma determinada (Christiansen 2013; Pérez-Sabater y Montero-Fleta 2015). Estas variables no solo influyen en qué recursos semióticos se eligen y cómo se emplean, sino también a la hora de poner en práctica estrategias de edición y revisión, por ejemplo, a través de los correctores automáticos de texto, la posedición y la inclusión del asterisco (*) antes o después de la palabra que se ha escrito incorrectamente. También son determinantes a la hora de explotar la multimodalidad del discurso electrónico y aprovechar su potencialidad para la autorrepresentación y preservación de la imagen que se desea compartir con la audiencia en el mundo *online*, como se verá más adelante.

2.1.3 La constelación del discurso electrónico

La siguiente particularidad del discurso electrónico tiene relación con su estructura y organización. El texto digital no es lineal y su lectura ya no viene determinada exclusivamente por la forma en la que la concibe su autor sino por las necesidades o preferencias del lector. Kress (2005) señala que, aunque el discurso escrito siempre ha sido multimodal, la constelación que conforman en la actualidad la imagen y la pantalla difiere radicalmente de la que configuran el texto escrito y el libro, ya que en aquella el autor no puede prever el itinerario que va a seguir su audiencia para decodificar su mensaje ni los elementos que le van a parecer más relevantes. Cierto es que, en algunas plataformas, como las redes sociales, la estructura predeterminada y homogénea de la información que aparece en pantalla ayuda a que el usuario navegue con mayor facilidad y previsibilidad, y acceda de forma más rápida a sus componentes, como pueden ser el perfil de otros usuarios, sus propias fotos o los anuncios de eventos o cumpleaños. No obstante, eso no quiere decir que la consulte o la tenga en cuenta siempre, sobre todo si se tiene en cuenta que la consulta generalmente se hace desde el teléfono móvil.

Por otra parte, aunque es difícil borrar de los servidores aquello que ha sido publicado en Internet, a menudo resulta imposible localizar y recuperar la información publicada en el pasado, sobre todo en aquellas redes sociales, como Facebook, que no disponen de un motor de búsqueda avanzada. Este hecho, unido a la rapidez con la que las publicaciones más recientes reemplazan a las anteriores, dota al discurso electrónico de las redes sociales de un carácter efímero, puntual e irrepetible.

Por último, hay que señalar lo que se podría denominar "interplataformidad" del discurso electrónico, es decir, una interacción *online* puede ser iniciada en una plataforma por un autor y ser trasladada a otra por ese mismo autor o por sus seguidores. Así se origina un complejo entramado de interacciones en las que sus participantes no cuentan necesariamente con toda la información previa, pero, aun así, son capaces de tomar parte en ellas o de reconducirlas hacia aquellos aspectos que les han parecido más interesantes. De nuevo, queda claro que en el discurso electrónico el autor inicial no desempeña un papel tan relevante como en el impreso, al ceder parte de la autoría del discurso a su audiencia.

2.2 La autoría y audiencia del discurso electrónico

Entender la escritura como acto social implica considerar cómo autor y lector se sitúan dentro de sus contextos socioculturales y cómo contribuyen a modificarlos utilizando, adaptando o apropiándose de los recursos semióticos que tienen a su alcance. Pero ¿cómo afecta el medio electrónico a los conceptos de autoría y audiencia?

Una buena parte del discurso electrónico pertenece a lo que French y Bazarova (2017) denominan "comunicación masiva y personal", es decir, una combinación de comunicación pública y personalizada. Como tal, se sitúa dentro del continuo formado por las comunicaciones de masa (de carácter público e impersonal) y las interpersonales (de carácter privado y personalizado). En las redes sociales, el carácter de comunicación "masiva" o pública es incuestionable dada la variedad de contextos sociales (amigos, familiares, compañeros de trabajo, conocidos, etc.) a los que pertenecen los miembros del círculo de un determinado individuo. Se produce así lo que Marwick y boyd (2010) denominan "colapso contextual". De esta manera, en redes más densas donde el grado de familiaridad es mayor, hay más ocasiones para mantener las prácticas vernáculas que en las de menor densidad. En cualquier caso, cada vez que un individuo escribe en las redes sociales se ve obligado a imaginarse la audiencia a la que va dirigido su mensaje, a anticipar el tipo de respuesta que quiere recibir, tanto en términos cualitativos como cuantitativos, y a utilizar los recursos semióticos que estime necesarios para conseguirla (Litt y Hargittai 2016).

A través de estas decisiones, el individuo construye su identidad discursiva negociándola constantemente con su audiencia, la cual y de acuerdo a las circunstancias socioculturales que lo rodean (Mendoza-Denton 2004; Cox et al. 2010; Yus 2011; Schreiber 2015). En este proceso, se establecen conexiones indexicales entre los recursos semióticos y ciertos fenómenos sociales, dando forma a nuevos registros lingüísticos, entendidos aquí según la definición de Agha (2004, 24): "a linguistic repertoire that is associated, culture-internally, with particular social practices and with persons who engage in such practices". En contextos multilingües y de enseñanza de LE, estos fenómenos de "identificación", o construcción de la identidad, y "enregistramiento" (*enregisterment*), o asignación de ciertos recursos semióticos a un determinado registro lingüístico, se producen constantemente. Además, llevan asociada la utilización de recursos semióticos pertenecientes a diferentes lenguas de forma simultánea o translingüismo (Christiansen 2013; Androutsopoulos 2014; Schreiber 2015).

Esta continua negociación de la identidad multimodal y translingüe no implica la falta de autenticidad del "ego" digital. Todas las identidades que desarrolla un usuario al interactuar con sus diferentes audiencias digitales son auténticas. Es posible que los usuarios más jóvenes estén más acostumbrados a utilizar la(s) lengua(s) de forma creativa para autorrepresentarse, para crear y preservar una imagen atractiva de sí mismos en las redes sociales y para responder a las necesidades comunicativas particulares de cada contexto (Carrington 2005; West y Trester 2013). No obstante, también los adultos modifican su identidad discursiva según la respuesta que esperan recibir de sus audiencias imaginadas.

Resulta evidente que todas estas características del discurso digital son observables a través del análisis lingüístico del discurso mediado por ordenador. Sin embargo, la complejidad de los anteriores factores requiere la implementación de otros métodos de investigación, entre los cuales destaca la etnografía virtual o la "netnografía" (Lee 2011), es decir, "la aplicación de la metodología etnográfica al estudio de las interacciones mediadas por ordenador o de las prácticas sociales y culturales asociadas al uso y la producción de internet" (Martínez Valerio 2015). Este método permite estudiar otros aspectos relativos a la autoría y la audiencia del discurso electrónico, como la redacción o elaboración colectiva de textos electrónicos a través de wikis, documentos de Google y *fanfiction*, o la tensión entre plagio y reutilización/remezcla de contenidos.

2.3 Transgresión, rebelión y creatividad

La última reflexión sobre el discurso electrónico se refiere a su usabilidad dentro de contextos académicos. Aunque la necesidad de incorporar en los planes de estudios la teoría y práctica de la comunicación digital es una urgencia en el siglo XXI, el hecho de que muchos hablantes perciban como erróneas las formas vernáculas de la escritura *online* está dificultando el aprovechamiento del medio electrónico para desarrollar competencias comunicativas, tanto en la L1 como en la L2. En cierto sentido, parece que la mayor preocupación de la sociedad consiste en determinar hasta qué punto las nuevas generaciones van a ser capaces de escribir "con corrección" si la mayor parte de su producción escrita tiene lugar en escenarios electrónicos donde se descuida la norma estándar.

Sin embargo, cada vez existe más evidencia de que los usuarios de las redes sociales y del resto de formas de comunicación electrónica son capaces de actuar de acuerdo a los requerimientos de cada tipo de discurso y audiencia. Las prácticas heterográficas no afectan el uso correcto de la ortografía en contextos formales (Gómez Camacho 2007; Pérez-Sabater y Montero-Fleta 2015). Tampoco parece ser que las "desviaciones" gramaticales ni la creatividad semántica sean la causa de que se escriba "mal" en contextos formales. Como antaño, el motivo de la pobreza estilística, ortográfica y gramatical del discurso escrito formal sigue siendo la falta de lectura. Es más, las redes y la comunicación *online*, utilizadas de forma adecuada pueden fomentar el desarrollo de la literacidad en todos los niveles (Dussel y Southwell 2007; O'Brien y Scharber 2008; Sweeny 2010). Si se producen transgresiones no es entonces porque se desconozca la norma estándar, sino porque, como se ha mencionado, los medios electrónicos proporcionan las condiciones ideales para que sus usuarios pongan en práctica la creatividad, el humor, la rebelión y el juego a través de todo tipo de recursos semióticos en una o más lenguas a la hora de presentarse y preservar su imagen ante su audiencia, o adherirse a un determinado grupo (Sebba 2007; Shaw 2008; Screti 2015).

Esta peculiaridad es de gran relevancia para la enseñanza de español LE/L2, ya que algunos docentes muestran cierta reticencia hacia la práctica basada en usos lingüísticos que perciben como erróneos. Dicho rechazo es más patente en aquellas metodologías que fundamentan el desarrollo de la competencia escrita en la adquisición de unos repertorios lingüísticos cerrados y en la repetición de las características de ciertos modelos textuales que se les presenta a los alumnos. No obstante, en el enfoque que aquí se defiende, es decir, la escritura como acto social, la optimización pedagógica de las redes sociales en la clase de español LE/L2 debe plantearse atendiendo a todos los niveles propuestos por Herring (2013), enfatizando sus aspectos lúdicos, rebeldes, translingües y creativos, y desde de una perspectiva crítica hacia otras de sus peculiaridades, como su relevancia para el establecimiento de múltiples identidades y la percepción de las ajenas, además de su papel en la difusión del conocimiento y la distribución del poder en la sociedad.

3 Las redes sociales en la clase de español LE/L2

3.1 Las redes sociales como género discursivo electrónico

Según la clasificación de los géneros discursivos electrónicos de Cassany (2012), las redes sociales son, junto al correo, la web, la wiki, el blog y el foro un género asincrónico, contrapuesto a los sincrónicos, como el chat o las simulaciones. Sin embargo, dada la confluencia de funcionalidades de las redes sociales a fecha de 2017, resulta más útil aplicar una clasificación, como la propuesta por Herring (2013), que sitúe a los géneros electrónicos dentro de un continuo determinado por el grado de "innovación" de sus particularidades. Así, se distingue entre géneros o prácticas discursivas familiares, reconfiguradas y emergentes. Asimismo, según esta autora, todo género tiende hacia la incorporación de prácticas discursivas emergentes, como el caso de los periódicos digitales que, en su origen, eran una reproducción de los periódicos impresos y, con el tiempo, han incorporado una plétora de recursos tecnológicos y funcionalidades comunicativas emergentes. Las redes sociales también son un ejemplo de esta evolución hacia lo emergente. Es cierto que la organización de sus contenidos, su diseño gráfico y sus posibilidades de navegación son bastante rígidas. No obstante, la confluencia de formas de comunicación sincrónica y asincrónica, y el hecho de que las publicaciones en las redes sociales sean un híbrido formado por rasgos propios de la mensajería instantánea, los blogs y los SMS, hacen que ni siquiera este componente de las redes sociales pueda considerarse un género discursivo homogéneo. Por todo ello, su utilización para el aprendizaje de español LE/L2 debe realizarse desde una nueva perspectiva, como se describe a continuación.

3.2 Facebook

Facebook es una de las redes sociales de mayor implantación en el mundo a fecha de 2017, con más de 1860 millones de usuarios activos por mes. Su selección para estudiar las características del discurso electrónico no solo está justificada por criterios cuantitativos sino también cualitativos. En ella se pueden observar todos los aspectos del discurso electrónico descritos en este capítulo. Además, Facebook es la red social que más ha contribuido a cambiar en los últimos años la forma en la que interactuamos a nivel interpersonal, en la esfera intrapersonal y en la comunicación de masas (Martínez Valerio 2015).

Como toda red social, Facebook es un servicio *online* al que se accede a través de un navegador instalado en un ordenador personal conectado a la red o desde un dispositivo móvil, que permite que sus usuarios creen un perfil público o semi-público dentro de un sistema cerrado, articulen una lista de usuarios con los que comparten cierto tipo de conexión y tengan acceso a su lista de conexiones, contenido publicado e interacciones, y a las de sus contactos dentro del sistema. La naturaleza de estas conexiones y la forma de denominarlas varía en cada red social (boyd y Ellison 2008; Christiansen 2013). En Facebook, las conexiones son los "amigos", cuyas interacciones se publican en forma de breves "publicaciones" en sus "biografías" (los antiguos "muros") o espacios más o menos privados. Cada individuo, o "ego", en la denominación de Androutsopoulos (2014), establece una red de "amigos" en la que sus miembros pueden, a su vez, ser "amigos" entre sí o no. Por lo general, las conexiones en las redes sociales parten de las existentes en el mundo real, aunque a veces se incorporan a estas "amigos" que no se han conocido fuera del ámbito digital. Aunque el motivo principal por el que se usa Facebook es reforzar las relaciones con los contactos del mundo real, también se han identificado otras razones, como las que indica Hew (2011):

- conocer a nuevas personas;
- realizar una actividad que se percibe como popular;
- aumentar la propia popularidad;
- como pasatiempo;
- expresarse o presentarse al mundo;
- como recurso para el aprendizaje;
- como organizador de información (fotos, cumpleaños, etc.);
- para todo tipo de activismo.

Para llevar a cabo los anteriores objetivos, los usuarios de Facebook *hacen*, *expresan*, *piensan*, *interactúan* y, sobre todo, *son* a través de una compleja selección de repertorios semióticos (Jones y Hafner 2012).

3.3 Usabilidad de Facebook en español LE/L2

Aunque cuestiones como la privacidad y la seguridad en las redes, o las mencionadas reticencias hacia la "incorrección" del lenguaje electrónico han frenado la introducción de Facebook en las aulas, existen numerosos estudios y buenas prácticas que han sabido aprovechar su popularidad como herramienta de comunicación y autorrepresentación entre los jóvenes, y sus cuantiosas posibilidades para el estudio del discurso electrónico (como en Blattner y Fiori 2009; McBride 2009; Ruiz Herrero 2011; Chen 2013). Así, Facebook se ha utilizado en la enseñanza de español LE/L2 para:

- Practicar la competencia sociopragmática;
- Desarrollar determinadas funciones comunicativas;
- Fortalecer el sentimiento de pertenencia al grupo de aprendientes de una clase antes o durante el curso;

- Utilizar la lengua en contextos específicos;
- Realizar actividades para portafolios;
- Facilitar la comprensión intercultural;
- Socializar en la L2;
- Aumentar la motivación y la participación, y
- Estudiar los aspectos relativos a la construcción de la identidad translingüe.

Veamos a continuación otra serie de propuestas clasificadas de forma más sistemática.

4 Propuestas didácticas

Con objeto de organizar el potencial pedagógico de las redes sociales se recomienda utilizar un modelo específico de análisis del discurso mediado por ordenador, como el propuesto por Herring (2013) y reproducido en la Tabla 14.1.

TABLA 14.1 Modelo de Herring (2013) para analizar el discurso mediado por ordenador [traducción propia].

Nivel	*Cuestiones*	*Fenómenos*	*Métodos*
Estructura	Oralidad; formalidad; eficacia; complejidad; características de género; etc.	Tipografía; ortografía; morfología; sintaxis; esquemas discursivos; convenciones en cuanto al formato	Lingüística estructural/ descriptiva; Análisis del texto; Lingüística de corpus; Estilística
Significado	Qué se pretende Qué se comunica Qué se consigue	Significado de las palabras, enunciados (actos de habla); intercambios, etc.	Semántica; Pragmática
Gestión de la interacción	Interactividad; secuenciación; coherencia; autocorrecciones; interacción como co-construcción, etc.	Turnos; secuencias; intercambios; hilos de comunicación, etc.	Análisis de la conversación; Etnometodología
Fenómenos sociales	Dinámicas sociales; poder; influencia; identidad; comunidad; diferencias culturales	Expresiones lingüísticas de estatus, conflicto, negociación, mantenimiento de imagen, juego; estilos y "lectos" del discurso	Sociolingüística interaccional, Análisis crítico del discurso; Etnografía de la comunicación
Comunicación multimodal	Efectos de cada modo; coherencia entre modos; gestión de la alocución y las referencias; generación y generalización de unidades de significado gráfico	Elección del modo; texto en la imagen; citas de imagen; deixis y posicionalidad temporal y espacial; animaciones, etc.	Semiótica social; Análisis del contenido visual; Estudios de cine

A continuación, se proponen una serie de ejemplos de cómo se podrían implementar las redes sociales en la clase de español LE/L2 para cada uno de los niveles del anterior modelo. Aunque la mayoría de las propuestas didácticas tendrían más campo de acción en los niveles superiores del aprendizaje de lengua (C1-C2), muchas de ellas se pueden adaptar a los niveles intermedios. Incluso los ejercicios que se proponen para identificar fórmulas de cortesía o la manera de autorrepresentarse en las redes podrían implementarse en los niveles iniciales del aprendizaje de español LE/L2.

Estructura

- Identificar y explicar rasgos propios de la oralidad y la escrituralidad en diferentes tipos de usuarios.
- Observar las variaciones (p. ej., en el grado de formalidad) dentro de cada usuario e identificar los repertorios lingüísticos que las posibilitan.
- Decodificar publicaciones con heterografías.
- Jugar con el lenguaje; promover la creatividad lingüística.
- Identificar retos lingüísticos para hablantes no familiarizados con una variedad lingüística o un sociolecto determinado.

Significado

- Identificar e implementar repertorios semióticos apropiados para las funciones típicas de las publicaciones de Facebook (actividades puntuales y cotidianas, opiniones y juicios, estados de ánimo, incitaciones a la acción o discusión, memes y cadenas, enunciados humorísticos, respuestas a cadenas, citas textuales, etc.).
- Comparar los anteriores repertorios con los que se usan en la comunicación oral.

Gestión de la interacción

- Identificar fórmulas de (des)cortesía, ironía, sarcasmo, humor, etc. y qué respuesta reciben.
- Observar interacciones reales y cómo se organizan (alternancia de turnos; introducción de nuevos temas; etc.).
- Crear enunciados imaginando diferentes audiencias.
- Observar publicaciones "editadas" y comparar el texto original con el corregido.

Fenómenos sociales

- Estudiar identidades translingües, cómo interactúan, cómo utilizan sus repertorios semióticos para autorrepresentarse y para adherirse a un grupo o separarse de él.

- Estudiar diferencias entre usuarios de diferentes edades.
- Reflexionar sobre la influencia del contexto sociocultural (quién puede decir qué, cuándo y cómo).
- Explorar la influencia de la convergencia de medios, por ejemplo, en campañas de activismo social.

Comunicación multimodal

- Explicar el signficado de *emojis* y emoticones con palabras.
- Crear publicaciones mono y multimodales. Compararlas.
- Expresar un mismo enunciado usando diferentes modos.
- Comparar cadenas y memes en diferentes lenguas y culturas.

Debido a las lógicas limitaciones de espacio, resulta imposible desarrollar una unidad didáctica completa para cada una de las anteriores actividades. Como recomendación general, se sugiere comenzar con preactividades de reflexión, individuales o en grupo, sobre la propia experiencia de los aprendientes de español LE/L2 en Facebook u otras redes sociales, o empleando ejemplos proporcionados por el docente, que deberían ser seleccionados con el debido cuidado y atendiendo a las correspondientes leyes de protección de datos. El nivel de competencia lingüística y digital de los alumnos determinará el grado de sofisticación del análisis lingüístico y multimodal que se les proponga, así como las expectativas en cuanto a su producción escrita (la competencia digital se entiende según la define la Comisión Europea 2018). Para poder practicar en un contexto auténtico, se propone utilizar grupos y páginas en español (véase una selección en www.leonhunter.com/grupos-y-paginas-de-facebook-sobre-lengua-espanola/) y contactar con hablantes monolingües y translingües. Se recomienda implicar a los estudiantes en la identificación y selección de dichos grupos, páginas y usuarios, pidiéndoles que justifiquen sus recomendaciones. Para las postactividades se sugiere crear un grupo cerrado con los alumnos que estimule el sentimiento de pertenencia a una comunidad de aprendizaje y donde se proceda a una reflexión metacomunicativa sobre el discurso electrónico. La evaluación de este tipo de actividades ha de realizar siguiendo nuevas pautas e implicando al alumnado en el proceso (véase Román-Mendoza 2018 para ideas sobre nuevas formas de evaluación).

5 Conclusión

Las tecnologías de la información y la comunicación están modificando la forma en que empleamos la lengua para expresarnos y comunicarnos, no solo en los espacios *online*, sino más allá de ellos también. Desde una perspectiva normativista, utilizar entornos de comunicación masiva y personal, como las redes sociales, para practicar la lectoescritura puede parecer contraproducente, ya que el discurso electrónico se caracteriza por una gran creatividad ortográfica, léxica y sintáctica, más propia del lenguaje oral, que algunos consideran perniciosa para el desarrollo de la competencia escrita. Sin embargo, si se entiende el proceso de lectoescritura como un acto social resulta evidente que las redes sociales proporcionan un espacio inmejorable para observar y practicar por qué y cómo se crea el texto escrito. Su uso no solo permite practicar la lengua en un contexto auténtico cada vez más influyente en nuestras vidas. Además, facilita la reflexión sobre aspectos sociolingüísticos y socioculturales de relevancia para todo aprendiente de español LE/L2, como la construcción de la identidad translingüe, la multimodalidad, los conceptos de autoría y audiencia, y la importancia del contexto a la hora de preferir ciertos repertorios semióticos sobre otros. Las propuestas didácticas recogidas en este capítulo son solo una muestra de las numerosas maneras en las que la enseñanza del español LE/L2 puede y debe contribuir de forma significativa al desarrollo de la literacidad digital en una sociedad cada vez más dependiente de la tecnología.

Bibliografía citada

Agha, A. 2004. "Registers of Language". En *A Companion to Linguis&C Anthropology*, ed. A. Duranti, 23–45. Cambridge: Cambridge University Press.
Álvarez, I. 2011. "El ciberespañol: características del español usado en Internet". En *Selected Proceedings of the 13th Hispanic Linguistics Symposium*, ed. L. Ortiz-López, 33–41. Somerville, MA: Cascadilla Proceedings Project.
Androutsopoulos, J. 2014. "Languaging when Contexts Collapse: Audience Design in Social Networking". *Discourse, Context & Media* 4–5: 62–73.
Baldry, A. y P. Thibault. 2006. *Multimodal Transcription and Text Analysis*. Londres: Equinox.
Blattner, G. y M. Fiori. 2009. "Facebook in the Language Classroom: Promises and Possibilities". *International Journal of Instructional Technology and Distance Learning* 6: 17–28.
Boyd, D.M. y N.B. Ellison. 2008. "Social Network Sites: Definition, History, and Scholarship". *Journal of Computer Mediated Communication* 13 (1): 210–230.
Briz, A. 1998. *El español coloquial en la conversación. Esbozo de pragmagramática*. Barcelona: Ariel.
Carrington, V. 2005. "The Uncanny, Digital Texts and Literacy". *Language and Education* 19 (6): 467–482.
Cassany, D. 2004. "La expresión escrita". En *Vademécum para la formación de profesores*, eds. J. Sánchez Lobato y I. Santos Gargallo, 917–942. Madrid: SGEL.
Cassany, D. 2012. *En_línea. Leer y escribir en la red*. Madrid: Anagrama.
Chen, H.I. 2013. "Identity Practices of Multilingual Writers in Social Networking Spaces". *Language Learning & Technology* 17 (2): 143–170.
Christiansen, M.S. 2013. *Facebook as Transnational Space: Language and Identity among 1.5 and Second Generation Mexicans in Chicago*. Tesis Doctoral no publicada. Columbus, OH: Ohio State University.
Comisión Europea. 2018. *Competencias digitales y tecnología en la educación*. https://ec.europa.eu/education/policy/strategic-framework/education-technology_es.
Cox, M., J. Jordan, C. Ortmeier-Hooper y G.G. Schwartz. 2010. *Reinventing Identities in Second Language Writing*. Urbana: National Council of Teachers of English.
Crystal, D. 2008. *Txting: The Gr8 DB8*. Oxford: Oxford University Press.
Devís, A. 2004. "El español en la red: ¿destrucción o reforma del lenguaje? En *Scrittura e conflitto*, eds. A. Cancellier, M.C. Ruta y L. Silvestri, 71–88. https://cvc.cervantes.es/literatura/aispi/pdf/20/II_06.pdf.

Dussel, D. y M. Southwell. 2007. "Lenguajes en plural". *El Monitor de la educación* 13. http://postitulo.secundaria.infd.edu.ar/archivos/repositorio/750/756/Dussel_Southwell_Lenguajesenplural.pdf.

Dzekoe, R. 2017. "Computer-Based Multimodal Composing Activities, Self-Revision, and L2 Acquisition through Writing". *Language Learning Technology* 21 (2).

French, M. y N.N. Bazarova. 2017. "Is Anybody Out There?": Understanding Masspersonal Communication Through Expectations for Response Across Social Media Platforms. *Journal of Computer-Mediated Communication* 22: 303–319.

Gee, J.P. 1996. *Social Linguistics and Literacies.* Londres: Routledge.

Gómez Camacho, A. 2007. "La ortografía del español y los géneros electrónicos". *Comunicar* 29 (XV): 157–164.

Herring, S.C. 2013. "Discourse in Web 2.0: Familiar, Reconfigured, and Emergent". En *Discourse 2.0: Language and New Media,* eds. D. Tannen y A.M. Trester, 1–23. Washington, DC: Georgetown University Press.

Hew, K.F. 2011. "Students' and Teachers' Use of Facebook". *Computers in Human Behavior* 27 (2): 662–676.

Heyd, T. y C. Puschmann. 2017. "Hashtagging and Functional Shift: Adaptation and Appropriation of the #". *Journal of Pragmatics* 116: 51–63.

Internet World Stats. 2017. www.internetworldstats.com/stats13.htm.

Jones, R.H. y C.A. Hafner. 2012. *Understanding Digital Literacies: A Practical Introduction.* Londres: Routledge.

Koch, P. y W. Oesterreicher. 1985. "Sprache der Nähe – Sprache der Distanz. Mündlichkeit und Schriftlichkeit im Spannungsfeld von Sprachtheorie und Sprachgeschichte". *Romanistisches Jahrbuch* 36 (85): 15–43.

Kress, G. 2005. "Gains and Losses: New Forms of Texts, Knowledge, and Learning". *Computers and Composition* 22: 5–22.

Kress, G. y T. van Leeuwen. 2006. *Reading Images: The Grammar of Visual Design.* Londres: Routledge.

Lee, C.K.M. 2011. "Micro-blogging and Status Updates on Facebook: Texts and Practices". En *Digital Discourse: Language in the New Media,* eds. C. Thurlow, C. y K. Mroczek, 110–128. Oxford: Oxford University Press.

Litt, E. y E. Hargittai. 2016. "The Imagined Audience on Social Network Sites". *Social Media + Society* 1–12. https://doi-org.mutex.gmu.edu/10.1177/2056305116633482.

Mancera Rueda, A. 2016. "Usos lingüísticos alejados del español normativo como seña de identidad en las redes sociales". *Bulletin of Spanish Studies* XCIII (9): 1469–1493.

Mancera Rueda, A. y A. Pano Alamán. 2013. *El español coloquial en las redes sociales.* Madrid: Arco Libros.

Marín Zavala, J.G. 2017. "Enseñanza del lenguaje y nuevos alfabetismos; entre la tradición y la innovación". *IE Revista de Investigación Educativa de la REDIECH* 7 (13): 21–33.

Martínez de Sousa, J. 2004. *Ortografía y ortotipografía del español actual.* Gijón: Trea.

Martínez Valerio, L. 2015. *La identidad de los jóvenes españoles en Facebook. ¿Qué comunican los universitarios en la red social?.* Tesis Doctoral no publicada. Madrid: Universidad Complutense. http://eprints.ucm.es/33133/1/T36389.pdf.

Marwick, A.E. y d.m. boyd. 2010. "I Tweet Honestly, I Tweet Passionately: Twitter Users, Context Collapse, and the Imagined Audience". *New Media & Society* 13 (1): 114–133.

McBride, K. 2009. "Social-networking Sites in Foreign Language Classes: Opportunities for Re-creation". En *The Next Generation: Social Networking and Online Collaboration in Foreign Language Learning,* eds. L. Lomicka y G. Lord, 35–58. San Marcos, TX: CALICO.

Mendoza-Denton, N. 2004. "Language and Identity". En *The Handbook of Language Variation and Change*, eds. J.K. Chambers, P. Trudgill y N. Schilling-Estes, 475–499. Hoboken, NJ: Wiley-Blackwell.

Myslín, M. y S. Th. Gries. 2010. "k dixez? A Corpus Study of Spanish Internet Orthography". *Literary and Linguistic Computing* 25 (1): 85–104.

O'Brien, D. y C. Scharber. 2008. "Digital Literacies Go to School: Potholes and Possibilities". *Journal of Adolescent & Adult Literacy* 52 (1): 66–68.

Organización de las Naciones Unidas para la Educación, la Ciencia y la Cultura [UNESCO]. (2006). *Literacy for Life*. París: Organización de las Naciones Unidas para la Educación, la Ciencia y la Cultura (UNESCO). https://unesdoc.unesco.org/ark:/48223/pf0000141639.

Palazzo, G. 2005. "¿Son corteses los jóvenes en el chat? Estudio de estrategias de interacción en la conversación virtual". *TEXTOS de la CiberSociedad* 5. www.cibersociedad.net/textos/articulo.php?art=60.

Pérez-Sabater, C. y B. Montero-Fleta. 2015. "A First Glimpse at Mobile Instant Messaging: some Sociolinguistic Determining Factors". *Poznan Studies in Contemporary Linguistics* 51 (3): 411–431.

Román-Mendoza, E. 2018. *Aprender a aprender en la era digital. Tecnopedagogía crítica para la enseñanza del español LE/L2*. Londres: Routledge.

Ruiz Herrero, J.M. 2011. "Facebook" (actividad). *marcoELE* 12.

Schreiber, B.R. 2015. "I Am What I Am": Multilingual Identity and Digital Translanguaging". *Language Learning & Technology* 19 (3): 69–87.

Screti, F. 2015. "The Ideological Appropriation of the Letter <k> in the Spanish Linguistic Landscape". *Social Semiotics* 25 (2): 200–208.

Sebba, M. 2007. *Spelling and Society: The Culture and Politics of Orthography around the World*. Cambridge: Cambridge University Press.

Shaw, P. 2008. "Spelling, Accent and Identity in Computer-mediated Communication". *English Today* 24 (2): 42–49.

Sweeny, S.M. 2010. "Writing for the Instant Messaging and Text Messaging Generation: Using New Literacies to Support Writing Instruction". *Journal of Adolescent & Adult Literacy* 54 (2): 121–130.

Van Dijk, T.A. 2009. *Society and Discourse: How Social Contexts Influence Text and Talk*. Cambridge: Cambridge University Press.

West, L. y A.M. Trester. 2013. "Facework on Facebook: Conversations on Social Media". En *Discourse 2.0: Language and New Media*, eds. D. Tannen y A.M. Trester, 133–154. Washington, DC: Georgetown University Press.

Yus, F. 2011. *Ciberpragmática 2.0. Nuevos usos del lenguaje en Internet*. Madrid: Ariel.

Zappavigna, M. 2011. "Ambient Affiliation: A Linguistic Perspective on Twitter". *New Media and Society* 13 (5): 788–806.

Bibliografía recomendada

Cassany, D. 2012. *En_línea. Leer y escribir en la red*. Madrid. Anagrama. [Libro fundamental para entender el impacto que tiene la red sobre la escritura. El volumen también contiene actividades de tipo práctico].

Thurlow, C. y K. Mroczek, eds. 2011. *Digital Discourse: Language in the New Media*. Oxford: Oxford University Press. [Interesantes ensayos que resaltan la necesidad de que la sociolingüística se concentre no tanto en las desviaciones de la norma que se producen en los medios electrónicos sino en las nuevas formas de comunicación que estos permiten. Los capítulos de Lee y Androutsopoulos son muy relevantes para el tema de este capítulo].

Yus, F. 2010. *Ciberpragmática 2.0. Nuevos usos del lenguaje en Internet*. Madrid: Ariel. [Excelente recurso en español dedicado exclusivamente a la pragmática del discurso electrónico. Es una reedición muy revisada del clásico publicado por el mismo autor en 2001. Para este capítulo son recomendables los dos primeros capítulos y el dedicado a la conversación virtual].

15
QUÉ TIPO DE CORPUS PARA QUÉ TIPO DE TEXTO

De la teoría a la práctica[1]

Kris Buyse[2]

1 Introducción

La consulta de corpus[3,4] constituye una de las herramientas que los investigadores en didáctica de lenguas proponemos a los estudiantes y colegas para el trabajo receptivo y productivo con diferentes tipos de textos. Se suele incluir bajo el término más amplio de 'recursos lingüísticos' en línea (o digitales), un "conjunto heterogéneo de fuentes de información alojadas en Internet, que permiten al internauta solucionar problemas lingüísticos corrientes" (Cassany 2016, 10). La investigación ha ido proponiendo grandes avances en varias áreas de la lectura y la escritura, describiendo los usos posibles de los recursos digitales. No obstante, el contraste entre estas prácticas y las opiniones de los profesores es casi total: estos desaconsejan el traductor y favorecen al diccionario o la gramática de autoridad.

En este capítulo intentamos aportar un primer esbozo de las posibilidades que ofrecen los corpus para el trabajo receptivo y productivo con los diferentes tipos de textos. Después de definir el concepto de corpus y presentar sus ventajas para alumnos y profesores (1), presentaremos los contextos más idóneos para su uso en la clase de español LE/L2 (2) y formularemos sugerencias para su introducción y uso, junto con otras herramientas técnicas (3).

2 Estado de la cuestión

Dentro de las fuentes de información en Internet que permiten solucionar problemas lingüísticos corrientes, Llisterri (2003, 2007) distingue las 'tecnologías' (con programas informáticos) de los 'recursos' (bases de datos) y el procesamiento de la 'señal sonora' (habla) o 'gráfica' (escritura), a los que Cassany (2016, 10) añade el componente 'multimodal' (véase la Figura 15.1).

En la misma línea, Buyse (2006) habla de los "5 expertos" a quienes un profesor de español LE/L2 tiene que enseñar a acudir a sus alumnos, a saber: los diccionarios,

	Habla	Escritura	Multimodalidad
Tecnologías	Reconocimiento de voz (palabras y habla), identificación o verificación del hablante, síntesis de palabras y habla, oralización o conversión de escritura en habla, sistemas de diálogo e interpretación de habla.	Reconocimiento óptico de caracteres impresos y manuscritos, verificación ortográfica y gramatical, corrección de estilo; traducción asistida y automática, gestores de terminología, memorias de traducción, correctores y evaluadores de escritos, productores de textos (resúmenes); dictado o conversión del habla a escritura; transliteración entre sistemas de escritura.	Lectores y oralizadores de imágenes; apps de acceso a aparatos (discapacitados).
Recursos	Corpus de habla: conversaciones y monólogos; muestras de variación dialectal y contextual, de nativos y hablantes de L2, de niños y adultos; muestras de adquisición, interlenguaje e interacción entre idiomas; corpus de prosodia y comunicación no verbal, etc.	Bancos de datos de vocablos, textos e información lingüística: diccionarios monolingües, plurilingües, de definiciones, sinónimos, etc.; terminología y vocabularios especializados; corpus de escritos; gramáticas (conjugadores verbales, reglas morfológicas, sintácticas o semánticas); portfolios de aprendizaje.	Bancos de imágenes con metadatos, vídeos y mundos virtuales vinculados con términos y contextos verbales; portfolios.

FIGURA 15.1 Clasificación de recursos y tecnologías digitales.
Fuente: Según Cassany (2016, 10), basado en Llisterri (2003, 2007).

las gramáticas, los verificadores ortográficos, los corpus y los profesores; entretanto, pasando por Buyse (2007, 2010, 2011a, 2014, 2016), los "expertos" han llegado a ser 7, incluyendo el nativo y la L1, junto con las otras lenguas extranjeras aprendidas anteriormente.

Hoy hemos llegado a hablar de "8 expertos", incluyendo a los traductores automáticos (Google Translate, y los que alojan en la web del Instituto Cervantes y de El País), que se apoya en la conclusión de Cassany (2016) a partir del análisis de 30 entrevistas en profundidad y semiestructuradas sobre el uso de los recursos lingüísticos digitales (traductores, diccionarios, verificadores) entre 59 preuniversitarios plurilingües españoles (11–17 años), dentro y fuera del aula:

> Los estudios previos analizan estos recursos (Buyse 2014) y su potencial utilidad para el aprendizaje verbal (Sinclair 2004), pero carecemos de descripciones etnográficas de las consultas reales de cada uno de estos recursos y de los contextos comunicativos en que suceden. Nuestros datos apuntan que el recurso más popular es el traductor, en situaciones de lectura en LE/L2 y de escritura en L1/L2, seguido por el diccionario y el verificador, en contextos escolares y privados. Las actitudes y prácticas descritas establecen diferencias entre un usuario básico, que emplea un recurso cualquiera de modo

mecánico y acrítico, y otro sofisticado y autónomo, que elige conscientemente el recurso según el contexto, muestra conocimientos y destrezas refinados y verifica los resultados obtenidos con varias estrategias.

(Cassany 2016, 8)

La investigación de Cassany (2016) ofrece avances en varias áreas de la lectura y la escritura, describiendo los usos reales de los recursos digitales en términos de idiomas, ámbitos, contextos, además de géneros discursivos, todos con las correspondientes facilidades y dificultades y su grado de eficacia.

El contraste entre estas prácticas y las opiniones de los profesores es casi total: estos desaconsejan el traductor y favorecen al diccionario o la gramática de autoridad. En la encuesta realizada en el marco de la investigación de Cassany (2016) se destaca que los alumnos usan recursos lingüísticos digitales de manera habitual y con normalidad, pero concentrándose solo en traductores, diccionarios y verificadores, ignorando el resto de posibilidades, que desconocen o infrautilizan; solo una minoría de alumnos menciona que alguna vez buscaron en la red patrones discursivos ("he buscado cómo hacer estructuras de los textos en inglés, las cartas formales, para pedir trabajo, cartas informales, más bien por la estructura" (2016, 23).

Por último, Cassany observa una doble brecha:

Los conocimientos y destrezas que muestran los informantes apuntan a cierta brecha entre usuarios 'básicos' y 'sofisticados'. Los primeros apenas recuerdan el nombre del recurso, lo usan de manera mecánica y acrítica, con escasa conciencia y control. Al contrario, los segundos conocen bastantes rasgos de cada recurso (nombre, prestaciones), los eligen estratégicamente y han desarrollado estrategias complejas para revisar los resultados (retrotraducción, tercer idioma, comparar recursos, fotografías), que requieren conocimientos técnicos y lingüísticos. [. . .]

Los datos muestran otra brecha entre las prácticas reales y la educación formal: 1) el recurso más usado es el traductor, que los docentes rechazan y critican; 2) los alumnos prefieren un diccionario plurilingüe, popular y abierto como Wordreference, pero los docentes recomiendan sobre todo obras de autoridad (DRAE); 3) muchos docentes prohíben conectarse a la red en el aula, impidiendo el uso natural de esos recursos, y 4) varios alumnos afirman que aprendieron lo que saben de los recursos lingüísticos al margen de la escuela. Estas divergencias entre la educación formal y la práctica real no favorecen el uso eficaz y autónomo de los recursos lingüísticos.

(Cassany 2016, 24)

Por ello, Cassany (2016) y Buyse (2011b y 2017) recomiendan la instrucción del alumnado en el aprovechamiento de estos recursos de manera formal y en el desarrollo de investigaciones más detalladas sobre este campo emergente.

Las selecciones de Cassany (2016) y Buyse (2006, 2017) incluyen recursos de autoridad (DRAE) y populares (Wordreference, Google Search), puesto que el punto de vista es el del usuario real. Ambas selecciones se sitúan en el enfoque denominado *data-driven learning* (o "aprendizaje guiado por datos", véase Buyse y Verlinde 2013), dentro de la lingüística de corpus, que propone que los aprendices utilicen los grandes corpus de textos auténticos para resolver sus dudas lingüísticas en contextos reales (Sinclair 2004; Aijmer 2009; Parodi 2010; Cruz Piñol 2012). Así los corpus permiten al alumno trabajar de manera autónoma, usar muestras auténticas de lengua y desarrollar su capacidad de análisis y su creatividad. Sin embargo, el enfoque presenta también algunos inconvenientes, a saber: que no todos los idiomas disponen de los recursos mencionados, que a su vez requieren cierta formación que parece excluir de antemano ciertos tipos de usuarios, como son los niños y los aprendices de nivel principiante.

De hecho, la investigación de Cassany (2016) "complementa con una perspectiva émica, empírica y cualitativa los aportes programáticos y más teóricos de Cruz Piñol (2005, 2012) y Buyse (2011a, 2014)" (2016: 25). Estas aportaciones se enmarcan dentro de los Nuevos Estudios de Literacidad (*New Literacy Studies*, véase Blommaert y Jie 2010), que abordan el lenguaje con una mirada *etnográfica* (describiendo e interpretando los hechos de lectura y escritura), *ecológica* (atendiendo a todo tipo de usos y contextos) y *émica* (desde la perspectiva del usuario, intentando entender sus razones y sus valores).

En general, junto con Barton y Lee (2013) abogamos por estudiar el lenguaje digital, que está cambiando el significado de numerosos conceptos tradicionales de la lingüística, como texto, autor o audiencia; por ejemplo, hoy los textos son dinámicos, abiertos y colaborativos. Cassany (2016, 12) afirma que "el acceso a la red provoca cambios profundos en las prácticas mediadas por escritos, en sus géneros discursivos, en los procesos individuales y sociales de construir, distribuir y recibir el conocimiento, y en los roles, las identidades y los poderes derivados de su uso, más allá de las diferencias superficiales entre el papel y la pantalla".

Desde ese punto de vista etnográfico-ecológico-émico, son escasos los estudios que visualicen los recursos de manera conjunta, desde la perspectiva del usuario y del aprovechamiento de las herramientas en los usos verbales corrientes:

> Solo en el ámbito de la enseñanza del español como lengua extranjera hallamos trabajos con una mirada más global, que integran varios tipos de recursos con la funcionalidad de trabajar algún aspecto del lenguaje, como Cruz Piñol (2005) para la normativa o Buyse (2014, 2011) para la escritura, desde la perspectiva del docente o del lingüista diseñador de recursos.
>
> *(Cassany 2016, 13)*

También en Parodi y Burdiles (2019), los únicos criterios de clasificación son "corpus oral *vs.* corpus escrito" y "L1 *vs.* L2".

Cassany (2016) termina con un llamamiento final para diseñar recursos e interfaces más eficaces, adaptados a sus usuarios y a los contextos de uso, con el objetivo de que el alumno llegue a usar cada recurso de manera más eficaz, concreta y contrastada, facilitando así el autoaprendizaje y la reflexión gramatical.

3 Definición y tipología

El término "corpus" se asocia con. . . "expertos", pero existe toda una gama de corpus que son fáciles de manejar y que según Pérez-Ávila (2007, 11) ofrecen grandes ventajas para el alumno y el profesor. Para el alumno, el corpus constituye (1) una base sólida para elegir las estructuras lingüísticas más frecuentes en las producciones reales de los hablantes nativos de una lengua; (2) una herramienta que les otorga a los estudiantes la autonomía de elegir por sí mismos qué aprender, cómo aprenderlo y en qué orden; (3) un instrumento para encontrar respuestas a una tipología muy variada de dudas concretas y de profundizar en ellas por medio del acceso a amplios contextos reales. Para el profesor (nativo o no), el corpus permite, además de ello, (1) basarse no exclusivamente en su intuición y en ejemplos elaborados ad hoc, sino en una fuente amplia y fiable de recursos lingüísticos; y (2) seleccionar un *input* suficiente y de calidad al que enfrentar a sus alumnos de forma que tenga lugar el *intake*, es decir, la adquisición de cualquier tipo de contenido.

Un corpus lingüístico es un conjunto de textos informatizados producidos en situaciones reales, que se han seleccionado siguiendo una serie de criterios lingüísticos explícitos que garantizan que dicho corpus pueda ser usado como muestra representativa de la lengua (Alonso Pérez-Ávila 2007, 19). Esta definición muestra explícitamente que los textos deben ser naturales (no artificiales ni creados expresamente para su incorporación al corpus), han de estar en formato electrónico porque esa es la única forma de que podamos recuperar la información que precisamos, tienen que ser representativos de la variedad lingüística de la que proceden y, por último, deben permitir su estudio científico (no exclusivamente lingüístico), lo cual suele implicar la adición de información gramatical, léxica y pragmática a la simple secuencia de formas gráficas que constituyen el texto en el sentido más habitual de la palabra (Rojo 2016).

Aparte del término "corpus", también se habla de "bases de datos textuales":

> Hablaremos de corpus, simplemente, en el caso de aquellas compilaciones de muestras de habla o de escritura recogidas en su contexto natural de enunciación, y para los materiales extraídos de publicaciones (ensayos, novelas, periódicos, artículos científicos, etc.) y agrupados de acuerdo con criterios homogéneos reservaremos la categoría de "base de datos textual". Aun siendo muestras naturales de lengua, llegan al usuario de corpus como productos creados originalmente con otros fines (literarios, difusión de la ciencia, divulgación de información, etc.), y su acceso a ellos podría realizarse también por vías distintas a las del corpus.
>
> (Briz Gómez y Albelda Marco 2009, 1)

En las tipologías de corpus y bases de datos textuales (en este capítulo a partir de aquí se hablará simplemente de "corpus", tal como se hace en Parodi y Burdiles (2019)) se suele también diferenciar entre (1) corpus escritos y hablados (y estos pueden ser conversaciones libres o —en la mayoría de los casos— entrevistas semidirigidas); entre (2) corpus de lengua general o común y de lengua de especialidad (económicos, médicos, jurídicos, etc.; véanse, diversos ejemplos en Buyse 2010); entre (3) corpus con grandes y pequeñas dimensiones —macrocorpus y microcorpus—; y entre (4) aquellos que se presentan directamente en formato textual y los que disponen de un motor electrónico de búsqueda. Se prioriza así una distinción basada en el modo en el que lo recibe el usuario:

> [. . .] siendo los dos grupos corpus textuales, cada uno se ofrece como herramienta al interesado de diversa forma. A menudo, el investigador que acude a los corpus de acceso directo al texto persigue una finalidad distinta del que se aproxima a corpus de concordancias. En el primer caso, generalmente, se trata de estudios pragmáticos, sociolingüísticos o socioculturales. En los corpus de acceso electrónico por concordancias se persiguen bien informaciones puntuales (léxicas, gramaticales, por ejemplo) o bien cómputos cuantitativos respecto a un fenómeno.
>
> *(Briz Gómez y Albelda Marco 2009, 2)*

Un corpus también puede ser de nativos o de aprendices (*learner corpus*; véase un ejemplo en Buyse, Fernández Pereda y Verveckken 2016), y recoger una sola o distintas "variedades geográficas" del español, "registros" y "niveles socioculturales". Un corpus puede, aparte de esto, ser de tipo "sincrónico" o "diacrónico".

Además, Buyse (2011–2017) distingue también entre los siguientes tipos de corpus:

- Corpus propios; "caseros".
- Corpus que se pueden adquirir (p. ej. Toda una lista en www.elda.org/) o buscadores con corpus que se pueden adquirir, como SketchEngine.
- Corpus de acceso libre disponibles en internet:
  - La web en su conjunto, a través de un buscador como Google o de manera más refinada con WebCorp; "the web as corpus" ofrece posibilidades ilimitadas en cuanto a cantidad de "textos" (de todo tipo) y actualización (los motores de búsqueda adaptan constantemente sus corpus), pero incluye también riesgos de fiabilidad en comparación con corpus confeccionados *ad hoc* (véase gatto (2014) para más informaciones sobre este tema).
  - Selecciones de textos realizadas por expertos, con motores
    - Relativamente simples (e.g. Wortschatz)
    - Algo más complejos, como:
    - Los corpus de la RAE (CREA, CORPES XXI)
    - Corpus SOL – Spanish Online
    - Corpus del Español

- Corpus monolingües o multilingües, y entre estos: paralelos (de textos traducidos (p.ej. UE, NNUU) o comparables (que selecciona textos similares —pero no traducidos— en más de una lengua o variedad).
- Combinaciones de diccionarios y corpus, como Linguee, Babla, Glosbe, Reverso.

Finalmente, los corpus también se pueden clasificar según una serie de parámetros técnicos, como se indica en la Tabla 15.1 (Buyse 2017). En particular, se trata de:

- La posibilidad de extraer concordancias, líneas de texto donde en medio figura(n) la(s) palabra(s) buscada(s).
- La posibilidad de volver a ordenar alfabéticamente las concordancias según la primera, segunda, tercera o cuarta palabra a la izquierda o a la derecha de la palabra buscada, lo que permite encontrar los verbos, adjetivos o sustantivos que se combinan con la palabra buscada.
- La posibilidad de usar *operadores* como AND (para buscar contextos donde aparezcan al mismo tiempo las palabras a la izquierda y a la derecha del operador), OR y NO (para excluir contextos donde aparezcan las palabras a la derecha del operador).
- La posibilidad de usar los "comodines" universales "?" (representa un solo carácter) y "*" (representa varios caracteres, hasta final de palabra); véase la figure 15.4 más delante con un ejemplo sacado del corpus del español.
- La posibilidad de excluir "stopwords" (es decir, palabras muy frecuentes, como *de, el,* etc.).
- La actualización del corpus (un corpus como el de Google cambia cada día, los de Wortschatz solo esporádicamente).
- ± lematizado (si se busca "trabajar", el sistema solo devolverá ocurrencias de "trabajar", pero no de todas las demás formas del verbo, como *trabajo, trabajé,* etc.).
- ± POS *tagging* ("parts of speech", es decir: categorías gramaticales: e.g. El sistema establece (o no) una diferencia entre la forma verbal y la forma sustantiva *duda*).
- ± etiquetado semántico (de modo que se puedan buscar sinónimos, antónimos, palabras afines).
- La posibilidad de limitar (o no) la búsqueda a ciertas áreas temáticas (como "medicina"), ciertos tipos de textos (como "orales", "académicos", etc.), y áreas geográficas (países).
- La posibilidad de buscar combinaciones frecuentes y/o "significativas" (calculadas a partir de pruebas de coaparición como MI^5 o T-SCORE), con o sin "PCEC" (Palabras Clave en Contexto, o "KWIC" Key Words in Context).
- La posibilidad de tomar en cuenta (o no) las mayúsculas, los acentos y/o la puntuación (*está* frente a *esta*).

Resumiendo, y tomando en cuenta los criterios anteriores, proponemos en la Tabla 15.2 un conjunto actualizado de criterios adaptado al público meta de esta obra, con una aplicación a tres "corpus" presentados en detalle en Buyse (2017).

TABLA 15.1 Tabla contrastiva de los corpus descritos en Buyse (2017).

	Google	WebCorp	Wortschatz	CORPES XXI	Corpus del Español	Linguee
Facilidad de uso	+	+	+	±	±	+
Multilingüe	+	+	+	−	−	+
Diacrónico *vs.* sincrónico	−	−	±	−	+	−
Selección/actualización	−/+	−/+	+/−	+/−	+/±	+/+
Calidad/cantidad	−/+	−/+	+/−	+/+	+/±	+/+
Lematización	−	−	−	+	+	−
POS *tagging*	−	−	−	+	+	−
Etiquetado semántico	−	−	−	−	+	−
Mayúsculas/acentuación/ puntuación	−/+/−	+/+/−	+/+/+	+	−/+/+	−/+/−
Comodines y operadores	−/+	−/+	+/−	+	+/−	−
Combinaciones de palabras	±	+	±	++	++	±
Selección temática/ geográfica/textual	−/+/−	+/+/−	−/−/−	+	+	−
Comparar subcorpus	−	−	−	±	++	−
Sacar concordancias	−	+	−	+	+	−
Reordenar concordancias	−	+	−	+	+	−
Frecuencias y distribución	+/−	+/+	+/−	+/+	+/+	−

TABLA 15.2 Nuevos criterios para la clasificación de los corpus.

20 criterios y subcriterios	Webcorp	Corpus del Español	Linguee
1 corpus (o base de datos textual) (x)/combinación de diccionario y corpus (y)	x	x	y
2 presentación directa en formato textual (x)/en formato de motor electrónico de búsqueda (y)	y	y	y
3 "casero" (x)/adquirido (y)/de acceso libre (z)	z	z	z
4 extensión y actualización			
a extensión: macrocorpus (x) *vs.* microcorpus (y)	x	x	x
b ritmo de actualización del corpus: alto (x)/medio (y)/bajo (z)	x	z	y
5 escrito (x)/hablado (y)/mixto (z)	x	z	x
a (hablado: conversaciones libres (x) /semidirigidas (y)/ mixto (z))		z	
6 sincrónico (x)/diacrónico (y)/mixto (z)	x	z	x

(Continued)

TABLA 15.2 (Continued)

20 criterios y subcriterios	Webcorp	Corpus del Español	Linguee
7 de nativos (x)/de aprendices (y)/mixto (z)	z	x	x
8 corpus de español general (x) o para fines específicos (y)	x	x	x
a una (x) o varias (y) áreas temáticas	y	y	y
b una (x) o varias (y) "variedades geográficas" del español	y	y	y
c uno (x) o varios (y) "registros"	y	y	y
d uno (x) o varios (y) "niveles socioculturales"	y	y	y
9 la posibilidad de limitar			
a a ciertas áreas temáticas	−	+	−
b a ciertos géneros	−	+	−
c a ciertas variedades geográficas	−	+	−
d a ciertos niveles socioculturales	−	−	−
10 la posibilidad de comparar varios subcorpus	−	+	−
11 textos de toda la web (x)/selección de textos realizada por expertos (y)	x	y	x
12 monolingüe (x) vs. multilingüe (y)	x	x	y
a (multilingüe: paralelo (x)/comparable (y))			x
13 ± etiquetado			
a ± lematizado	−	+	−
b ± POS *tagging*	−	+	−
c ± etiquetado semántico	−	+	−
d ± Palabras clave en contexto	−	+	−
14 ± concordancias	+	+	+/−
a ± reordenación de las concordancias	+	+	−
15 ± posibilidad de usar lenguaje informático universal			
a ± operadores	+	−	−
b ± comodines universales	−	+	−
16 ± exclusión de stopwords	+	+	−
17 ± búsqueda de combinaciones frecuentes	+	+	+/−
a con información estadística básica (x) o avanzada (y)	x	y	−
b con representación esquemática	+	+	−
18 se toma en cuenta la ortografía y/o la puntuación			
a las mayúsculas	+	−	−
b los acentos	+	+	+
c la puntuación	−	+	−
19 facilidad de uso	+	+/−	+
20 acceso a los textos	+	+	+

En lo que sigue, y a diferencia de los corpus presentados en Buyse (2011a, 2017) y Buyse y González Melón (2013), presentaremos de manera sucinta una selección de corpus *que den acceso a los (diferentes tipos de) textos y que no sean de pago*. Presentaciones más exhaustivas y detalladas de algunos de los corpus mencionados se encuentran entre otros en las siguientes listas:

- La excelente web "Tagpacker" de Mar Cruz Piñol, anotada con "tags" como, por ejemplo, "± lematizado", "± marcaje_cat_gramatical", "± concordancias");
- Cruz Piñol (2012 y 2016);
- Enghels, Vanderschueren y Bouzouita (2015);
- Briz Gómez y Albelda Marco (2009);
- Albelda (2011) (limitado a los corpus orales);
- La web de Joaquim Llisterri, con los corpus más importantes para la enseñanza e investigación en español LE/L2.

En todos estos recorridos por los corpus del español y en el que sigue ahora, conviene recordar el objetivo de enseñar a los profesores y alumnos de español LE/L2 estos recursos, a saber: aprovechar las posibilidades ofrecidas por la tecnología para observar la lengua en toda su autenticidad de manera que el aprendiz encuentre ahí un máximo de componentes que le ayuden a evitar la tendencia de traducir palabra por palabra desde la L1 u otra LE sin tomar en cuenta las restricciones paradigmáticas y sintagmáticas (véase Buyse y Verlinde 2013; Buyse 2014); o, en otras palabras, para evitar que un estudiante escriba o diga "soy Soltero en Derecho", traduciendo literalmente desde el inglés "Bachelor in Law". Muchas veces los corpus ofrecen una plusvalía ante dudas sobre aspectos léxicos que (todavía) no constituyen el punto fuerte de la mayoría de los diccionarios, como las colocaciones (combinaciones frecuentes de palabras) o las valencias (preposiciones fijas de verbos, sustantivos o adjetivos; restricciones de tipo semántico o sintáctico sobre el sujeto u objeto de un verbo). En particular, las combinaciones de corpus y diccionarios multilingües como Linguee o Babla, aparte de actualizarse rápidamente, permiten y hasta *obligan* al usuario a ver la traducción en contexto, por lo que se vuelve menos probable la típica traducción literal de palabra por palabra.

4 Selección de corpus para el trabajo receptivo y productivo con diferentes tipos de textos

En esta sección presentaremos una selección de (1) corpus generales, (2) corpus orales y (3) corpus escritos con acceso a los (diferentes tipos de) textos. En cada corpus se listarán elementos a favor ("+") y en contra ("−") de su uso, junto con una ilustración del manejo en caso de que parezca útil. Para las referencias, véase la bibliografía.

4.1 Corpus generales con acceso a los diferentes (tipos de) textos

4.1.1 La Real Academia: del CREA y del CORDE al CORPES XXI

Para paliar las deficiencias de sus corpus sincrónico CREA y diacrónico CORDE —que siguen sin disponer de lematización ni POS-*tagging*—, la Real Academia Española (RAE) lanzó la versión beta de su nuevo corpus, el "CORPES XXI", con las siguientes características:

- + macrocorpus, lematización (búsqueda por forma, lema o una combinación de los dos; consulta de expresiones que contengan hasta cinco palabras), POS *tagging*, coapariciones de palabras; cuando esté listo, este corpus constará de *textos de todos los tipos* (véase la Figura 15.2), de todos los países de habla hispana, de diferentes áreas temáticas (ciencias y tecnología, ciencias sociales, creencias y pensamiento, política, economía, comercio y finanzas, artes, ocio, vida cotidiana, salud, novela, teatro, relatos y guiones);
- +: con acceso a los textos;
- −: versión beta; en proceso de elaboración; hasta el momento sin textos históricos; el criterio "tipología" (tipo de texto) todavía no es operativo para muchos tipos de textos.

Bloque	Soporte	Géneros (Ficción) / Temas (No ficción)	Tipo de texto
Ficción	Libro	Guion Novela Relato Teatro	Ficción
No ficción	Libro	Actualidad, ocio y vida cotidiana Artes, cultura y espectáculos Ciencias sociales, creencias y pensamiento Ciencias y tecnología Política, economía y justicia Salud	Académico Biografía, memoria Divulgación Jurídico-administrativo Libro de texto
	Prensa	Actualidad, ocio y vida cotidiana Artes, cultura y espectáculos Ciencias sociales, creencias y pensamiento Ciencias y tecnología Política, economía y justicia Salud	Académico Carta al director Crítica Crónica Divulgación Editorial Entrevista Noticia Opinión Reportaje Varios

FIGURA 15.2 Los tipos de textos reunidos en el CORPES XXI.

4.1.2 Corpus del Español

- +: corpus lematizado y con POS-*tagging* por Mark Davies y su equipo;
- +: altas posibilidades de búsqueda, entre las que destacamos las siguientes: buscar palabras exactas, frases, colocaciones, etiquetas semánticas, lemas, categorías gramaticales (POS), períodos, tipos textuales o cualquier combinación de estos, además de comparar varias formas, colocaciones;
- +: sincrónico + diacrónico;
- +: nueva interfaz desde finales del 2016 con la que el autor responde a las críticas con respecto a la facilidad de uso y a la atención a las variantes del español; contiene ahora dos subcorpus, el antiguo con textos y diferentes géneros desde el siglo XIII, y otro nuevo que contiene textos actuales divididos por áreas del mundo hispanófono y que permite también crear tus propios corpus virtuales;
- +: con acceso a los textos;
- −: tamaño inferior; obligatorio registrarse para hacer búsquedas más que ocasionales (pero con la posibilidad de guardar las búsquedas realizadas).

Por ejemplo, si buscamos un texto sobre un tema como los desahucios como consecuencia de una crisis financiera, podemos encontrar cuáles son las palabras (y sus categorías gramaticales) concurrentes del lema *desahucio* y encontrar en qué (tipos de) textos se encuentran estos términos. Para ellos, introducimos este sustantivo (en mayúsculas, mientras que las formas en este corpus se introducen en minúsculas), seleccionamos "PCEC" (Palabras clave en contexto, o "KWIC" *Key Words in Context*) en la pantalla de resultados (véase la Figura 15.3) se observan inmediatamente

FIGURA 15.3 Corpus del Español: Resultados con Palabras clave en contexto (PCEC).

FIGURA 15.4 Búsqueda Corpus del Español: Resultados, los adjetivos más frecuentes a la derecha del sustantivo *desahucio*.

cuáles son los sustantivos (en azul), adjetivos (en verde), verbos (en púrpura) y preposiciones (en gris) que coocurren a la izquierda y a la derecha de *desahucio;* en la columna 3 se listan los textos bajo forma de un enlace que lleva directamente a los mismos.

Para ilustrar otras posibilidades interesantes para español LE/L2 que ofrece la aplicación, mencionamos las de las colocaciones y el uso de los comodines. Por ejemplo, para saber cuáles son los adjetivos que aparecen de forma más frecuente al lado de *desahucio*, hacemos clic en "colocados", seleccionamos "adjetivos" y "primera posición a la derecha", y los resultados aparecerán en orden decreciente de frecuencia (Figura 15.4).

Con respecto a los "comodines" universales "?" (representa a un solo carácter) y "★" (representa a varios caracteres, hasta final de palabra): al buscar "seguir★", el sistema devuelve todas las formas encontradas en el corpus que contengan "seguir" hasta final de palabra (Figura 15.5).

4.1.3   Corpus del Español Actual (CEA)

- +: Proyecto acabado (Subirats y Ortega 2012);
- +: Macrocorpus;
- +/−: Diferentes tipos de textos (véase la Figura 15.6), pero el acceso es limitado: el archivo mencionado en la segunda columna de las concordancias solo se abre gradualmente a raíz de varios clics consecutivos para pedir "more context"; no se puede limitar por tipo de texto;
- −: oficialmente hace falta registrarse, pero cuesta descubrir que se puede entrar con el nombre de usuario y la contraseña "guest".

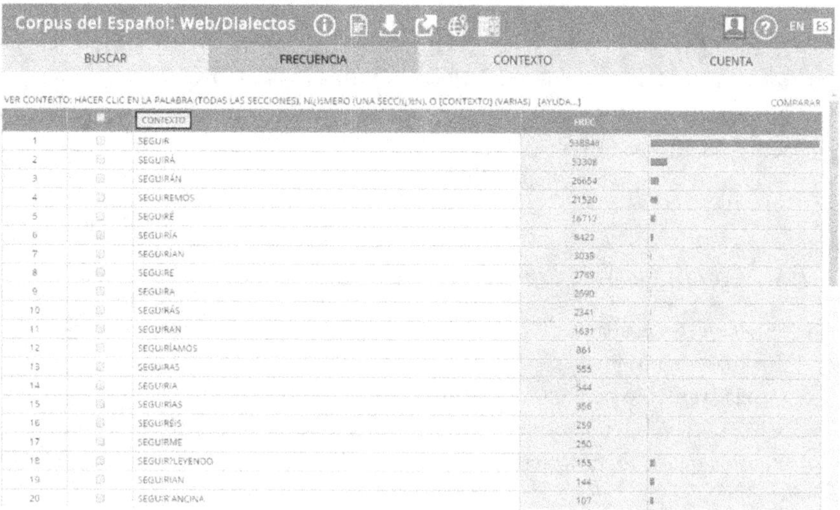

FIGURA 15.5 Corpus del Español: Resultados de búsqueda con el comodín "*".

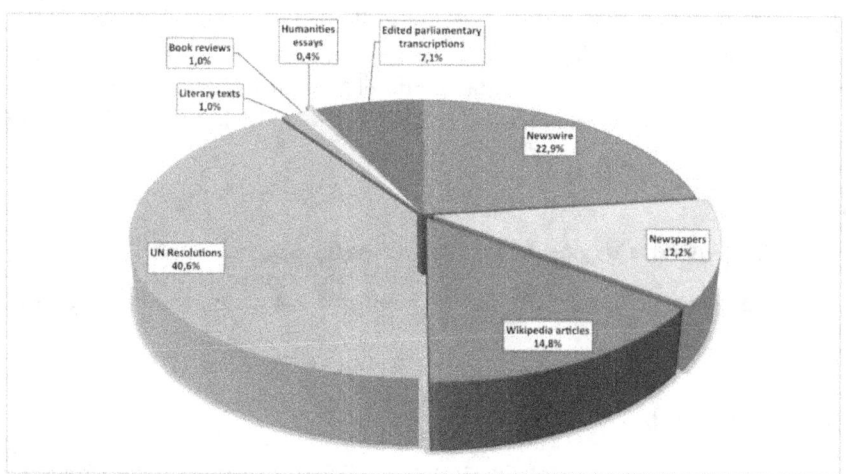

FIGURA 15.6 Repartición de los tipos de textos en el CEA.

4.1.4 ARTHUS (Archivo de Textos Hispánicos de la Universidad de Santiago)

- +: Proyecto acabado (base para el proyecto ADESSE: Base de datos de Verbos, Alternancias de Diátesis y Esquemas Sintáctico-Semánticos del Español, versión ampliada de la Base de Datos Sintácticos del esp. Actual);

- +: Macrocorpus;
- +/−: Diferentes tipos de textos, a saber: textos narrativos (37 %), ensayos (18 %), textos teatrales (15 %), prensa (12 %), y textos orales (19 %), pero el acceso es limitado, porque el motor de búsqueda solo permite investigar esquemas sintácticos de los verbos;
- −: corpus ya algo anticuado (1980–1990).

4.1.5   Corpus SenSem Español (antes GRIAL)

- +: Proyecto acabado (Grupo GRIAL; corpus manualmente anotados con finalidad de búsqueda *semántico*-sintáctica);
- −: relativamente pequeño;
- +/−: Diferentes tipos de textos, aunque limitado: textos de El Periódico y algunos textos literarios españoles); acceso directo, aunque algo restringido.

4.2   Corpus orales con acceso a diferentes (tipos de) textos

Desde principios de los años 90 la lingüística de corpus se interesa cada vez más en los textos de habla oral, de modo que se han ido multiplicando los proyectos de recogida y análisis de datos orales. La Tabla 15.3 ofrece una selección de proyectos de corpus orales de relativamente fácil acceso. De la mayoría de ellos y de otros menos accesibles hoy día (como el C-Oral-Rom, disponible a través de un cederrón), se ofrecen más informaciones en la excelente web de Joaquim Llisteri.

4.3   Corpus escritos con acceso a diferentes tipos de textos

Por último, listamos una serie "corpus" *escritos* que dan acceso los diferentes tipos de textos.

4.3.1   WebCorp

- +: permite extraer concordancias (y reordenarlas) y listas de colocaciones;
- +: permite limitar a ciertos tipos de textos ("Newspapers"/"academic"), y da acceso directo a los textos a partir de las concordancias (Véanse las Figuras 7, 8 y 9);
- −: fiabilidad (corpus = toda la web, véase la sección 3 bajo "la web en su conjunto" para sus ventajas y desventajas), flexibilidad (− lematización, − POS tagging).

TABLA 15.3 Selección de corpus orales con acceso a los (diferentes tipos de) textos.

Corpus	± acabado	extensión (palabras / horas)	tipos de textos ORALES	acceso a los textos	±acceso a las grabaciones	variante(s) lingüística(s)	información sociolingüística
COLA (Corpus Oral de Lenguaje Adolescente)	2017	700.000 palabras	entrevista semidirigida (sin el conocimiento de los informantes, pero con el consentimiento de los padres) sobre temas de la vida de los jóvenes	+, pero a partir de cuenta y contraseña (mediante solicitud en el marco de un proyecto de investigación; el acceso al corpus se limitará a dicho periodo)		habla de adolescentes (13 a 19 años) de Madrid, Buenos Aires, Santiago de Chile y Managua	edad, sexo, nivel académico y social, centro escolar
CORLEC (Corpus Oral de Referencia del Español Contemporáneo)	1992	1.100.000 palabras	Textos administrativos, científicos, conversacionales o familiares, educativos, humanísticos, instrucciones de megafonía, jurídicos, lúdicos (concursos), políticos y periodísticos: debates, deportes, documentales, entrevistas, noticiario, publicitarios, religiosos y técnicos	+ (descargables, y consultables e.o. en CREA/ CORPES)	–	Diferentes variantes del esp. peninsular	edad, sexo, profesión, localización geográfica
COSER (Corpus Oral y Sonoro del Español Rural)	1990-...	1.434 horas	entrevista semidirigida sobre temas de la vida tradicional en el campo.	+	+	habla rural de España	edad, sexo y nivel sociocultural; todos son hablantes rurales, a ser posible mayores, de escasa escolarización y naturales del lugar en que son entrevistados

(*Continued*)

TABLA 15.3 (Continued)

Corpus	± acabado	extensión (palabras / horas)	tipos de textos ORALES	acceso a los textos	±acceso a las grabaciones	variante(s) lingüística(s)	información sociolingüística
PILEI y el Macrocorpus de la norma lingüística culta de las principales ciudades de España y América (MC-NC); Samper, Hernández Cabrera, Troya (1998)	1998/2005	84 horas	conversaciones semidirigidas sobre distintos temas (vida, familia y profesión del informante, costumbres locales, etc.)	+ (CD-R, y consultables en CREA / CORPES)	–	habla culta de la segunda mitad del siglo XX de las grandes ciudades de América + más tarde de Europa (Madrid y Sevilla) + aún más tarde San José de Costa Rica y Las Palmas de Gran Canaria	edad, sexo y nivel sociocultural
PRESEEA (Proyecto para el Estudio Sociolingüístico del Español de España y de América)	1995-…	10.000.000 palabras (objetivo)	conversaciones semidirigidas a partir de módulos temáticos (la familia, la economía, etc.)	+/– parcial (cf. web)	+/– parcial (cf. web)	Diferentes variantes americanas y europeas (para Europa: Alcalá de Henares, Barcelona, Cádiz, Granada, Madrid, Málaga, Santiago de Compostela, Sevilla, Valencia y Zaragoza	sexo, edad y grado de instrucción
Val.Es.Co (Valencia.Español. Coloquial)	1990-…	341 horas	conversaciones libres e informales, grabadas en secreto, además de otros géneros orales (grabaciones telefónicas, de radio, de televisión, etc.)	+/– parcial (cf. web)	+/– parcial (cf. web)	habla coloquial espontánea de Valencia	sexo, edad, profesión, lengua

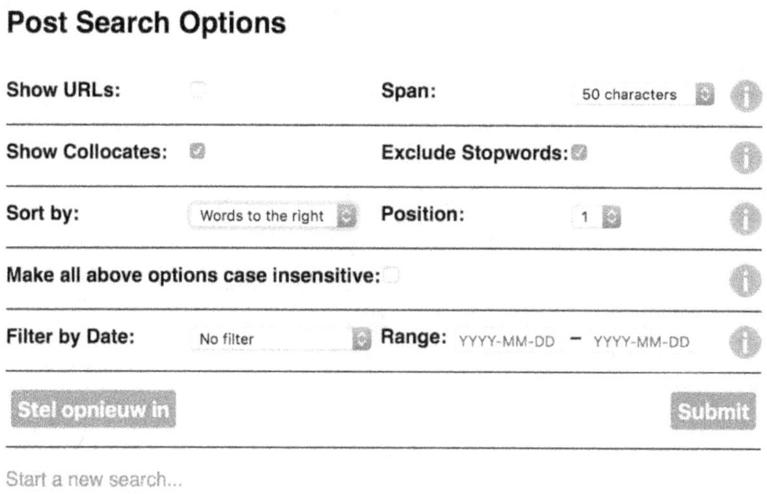

Post Search Options

Show URLs:	☐	Span:	50 characters
Show Collocates:	☑	Exclude Stopwords:	☑
Sort by:	Words to the right	Position:	1
Make all above options case insensitive:	☐		
Filter by Date:	No filter	Range:	YYYY-MM-DD − YYYY-MM-DD

[Stel opnieuw in] [Submit]

Start a new search…

FIGURA 15.7 Búsqueda con WebCorp.

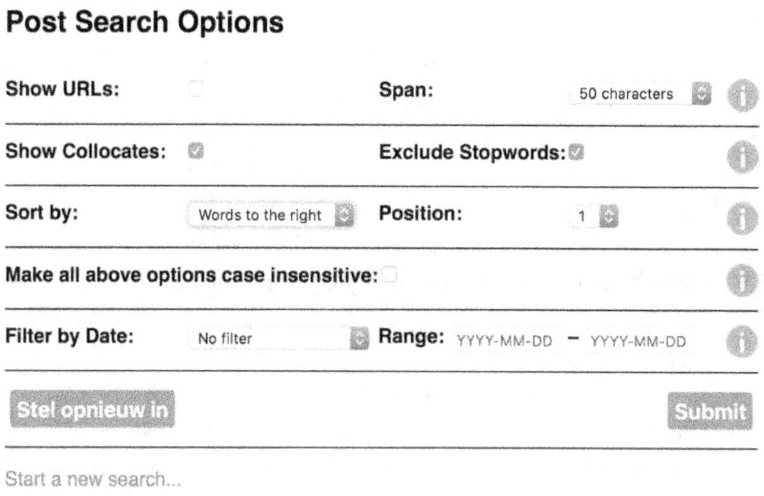

Post Search Options

Show URLs:	☐	Span:	50 characters
Show Collocates:	☑	Exclude Stopwords:	☑
Sort by:	Words to the right	Position:	1
Make all above options case insensitive:	☐		
Filter by Date:	No filter	Range:	YYYY-MM-DD − YYYY-MM-DD

[Stel opnieuw in] [Submit]

Start a new search…

FIGURA 15.8 "Post search options" de WebCorp.

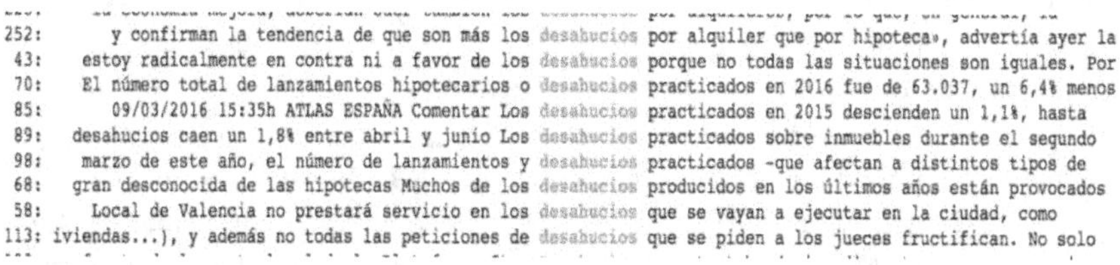

```
252:       y confirman la tendencia de que son más los desahucios por alquiler que por hipoteca», advertía ayer la
 43:       estoy radicalmente en contra ni a favor de los desahucios porque no todas las situaciones son iguales. Por
 70:       El número total de lanzamientos hipotecarios o desahucios practicados en 2016 fue de 63.037, un 6,4% menos
 85:       09/03/2016 15:35h ATLAS ESPAÑA Comentar Los desahucios practicados en 2015 descienden un 1,1%, hasta
 89:   desahucios caen un 1,8% entre abril y junio Los desahucios practicados sobre inmuebles durante el segundo
 98:       marzo de este año, el número de lanzamientos y desahucios practicados -que afectan a distintos tipos de
 68:       gran desconocida de las hipotecas Muchos de los desahucios producidos en los últimos años están provocados
 58:       Local de Valencia no prestará servicio en las desahucios que se vayan a ejecutar en la ciudad, como
113:   iviendas...), y además no todas las peticiones de desahucios que se piden a los jueces fructifican. No sólo
```

FIGURA 15.9 Concordancias reordenadas de WebCorp.

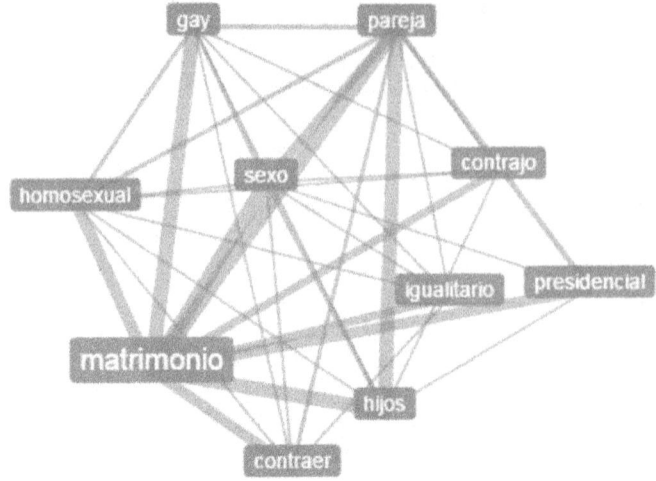

FIGURA 15.10 Mapa semántico de Wortschatz.

4.3.2 Wortschatz

- +: textos seleccionados, frecuencia, ejemplos contextualizados, formas coocurrentes a la izquierda y a la derecha, ambas en orden de frecuencia decreciente, y visualización gráfica (mapa semántico) (véase la Figura 15.10);
- "Spanish Newspapers" & "Mexican webpages": "full text available";
- −: tamaño, flexibilidad (- lematización, − POS *tagging*).

3.3.3 Combinaciones de diccionarios y corpus multilingües

- Ejemplos: Linguee, Glosbe, Reverso. . .;
- +: actualización rápida;
- +: permiten al usuario a ver la traducción en contexto, por lo que se vuelve menos probable la típica traducción literal de palabra por palabra;
- +: acceso directo a los textos (Figura 15.11).

5 Del corpus al aula

Cada corpus tiene ciertos puntos a favor y en contra, además de cierto grado de facilidad de uso, por lo que Buyse (2017) recomienda introducir y enseñar gradualmente los corpus junto con otras herramientas, enseñarles a pedir asistencia a los "8 expertos" (diccionarios, gramáticas, verificador ortográfico, corpus, traductores automáticos, nativos, profesores y L1/LE), tomando en cuenta los niveles del Marco Común Europeo de Referencia y el Plan Curricular del Instituto Cervantes (MCER y PCIC, véase Consejo de Europa (2017) e Instituto Cervantes (2006)).

FIGURA 15.11 Resultados de búsqueda de Linguee.

Nuestra experiencia demuestra que el uso de estas herramientas da lugar a una mejora sustancial de la calidad de la expresión de los aprendices; por otro lado, también demuestra que el uso de las herramientas sigue siendo insuficiente (y el progreso lingüístico también) si no enseñamos su uso *directo* al aprendiz y le invitamos a manejarlas. Un instrumento muy eficaz para comprobarlo es la lista de control en un portafolio, donde el alumno debe contestar, en el marco de una tarea de redacción, a preguntas como las siguientes:

- ¿Has utilizado un verificador ortográfico (en Word o en Internet, como http://lomastv.com/free-online-spanish-spelling-grammar-checker.php)?¿Has utilizado diccionarios monolingües? (para controlar traducciones literales, colocaciones, preposiciones fijas, género de palabras, falsos amigos...) ¿Para qué?
- ¿Has utilizado diccionarios multilingües? (mismos objetivos) ¿Para qué?

- ¿Has mirado toda la información en las entradas de los diccionarios (el género, la morfología, los distintos significados, las preposiciones fijas, las colocaciones, los modos, los ejemplos...)? ¿Para qué?
- ¿Has utilizado ciertos corpus (Wortschatz, CREA, Webcorp, Corpus del Español, Google...)? ¿Para qué?

Y más específicamente para el tema concreto que nos ocupa aquí:

- ¿Has tomado en cuenta los tipos de textos ofrecidos en estos corpus?
- ¿Has mirado el texto completo / los textos completos?
- ¿Estas informaciones sobre el tipo de texto te han aportado datos especiales?

Sin estos estímulos (y recompensas bajo forma de redacciones de una calidad y nota más altas) será difícil convencer a las generaciones actuales de alumnos a usar espontáneamente estas nuevas herramientas y hacerles entender el beneficio que pueden sacar de ellas.

Asimismo, es de suma importancia enseñar el uso de los instrumentos en la propia clase a partir de ejemplos concretos (*hands on experience*), fomentando así la *autonomía*, para que el alumno sea capaz de usarlos en casa. Como bien afirma Fligelstone (1993), es tanto más probable que el aprendiz de español LE/L2 use los corpus cuanto que haya tenido la oportunidad de conocerlos.

Como en cualquier secuencia didáctica apropiada, hay que

- empezar con ejercicios cerrados (basados en problemas y contextos) reales;
- pasar por ejercicios semi-libres (p.ej. Contextos donde varias herramientas/ corpus serían apropiados);
- y terminar por ejercicios libres (p.ej. redacciones).

Una mención especial merecen en este contexto los corpus orales, tal como afirman el MCER y el PCIC: más que para un alumno nativo, un corpus oral ofrece al alumno de español LE/L2 gracias al contacto directo con el habla auténtica la posibilidad de descubrir y adquirir componentes de la lengua que en un contexto de inmersión se suelen adquirir de manera "natural", como ciertos aspectos de la pronunciación, la entonación, la pragmática y las variantes (geográficas, socioculturales, etc.) de la lengua. Así, más que el soporte oral que acompaña a muchos manuales de español LE/L2, la mayor cantidad y diversidad de discursos contenidos en los corpus orales permite contrastar diferentes tipos de actos de habla, entonaciones, turnos de palabras, regiolectos, sociolectos, etc.

Por otro lado, el saber aprovechar la diversidad textual de los corpus escritos asimismo permite trabajar con los alumnos diferentes no solo una gran cantidad de géneros textuales, sino también los tipos y estrategias de lectura, además de los diferentes ingredientes textuales y paratextuales, hasta sistemas semióticos que componen un texto, además de los patrones léxicos, gramaticales y pragmáticos comentados en las secciones anteriores. El enseñar a los alumnos a buscar y observar muestras de lengua en los corpus, les permitirá inducir en una segunda fase en toda su variación e.o. estructuras colocacionales, reglas gramaticales y pautas discursivas. Para determinados grupos de alumnos (más avanzados y especializados), los (sub) corpus diacrónicos constituyen una fuente de una riqueza inagotable de variación y evolución histórica.

Finalmente, el alumno de español LE/L2 también puede sacar provecho de los corpus de manera *indirecta*, al tener a su disposición una gran riqueza de materiales enriquecidos por su profesor u otro autor de materiales gracias a un uso competente de los corpus, tanto de nativos como de aprendices.

6 Conclusión

Un corpus lingüístico, es decir, un conjunto de textos informatizados producidos en situaciones reales y seleccionados según una serie de criterios lingüísticos, ofrece muchas ventajas para el alumno y para el profesor, tanto el nativo como el no nativo. Para aprovecharlos en la clase y enseñar su uso a los alumnos, es importante conocer los pros y los contras de cada (tipo de) corpus, además de los tipos de textos que contienen.

Resumiendo, lo que tienen en común estas herramientas es que permiten al alumno y al profesor, ante una duda lingüística, encontrar las estructuras más frecuentes en las producciones reales (de los hablantes nativos de una lengua, en los corpus de textos seleccionados), muchas veces imposibles de encontrar con instrumentos más tradicionales como los diccionarios y las gramáticas, por lo que aumenta la autonomía de aprendizaje.

Notas

1 Este texto constituye una versión actualizada y aumentada de pasajes publicados anteriormente en Buyse (2006, 2007, 2010, 2011a, 2014, 2016, 2017, 2019).
2 Quiero dirigir unas palabras especiales de agradecimiento a mi querida colega Mar Cruz Piñol por sus sugerencias bibliográficas durante el proceso de redacción de este capítulo.
3 Un corpus de textos es un conjunto de documentos que una persona o una organización ha reunido y ha informatizado para un fin determinado (McCullough 2001, 126).
4 *Concordancias* = líneas de texto donde en medio figura(n) la(s) palabra(s) buscada(s)).
5 MI = Mutual Information (esp. IM = Información Mutua), una cantidad que mide la dependencia mutua de dos variables

Bibliografía citada

Aijmer, K., ed. 2009. *Corpora and Language Teaching*. Ámsterdam: John Benjamins.
Albelda Marco, M. 2011. "Rentabilidad de los corpus discursivos en la didáctica de lenguas extranjeras." En *Del texto a la lengua: La aplicación de los textos a la enseñanza-aprendizaje del español L2-LE*, eds. J. de Santiago-Guervós, H. Bongaerts, J.J. Sánchez Iglesias y M. Seseña Gómez, Vol. 1, 83–96. Salamanca: ASELE.
Alonso Pérez-Ávila, E. 2007. "El corpus lingüístico en la didáctica del léxico del español como LE". *Boletín de la Asociación para la Enseñanza del Español como Lengua Extranjera* 37: 11–27.

Aston, G., S. Bernardini y D. Stewart. 2004. *Corpora and Language Learners*. Amsterdam/Philadelphia: Benjamins.

Barton, D. y C. Lee. 2013. *Language Online: Investigating Digital Texts and Practices*. Londres: Routledge.

Blommaert, J. y D. Jie. 2010. *Ethnographic Fieldwork*. Bristol: Multilingual Matters.

Briz Gómez, A. y M. Albelda Marco. 2009. "Estado actual de los corpus de lengua española hablada y escrita: I+D". En *El español en el mundo. Anuario del Instituto Cervantes 2009*. https://cvc.cervantes.es/lengua/anuario/anuario_09/briz_albeida/p01.htm.

Buyse, K. 2006. "Motivating Writing Teaching". *ITL: Review of Applied Linguistics* 152: 111–126.

Buyse, K. 2007. "Escritura eficaz y motivadora". *Foco* 2007 (2): 12–18.

Buyse, K. 2010. "La expresión escrita en la clase de ELE: ingredientes esenciales, sazonados o no con TIC". *Mosaico* 26: 4–13.

Buyse, K. 2011a. "¿Qué corpus en línea utilizar para qué fines en la clase de ELE? Del texto a la lengua: La aplicación de los textos a la enseñanza-aprendizaje del español L2-LE." En *Del texto a la lengua: La aplicación de los textos a la enseñanza-aprendizaje del español L2-LE*, eds. J. de Santiago Guervós, H. Bongaerts, J.J. Sánchez Iglesias y M. Seseña Gómez, Vol. 1, 277–289. Salamanca: ASELE.

Buyse, K. 2011b. "Effective Writing Tasks and Feedback for the Internet Generation". *Language Learning in Higher Education* 1 (2): 1–22.

Buyse, K. 2014. "Una hoja de ruta para integrar las TIC en el desarrollo de la expresión escrita: Recursos y resultados". *Journal of Spanish Language Teaching* 1 (1): 101–115.

Buyse, K. 2016. "La buena cocina de la expresión escrita: ¿cómo conseguir que los alumnos preparen buenos platos?". En *Enseñar español en la actualidad*, ed. E. Gamazo y M. Aznar, 174–194. Coimbra: Universidade de Coimbra.

Buyse, K. 2017. "Corpus para todos en la enseñanza de ELE". En *Cuadernos de Didáctica* 3, 121–140. Barcelona: Difusión.

Buyse, K. 2019. "Destrezas II: expresión y comprensión escritas". En *Manual de formación inicial para profesores de español*, ed. F. Jiménez Calderón, Cap. 4. Madrid: SGEL.

Buyse, K., L. Fernández Pereda y K. Verveckken. 2016. "The Aprescrilov Corpus, or Broadening the Horizon of Spanish Language Learning in Flanders". En *Spanish Learner Corpus Research Current Trends and Future Perspectives* (Studies in Corpus Linguistics 78), ed. M. Alonso Ramos, 143–168. Amsterdam: Benjamins.

Buyse, K. y E. González Melón. 2013. "El corpus de aprendices Aprescrilov y su utilidad para la didáctica de ELE en la Bélgica multilingüe". En *Multilingüismo y enseñanza de ELE en contextos multiculturales*, eds. B. Blecua, S. Borrell, B. Crous y F. Sierra, 247–261. Gerona: ASELE.

Buyse, K. y S. Verlinde. 2013. "Possible Effects of Free on Line Data Driven Lexicographic Instruments on Foreign Language Learning: The Case of Linguee and the Interactive Language Toolbox". *Procedia: Social and Behavioral Sciences* 95: 507–512.

Cassany, D. 2016. "Recursos lingüísticos en línea: Contextos, prácticas y retos". *Revista Signos* 49: 7–29.

Cassany, D. y D. Hernández. 2014. *¿Internet: 1; Escuela: 0?* Madrid: Arco/Libros.

Consejo de Europa. 2017. *Marco Común Europeo de Referencia para las lenguas: aprendizaje, enseñanza, evaluación*. Madrid: MECD y Anaya.

Cruz Piñol, M. 2005. Sobre el uso de Internet para trabajar la normativa. *Textos* 39: 77–88.

Cruz Piñol, M. 2012. *Lingüística de corpus y enseñanza del español como 2/L*. Madrid: Arco.

Cruz Piñol, M. 2016. *Corpus de nativos en la clase de ELE*. http://hdl.handle.net/2445/104166.

Cruz Piñol, M., K. Buyse, V. González Argüello y N. Tukahara. 2012. "¿Qué queremos de la red y para qué? Reflexiones a partir de la experiencia". En *La red y sus aplicaciones en la enseñanza-aprendizaje del español LE*, eds. C. Hernández González, A. Carrasco Santana y E. Álvarez Ramos, 31–59. Valladolid: Universidad de Valladolid.

Enghels, R., C. Vanderschueren, y M. Bouzouita. 2015. "Manuel des anthologies, corpus et textes romans". *Manuals of Romance Linguistics* 7: 147–170.

Fernández Martín, P. 2012. *Filología y lingüística: métodos, corpus y nuevas tecnologías*. Saarbrücken: Editorial Académica Española.

Fligelstone, S. 1993. "Some Reflections on Teaching, from a Corpus Linguistics Perspective". *ICAME Journal* 17: 97–109.

Gatto, M. 2014. *Web as Corpus: Theory and Practice*. Londres: Bloomsbury.

Instituto Cervantes. 2006. *Plan Curricular del Instituto Cervantes*. Madrid: Biblioteca Nueva.

Leech, G. 1997. "Teaching and Language Corpora: A Convergence". En *Teaching and Language Corpora*, eds. A. Wichmann, S. Fligelstone, T. McEnery y G. Knowles, 1–23. Londres: Longman.

Llisterri, J. 2003. "Lingüística y tecnologías del lenguaje". *Lynx* 2: 9–71.

Llisterri, J. 2007. "El español y las nuevas tecnologías". En *Lingüística aplicada del español*, ed. M. Lacorte, 483–520. Madrid: Arco/Libros.

McCullough, J.L. 2001. "Los usos de los córpora de textos en la enseñanza de lenguas". *Nuevas Tecnologías para el autoaprendizaje y la didáctica de lenguas*, ed. M. Trenchs Parera, 125–140. Lleida: Milenio.

Nomdedeu, A. 2009. "Diccionarios en Internet para el aula de ELE". *RedELE* 15.

Parodi, G. 2010. *Lingüística del corpus: De la teoría a la empiria*. Frankfurt: Editorial Iberoamericana-Veuert.

Parodi, G. y G. Burdiles. 2019. "Corpus y base de datos". En *The Routledge Handbook of Spanish Language Teaching*, eds. J. Muñoz-Basols, E. Gironzetti y M. Lacorte, 596–613. Londres: Routledge.

Pitlowski, E.F. y J. Vásquez Gamarra. 2009. "El uso de los corpus lingüísticos como herramienta pedagógica para la enseñanza y aprendizaje de ELE". *Tinkuy* 11: 31–51.

Reppen, R. 2010. *Using Corpora in the Language Classroom*. Nueva York: Cambridge.

Rojo, G. 2016. "Los corpus textuales del español". En *Enciclopedia lingüística hispánica*, ed. J. Gutiérrez-Rexach, 285–296. Oxon: Routledge.

Samper, J.A., C.E. Hernández Cabrera y M. Troya, eds. 1998. *Macrocorpus de la norma lingüística culta de las principales ciudades del mundo hispánico (MC-NLCH)*. Edición en CD-ROM. Las Palmas de Gran Canaria: Servicio de Publicaciones de la Universidad de las Palmas de Gran Canaria.

Sinclair, J.M. 2004. *How to Use Corpora in Language Teaching*. Amsterdam: John Benjamins.

Subirats y Marc Ortega, Carlos. 2012. *Corpus del Español Actual*. http://spanishfn.org/tools/cea/spanish (see http://spanishfn.org/tools/cea/spanish, como citar este corpus).

Webs

ARTHUS (Archivo de Textos Hispánicos de la Universidad de Santiago, http://adesse.uvigo.es/data/)

Babla (http://es.bab.la/)

COLA (Corpus Oral de Lenguaje Adolescente, www.colam.org/om_prosj-espannol.html)

CORLEC (Corpus Oral de Referencia del Español Contemporáneo, www.lllf.uam.es/ESP/Corlec.html)

Corpes XXI (www.rae.es/recursos/banco-de-datos/corpes-xxi)

Corpus del Español (www.corpusdelespanol.org)

Corpus del Español Actual (CEA, http://spanishfn.org/tools/cea/spanish)

Corpus SenSem Español (antes GRIAL, http://grial.uab.es/sensem/corpus?idioma=es)
corpus SOL – Spanish Online (http://spraakbanken.gu.se/konk/rom2/)
COSER (Corpus Oral y Sonoro del Español Rural, www.uam.es/coser)
Elda (www.elda.org/)
Glosbe (https://es.glosbe.com/)
Google (www.google.es)
Joaquim Llisterri (http://liceu.uab.es/~joaquim/applied_linguistics/new_technologies/LengEsp_Materiales_WWW.html#recursos_linguisticos)
Linguee (www.linguee.com/)
Mar Cruz Piñol (https://tagpacker.com/user/mar.cruz.pinol)
PRESEEA (Proyecto para el Estudio Sociolingüístico del Español de España y de América, http://preseea.linguas.net)
Reverso (www.reverso.net)
Sketchengine (http://sketchengine.co.uk/)
Val.Es.Co (Valencia.Español.Coloquial, www.valesco.es)
Webcorp (www.webcorp.org.uk/)
Wortschatz (http://wortschatz.uni-leipzig.de)

Bibliografía recomendada

Cassany, D. 2016. "Recursos lingüísticos en línea: Contextos, prácticas y retos". *Revista Signos* 49: 7–29. [Presentación de las prácticas actuales del uso de los recursos lingüísticos en el aula de ELE, seguida de una propuesta para aumentar su eficiencia].

Cruz Piñol, M. 2016. *Corpus de nativos en la clase de ELE.* http://hdl.handle.net/2445/104166 [Introducción muy práctica en el uso de los corpus textuales en la clase de español LE/L2 para usuarios novatos].

Enghels, R., C. Vanderschueren, y M. Bouzouita. 2015. "Manuel des anthologies, corpus et textes romans". *Manuals of Romance Linguistics* 7: 147–170. [Descripción de los corpus disponibles para realizar una investigación de corpus sobre cualquier tema del español europeo contemporáneo, acompañada de una selección de textos que da una visión de conjunto de las variedades textuales que se encuentran en el español actual y de sus características].

ÍNDICE

Nota: Números de página en *cursiva* indican figuras; números de página en **negrita** indican tablas.

abreviatura 198
abstracción, grado de 99, **100**
acortamiento 198
Acquaroni Múñoz, R. 254, 257
acronimia 198
actos de habla, publicidad y 180
Adam, J.M. 34–35, 36, 108
Adamzik, K. 116–117
adecuación 64–65
adquisición de lenguas, narración y 18–20
agencia 231
Agha, A. 271
Aguirre, B. 214
Ainciburu, C. 231
Akademischer Diskurs in der europäischen Union (ADIEU) 231
Albelda Marco, M. 132n2, 291
Alcaraz, E. 214, 215
Alcíbar Cuello, M. 159
Alexopoulou, A. 167
Alonso Pérez-Ávila, E. 285
alumnos: características del nuevo alumno de español LE/L2 165; competencia mediática y 165–167
Álvarez, M. 214
Álvarez Angulo, T. 36, 103
American Council of the Teaching of Foreign Languages (*ACTFL*) 9; argumentación y 57, **58–61**; textos académicos y 240; textos expositivos y 106

anacoluto 128–129, 268
análisis 163–164
Análisis del Discurso 51
anclaje 35, 77–78
Andalucía, español hablado de 132n2
Andersen, R. 20
ansiedad 148n11
antiortografías 267–268
Antos, G. 132n1
Anula, A. 222
anuncios publicitarios 185–186
apps 162, 269
aprendices de español, corpus de 2
Aprescrivlov (Aprender a Escribir en Lovaina) 32, 34, 37, 45n1
Argentina: rasgos del español en 190–191n5; uso del "vos" en 190–191n5
argumentación 7, 49–70; ACTFL y **58–61**; como proceso comunicativo 49; contextualización de 53; cotidiana 57; definición y características del texto argumentativo 51–55; demostración y 52; dimensión dialógica de la 50, 53; estilo y 65–66; estrategias transversales para el proceso argumentativo 56, **56**; estructura del texto argumentativo 53–55; estudios sobre 49–51; expresión de la subjetividad y la objetividad en 63; función social de 51; el género argumentativo 55–66; géneros discursivos

y 52–53; impacto relacional de 51; marcadores del discurso 57–62; MCER y 57, **58–61**; mediación y 52; PCIC y 56, 62, 63–64; persuasión y 50, 52; punto de vista y 52; retórica clásica y 50; retórica intercultural y 65–66; tipos de textos y 50–51; *ver también* textos argumentativos
Arroyo, A. 159
ArText 6
arText 221
ARTHUS (Archivo de Textos Hispánicos de la Universidad de Santiago) 295–296
artículos 157, 164, 201–202
ASELE 140, 159
asistentes de redacción 6
Asociación Latinoamericana de Estudios del Discurso (ALED) 231
aspecto 20–21
aspectualización 35, 36
autenticidad 148n11
autonomía *301*

Babla 291
Badger, R. 148n11
Bajtín, M. 93
Bamberg, M. 16
Baralo, M. 231
Barcellós Morante, E. 158
Barlocher, C. 104
Barton, D. 285
bases de datos textuales 285–286
Bassols, M. 108
Baudrillard, J. 173
Bazarova, N.N. 271
Bell, N.D. 255
Benetti, Casellato y Messori 251
Berman, R. 18–20
Bernárdez Sanchís, E. 32, 35, 36, 64
Biber, D. 5, 100, 103
Borrat, H. 160
Bouzouita, M. 291
Boyd, d.m. 271
Bravo, D. 132n2
Brigham Young University 6
Brinker, K. 132n1
Briz Gómez, A. 115, 132n2, 137, 148n11, 149n21, 291
Brown, G. 73–74, 137
Burdiles, G. 285–286
Bustiduny, A. 214
Bustos, J.M. 104
Buyse, K. 31, 38, 44, 282–285, 287–291, **289**, 300

Cabedo Nebot, A. 132n2
Cabré, T. 196, 215
CAES (Corpus de aprendices del español del Instituto Cervantes) 6, 37, 71
CALP (*cognitive academic language proficiency*) 240, 241
Calsamiglia Blancaflor, H. 137
Calvi, M.V. 200
Calvo Ramos, L. 214
Cano Aguilar, R. 115, 132n2
Carbó Marro, C. y Mora Sánchez, J.A. 214
cartas de explicación-recomendación 108–109, **109**
Casasús, J.M. 160
Cassany, D. 7, 231, 257, 266, 273, 282, 283–285
"Cátedra Unesco para la lectura y la escritura" 231, 240
Caviglia, S. 33
CEDEL2 37
Cestero Mancera, A. 116, 132n2, 135, 137
Chávez, M.T. 148n11
Chomsky, N. 208, **208**
ciberlenguaje (*netspeak*) 269
cine 140
Claridad y derecho a comprender: comisión para la modernización del lenguaje jurídico 213
Clase de Cine 140
clasificación, oralidad y 116–118
"colapso contextual" 271
Columbia Corpus de Conversaciones para ELE. 141
Comajoan-Colomé, Ll. 15, 22
comparación **107**, 108
competencia expresiva 248
competencia lingüística 18
competencia literaria 251
competencia mediática 165–167
competencia narrativa 18–21
comunicación, géneros discursivos y 7
comunicación académica escrita, en contextos universitarios 230–245
comunicación masiva y personal 271
concatenación 268
concepción 118–119, *118*
concordancia, falta de 127–128
conectores contraargumentativos, opciones de empleo de **222– 223**
Connor, U. 5
Conrad, S. 5, 103
Consejo General del Poder Judicial (CGPJ) 213
consenso, generar 50
constructio ad sensum 127–128

contacto, marcadores de 123–125
la contaminación 128–129
contextos, géneros y 6–7
contextos universitarios, comunicación académica escrita en 230–245
contextualización, narración y 25
continuidad 257
conversaciones 141–143; análisis de la conversación (CA) 136–139; coloquiales 149n21; enseñanza de 136–141, **137**; escritas 266; MCER y 138; PCIC y 138; rasgos conversacionales 8; ritualizaciones de 149n21
CORDE 292
CORPES XXI 2, 292, *292*
corpus 7, 283, 286–306; clasificación de 287–288, **289–290**; corpus de aprendices 2, 6; corpus de lengua general 2; corpus de nativos 6; corpus de producción natural nativa 8; corpus escritos 285, 296–300, 302–303; corpus generales 291–296; corpus multilingües 300; corpus orales 285, 296, **297–298**, 302; definición de 286–291; selección para el trabajo receptivo y productivo 291; tabla contrastiva de los descritos en Buyse **289**; tipologías de 285–291; *ver también corpus específicos*
corpus de aprendices Aprescrivlov 32, 34, 37, 45n1
Corpus del Español 293–294, *293–294*, *294*
Corpus del Español Actual (CEA) 294–295, *295*
corpusdelespañol.org 2, 6
Corpus de referencia del español actual (CREA) 2
Corpus SenSem Español (antes GRIAL) 296
correos de explicación-recomendación 108–109
correos de explicación/recomendación **109**
Cortés Rodríguez, L. 115
Coto, D. 254
CREA 292
Creative Writing Benchmark 248
creatividad, discurso electrónico y 272–273
crítica 164
crónicas 162–163
cronografía 36
Cruz Piñol, M. 285, 291
Crystal, D. 269
cuadros 37
cultismos 197

Cunha, I. da 221
Cuquerella, A. 214
cursos de español científico-técnico, diseño de 202–203, **202–203**

Dalsi, M. 148n11
Daniel, M.P. 80
dar instrucciones *ver* textos instructivos-directivos
data-driven learning 285
Davis, M. 2, 5, 293, 295
De Fina, A. 17
definición, tareas de 105–107
deícticos 130
DELE (Diploma Español Lengua Extranjera) 240
De Lucas Vicente, A. 254
Denis, M. 80
De Prada, M. 214
desarrollo narrativo 26
descripción 7, 31–48; cómo se construye el texto descriptivo 34–36; descripciones paralelas 37; en la tradición aristotélica 33; fases y funciones en 36–37; marco pedagógico general 37; monotonía y 38; "pobreza léxica" y 38, 43; propuesta de actividades para dinamizar el texto descriptivo 37–43; qué es la descripción 32–34; siete tipos de 36–37; textos instructivos-directivos y 73–74
destinatarios: configuración del rol de 178; emisores y 177–180
Dhal, M. 83
dialogicidad 108–109
diálogo, formas de 7
Díaz, L. 1, 71, 93, 104, 139
Díaz Más, Paloma 256
Diccionario de términos clave de ELE 141–142
Diccionario Panhispánico del Español Jurídico 226–227
diccionarios 282–283, 300; multilingües 291; *ver también diccionarios específicos*
dicotomía oral/escrito 117–118, 131, 132n5
didáctica de la lengua, la narración y 22–25
didáctica del lenguaje científico-técnico 202–204; el léxico 204–206; la traducción 206–208, **207**, **208**
didáctica del lenguaje jurídico-administrativo: destrezas escritas 221–223; destrezas orales 223–226
discurso: géneros de 17; modos de 17; tipos de 17
discurso académico 7; dimensiones del 232–237; dimensiones didácticas del 237–242;

macrogénero "discurso académico universitario" 232–233; polifonía en 233–235; tipología de actividades 237, **238–239**; universitario 232–233; *ver también* textos académicos
discurso científico-técnico 7, 193–211
discurso electrónico 118; análisis del **275**; audiencia del 270–272; autoría del 270–272; características y organización del 266–272; constelación del 270; creatividad y 272–273; *emojis* 269–270; emoticonos 269–270; imágenes 269–270; lenguaje escrito del 267–269; multiplicidad de recursos semióticos y 267–270; propuestas didácticas 275–277; rebelión y 272–273; recursos audiovisuales 269–270; redes sociales y 273–275; transgresión y 272–273
discurso jurídico-administrativo 7
discurso literario 7
discurso narrativo 16; *ver también* narración
discurso periodístico 7
discurso publicitario 7, 173–192; *ver también* género publicitario
discurso referido 126–127
discursos orales 3
Disney, D. 253
distancia comunicativa 118–119, *118*, 266
distancia temporal 132n6
documento icónico, fases del **176**
Dolz, J. 24
Domínguez Núñez, Ó. 158
dominio del lenguaje académico cognitivo (CALP, por sus siglas en inglés) 243n1
DRAE (Diccionario del Real Academia Española) 164, 166, 284
Duff, A. 252, **252**
Dürscheid, Ch. 132n6

Earnshaw, S. 253
edad 6
editoriales 164
"ego" digital 271
ELE 116
elipsis 129
El País 283
emisión 3
emisores: configuración del rol de 179; destinatarios y 177–180
emojis 269–270
emoticonos 269–270
Enghels, R. 291
Enríquez, N. 71
entornos comunicativos convencionalizados 3
entrevistas 157, 164

eponimia 198–199
errores 217, 219–220, 271–272; antortografías 267–268; categorías de 37; heterografías 268; *ver también* transgresión
"Escribir a través del currículum" 240–241
escritura, proceso de 3
escritura académica, descriptores para la evaluación de la 241–242, **242**; *ver también* discurso académico; textos académicos
escritura creativa 246–263; anclajes disciplinares para 250–255; definición de la 248–250; MCER y 248–250, **249**, 261n2; planteamiento de la 246–248
escritura ideofonemática 268
escrituralidad: discurso electrónico y 266–267; oralidad y 118–121, *118*
escuela sevillana 132n2
escuela valenciana 132n2
Espinoza-Vera, M. 254
Estados Unidos 9
Estándares del *American Council on the Teaching of Foreign Languages* (ACTFL) 22, 23–24
Esteba Ramos, D. 158
Estellés Arguedas, M. 132n2
estilo 5; del texto argumentativo 65; directo 126–127
estrategias cognitivas comunes 6
estructuralismo 16
estructuras paratácticas 129
etiquetas 268
etopeya 37
"expertos" 282–283, 300
Expolingua 140
exposición 7, 93–114; *ver también* géneros expositivos
exposición, tareas de 105, 108–109; *ver también* géneros expositivos
extranjerismos 268

Facebook 162, 269, 273–275
falacias 64–65
falsos amigos 216
Fernández, C. 173
Fernández, J.A. 214
Fernández, S. 214
Fernández Colomer, M.J. 132n2
Fernández González, J. 193
Fernández López, S. 158
Fernández Marrero, J.J. 254
Ferriols, F. 194
Ferriols, R. 194
focus 62
formas textuales, coincidentes 6

Frank, C. 254
French, M. 271
fuentes auténticas 148n11

Gagnon, R. 24
Galán, C. 195
Galván, B. 254
García-Carpintero, E. 195
García García, M. 116
García Márquez, G. 162
García Negroni, M.M. 234
Gaviño Rodríguez, V. 132n11
Gebhard, J.G. 148n11
género (sexo), diferencias de 6
género argumentativo: adecuación en 64–65; definición y características del texto argumentativo 51–55; estructura del texto argumentativo 53–55; estudios sobre 49–51; expresión de la subjetividad y la objetividad en 63; falacias en 64–65; intertextualidad en 63–64
género "Indicaciones espaciales," antecedentes sobre 76–77
género publicitario 173–192; actos de habla y 180; análisis de la 186–187; definición y características del 176; enseñanza de español LE/L2 y 182; modalidad y 179–180; propuestas didácticas 186–190; representación multimodal del objeto y 180–181; tiempo y 179
género(s) 8, 25–26; concepto de 53; concretos 5; contextos de 6–7; conversacionales 5, 17; interacción lingüística y 8; *ver también géneros específicos*
géneros del periodismo escrito 157–172, 161–164; el análisis 163–164; el artículo 164; clasificación de 159–160; la columna 164; la crítica 164; la crónica 162–163; distinción de 169–170; distinción entre *story* y *comment* 160; el editorial 164; la entrevista 164; el informe 163–164; niveles de dominio y 165–167, **166**; la noticia 161–162; principales didácticos 168; propuestas didácticas 169–170; repaso bibliográfico 157–159; el reportaje 162–163; *ver también géneros específicos*
géneros del periodismo oral 117
géneros discursivos: argumentación y 52–53; comunicación y 7; variación intercultural de 5–6; *ver también géneros específicos*

géneros explicativos: características generales 109–111; *ver también* géneros expositivos
géneros expositivos 95–96, **95**; antecedentes de 100–104; antecedentes de estudios de 104, **105**; características generales 109–111; caracterización de los 100–104; clasificación de **99**, **100**; comparaciones 104, **107**, 108; competencia discursiva en 105–109; conversacionales dialógicos 108–109; definiciones 104–107, **106**; diversificación de 95; escritos 108–109; estructuras lingüísticas en 108–109; función y tipo de 94–105; grado de abstracción y **100**; rasgos asociados a **101–102**; recomendaciones 111–112; tareas de definición en 105–107, **105**; tareas de exposición en 105, **107**, 108
géneros interaccionales 149n20
géneros orales interactivos: autenticidad y 140; conversaciones 141–143, 149n21; enseñanza-aprendizaje de los 135–153; enseñanza de 136–141; intercambios institucionales 146–147, 149n20; MCER y 138; PCIC y 138; tomar turnos 143; transacciones 144–146, 149n20
géneros periodísticos, esquema para la inclusión por niveles 166, **166**
géneros textuales 3, 5
Georgakopoulou, A. 17
giro narrativo 17–18
giro social 18
Gómez de Enterría, J. 207, 215
González Melón, E. 291
Gonzalo Claros, M. 207
Google Search 284
Google Translate 283
gramáticas 282–283
Granadino, B. 195
Grupo GRIAL 296
Guariento, W. 148n11
guía reflexiva 7
Gutiérrez Álvarez, J.M. 226

hablantes nativos 5
hablantes no nativos 5
Hadlich, R. 207, **207**
Halliday, M.A.K. 100
Hamon, Ph. 32, 33–34, 36
Harper, G. 253
Hasan, R. 100
hashtags 268
Heinemann, W. 132n1
Hernando de Larramendi, M. 214
herramientas, aprendizaje de lenguas y 6

Herring, S.C. 273, 275, **275**
hesitación 125–126
heterografías 268
Hew, K.F. 274
Heyd, T. 268
Hidalgo Navarro, A. 132n2
la hipérbole 130–131
Hipótesis del Aspecto 20
Hipótesis del Discurso 20 136
Hipótesis del pasado por defecto 20
Hopper, J. 16–17
huecos en secuencias de discurso (DTC tasks) 83
Hughes, B. 214, 215
Hyland, K. 7

identidad multimodal 271
identificación 271
ILSE 115
imágenes 66, 78, 269–270; *ver también* visualización
indicaciones espaciales 76–77, **79–82**, 87–88, **87**; caracterización de las 77–78; nociones clave 79–80; organización de 78–79, **79**; pragmática intercultural y 83–84; secuencias y 78–79
informes 163–164
inmediatez comunicativa 266, 268
inmersión natural 8
input 140
Instituto Cervantes 2, 6, 71, 141–142, 165, 283, 300
instrucción 7; *ver también* dar instrucciones; textos instructivos-directivos
inteligencia artificial 5, 88
interacción lingüística: estudio empírico de la 5; géneros y 8
interacción oral, la Red como fuente de 5
interactividad comunicativa 8
intercambios institucionales 146–147
Intermediate High, Advanced Low de la American Council for the Teaching of Foreing Languages Proficiency Guidelines (ACTFL) 215
Internet *ver* la Red
"interplataformidad" 270
intertextualidad 63–64, 268
IRC (Internet Relay Chat) 268
Iriarte López, M. 33
Iriarte Vaño, M.ª D. 251
la iteración léxica 129–130

Jefferson, G. 80, 137, 142
Jones, J.K. 5

Karlsen, J. 18–19
Kasper, G. 83
Koch, P. 4, 5, 74, 116, 118–131, *118*, 132n6, 132n10
Kramsch, C. 254
Kress, G. 270

Labov, W. 16, 17, 19
Laca, B. 230
Landone, E. 49
latinismos 216
lectura: documentada 170; estrategias de 302–303; individualizada 170; tipos de 302–303
Lee, C. 285
lengua escrita 3, 7–8
lengua hablada 3, 4, 7–8, 115–134
lenguaje científico-técnico 193–211; características del 195–202; didáctica del 202–204, **202–203**; géneros discursivos del 201; niveles pragmático y discursivo 200–202; nivel léxico 196–199; nivel morfosintáctico 199–200
lenguaje escrito, del discurso electrónico del 267–269
lenguaje jurídico-administrativo 212–229; administrativa 214; características del 215–221; didáctica del 221–226; jurisdiccional 214; legislativa 214; modelos textuales 220–221, **220**; nivel léxico 216; nivel morfosintáctico 216–220; notarial 214
lenguas habladas, de la Romania 4
léxico técnico 204–206
Libro de Estilo de la Justicia 213
lingua franca 195, 197
Linguee 291, *301*
lingüística aplicada, tecnología y 6
lingüística cognitiva 2–3
lingüística computacional, modelos de 6
lingüística de corpus 2–7; *ver también* corpus
lingüística estructural 2–3
lingüística textual 2–7
Liskin-Gasparro, J. 22
literacidad electrónica 265
literariedad 255
live blog 162
Llisterri, J. 140–141, 282, 291, 296
Llopis Cardona, A. 132n2
Lopes, A.C.M. 33
López, E. 104
López Ferrero, C. 167
López Serena, A. 132n2, 132n3
López-Toscano, J. 254

Loureda Lamas, Ó 74
Lozano, C. 104
Lucha, R.M. 93, 104
Lyster, S.A. 18–19

MacDonald, M. 148n11
macroestructura 35
macrorreglas textuales 35
Maley, A. 252, **252**
Mancera Rueda, A. 266, 268
Manual de documentos administrativos 214
Manual de ESTILO DEL Lenguaje Administrativo 213
marcadores morfosintácticos, uso de 20–21
marcas textuales 33–34
Marco Común Europeo de Referencia (MCER) 3–4, 9, 22, 23, 31, 71, 190n1, 215, 300, 302; argumentación y 57, **58–61**; cuatro ámbitos 149n20; escala de actividades de expresión escrita y 248–250, **249**, 261n2; escritura creativa y 248–249, **249**; géneros orales interactivos y 138; textos académicos y 240–242; textos expositivos y 106; textos instructivos-directivos y 78
Marco ELE 140
MAREP 240
Martín Camacho, J.C. 196–198
Martínez Egido, J.J. 158
Martínez Gila, P. 254
Martínez Pasamar, C. 159
Martínez Sánchez, R. 139
Martín Leralta, S. 167
Martín Peris, E. 167
Marwick, A.E. 271
Mauranen, A. 148n11
McCarthy, M. 137
mecanismos de reformulación 126
medio(s) 118–119, *118*; competencia mediática 165–170; conocimiento de 169; convergencia de 160–161; *ver también* géneros del periodismo escrito
Meler, M. 175
memoria 5
Mendikoextea, A. 104
Mercier, H. 50
metas espaciales 76–77
metonimia 130–131
Mills, P. 253
Ministerio de Justicia 213
Miquel, L. 174
modalidad: escrita 8; modalidades discursivas 9; publicidad y 179–180; *ver también* multimodalidad

modelo dialogal 50
modelos discursivos 3
modelos orales 8
modos de discurso 17
Montero, J. 195
morfología 20–21, 26
Moriano, B. 159
Morley, J. 148n11
multimodalidad 4, 267–270, 271, 282
Múñoz Machado, S. 216

Naranjo, M. 252
Narbona Jiménez, A. 115, 132n2
narración 7, 15–30; adquisición de las narraciones en niños 18–19; adquisición de lenguas y 18–20; adquisición de primeras lenguas y 18–19; adquisición de segundas lenguas en aprendices adultos y 19–20; como actividad de interacción humana 18; como texto estructurado 18; como texto lingüístico 18; competencia narrativa 18–21; contextualización y 25; definición de la 16–17, **16**, 25; desarrollo narrativo 26; didáctica de la lengua y 22–25; discurso narrativo 16; en el aprendizaje de L2 15–18; enfoques metodológicos y teóricos sobre **16**; enfoque comunicativo/interactivo 16, **16**; enfoque textual/cognitivo 16–17, **16**; en los currículos de español como L2 22–24; estructura y 17, 18; función evaluativa de 17, 25; función referencial de 17, 25; giro narrativo 17–18; perspectivas didácticas de las narraciones 24–25; tipos de narraciones 21; *ver también* textos narrativos
Nauta, J.P. 157
NAWE 248, 250
neologismos 268
niveles de dominio, géneros periodísticos y 165–167, **166**
Noblía, V. 173
noticias 157, 161–162
Noyau, C. 21
Nueva retórica actual 50
Nuevos Estudios de Literacidad 285
Nunan, D. 148n11
Núñez, Z. 214
Núñez Ladeveze, L. 160

objetividad, expresión de 63
objetos, representación multimodal de 180–181

Oesterreicher, W. 4, 5, 74, 116, 118–131, *118*, 132n6, 132n10
ORALIA 132n2
oralidad 8; auténtica naturaleza de 131; carácter híbrido entre lo escrito y lo hablado 131; clasificación y 116–118; discurso electrónico y 266–267; escrituralidad y 118–121, *118*; rasgos de 8; ubicuidad transcategorial de 131; *ver también* oralidad concepcional
oralidad concepcional 115–134; ámbito fónico y 131, 132n11; ámbito pragmático-textual 122; ámbito semántico y 127–131; condiciones comunicativas de 119–120; discurso referido y 126–127; escrituralidad concepcional y 119; estilo directo y 126–127; estrategias de verbalización de 121; fenómenos de hesitación 125–126; fenómenos en español 122–127, **122**; fenómenos prototípicos de la **122**; marcadores de contacto 123–125; marcadores de la organización discursiva 123; mecanismos de reformulación 126; organización discursiva y 123
ordenadores 6
Ordóñez, A. 194
Ortega Olivares, J. 137

"palabras ómnibus" 132n10
Pano Alamán, A. 266
Parodi, G. 285–286
Pavlenko, A. 18, 19
PCEC (Palabras clave en contexto) 293, *293*
Pedrosa Rúa, J. 159
Peña, M. **208**
pensamiento crítico 50
Pérez Arroyo, S. 31
Pérez Ruiz, L. 167
periodismo escrito *ver* géneros del periodismo escrito
periodismo oral *ver* géneros del periodismo oral
perspectiva interdisciplinar 6–7
persuasión 50, 173
Piedra Lanza, B. 158
Pinker, S. 194
Plan Curricular del Instituto Cervantes (PCIC) 22, 23, 135, 165, 166, 300, 302; anuncios publicitarios en 185–186; argumentación y 56, 62, 63–64; géneros orales interactivos y 138; textos expositivos y 106
planos del discurso 16–17

Plaza, L. 195
"pobreza léxica" 38, 43
polifonía, en discurso académico 233–235
Pomerantz, A. 255
Pons Bordería, S. 132n2
Pontificia Universidad de Valparaíso 231
Pope, R. 250
posposición 128–129
POS *tagging* 292, 293
pragmática intercultural 5–6, 83–84
prensa escrita 157; convergencia de medios y 160–161; repaso bibliográfico 157–159; *ver también* géneros del periodismo escrito
Prieto Grande, M. 158
principio anárquico 36
proficiency guidelines 23–24
programa Markin 45n1
programas de televisión 140
progresión teóricamente indefinida 36
propósitos didácticos 2
prosopografía 37
proyecto ACQUA 231
Proyecto COLA 140
Psathas, G. 79–80
psicolingüística 77–78, 86–87, 88
psicología 5
publicidad *ver* discurso publicitario; género publicitario
puesta en relación 35–36
Pujante Corbalán, R. 254
puntos de referencia 78, 86–87, 88, 89–90
Puschmann, C. 268

Real Academia Española de la Lengua (RAE) 2, 213, 292–293; *ver también* DRAE (Diccionario de la Real Academia Española)
recepción 3
recursos, v. tecnología 282
recursos audiovisuales 269–270
recursos lingüísticos digitales 283–284
la Red 251; acceso a 285; como fuente para la interacción oral 5; *ver también* redes sociales
redes sociales 6, 7, 8, 118, 162, 273–275; aprendizaje del español en 264–281; como género discursivo electrónico 273; Facebook 273–275; Twitter 162
Redó Banzo, J.A. 139
reduplicamiento 128–129
referencialización vaga 130
reflexión metalingüísitca 24
reformulación, mecanismos de 126
Reis, C. 33

reportaje 162–163
representación multimodal 180–181
retórica 36–37
retórica intercultural, el texto argumentativo y 65–66
retrato 37
Reuter, Y. 33, 36
Revilla, A. 222
Rice University 141
Rincón, F. 254
Rinvolucri, M. 254
Robles, S. 175
Robles Sabater, F. 4, 5, 115
Rodríguez, M. 104
role play 6, 83, 224
Romania, lenguas habladas de 4
Román-Mendoza, E. 264
Romero Gualda, M.V. 159
Rosa de Juan, C. 214
Ruiz Fajardo, G. 116, 135, 148n11
rutinas 6

Sacks, H. 80, 137, 142
Sacodeyl 141
Sáez Martínez, B. 251
Sager, S. 132n1
Salaberry, R. 15
Sánchez Cuadrado, A. 214
Sánchez-Enciso, J. 254
Sánchez Iglesias, J.J. 246
San Juan, F. 214
Sans, N. 174
Santiago-Guervós, J. de 1, 212
Santos Río, L. 207
Sanz Pastor, M. 251
Schegloff, E. 80, 137, 142
Sebastián, E. 18–19
secuencias 33, 78–79
secuencias didácticas 24
señales demarcativas 33
Siebold, K. 4, 5, 115
SIELE 240
siglación 198
Silva-Corvalán, C. 16, 19
sintaxis incompleta 129
situaciones de comunicación 2, 4; planificadas v. no planificadas 6; reales v. simuladas 6
Slobin, D. 18–19
SMS (*textspeak*) 269
The Spanish in Texas Corpus Project 141
Sperber, D. 50
StopELE-ruta 71, 72, 83, 87, 89
subjetividad, expresión de 63
superestructura 32, 35

Tabarés Pérez, P. 167
Tagpacker 291
"talk in interaction" 137
Tarnopolski, O. 253
taxonomías 116–118; *ver también* tipología textual
tecnología(s) 6, 7, 282; *ver también* tecnologías específicas
temas 35; *ver también* anclaje
tematización 35
Ten Have, P. 137
Teoría de la Argumentación 51
terminologización 197
términos: adopción de 196–197; creación de 196, 197–198; términos arcaicos 216
textos: contextos de uso y 6–7; de especialidad 6–7; destinatarios y **99**; especializados 6–7; situaciones de comunicación y 2; texto como fragmento de comunicación 4; texto como unidad de comunicación 3–7; tipos de 3–7; *ver también géneros específicos*
textos académicos: estructura de los 235–237; evaluación de la **242**; MCER y 240–242; subgéneros académicos **232**
textos argumentativos: cuestiones de imagen y 66–67; ejemplos de *52*; géneros discursivos y 52–53; retórica intercultural y 65–66; *ver también* argumentación; género argumentativo
textos descriptivos: textos expositivos y 99, **100**; tipos de 36–39; *ver también* descripción
textos escritos oralizados 266
textos expositivos 93–114; ACTFL y 106; antecedentes de estudios de 100–104, **105**; caracterización lingüística de 100–104, **101–102**; contextos de 99–100; destinatarios de 94–95; formalidad en 94–95; función y tipo de 94–105; géneros de 95–96, **95**; grado de abstracción y **100**; MCER y 106; objetividad en 94–95, **99**; organización superestructural del **103**; PCIC y 106; personalización de **95**; secuencias y 98, 109; textos descriptivos y 99, **100**; *ver también* exposición; géneros expositivos
textos instructivos-directivos 71–92; clasificación de 74–75; contexto y 71, 72–76; la descripción y 73–74; diferencias de recursos en las tareas orales v. escritos **86**; elementos esenciales de 79–80; en su contexto 72–76; generalización y 72; MCER y 78; objetividad y 73, **73**; pragmática

y 71; reconstrucción y 72; secuencias en 72, 73, 74, 78–79; la tarea de dar indicaciones espaciales **87**; tarea de dar indicaciones espaciales 80, **80–82**, 83–88
textos multimodales 267; *ver también* multimodalidad
textos narrativos, co-construcción social del 25; *ver también* narración
tiempo 20–21, 179
tipología textual 2–4, 7, 8, 17, 25–26, 116–118
tipos de discurso 17
TodoELE 140
topografía 36
Topolevsky, M. 104
Torrent, A.M. 108
Tracy-Ventura, N. 5
tradiciones discursivas 3
traducción: del lenguaje científico-técnico 206–208, **207**, **208**; traductores automáticos 283
transacciones 144–146
transgresión, discurso electrónico y 272–273
translingüismo 268, 271
turnos, tomar 143
Tusón Valls, A. 137, 142, 149n21
Twitter 162

UNESCO 265
universales culturales 6
Universidad de Alicante 231
Universidad de Valencia 4, 5
Universidad Nacional de Educación a Distancia (UNED) 104, 221

Universidad Nebrija 231
Universidad Pompeu Fabra 231

Val.Es.Co 2, 4, 5, 115, 122, 132n2, 137
Vanderschueren, C. 291
Van Dijk, T.A. 32, 35, 80
variación pragmática intercultural 5–6
Vázquez, G. 137, 230, 233
verbalización, estrategias de 121
verificadores ortográficos 283
visualización 77–78
Vivanco, V. 200, 207
"vos" 190–191n5

Waletzsky, J. 16, 17
Waring, H.Z. 137
WebCorp 296, *298*
WhatsApp 118, 132n5
widgets 269
Wilkins, D.A. 140
Willis, D. 148n11
Wong, J. 137
Wordreference 284
Wortschatz 300, *300*
Writing across borders model 240–241
WRSFL 240

Yagüe, A. 174
Yule, G. 73–74, 137
Yuste, R. 175, 190n3

Zappavigna, M. 268
Zhao, Y. 253–254